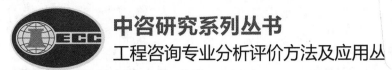

中咨研究系列丛书

工程咨询专业分析评价方法及应用丛

U04456980

# 工程项目融资评价理论方法及应用

主　编　李开孟
副主编　孙　慧　范志清

中国电力出版社
CHINA ELECTRIC POWER PRESS

## 内 容 提 要

本书系统地阐述了工程项目融资分析评价的理论框架、操作方法、政策规定及在工程咨询实践中的具体应用，内容包括现代融资的特点及融资环境，权益资金融资、债务资金融资及项目融资的具体操作方法，企业资产证券化融资、企业并购融资和融资租赁的理论基础及操作框架，融资方案的设计及成本、结构、风险、信用等分析方法，企业融资策略的制定和地方政府融资平台的运作与风险控制，书末附有附录。

本书既可作为各类工程咨询机构、发展改革部门、项目业主单位、投融资机构相关领域专业人员开展专业学习、业务进修及继续教育用书，也可作为大专院校相关专业研究生和本科生教材。

**图书在版编目（CIP）数据**

工程项目融资评价理论方法及应用/李开孟主编. —北京：中国电力出版社，2017.8
（工程咨询专业分析评价方法及应用丛书）
ISBN 978-7-5123-9963-1

Ⅰ. ①工…  Ⅱ. ①李…  Ⅲ. ①基本建设项目－融资－评价－研究  Ⅳ. ①F830.55

中国版本图书馆 CIP 数据核字（2016）第 259086 号

出版发行：中国电力出版社
地　　址：北京市东城区北京站西街 19 号（邮政编码 100005）
网　　址：http://www.cepp.sgcc.com.cn
责任编辑：娄雪芳（63412375）
责任校对：太兴华
装帧设计：张　娟
责任印制：蔺义舟

印　　刷：航远印刷有限公司
版　　次：2017 年 8 月第一版
印　　次：2017 年 8 月北京第一次印刷
开　　本：787 毫米×1092 毫米　16 开本
印　　张：17.5
字　　数：425 千字
印　　数：0001—3000 册
定　　价：65.00 元

**版 权 专 有　侵 权 必 究**

本书如有印装质量问题，我社发行部负责退换

# 中咨研究系列丛书

主　　编　肖凤桐

执行主编　窦　皓

编　　委　肖凤桐　裴　真　杨东民　苟护生

　　　　　窦　皓　鞠英莲　王玉山　黄　峰

　　　　　张永柏　王忠诚　武博祎

执行编委　李开孟　李　华　刘　洁　武　威

# 丛 书 总 序

现代咨询企业怎样才能不断提高核心竞争力？我们认为，关键在于不断提高研究水平。咨询就是参谋，如果没有对事物的深入研究、深层剖析和深刻见解，就当不好参谋，做不好咨询。

我国的工程咨询业起步较晚。以1982年中国国际工程咨询公司（简称中咨公司）的成立为标志，我国的工程咨询业从无到有，已经发展成具有较大影响的行业，见证了改革开放的历史进程，通过自我学习、国际合作、兼容并蓄、博采众长，为国家的社会经济发展做出了贡献，同时也促进了自身的成长与壮大。

但应该清醒地看到，我国工程咨询业与发达国家相比还有不小差距。西方工程咨询业已经有一百多年的发展历史，其咨询理念、方法、工具和手段，以及咨询机构的管理等各方面已经成熟，特别是在研究方面有着深厚基础。而我国的工程咨询业尚处于成长期，尤其在基础研究方面显得薄弱，因而总体上国际竞争力还不强。当前，我国正处于社会经济发生深刻变革的关键时期，不断出现各种新情况、新问题，很多都是中国特定的发展阶段和转轨时期所特有的，在国外没有现成的经验可供借鉴，需要我们进行艰辛的理论探索。全面贯彻和落实科学发展观，实现中华民族伟大复兴的中国梦，对工程咨询提出了新的要求，指明了发展方向，也提供了巨大发展空间。这更需要我们研究经济建设特别是投资建设领域的各种难点和热点问题，创新咨询理论和方法，以指导和推动咨询工作，提高咨询业整体素质，造就一批既熟悉国际规则、又了解国情的专家型人才队伍。

中咨公司重视知识资产的创造、积累，每年都投入相当的资金和人力开展研究工作，向广大客户提供具有一定的学术价值和应用价值的各类咨询研究报告。《中咨研究系列丛书》的出版，就是为了充分发挥这些宝贵的智力财富应有的效益，同时向社会展示我们的研究实力，为提高我国工程咨询业的核心竞争力做出贡献。

立言，诚如司马迁所讲"成一家之言""藏诸名山，传之其人"。一个人如此，一个企业也是如此。既要努力在社会上树立良好形象，争取为社会做出更大贡献，同时，还应当让社会倾听其声音，了解其理念，分享其思想精华。中咨公司会向着这个方向不断努力，不断将自己的研究成果献诸社会。我们更希望把《中咨研究系列丛书》这项名山事业坚持下去，让中咨的贡献持久恒长。

《中咨研究系列丛书》编委会

# 前　言

　　中咨公司一直非常重视工程咨询理论方法及行业标准规范的研究制定工作。公司自成立30多年来，接受国家发展和改革委员会等有关部门的委托，以及公司自开课题开展了众多专题研究，取得了非常丰富的研究成果，部分成果以国家有关部委文件的方式在全国印发实施，部分成果以学术专著、论文、研究报告等方式在社会上予以推广应用，大部分成果则是以中咨公司内部咨询业务作业指导书、业务管理制度及业务操作规范等形式，用于规范和指导公司各部门及所属企业承担的各类咨询评估业务。中咨公司开展的各类咨询理论方法研究工作，为促进我国工程咨询行业健康发展发挥了重要作用。

　　进入新世纪新阶段，党中央、国务院提出贯彻落实科学发展观、实现中华民族伟大复兴的中国梦，并对全面深化改革进行了一系列战略部署，对我国工程咨询理念及理论方法体系的创新提出了更高要求。从 2006 年开始，中咨公司先后组织公司各部门及所属企业的 100 多位咨询专家，开展了包括 10 个领域咨询业务指南、39 个行业咨询评估报告编写大纲、24 个环节咨询业务操作规范及 10 个专业分析评价方法体系在内的 83 个课题研究工作，所取得的研究成果已经广泛应用于中咨公司各项咨询业务之中，对于推动中咨公司承担各类业务的咨询理念、理论体系及方法创新发挥了十分重要的作用，同时也有力地巩固了中咨公司在我国工程咨询行业的领先者地位，对推动我国工程咨询行业的创新发展发挥了不可替代的引领和示范作用。

　　工程咨询专业分析评价方法的创新，在工程咨询理念及理论方法体系创新中具有十分重要的地位。工程咨询是一项专业性要求很强的工作，咨询业务受到多种不确定性因素的影响，需要对特定领域的咨询对象进行全面系统地分析论证，往往难度很大。这就需要综合运用现代工程学、经济学、管理学等多学科理论知识，借助先进的科技手段、调查预测方法、信息处理技术，在掌握大量信息资料的基础上对未来可能发生的情况进行分析论证，因此对工程咨询从业人员的基本素质、知识积累，尤其是对其所采用的分析评价方法提出了很高的要求。

　　研究工程咨询专业分析评价关键技术方法，要在继承的基础上，通过方法创新，建立一套与国际接轨，并符合我国国情的工程咨询分析评价方法体系，力求在项目评价及管理的关键路径和方法层面进行创新。所提出的关键技术方法路径，应能满足工程咨询业务操作的实际需要，体现工程咨询理念创新的鲜明特征，与国际工程咨询所采用的分析评价方法接轨，并能对各领域不同环节开展工程咨询工作所采用的分析评价方法起到规范的作用。

　　本次纳入《工程咨询专业分析评价方法及应用丛书》范围内的各部专著，都是中咨公司多年开展工程咨询实践的经验总结，以及相关研究成果的积累和结晶。公司各部门及所属企业的众多专家，包括在职的和已经离退休的各位资深专家，都以不同的方式为这套丛书的编写和出版做出了重要贡献。

在编写和出版丛书过程中，我们邀请了清华大学经管学院魏林蔚教授、北京大学工业工程与管理系张宏亮教授、同济大学管理学院黄瑜祥教授、天津大学管理学院孙慧教授、中国农业大学人文学院靳乐山教授、哈尔滨工程大学管理学院郭韬教授、中央财经大学管理科学与工程学院张小利教授、河海大学中国移民研究中心陈绍军教授、国家环境保护部环境规划院大气环境规划部宁淼博士、中国科学院大学工程教育学院詹伟博士等众多国内知名专家参与相关专著的编写和修改工作，并邀请美国斯坦福大学可持续发展与全球竞争力研究中心主任、美国国家工程院 James O. Leckie 院士、执行主任王捷教授等国内外知名专家学者对丛书的修改完善提出意见和建议。

本次结集出版的"工程咨询专业分析评价方法及应用丛书"，是"中咨研究系列丛书"中的一个系列，是针对工程咨询专业分析评价方法的研究成果。中咨公司出版"中咨研究系列丛书"的目的，一是与我国工程咨询业同行交流中咨公司在工程咨询理论方法研究方面取得的成果，搭建学术交流的平台；二是推动工程咨询理论方法的创新研究，探索构建我国咨询业知识体系的基础架构；三是针对我国咨询业发展的新趋势及新经验，出版公司重大课题研究成果，推动中咨公司实现成为我国"工程咨询行业领先者"的战略目标。

纳入"工程咨询专业分析评价方法及应用丛书"中的《工程项目融资评价理论方法及应用》，是专门针对工程项目融资方案的策划及分析评价理论方法的研究。随着投融资体制改革的不断深化，我国工程建设领域出现了融资渠道多元化、融资结构复杂化及融资方式不断创新的新情况，对工程咨询融资方案的策划分析提出了新要求。本书从符合投融资体制改革新形势的要求、企业理财及项目融资方式创新的角度，阐述工程项目融资方案策划、分析和评价的理论方法，以及在我国工程咨询实践中的具体应用。

本书是中咨公司工程咨询专业分析评价方法研究的重要成果，是在我国几十年来开展工程项目融资咨询理论方法研究及实践经验的基础上，借鉴世界银行、亚洲开发银行等国际组织和外国经验，结合我国关于工程项目投融资的相关政策法律规定及工程咨询实际需要，对工程项目投融资相关领域的咨询工作提出专业性建议。编者在编写本书的过程中得到了天津大学孙慧教授、国家开发银行天津分行范志清的大力支持，天津大学陈扬杨、张逸婷、高磊、周敏、李清波等也为本书出版做出了重要贡献。

本套丛书的编写出版工作由研究中心具体负责。研究中心是中咨公司专门从事工程咨询基础性、专业性理论方法及行业标准制定相关研究工作的内设机构。其中，开展工程咨询理论方法研究，编写出版《中咨研究系列丛书》，是中咨公司研究中心的一项核心任务。

我们希望《工程咨询专业分析评价方法及应用丛书》的出版，能够对推动我国工程咨询专业分析评价方法创新，推动我国工程咨询业的健康发展发挥积极的引领和带动作用。

编　者

二〇一六年九月一日

# 目　　录

# 第一章

# 融 资 导 论

## 第一节 现代融资及其特点

### 一、现代企业融资及其地位

（一）现代企业融资

企业融资是现代企业生存和发展的基本前提，也是现代企业理财的核心内容。一个企业只有能够以尽可能低的资金成本取得源源不断的资金供应，才能迅速发展并显示出勃勃生机。对于一个充满活力的现代企业来说，应该时时刻刻研究各种潜在的融资机会，分析各种融资渠道，把握金融市场运动的规律，进行明智的融资决策，并通过卓有成效的资产经营，实现其拥有或控制资产的不断增值。这是现代企业区别于传统企业的重要标志之一。

融资涉及的内容十分广泛，现代金融业的三大主要金融领域，即银行业、证券业和保险业的经营和运作，无不与融资密切相关。融资方案的策划，是金融创新的核心内容之一，因此历来是企业界、金融界及投资者关注的焦点，融资咨询也是咨询业最具活力的咨询领域。

（二）企业融资在现代企业理财中的地位

现代企业融资方式的选择及融资方案的策划，将是今后相当长的一段时期内我国企业界关注的焦点之一，原因主要包括以下几个方面。

（1）虽然经过 30 多年的改革与发展，我国的短缺经济格局已经终结，但是我国资金短缺的现象仍然存在。通过金融创新活动，构思新的融资方案，以获取新的融资渠道，将在今后多数企业的理财活动中居于战略重点地位。

（2）随着国有企业体制改革的深化，现代企业制度的建立，传统的依靠国家政策性拨款及国家银行贷款的项目融资方式被彻底打破，迫使项目投资主体摈弃传统的依赖心理，掌握新的融资技巧，挖掘新的融资来源。

（3）个体、私营、外资等非国有经济成分的投资规模、所占比例日益上升，融资需求更加活跃，进一步加剧全社会资金需求的压力。另外，非国有投资主体面临的相对比较狭窄的融资渠道和不利融资环境，迫使他们寻求各种可能的融资渠道和手段，从而推动了项目融资领域的金融创新活动。

（4）我国的金融监管正在不断加强，资本市场正在缓慢发育，在项目融资方案的策划分析过程中，必须紧随融资环境的变动趋势，研究当前及可能预见的将来的投融资体制、金融体制、国企管理体制等可能出现的变革，突破传统的思维模式，制订适合经济转轨时期特点的融资方案，才能在融资市场的激烈竞争中获胜，这就迫使企业必须研究现代融资战略。

（5）按照我国投融资体制改革的基本思路，我国的项目投资实行"谁投资、谁决策、谁承担风险"的原则，企业自主决策、银行独立审贷、政府宏观调控，在发展资本市场、健全服务体系、强化监督反馈的基础上，形成全新的投融资格局。在这种格局下，项目的投资主体将对项目的投资决策、债务资金的还本付息承担实质性责任，并力争实现股东权益的最大化。这样，在融资方案的制订上，就要彻底改变为了筹措项目资金而采取的种种不负责任的做法，转为对融资方案进行精心策划、反复测算，以优化融资结构、降低融资成本、规避融资风险。

总结以往经验教训，由于缺乏现代融资意识，不重视项目融资方案的设计、分析及优化论证，投资项目资金来源不落实、融资方案不合理，造成影响项目投资效益甚至投资彻底失败的案例比比皆是。由于项目资金不按时到位，导致工期拖延，甚至出现钓鱼项目，导致工程项目超概算，投资超规模，并进而导致债务负担加重，项目投产后难以发挥效益，导致亏损、破产、资不抵债，这不仅仅影响项目本身的效益，还给宏观经济运行带来巨大的危害。由于项目融资方案不科学，影响了信贷质量；由于项目融资弊病的累积效应，使得各类金融机构的坏账、呆账和逾期贷款规模愈聚愈大，加重了金融风险；由于融资方案缺乏科学论证，企业融资的财务规划缺乏科学安排，债务结构不合理，往往表现为负债比例太高，甚至没有资本金，为企业经营埋下严重隐患，给许多国有企业带来灾难性的后果，严重影响了国有资产的保值和增值。

现代市场经济体系的建立，使得项目的融资环境更加复杂化，这就迫使企业的决策者和财务管理人员必须尽快改变项目融资的传统思维模式，树立全新的现代融资观念，研究新的融资现象，尽快学习和掌握现代融资技巧，进而驾驭生生不息的现代金融市场的变动脉搏，在现代市场经济的融资活动中立于不败之地。

## 二、现代融资的类别及特点

### (一) 公司融资和项目融资

了解现代融资方式，首先必须明白融资的分类。要投资建设一个项目，就项目的组织方式、债务资金的安排方式及风险结构的设计而言，国际上通常将融资方式分为两类，即公司融资和项目融资。这两类融资方式所形成的项目，在投资者与项目的关系、投资决策与信贷决策的关系、风险约束机制、各种财务比率约束等方面都有显著区别。

#### 1. 公司融资

公司融资，又称企业融资，是指以现有企业为基础进行融资并完成项目的投资建设。无论项目建成之前还是之后，都不出现新的独立法人。对于现有企业的设备更新、技术改造、改建、扩建，均属于公司融资类的项目。

公司融资的基本特点是：以现有公司为基础开展融资活动，进行投资决策，承担投资风险和决策责任。以这种融资方式筹集的债务资金虽然实际上用于项目投资，但债务人是公司而不是项目，即以企业自身的信用条件为基础，通过银行贷款、发行债券等方式，筹集资金用于企业的项目投资。债权人不仅对项目的资产进行债务追索，而且还可以对公司的全部资产进行追索，因而对于债权人而言，债务的风险程度相对较低。在市场经济条件下，依靠企业自身的信用进行融资，是为建设项目筹集资金的主要形式。在这种融资方式下，不论企业筹集的资金如何使用，不论项目未来的盈利能力如何，只要企业能够保证按期还本付息即可。因此，采用这种融资方式，必须充分考虑企业整体的盈利能力和信用状况，并且整个公司的现金流量和资产都可用于将来偿还债务。

#### 2. 项目融资

"项目融资"是一个专用的金融术语，和通常所说的"为项目融资"是两个不同的概念，不可混淆。项目融资是指为建设和经营项目而成立新的独立法人——项目公司，由项目公司完成项目的投资建设和经营还贷。项目融资又叫无追索权融资方式（Non-Recourse Financing）。其含义是，项目负债的偿还，只依靠项目本身的资产和未来现金流量来保证，即使项目实际运作失败，债权人也只能要求以项目本身的资产或盈余还债，而对项目以外的其他资产无追索权。因此，利用项目融资方式，项目本身必须具有比较稳定的现金流量、较强的盈利能力。

在实际操作中，纯粹无追索权项目融资是无法做到的。由于项目自身的盈利状况受到多种不确定性因素的影响，仅仅依靠项目自身的资产和未来现金流量为基础进行负债融资，债权人的利益往往难以保障。因此往往采用有限追索权融资方式（Limited-Recourse Financing），即要求由项目以外的与项目有利害关系的第三者提供各种形式的担保。

项目融资的基本特点是：投资决策由项目发起人（企业或政府）做出，项目发起人与项目法人（项目公司）并非一体，而项目的债务融资风险由新成立的项目公司承担。项目能否还贷，仅仅取决于项目是否有财务效益及其所依托的项目资产，因此又称现金流量融资。项目只能以自身的盈利能力来偿还债务，并以自身的资产作为债务追索的对象。对于此类项目的融资，必须认真设计债务和股本的结构，以使项目的现金流量足以还本付息，所以又称为结构式融资。

无论是公司融资还是项目融资，在债务资金的筹措中，都可能涉及"主权信用融资"这一范畴，即以国家主权的信用为基础进行的债务融资。信用评级理论认为，国家是最高的信用主体，以国家主权的信用为基础进行的负债融资，融资风险也最低。改革开放以来，我国引进了大量外资，如世界银行和亚洲开发银行等国际金融机构、外国政府、商业银行贷款等，其中绝大多数是由国家财政、金融部门担保的。通过这种融资方式，我国为许多重点建设项目筹集了大量外资。在公司融资的结构安排下，我国的国有企业对利用主权信用融资具有得天独厚的优势；在项目融资的结构安排下，有主权信用融资的参与，是吸引其他融资机构参与的有力保证，由此必须善于利用主权信用融资的技巧。

（二）权益融资和负债融资

权益融资和负债融资是现代融资的另一个重要分类，是设计融资方案、分析融资结构及财务杠杆的重要基础。

1. 权益融资

权益融资是指以所有者的身份投入非负债性资金的方式所进行的融资。权益融资形成企业的所有者权益和项目资本金。我国的项目资本金制度规定国内投资建设的项目必须按照国务院规定筹集必要的资本金，杜绝"无本项目"的存在。因此，权益融资在我国项目资金筹措中具有强制性。

权益融资具有以下特点：①权益融资筹措的资金具有永久性特点，无到期日，不需归还，项目资本金是保证项目投资对资金的最低需求，是维持项目长期稳定运营的基本前提；②没有固定的按期还本付息的压力，股利的支付与否和支付多少，视项目投产运营后的实际经营效果而定，因此项目企业法人的财务负担相对较小，融资风险较低；③权益融资是负债融资的基础，是项目投资最基本的资金来源，它体现着项目所依托的企业法人的实力，是其他融资方式的基础。尤其可为债权人提供保障，增强公司的举债能力。

根据国家有关项目资本金制度，项目资本金来源可以是货币资金，也可以用实物、工业产权、非专利技术、土地使用权作价出资。作为资本金来源的实物、工业产权、非专利技术、土地使用权，必须经过有资格的资产评估机构依照法律、法规进行分析作价，并不得高估或者低估。投资者以货币方式认缴的资本金，其资金来源有各级政府的财政预算内资金、国家批准的各种专项建设基金、"拨改贷"和经营性基本建设基金回收的本息、土地批租收入、国有企业产权转让收入、地方人民政府按国家有关规定收取的各种税费及其他预算外资金；国家授权投资的机构及企业法人的所有者权益（包括资本金、资本公积金、盈余公积金、未分配利润及股票上市收益资金等）、企业折旧资金以及投资者按照国家规定从资金市场上筹措的资金；社会个人合法所有的资金；国家规定的其他可以用作投资项目资本金的资金。

2. 负债融资

负债融资是指通过银行贷款、发行债券等负债融资方式所筹集的资金。负债融资是建设项目资金筹措的重要形式。项目投资所依托的企业法人必须承担为建设项目筹集资金并为负债融资按时还本付息的责任。

负债融资的特点主要体现在以下几个方面：①筹集的资金在使用上具有时间性限制，必须按期偿还；②无论项目企业法人今后经营效果好坏，均需要固定支付债务利息，从而形成项目企业法人今后的财务负担；③资金成本一般比权益融资低，且不会分散对项目未来权益的控制权。

债务资金主要是通过金融机构在金融市场进行各类负债性融资活动来解决的。金融市场是各种信用工具买卖的场所，其职能是把某些组织或个人的剩余资金转移给需要资金的组织或个人，并通过利率杠杆在借款者和贷款者之间分配资金。在负债融资方案的设计和分析中，必须根据金融市场的特点、国际金融环境和我国金融体制改革的趋势结合项目自身的实际情况进行审慎分析。

在现代融资方案的设计中，还经常使用介于权益融资和负债融资之间的融资方式，如股东附属贷款、可转股债券、认股证等，它们具有"权益"和"负债"的双重特征，在现代融资方案的策划中往往发挥重要作用。

在现代市场经济体系中，尤其是在现代金融体系比较健全的融资环境下，无论是权益融资还是负债融资，均可以采用多种方式。现代企业理财必须熟悉各种权益融资和负债融资的方式及技巧，以优化融资方案。

（三）长期融资和短期融资

企业和项目的资金筹措，必须分清是需要长期资金还是短期资金，二者的融资方式不同，融资成本不同，面临的融资风险也不同。

长期融资，是指企业因购建固定资产、无形资产或进行长期投资等资金需求，所筹集资金的使用期限在一年以上的融资。长期融资通常通过吸收直接股权投资、发行股票、发行长期债券或进行长期借款等融资方式进行融资。短期融资，是指企业因季节性或临时性资金需求而筹集的使用期限在一年以内的融资。短期融资一般通过商业信用、短期借款和商业票据等融资方式进行融资。

在现代财务会计制度中，会计核算的基本等式为资产=负债+所有者权益。其中，负债=长期负债+短期负债。项目投资活动所形成的资产，由负债和所有者权益两部分来源构成。所有者权益和长期负债一般由长期融资来解决，短期负债只能通过短期融资的方式解决。

项目的投资主要由固定资产投资和周转资金两部分构成。固定资产投资由其性质决定，一般应由长期融资来解决。周转资金为流动资产减去流动负债之差。其中，流动资产可分为两类：一是永久性流动资产，即企业的生产经营所必需的，无论是处于高涨时期还是经营低谷，企业都必须保持的流动资产；二是波动性或临时性流动资产，即随企业经营状况的波动而临时需要的流动资产。相应地，周转资金也由永久性周转资金和波动性周转资金两部分构成。形成流动资产的资金来源，一部分通过流动负债来筹集，另一部分需要周转资金来解决。在项目的融资方案分析中所涉及的周转资金，一般是指永久性周转资金，并需要长期融资来解决。

另外，融资根据其资金是否来源于海外，可分为境内融资和利用外资。境内融资包括国内商业银行贷款、政策性银行贷款、发行公司（企业）债券、可转换债券、股票及其他产权融资方式。利用外资包括组建中外合资、中外合作和外商独资企业，海外发行股票、债券、基金及 ABS（Asset Backed Security，资产支持证券）等证券融资方式，外国政府贷款、国际金融组织贷款、国际商业银行贷款、国际出口信贷、国际融资租赁等信贷融资方式，以及补偿贸易、对外加工装配等方式。根据资金来源于企业内部还是外部，又可分为内部融资和外部融资。内部融资主要是通过企业税后利润、留存收益、折旧资金、企业现有资产变现等方式为建设项目筹集的资金；外部融资则是通过企业外部的各种渠道筹集的资金。所有这些融资来源的划分方法，都是现代融资方案的策划过程中必须考虑的因素。

## 第二节　融资活动的参与主体及融资环境

### 一、参与主体

在传统的融资活动中，主要的参与机构是银行。但在现代融资环境下，融资活动要涉及各种各样的机构的参与，并形成复杂的融资结构框架。项目投资的资金筹措方案的设计，在很大程度上取决于与融资有关的各种机构及金融市场的发展程度。金融组织（如养老金、保险公司、银行、住房储蓄信贷机构、单位信托投资基金等）在金融市场中作为金融中介的功能，在资金的筹措、融通等方面发挥重要作用。中国的各类金融组织已经初步形成，并正逐步完善。除本国的金融机构外，各种类型的国际金融机构在中国也得到一定程度的发展，并在项目融资中发挥着重要作用。

（一）银行类机构

1. 商业银行

商业银行是为大型投资项目提供负债融资的重要金融机构。在国际信贷市场中，能否得到国际商业银行的贷款，往往取决于贷款国的银行及其他金融机构与国际标准接轨的程度以及现已完成项目的信用记录。

商业银行初始参与大型跨国项目的贷款往往需要得到国际金融组织的支持。商业银行提供贷款的主要方式：①双边商业贷款，即由一家银行向借款人提供的贷款；②辛迪加贷款，又称银团贷款，即贷款由许多家银行向借款人提供；③俱乐部交易（Club Deals），即融资由少数几家银行提供。融资的需求越大，通常认为风险也越大，越需要银团贷款。

商业贷款要求项目必须具备足够的现金流量和贷款偿还能力，而对项目对于经济及环境的影响不予过多的考虑，除非其影响项目财务效益的实现或政治上的可接受性。商业银行融资的主要优势在于：①可为项目提供负债融资；②可提供长期贷款；③商业银行追求风险最小化，需要为可保风险提供足额保险。其劣势在于：①比国际金融组织的贷款利率高；②贷款期限相对较短，通常难以满足大型基础设施项目的融资要求；③可能难以获得宽限期；④不愿为项目提供权益融资；⑤其贷款要由项目公司的资产或其现金流量来担保。

在一些大型项目的融资过程中，往往需要辛迪加贷款，即进行银团贷款。其中担负组织银团贷款工作的银行为项目的协调银行。协调银行在拟定合同条款、信贷和担保文件时要起牵头的作用。这些文件中要十分清楚地注明每一家贷款银行提供的贷款款额及其参加贷款的明确意向，并承诺对自己贷款行为的结果所负的责任。在文件或有关项目建设的准备材料中，还需要指定经理银行和牵头银行。在大多数情况下，这种法律地位仅反映它们在整个项目融资中的参与程度，并不要求它们承担对借款方或其他贷款方的任何特殊的责任。另外，还有代理银行，负责协调提款工作、对外发表公告并将某些重要信息传播出去。同经理银行一样，代理银行对贷款银行的任何信贷决策都不负责任。为了对项目的工程进度进行监督，还设定工程银行的角色，负责监督项目进程中的技术事项，并需要经常同项目的工程师及独立的技术专家进行协调和沟通。工程银行可以附属于代理银行或协调银行。

2. 双边及多边国际开发银行

双边及多边国际开发银行在投资项目的资金筹措中发挥了重要作用。在中国，大量的国际金融组织在投资项目的资金筹措中扮演着重要角色。这些机构在很多诸如担保、贷款等事务上都有自己的政策和标准，形成其贷款规则和标准，这些标准又会进而影响项目融资的结构。这类金融机构往往仅对特定项目提供支持。如果项目具有良好的财务效益，但其经济效益不理想，或可能产生环境代价，这类项目可能更易于被商业银行接受。相反，如果项目具有较好的经济或环境效益，能够满足特定的社会、经济发展目标，但财务效益不理想，这类项目却可能获得国际开发银行的支持。这样，这些金融机构在对项目贷款进行决策时，往往需要耗费比商业银行更长的时间对项目的各个方面进行详细论证。另外，这些金融机构贷款有时还需要得到政治风险的保险。在项目融资中如果能够得到这些机构的支持，将会获得比商业银行贷款利率低得多的贷款，从而降低资金成本。因此应积极主动地争取和这些机构合作。

世界银行是最重要的国际金融组织之一，下设国际复兴开发银行、国际开发协会、国际金融公司及多边投资担保机构和国际投资争端解决中心等机构。国际复兴开发银行和国际开发协会直接对政府提供贷款并需要主权担保，国际金融公司主要以贷款或股权投资的形式为私营机构提供资金，且一般不要求主权担保。世界银行融资的主要特点：

（1）对于商业银行及其他金融机构不愿意融资的项目，世界银行可能给予资金资助；

（2）利率比其他资金来源方式要低；

（3）能够提供长期（15～20年）的带有宽限期的资金，这对基础设施项目尤其具有吸引力；

（4）可以选择固定利率或浮动利率的融资方式；

（5）世界银行贷款的项目要对项目的技术、财务、经济、环境条件进行认真分析，有利于加强项目管理；

（6）世界银行的参与，有利于吸引其他金融组织加入项目的融资计划中，从而拓宽项目的融资渠道。

其缺点：①需要长时间的复杂的项目分析过程；②有时官僚主义现象严重；③贷款合同

中的财务及其他限制性条款较为严格;④必须执行国际上最严格的财务控制标准及报告制度;⑤必须遵循银行的采购程序。

在欧洲,欧洲投资银行在多边经济合作中具有重要地位。它是由欧盟成员国所拥有的另一家重要的国际金融组织,该机构建立的主要目的是巩固欧盟和贯彻欧盟的经济政策。所以贷款必须担保(不必由政府担保),且贷款限制比较严格,其贷款上限是项目投资的 50%。和世界银行类似,欧洲投资银行的贷款具有如下特点:

(1)能够提供长期贷款;

(2)能够提供具有吸引力的固定或浮动利率贷款;

(3)能够提供多币种的贷款;

(4)根据项目建设期长短,给予本金偿还的宽限期;

(5)积极参与有国际金融组织支持背景的投资项目;

(6)投资项目经由欧洲投资银行的参与,有利于提升其信用水平,吸引更多的机构参与到项目的融资开发。其缺点:①贷款必须进行担保;②项目评审过程缓慢,需要较长的时间耗费;③只提供低于项目总投资 50%的贷款;④必须遵循银行的采购程序。

3. 出口信贷机构

各国为支持出口,建立了许多出口信贷机构,为设备的购买者提供融资、为政治及其他风险提供保险等,如美国的进出口银行(Exim Bank)、英国的出口信贷担保局(the Export Credits Guarantee Department,ECGD)。这些机构通过以较具吸引力的利率为大型项目提供长期贷款融资,或直接投资于项目,或提供金融保险,或对出口国银行提供担保,为融资的实施创造条件。

出口信贷机构的传统作用是为长期出口信贷提供担保,同时也为项目设备进口商提供支持,采用的形式:①为项目所需进口设备提供货款支付担保;②为项目公司进口设备直接提供负债融资;③对为项目公司提供货物的出口商直接提供出口信贷。

出口信贷融资的主要特点:

(1)是项目融资的重要来源,尤其对融资渠道较窄的国家更是如此;

(2)利率一般比商业银行贷款低;

(3)可以选择固定利率或浮动利率及不同币种的长期贷款;

(4)在项目建设期可获得宽限期;

(5)对出口商的政治风险可以通过保险等方式进行规避。其不足主要表现在:①增加了融资的参与者,包括出口信贷机构、贷款银行,并可能包括国家保险公司;②保险费用及其他相关费用需要由项目公司承担;③必须遵循特定的规定以满足设备供应融资的要求。

4. 投资银行

投资银行又称商人银行,目前主要提供三类服务:①金融顾问,包括安排辛迪加贷款和证券发行,为公司采用的金融工具组合提供建议,制定招募说明书,发行承销、开发新的金融产品,包括各种金融衍生工具;②并购业务,包括提供"善意并购"的双方并购协议谈判顾问、预防"恶意并购"的对策等;③投资组合管理,提供包括年金、保险公司、投资及单位信托和各种慈善基金的投资管理顾问。

5. 其他银行机构

国际金融市场中,尤其是欧洲金融市场,还有各种类型的银行机构,主要有以下几类:

①票据交换银行，这类银行在全国范围内运行，开展全国的票据清算业务；②批发业务银行，这类银行产生于西方19世纪贸易的迅速增长对金融业的需求；③汇票接受行，主要用于从贴现行中接受不太出名的贸易商手中转来的汇票；④贴现银行，通过票据贴现为不太出名的汇票持有人提供现金；⑤住房储蓄银行，专门为购买住房提供融资服务的专业金融机构。

（二）非银行金融机构

1. 租赁公司

租赁公司是现代融资中的重要参与机构。租赁公司通过取得项目公司所需的部分或全部资产并把它们返租给项目公司，以得到的租金收入来抵补购买成本，获得投资回报。租赁市场的主体由出租人、承租人和经销商构成。出租人可以是租赁公司，也可以是有闲置资产的企业，或者由租赁公司、金融机构、制造厂商结成的联合体。承租人主要是需要资金的企业。经销商则代表租赁双方，寻求交易对象，促成交易。

2. 保险公司

投资项目的巨大资金需求规模以及未来许多难以预料的不利因素，要求项目各方准确地认定自己面临的主要风险，并及时为它们投保。适当的保险是现代融资的一个重要内容，也是项目融资赖以存在的基础。特别是在贷款方对借款方或发起方的资产只有有限追索权的情况下，保险赔款就成了贷款方的一个最主要的抵押保证。

保险公司提供的保险分为长期险和一般险。长期险主要是指人寿保险和养老保险。人寿保险主要用于支付退休金和身故补偿，其资金可用于项目的长期投资。一般险（如火灾、事故、海啸等保险），一般仅涵盖不超过一年的特定时间段的风险损失赔偿，保险金的流动性受到限制，主要用于投资短期资产。养老保险是根据一定的法律法规，为解决劳动者在达到国家规定的解除劳动义务的劳动年龄界限，或因年老丧失劳动能力退出劳动岗位后的基本生活而建立的一种社会保险制度，目的是为保障老年人的基本生活需求，为其提供稳定可靠的生活来源。

3. 投资基金

私人投资者个人独自管理其投资组合往往风险较大，一般委托单位信托或投资基金进行专业化投资组合管理。单位信托和投资基金的区别在于：投资基金一般是有限责任公司，其股票在证券市场上市，并对特定范围的证券进行投资。其股票价格取决于它所投资的证券的市场价值及证券市场供求状况。这类基金一般是"封闭"型的，股票持有人只有在证券市场抛售其拥有的股票才能变现。单位信托一般由银行或保险公司进行经营。信托价格一般由信托管理人确定，属于"开放"型基金，基金规模不受限制，信托持有人只能将所持有的信托基金回售给信托管理人以实现变现。

4. 其他各类机构投资者

在现代融资活动中，各类机构投资者如养老金、信托投资机构等，在长期资金的募集方面往往发挥着重要作用。机构投资者出于规避风险的考虑，往往需要寻找投资期较长（通常超过20年）、安全性较强并在项目期内有可靠的预期收益的项目。这类投资者一方面需要订立长期的融资合同，另一方面又不愿意为仍处于建设阶段的项目提供融资，并竭力寻找已处于运行阶段并具有较强的预期收益和较低的现金流量风险的项目。机构投资者一般通过购买项目公司发行的私募债券或股票的方式为项目提供长期融资。

养老金机构是聚集资金用于雇员将来养老金需求的特定金融组织。它可分为自己管理的养老金计划（其资金直接投资于金融市场）、投保养老金计划（向人寿保险公司投保）。养老金是证券市场投资的资金来源，因而也是项目投资的一种资金来源渠道。

（三）非金融机构

1. 项目发起单位

项目发起单位可以是政府部门，也可能是一家公司，也可以是许多与项目有关的公司（如项目承建商、设备供应商、原材料供应商、产品的买主或最终用户）组成的企业集团，还可以是与项目有着间接利益关系的实体（如土地的所有者）。发起方既可以是本国境内的企业，也可以是境外的企业或投资者。一般来说，发起方中包括至少一家境内企业有利于项目的获准与实施，降低项目的政治风险。项目发起单位不仅是项目最先的资金提供者，而且往往在设计整个项目的融资结构框架中发挥着重要作用。

2. 项目公司

项目发起单位在为项目融资的过程中一般成立一个经济实体，一般称为项目公司。一般来说，项目公司具有如下几种组织形式。

（1）项目专设公司。由于各国的税收和会计法规的限制，公司制的企业组织形式在不同的国家各有利弊。专设公司一般具有如下特点：股东权益可以自由转让，股东只有有限责任，可以在部分股东退出之后继续存在，可能会遇到对公司和股东的双重征税。

（2）一般合伙制公司。合伙经营可以经营项目，拥有产权，也可以以自己的名义订立财务协议。合伙经营一个项目可以享受某些税收上的好处。其特点：其本身不是一个孤立的法律实体，所以债权人对它的合伙人是有追索权的；每个合伙人对债权人的责任是无限的；合伙人的数量可能会受到限制；未经其他合伙人同意，任何合伙人不能把在公司中的权益转让给其他公司。

（3）有限责任合伙制公司。把各责任有限的伙伴的责任明确限制在其投资数额之内的经济实体。

（4）契约经营。在项目融资上各合作伙伴之间签有各种契约，以限制各自以及彼此之间的责任和义务的合营。

（5）信托。在施工期间可以利用施工信托对项目拥有产权。项目发起方与受托方签订信托协议，形成信托实体。独立的名义资本化的公司或金融机构可以充当受托方。受托方仅有有限的自主权，依靠项目发起方的无条件保证书或长期贷款方的保证书借入短期资金以支持项目的施工。项目竣工后亦可采用信托形式，受托人将项目租给某公司经营。

3. 项目借款单位

借款方可以是项目公司，也可以不是。由于项目的运作和融资结构受多种因素影响，如国家的税收制度、外汇制度、担保制度、法律诉讼的可行性等，因此在许多项目中，借款方可能不止一个，它们各自独立借款以参与到项目中。项目的建筑公司、经营公司、原材料供应商以及产品买主都可以成为独立的借款方。另外，借款方还可以是项目公司之外的"委托借款专设公司"，由该公司向银行借款，用以支持项目建设费用。项目建成后，项目公司出售产品的货款收入全部交给委托借款专设公司，该公司从销售收入中扣除银行贷款的本息还款，将剩余部分返还给项目公司，作为项目公司的利润。

4. 项目承建机构

项目承建机构通过固定价格的一揽子承包合同负责工程项目的设计和建设。如果项目延误工期或者项目未能达到预期的各项性能指标，承建商要赔偿相应的损失。承建商在项目招标中中标后，通常会就设备购买、设计和施工等事项与其他公司另外签订合同，并把自己的工作分包给次级承建商。项目承建机构往往通过带资承包的方式参与到项目的融资中。

5. 项目供应商

供应商包括设备供应商和原材料供应商，其主要目的是通过签订和执行供应合同而获得商业利润。供应商有时也可能会以权益投资或后偿债务的方式投资于项目。

6. 担保受托方

在大多数辛迪加贷款融资里，担保受托方由代理银行出任。但有些项目需要牵扯很多贷款银行，它们都对担保非常关注并有严格要求，这时就需要指定一家独立的信托公司充当担保受托方。

（四）融资过程中的其他参与者

1. 政府

政府在项目的融资中扮演着间接而重要的角色，如给予税收减免或外币兑换特许权。大多数情况下，它们并不以借款方或项目公司股东的身份直接参与到项目的融资中，但政府也可以通过代理机构进行权益投资或成为项目产品的最大买主或用户（如电力项目）。

政府在项目周期的各个阶段都可以参与到项目中。例如，可行性研究、物资及服务的采购、合同的安排、融资、项目建设、项目的运营及维护。政府在项目融资中的主要作用包括：①国家可以较低的利率获得借款；②政府可以通过在国内或国际市场融资、征税、收取过路费及通过通常的国库资金等多种方式筹集资金；③可以通过私有化等方式为基础设施项目融资；④离开政府的积极参与和有力支持，很多项目难以成功。其主要缺点：①融资受政府金融实力及外债水平的限制；②由私人部门提供"公共"服务可能会引起政治问题；③国家资产和财富的所有权归属的战略考虑。

2. 私人投资者

私人投资者参与到项目的融资活动中，其主要作用：①将私人部门的专有技术和技巧用于公共部门的项目；②注重提供优质服务和获取盈利；③项目风险由最适于管理的机构进行管理，便于分散项目融资风险；④项目要经过严格的分析论证并将风险控制在可接受的范围内；⑤项目要确保在约定的时间和预算内完成；⑥有利于挖掘新的资金来源和金融创新；⑦可以使在其他方式下可能延误或取消的项目得以实施；⑧可以获得较高的权益融资，为债务的偿还提供更多的保障。私人投资者的参与可能引起的不足：①私人开发商与公共部门利益的冲突，私人部门注重财务回报，而公共部门注重提供服务的价格及公共利益的实现，导致公共和私人部门参与者产生目标冲突；②财务收费可能较高；③可能产生垄断利润；④可能要求从政府部门获得各种支持和担保，以至于项目的运作像一个完全的公共部门项目；⑤财务、技术、法律结构的复杂化，可导致谈判时间延长；⑥一旦项目出现财务困境，有损于国际形象；⑦增加了项目的参与者，同时也增加了商务谈判和合同安排的复杂性。

3. 律师

由于参与各方的国际性以及文件起草的复杂性，规模较大的项目融资往往要求有资深的跨国律师事务所参与。当项目的资产被用于贷款抵押时，无论贷款来自境外银行还是境内银行，项目公司都必须征求所在国地方律师的意见。贷款方的律师通常负责向有关各方（包括当地律师）征求法律意见。为了保证融资结构设计合理，担保结构严谨而有效，税收优惠及其他政策性优惠能够得以兑现，律师应尽早地介入项目融资的工作中。

4. 金融或财务顾问

金融顾问由专业性的财务顾问公司、商业银行或投资银行充当，负责撰写项目报告，说明项目的性质和经济可行性，列出关于项目成本、市场价格及需求、汇率等重要因素的假设，并向有关方面介绍项目发起各方的情况。金融顾问应该对所在国的情况非常熟悉，并拥有一定的专业技能和渠道，以便顺利地将项目"推销"给贷款银行。金融顾问有时可由贷款银行兼任。

5. 信用评级机构

有些项目是通过有银行支持的债券来筹集资金的。发行债券一般需要信用评级。这就需要在项目筹建的初期向有关的评级机构进行咨询和申请。评级机构的政策和规定以及评级结果将会对融资结构产生一定的影响。

信用评级原来仅用于企业、金融机构或地方政府发债券的融资活动中。随着无追索权项目融资方式的推广应用，美国标准普尔评级公司和穆迪投资者服务公司等国际权威的评级机构也开展为项目融资发行债券的评级业务，并促使养老基金、共同基金，甚至个人投资者踊跃购买项目融资债券。这些机构对项目融资债券的评级主要考虑如下几方面的因素：①产品购买合同；②购买者的信用；③能源、动力供应风险；④原材料供应风险；⑤项目融资结构风险；⑥技术风险；⑦预期的现金流量。另外，政治和外汇风险有时也需重点考虑。

6. 其他有关专家

项目发起方或财务顾问要挑选在国际上有一定声望的专家来准备或审查项目的可行性报告，并且在项目建设、运营的进程中扮演监督者的角色。当项目发起方和贷款方之间对融资文件中关于技术或测试方面的内容产生分歧、各执一词的时候，专家还可能充当他们之间的仲裁人。

**二、融资环境**

项目的融资参与机构在金融市场上运作的各类融资活动，都是在一定的融资环境下进行的，必然会受到融资环境的制约。融资环境既影响着企业的融资渠道、融资方式、融资成本和融资结构，也影响着企业融资活动的效率。因此，企业的财务管理人员必须明了融资环境的运行规律和发展趋势，选择最有利的时机，以最低的资金成本和最佳的融资方式为企业的生产经营筹得资金，以利于实现企业的财务目标。

企业的融资环境指对融资活动可能产生影响的各种条件和因素的总和，主要包括金融制度、财务制度、税收制度及相关法律框架。

（一）金融制度

金融制度指金融机构、金融市场和金融业务的组织管理制度，是国民经济管理体制的一个有机组成部分，包括各类金融机构和各类金融市场的设置方式、组成结构、隶属关系、职能划分、基本行为的规范和行为目标等。

金融制度对企业融资的影响是多方面的，如对融资来源的影响，通过金融对外开放的有关改革，我国拓展了对外融资的渠道。金融制度对融资方式也有重要影响。项目的发起人一般根据可预测的项目盈利能力决定是否投权益资金，债务资金的投放也必须考虑债务清偿风险，而所有这些的运作必须在允许的政策和法律框架下进行。

尤其在有海外资金进入的情况下，必须考虑项目所属产业的市场准入的问题。在中国，外商投资必须得到政府的审批，不同的产业部门对外商的限制程度不同，在中外合资项目的可行性研究中，必须考虑有关外商投资的有关政策规范。

（二）财务制度

财务制度是规定资金运动过程中企业与各方面的财务关系的制度，是一个国家财政管理体制的重要组成部分和经济管理体制的一个重要方面，包括资金分配体制、成本管理体制和利润分配体制等。

财务制度对企业融资的影响体现在多个方面。例如，财务制度对项目资金的筹措方式和资金到位方式的规定，影响着资本金的筹集方式和到位期限；行业财务制度对企业所得税后利润的分配方式的规定，影响着企业收益分配方式等。

（三）税收制度

税收制度是国家处理税收分配关系的总规范，国家各项税收法律、规章、条例、征收管理办法和税收管理体制等的总称。税收法律、规章及条例是税收制度的主体，它是国家向纳税人征税和纳税人向国家纳税的法定依据，是征收管理办法和税收管理体制据以制定的基础。征收管理办法是税务机关和税务工作人员从事税收课征、税收管理和检查，以保证税收法律、规章、条例得以正确贯彻实施的工作规程。税收管理体制则是国家内部划分中央和地方税收收入及税收管理权限，充分发挥各级税务机关积极性的行政规范。

在财务管理中，税收对资金筹措、项目投资和股利分配均有重要影响。例如，对融资结构的影响，利息具有抵税作用，因此从这一角度考虑，债务融资比股权融资更有利；对项目投资的影响，税收可以作为调节投资结构的一种重要调控杠杆，使投资某一领域可获得税收优势，如税收往往鼓励投资于工业或设备制造业的项目，从而刺激这类项目的投资；对股利支付的影响，无论作为经营收益的项目现金流量，还是作为股利进行分配的税后利润，都受税收的影响，从而使税收对股利分配产生影响。

（四）项目融资的法律框架

在项目的融资过程中，必须考虑有关的法律框架，这包括国家在项目融资领域内有关的法律体系，以及指导各类项目融资结构的合同规范体系。

在项目融资的合同结构框架下，不同的项目，其法律、商务、财务、股权、融资协议等方面的协议结构差别较大，应根据具体项目的特点进行设计。主要的合同框架：建设合同、运营及管理/维护合同、项目公司与政府或其附属机构签订的特许协议合同、贷款合同、股东协议、购买合同、担保合同。

# 第二章

# 权益资金融资方式

## 第一节 项 目 资 本 金

### 一、项目资本金的概念及其特点

（一）项目资本金的概念

项目资本金（外商投资项目为注册资本）又称为项目的权益资本，是指在建设项目总投资中，由投资者提供的资金。投资者可按其出资的比例依法享有资金的任何所有者权益，也可转让其出资，但不得以任何方式抽回。

国家为了从宏观上调控固定资产投资，根据不同行业和项目的经济效益等，对投资项目资本金占总投资的比例有不同的具体规定。1996 年 8 月 23 日，国务院发布了《关于固定资产投资项目试行资本金制度的通知》（国发〔1996〕35 号），该通知规定，从 1996 年开始，对各种经营性投资项目，包括国有单位的基本建设、技术改造、房地产开发项目和集体投资项目试行资本金制度，投资的项目必须首先落实资本金才能进行建设。2009 年 5 月 25 日，国务院发布《关于调整固定资产投资项目资本金比例的通知》（国发〔2009〕27 号），对固定资产投资项目资本金比例进行适当调整。《国务院关于调整和完善固定资产投资项目资本金制度的通知》（国发〔2015〕51 号）指出，为进一步解决当前重大民生和公共领域投资项目融资难、融资贵问题，增加公共产品和公共服务供给，补短板、增后劲，扩大有效投资需求，促进投资结构调整，保持经济平稳健康发展，国务院决定各行业固定资产投资项目的最低资本金比例按以下规定执行：

（1）城市和交通基础设施项目：城市轨道交通项目由 25%调整为 20%，港口、沿海及内河航运、机场项目由 30%调整为 25%，铁路、公路项目由 25%调整为 20%；

（2）房地产开发项目：保障性住房和普通商品住房项目维持 20%不变，其他项目由 30%调整为 25%；

（3）产能过剩行业项目：钢铁、电解铝项目维持 40%不变，水泥项目维持 35%不变，煤炭、电石、铁合金、烧碱、焦炭、黄磷、多晶硅项目维持 30%不变；

（4）其他工业项目：玉米深加工项目由 30%调整为 20%，化肥（钾肥除外）项目维持 25%不变；

（5）电力等其他项目维持 20%不变。对于城市地下综合管廊、城市停车场项目，以及经国务院批准的核电站等重大建设项目，可以在规定最低资本金比例基础上适当降低。金融机构在提供信贷支持和服务时，要坚持独立审贷，切实防范金融风险。要根据借款主体和项目实际情况，按照国家规定的资本金制度要求，对资本金的真实性、投资收益和贷款风险进行全面审查和评估，坚持风险可控、商业可持续原则，自主决定是否发放贷款以及具体的贷款数量和比例。对于产能严重过剩行业，金融机构要严格执行《国务院关于化解产能严重过剩矛盾的指导意见》（国发〔2013〕41号）有关规定。

国家根据经济形势发展和宏观调控需要，适时调整固定资产投资项目最低资本金比例。项目投资资本金可以用货币出资，也可以用实物、工业产权、非专利技术、土地使用权等出资，但必须经过有资格的资产评估机构依照法律、法规评估作价。

对企业和项目而言，项目资本金具有非常重要的意义。这是因为，资本金是项目存在和从事任何生产经营活动的前提，是决定企业偿债能力、承担债务风险的最低限度的担保，也是联结投资者原始产权和企业法人财产权的物质载体，体现了投资者对项目的资产和收益的所有权。在项目满足所有债权后，投资者有权分享利润，同时也要承担项目可能出现亏损的风险。

（二）项目资本金的特点

项目资本金具有如下基本特点：

（1）项目资本金是项目权益资金，对建设项目来说是非债务性资金，没有使用期限，项目法人不承担这部分资金的任何利息和债务，因此，它不会给企业造成债务负担。

（2）投资者可按其出资比例依法享有所有者权益，也可将其出资转让，但一般不得以任何方式抽回。

（3）项目为资本金支付股利与否或支付多少，视项目投产运营后的实际经营效果而定，因此项目法人的财务负担较小，项目融资风险也较低。

（4）项目资本金是自有资金，在企业破产清算时，其求偿权次于债权资金，风险相对较大，同时，投资者对资本金的收益率要求较高，因此权益资金的成本较高。

**二、项目资本金的来源**

根据项目融资主体的不同，项目融资方式可以分为既有法人融资和新设法人融资两种类型。对于某个具体建设项目来说，其资本金的来源渠道和筹措方式，应根据项目融资主体的特点进行选择。以既有法人为融资主体的建设项目，其新增资本金可通过原有股东或投资者增资扩股、吸收新股东投资、发行股票、申请政府投资等方式筹措。以新设法人为融资主体的建设项目，其资本金可通过股东直接投资、发行股票、申请政府投资等方式筹措。具体筹资渠道如下：

（一）既有法人内部融资

建设项目采用既有法人融资方式，既有法人的资产也是项目建设资金的来源之一。既有法人资产在企业资产负债表中表现为企业的现金资产和非现金资产，它可能由企业的所有者权益形成，也可能由企业的负债形成。

对于企业的某一项具体资产来说，我们无法确定它是权益资金形成的，还是债务资金形成的。当企业采用既有法人融资方式，以企业的资产或资产变现获得的资金投资于本企业的改扩建项目时，我们同样不能确定其属性是权益资金还是债务资金。但是，当企业以现有资产投资于另一个具有独立法人资格的项目（企业）时，对该项目（企业）来说，企业所投入的资产，应视为法人资本金。

需要指出的是，在实际工作中通常将既有法人内部融资的资金称为"自有资金"，并在改扩建项目的融资方案和财务分析中视为项目资本金。

既有法人内部融资的渠道和方式包括：可用于项目建设的现有货币资金，未来生产经营活动可能获得的盈余现金，资产变现的资金，资产经营权变现的资金和非现金资产等。

（二）股东直接投资

股东直接投资是指企业按照"共同投资、共同经营、共担风险、共享利润"的原则，广泛吸收社会各界闲散资金的一种融资方式。按照投资主体的不同，股东直接投资可以分为国家资本金、法人资本金、个人资本金和外商资本金。

以既有法人为融资主体的建设项目，股东直接投资表现为扩充既有法人的资本金，包括原有股东或投资者增资扩股和吸收新股东投资。

以新设法人为融资主体的建设项目，股东直接投资表现为项目投资者为项目提供资本金。合资经营公司的资本金由企业的股东按股权比例认缴，合作经营公司的资本金由合作投资方按预先约定的金额投入。

（三）股票融资

以既有法人或新设法人为融资主体的建设项目，凡符合规定条件的，均可以通过发行股票在资本市场募集股本资金。

股票融资具有下列特点：所筹资金是项目的股本资金，可作为其他方式筹资的基础，可增强融资主体的举债能力；所筹资金没有到期偿还的问题，投资者一旦购买股票便不得退股；普通股股票的股利支付，可视融资主体的经营好坏和经营需要而定，因而融资风险较小；股票融资的资金成本较高，因为股利需从税后利润中支付，不具有抵税作用，而且发行费用也较高；上市公开发行股票，必须公开披露信息，接受投资者和社会公众的监管。

（四）政府投资

政府投资资金，包括各级政府的财政预算内资金、国家批准的各种专项建设基金、统借国外贷款、土地批租收入、地方政府按规定收取的各种费用及其他预算外资金等。政府投资主要用于关系国家安全和市场机制作用不明显、不能有效配置资源的经济和社会领域，包括加强公益性和公共基础设施建设，保护和改善生态环境，促进欠发达地区的经济和社会发展，推进科技进步和高新技术产业化。中央政府投资除本级政权等的建设外，主要安排跨地区、跨流域以及对经济和社会发展全局有重大影响的项目（如三峡工程、南水北调、青藏铁路等）。

对于政府投资资金，国家根据资金来源、项目性质和调控需要，分别采取直接投资、资本金注入、投资补助、转贷和贷款贴息等方式，并按项目安排使用。

在项目评价中，对投入的政府投资基金，应根据资金投入的不同情况进行不同的处理：

（1）全部使用政府投资资金的非经营性项目，不需要进行融资方案分析；

（2）以资本金注入方式投入的政府投资资金，在融资方案和财务分析中，应视为权益资金；

（3）以投资补贴、贷款贴息等方式投入的政府投资资金，在项目评价中，既不属于权益资金，也不属于债务资金，在融资方案和财务分析中，应视为现金流入（补贴收入）；

（4）以转贷方式投入的政府投资资金（统借国外贷款），在融资方案和财务分析中，应视为债务资金。

（五）准股本资金

准股本资金是一种既具有资本金性质，又具有债务资金性质的资金。准股本资金主要包括优先股股票和可转换债券。为了便于融资方案的分析，必须对准股本资金的性质进行判断。

1. 优先股股票

优先股股票是一种兼具资本金和债务资金特点的有价证券。从普通股股东的立场看，优先股可视同一种负债；但从债权人的立场看，优先股可视同为资本金。例如，如同债券一样，优先股股息有一个固定的数额或比率，通常高于银行的贷款利息而又不随企业业绩的好坏而波动，并且可以先于普通股股东领取；如果企业破产清算，优先股股东对公司剩余财产有先于普通股股东的求偿权。优先股一般不参加企业的红利分配，持股人没有表决权，也不能参与企业的经营管理。由于发行普通股会稀释股权，因此在资本额一定的情况下，企业发行一定数额的优先股，可以保护原有普通股股东对公司的经营控制权。

优先股股票相对于其他债务融资，通常处于较后的受偿顺序，且股息在税后利润中支付，因此，在融资方案和财务分析中应视为项目资本金。

2. 可转换债券

可转换债券是一种可以在特定时间、特定条件下转换为普通股股票的特殊企业债券，兼有债券和股票双重特性。由于可转换债券附有普通企业债券所没有的转股权，因此可转换债券利率一般低于普通企业债券利率，企业发行可转换债券有助于降低融资成本。但可转换债券在一定条件下可转换为公司股票，因而可能会造成股权的分散。

在融资方案和财务分析中，可转换债券在未转换成股票前应视为项目债务资金，在转换成股票后应视为项目资本金。

## 第二节　股票发行上市融资

《中华人民共和国公司法》（以下简称《公司法》）是为了规范公司的组织和行为，保护公司、股东和债权人的合法权益，维护社会经济秩序，促进社会主义市场经济的发展而制订的重要法律，于 1993 年 12 月 29 日第八届全国人民代表大会常务委员会第五次会议通过，1999、2004、2005 年多次修正，并由全国人民代表大会常务委员会于 2013 年 12 月 28 日发布现行版本，对公司上市融资做出新的规定和调整，与其相关配套的法律法规及其相应规定相继出台，为公司上市融资提供了更为便捷和操作性更强的途径，从而为企业上市融资提供了法律保障。

### 一、股票融资的特点条件和程序

（一）股票融资的主要特点

股票是股份公司为筹措自有资本而发行的有价证券，是反映股东对企业资产所有权的凭证。股票融资是建立现代企业制度的公司制企业进行融资的重要形式。

与其他融资方式相比，股票融资具有如下特点：

（1）所融资金具有永久性，无到期日，不需归还。这对保证公司对资本的最低需要，维持公司长期稳定发展极为有益。

（2）发行股票融资一般没有固定的股利负担，股利的支付与否和支付多少，视公司有无盈利和经营需要而定，经营波动给公司带来的财务负担相对较小。因此，对于融资公司而言，融资风险较小。

（3）发行股票筹集的资金是公司最基本的资金来源，它反映了公司的实力，可作为其他方式融资的基础，尤其可为债权人提供保障，增强公司的举债能力。

（4）由于股票的预期收益较高并可一定程度地抵销通货膨胀的影响，因此比较容易吸引投资者。

（5）资金成本较高。首先，从投资者的角度讲，投资于股票风险较高，相应地要求有较高的投资报酬率。其次，对于融资公司来讲，普通股股利从税后利润中支付，不像债券利息那样作为费用从税前支付，因而不具有抵税作用。此外，普通股的发行费用一般也高于其他证券。

（6）股票融资会增加新股东，从而分散公司的控制权。此外，新股东分享公司未发行新股前积累的盈余，会降低普通股的每股净收益，从而可能引起股价的下跌。

（7）股票的发行和上市，需要繁杂的信息披露，不仅信息报道成本较高，而且容易泄漏公司经营的商业机密。

（8）股票的市场价格变现并不一定反映公司经营的真实情况，甚至可能歪曲公司的形象，从而影响公司的正常经营活动。

（二）股票上市融资的条件和程序

上市标准，是证券交易所选取上市公司的衡量尺度，也称上市条件。申请公司只有符合证券交易所提出的这些要求或承诺这些要求，才有资格向证券交易所提出申请。

上市标准包括两个方面：一是建立一套考察指标体系；二是规定在各个指标上申请公司应满足的最低要求。虽然各个证券交易所考核的侧重点和具体考察指标的选定有所不同，但这些考察指标可归并为三个系列：业绩和业务、股本和股东、公司治理。其中前两个系列比较容易量化，申请公司必须满足这些刚性的最低要求，后一个系列相对而言更侧重于定性而非定量。所以，可以把前两个系列称为硬性条件，后一个系列称为软性条件。但是硬性条件和软性条件的划分并不是绝对的，当前的趋势是，对硬性条件，证券交易所正在通过放松最低要求或予以豁免来扩充上市资源；而软性条件则存在硬性化的倾向，证券交易所正通过加强软性条件的执行来规范候选上市公司的运作，提高公司上市后的质量。

（三）发行股票需要履行的程序

（1）发行人董事会应依法就本次股票发行的具体方案、本次募集资金使用的可行性及其他必须明确的事项做出决议。

（2）发行人董事会将上述决议提请股东大会批准。

（3）发行人股东大会就本次发行股票做出的决议，至少应包括下列事项：本次发行股票的种类和数量、发行对象、价格区间或者定价方式、募集资金用途、发行前滚存利润分配方案决议的有效期、对董事会办理本次发行具体事宜的授权。其他必须明确的事项。

（4）按照中国证监会的有关规定制作申请文件。

（5）保荐人保荐并向中国证监会申报，其中特定行业的发行人应提供管理部门的相关意见。

（6）中国证监会收到申请文件后，在5个工作日内做出是否受理的决定。

（7）申请文件进行初审，并由发行审核委员会审核。中国证监会在初审过程中，将征求发行人注册地省级人民政府是否同意发行人发行股票的意见，并就发行人的募集资金投资项目是否符合国家产业政策和投资管理的规定征求国家发展和改革委员会的意见。

（8）中国证监会依照法定条件对发行人的发行申请做出予以核准或者不予核准的决定，并出具相关文件。自中国证监会核准发行之日起，发行人应在6个月内发行股票；超过6个月未发行的，核准文件失效，须重新经中国证监会核准后方可发行。股票发行申请未获核准的，自中国证监会做出不予核准决定之日起6个月后，发行人可再次提出股票发行申请。

（9）发行申请核准后、股票发行结束前，发行人发生重大事项的，应暂缓或者暂停发行，并及时报告中国证监会，同时履行信息披露义务。影响发行条件的应重新履行核准程序。

（四）股票发行上市交易申请

股票发行上市交易申请具体包括向证券交易所报送下列文件：上市报告书、申请股票上市的股东大会决议、公司章程、公司营业执照、依法经会计师事务所审计的公司最近三年的财务会计报告、法律意见书和保荐人出具的上市保荐书、最近一次的招股说明书、证券交易所上市规则规定的其他文件。上述文件需由上市公司聘请的主承销商、分销商及上市推荐人、会计师事务所、律师事务所、资产评估事务所、财务顾问等中介机构出具。

另外，股票上市还需要证券交易所依法审核，订立上市协议，股东名录登记，披露上市公告书，以及股票上市交易等程序。

**二、股票融资方案的制定和优化**

（一）股票发行数量的确定

股票发行数量的多少决定着企业的财务结构、经营风险和融资成本。决策时，应充分考虑到以下因素：

（1）政策规定。即必须按照我国《公司法》的规定，达到法定资本金的最低数量要求。

（2）公司的经营规模。规模越大，资金的需要量就越多，股票发行的数量一般也越大，反之亦然。

（3）公司的融资结构。主要的决定因素是公司的资产负债率和自有资本率。对于资产负债率较低、自有资本率较高的企业，财务杠杆风险较小，可以较多地采用资金成本较低的银行贷款等融资方式。反之，可更多地依赖发行股票等权益融资方式。

（4）企业的控制权。债权人与股东对企业的控制程度不同，债权人只能定期取得本息，无权参与企业的管理；而股东则对企业的重大投资决策、收益分配等具有表决权。因此，注重控制权集中的公司不能发行过多的股票，否则会削弱老股东对企业的控制权。

（5）股东收益。保持股东收益的不断增长是股份制企业的经营目标之一。发行过多的股票尤其是普通股票会使企业的税后利润被更多的股份分享，可能降低企业的每股收益水平。

（二）股票发行面值的确定

股票按有无票面金额可划分为有面值股票和无面值股票。持有有面值股票的股东，对公司享有权利和承担义务的大小，以其所拥有的全部股票的票面金额之和，占公司发行在外股票面额的比例大小而定。无面值股票的突出特点是股票价值随公司财产的增减而变动，发行无面值股票，有利于促使投资者在购买股票时注意计算股票的实际价值。我国《公司法》规定，股票应标明票面金额。一般来说，股票面值定得较低，可便于投资者购买，有利于促进股票的发行和流通，但如果过低，则会增加发行成本。因此，企业应视具体情况而定。

（三）股票发行价格的确定

股票发行价格从理论上讲，可分为面值发行、折价发行和溢价发行三种。我国《公司法》规定，企业不得折价发行股票，且同次发行的同种类别的股票发行价格需一致。我国企业发行股票基本上采取溢价发行办法。对于发行企业而言，溢价发行至少有两点好处：一是可以获得溢价收入；二是增加债务人的安全感。因为溢价发行获得的超面值股本增加股东权益，提高偿还债务的保障程度。股票发行价格的测算可采用下列公式：

股票发行价格=（股票面值×年股息率+每股红利）/资金市场平均利率

企业实际定价时，还应考虑到投资者愿意付出的价格，这种价格应正确反映投资者对公司前景的评价，同时也应考虑二级市场上股票价格上升的余地及当时整个经济的状况。一般股票定价应考虑的基本因素包括：公司的经营业务（以营业额和纯利的持续增长为依据）、市场对公司前景的看法、在市场上其他同类公司的市盈率、市场当时的状况和期望、同期的新股发售成绩、公司股份在其他市场的市价，以及企业的社会声誉、资本构成、发行费用、发行方式等因素。股票发售的理想价格应使公司获得尽可能多的售股收入，同时应使公司股票在上市后有活跃的二手市场。

（四）股票发行时机的选择

股票发行时机选择的正确与否，直接影响到发行价格以及股票的发行能否达到预期目的。选择发行时机应考虑以下几个因素：

（1）社会经济发展态势。社会经济发展态势决定着企业和个人的收入水平、投资能力以及投资信心。当国民经济处于增长繁荣时期，企业和个人的收入增加较快，股民投资欲望增强，市场股票价格就会上涨；反之，当国民经济处于萧条或紧缩时期，股民的投资欲望就会减弱，社会对股票投资总量必然下降。

（2）股市行情。股市行情是实际经济活动的反映，股市波动最终取决于宏观经济的发展形势。除此之外，国家产业政策、金融政策和宏观调控手段变化，以及其他各种客观与主观因素，都会对股市产生影响。发行股票的公司必须抓住股市上扬、交易活跃的时机发行股票。

（3）银行等金融机构的利率水平。一般来说，企业和居民个人的资金有储蓄和投资两种选择，是储蓄还是投资，或是按一定比例分配，其中的决定性因素便是银行等金融机构的利率水平。通常是投资和利率成反比关系，即利率越高，投资越小；利率越低，则投资越多。相对来说，应该选择银行等金融机构利率较低的时期或在银行利率调高之前发行股票。

（4）企业产品或劳务的销售情况。新发行股票的公司，其产品一般有自己的特点，颇受大众的欢迎。企业应该选择产品市场较为成熟、盈利较为可靠的时机发行新股，以增强对潜在投资者的吸引力。

（五）股票发行方式的确定

股票发行有直接发行和间接发行、私募与公募等方式。划分直接发行与间接发行的基本标志是股票发行有无中介机构的参与。

直接发行指由企业自行发行，或只要求中介机构适当协助，发行风险由发行企业自行承担；间接发行指企业把股票委托给一家或几家股票发行中介机构代理或包销发行。

私募发行亦称"定向募集"，只向少数特定的投资者发行股票，具体可分为发起人认购（公司成立时，发起人认购全部股份）、股票配股（向老股东分配新股认购权，股东可以购买新股，也可以放弃购买权）、特定关系募股（发行范围限于与本企业有关的单位与个人）和内部发行（发行范围局限于本企业的内部职工）等类型。公募发行指以同等条件向社会非特定单位和个人公开发行股票。

这些发行方式中，公募可以直接发行，也可以间接发行，而私募只能是直接发行。企业采取何种方式发行股票，需了解各种方式的利弊。直接发行具有发行时间长、发行面不大、融资速度慢等不足，但发行手续简便、费用较低，适合发行额较小的中小企业。间接发行成本高，手续比较复杂，审批时间长，但对发行企业来说比较省事，融资速度快。私募发行的融资范围受到限制，但能保持股权的相对集中，避免所有权的稀释；公募发行虽可扩大融资规模但导致股权分散，提高股票的流动性，容易造成企业控制权的转移。对于需要筹集巨额权益资金的大型企业，一般采用公募发行方式。

## 第三节  吸收直接投资及产权嫁接融资

### 一、吸收直接投资

（一）直接投资的类型和程序

吸收直接投资是指企业以投资协议等形式吸收国家、其他企业、个人及外商投入资本的一种融资方式。企业的投资者既可以现金出资，也可以实物资产或无形资产出资。所有者投入企业的实物资产和无形资产，必须符合企业生产经营等活动的需要，并经过公正合理的估价。企业吸收直接投资的一般程序如下：

（1）确定资本数量。无论是新建还是改扩建项目投资，都应首先合理确定所需资金的数量。国有独资企业的增资，须由国家授权投资的机构或部门进行决定，合资或合营企业的增资须由出资各方协商决定。

（2）选择出资形式。企业应根据经营性质、实际需要，以及资本市场、产品市场的状况，选择适当的吸收投资形式。

（3）签署出资协议。国有企业由国家授权投资的机构等签署创建或增资拨款的协议，合资企业由合资各方共同签署合资或增资协议。

（4）按期取得资本。根据出资协议中规定的出资期限和出资方式，企业逐步取得资本。投资者以实物资产或无形资产出资的，须经专业的评估机构进行资产评估后，再办理资产转移手续。

吸收直接投资按照资金来源的不同可分为吸收国内资金直接投资和外商直接投资。这里，我们主要介绍吸收外商直接投资的融资方式。外商直接投资是一种国际直接投资行为，是一国的投资者将资本用于他国的生产或经营，并掌握一定经营控制权的投资行为。

我国企业利用国际直接投资进行国际融资一般采用举办中外合资经营企业、中外合作经营企业、外商独资企业、国际企业产权并购等方式。

（二）设立合资企业

在中国境内设立中外合资经营企业，一般由外商提供工业产权、机器设备和一部分外汇现汇，中方提供现有厂房、设备、劳动力和一部分现金。总投资规模在一定金额以上的，总投资大于注册资金的差额，可以按照规定在注册资本的一定比例内，由合营企业用借入资金来解决。所需占用的土地按年向中国政府支付使用费或作为土地使用权折价作为中方出资的一部分。

我国设立中外合资经营企业的法律依据是《中华人民共和国中外合资经营企业法》及其实施细则。该项法律对于允许哪些行业可以在中国境内设立企业，合营企业的设立、期限、解散和清算，合营企业的出资方式和实物的作价，董事会及其经营管理机构的组织和权限，工资福利和劳动保险，劳动管理和工会职能，计划安排和供销渠道，价格和定价权限，外汇平衡、税务和利润分配，财务会计和审计等方面都做了具体规定，应遵照执行。其适用范围只限于设立在中国境内的中外合资企业，不适用于设立在中国境内的中国政府与外国政府间的合营企业和设立在中国境外的中外合资经营企业。

（三）设立外资企业

外资企业即外商独资经营企业，是指外国的公司、企业、其他经济组织或者个人，依照中国法律在中国境内设立的全部资本由外国投资者投资的企业。外资企业的分立、合并或者由于其他原因导致资本发生重大变动，须经审批机关批准，并应聘请中国的注册会计师验证和出具验资报告；经审批机关批准后，向工商行政管理机关办理变更登记手续。

**二、产权嫁接融资**

产权嫁接融资是指将企业目前的部分产权进行转让，或扩大产权规模，吸收新的投资者加入，从而改变目前的产权结构而发生的投资和融资行为。产权嫁接融资伴随着新的投资者的加盟，产权结构发生变化，并通过嫁接新的产权成分而改变企业的经营方式和运行机制。产权嫁接的方式有多种，包括国内有实力的大型企业与小企业之间的嫁接，大型企业之间的强强联合，以及外资企业与国内企业之间的国际产权嫁接。特别是国际产权嫁接融资在我国日益受到青睐，许多外国企业进入我国，往往不再从头开始建立一个新的企业，而是更倾向于采用产权嫁接融资的形式。

（一）产权嫁接对象的选择

从事产权投资的境内外投资者按其规模大小可分为大型跨国公司和中小企业。国外大型公司进入中国市场，除了建立独资企业外，还与中国的大型企业进行联合投资。境外企业在华建立独资企业一般是出于技术不扩散，经济利益不外溢但能够有效进入中国国内市场的考虑。对于进入中国市场存在市场准入障碍，或者要利用中方合作伙伴的某些优势，如劳动力、市场网络、与政府的关系等，则倾向于建立合资企业，在这种情况下，国内企业可以采取外资产权嫁接融资的方式吸收境外资金。国内企业之间的产权嫁接，往往是出于企业经营战略扩张的需要，通过吸收新的成员企业，并伴随管理经验和经营模式的嫁接，实现企业集团整体发展战略目标。

投资者按其资本性质，可分为产业资本和金融资本。产业资本在产权嫁接的投资中，往往还带来了产品、市场、管理及融资渠道，并要求参与实际的经营管理。金融资本进行产权嫁接融资的根本目的在于将产权在未来的证券市场上进行上市变现，因此对被投资企业的日常经营管理不寻求控制权，但要求财务监督权，一般会再设立一个控股公司，将控股公司的股份上市流通。金融资本所进行的产权嫁接融资，一般按照证券化的方式依据企业产权市场价值进行产权转让资产估价，而产业资本的产权嫁接融资一般以净资产为标准计价。

投资者在进行产权嫁接融资时，要对目标企业进行严格的投资分析。选择标准一般比较严格。第一，要求目标企业的行业特点非常突出，集中于工业领域，一般对综合性公司的产权不感兴趣；第二，对目标企业的资本收益率要求较高，一般要求净资产收益率达到10%以上；第三，要求企业资产状况清晰，负债比例和结构合理，且对固定资产的实际拥有状况要求资料齐全；第四，对企业产品的市场占有率或潜在的占有率要求比较严格；第五，对目标企业所在地的投资环境要求较高，一般要求建立当地融资渠道；第六，如果是境外投资者寻求中国企业进行产权嫁接融资，一般是为了扩展其在中国的业务，参与中国经济高速增长的过程，建立起在中国及亚太地区的经营网络，选择投资对象必须符合其经营的战略目标。

（二）非上市公司产权嫁接融资

产权嫁接融资按其产权的流通性，可分为非上市公司产权嫁接融资和上市公司产权嫁接融资。非上市公司产权嫁接融资的范围很广泛，所有非上市的股份制企业（包括股份有限公司、有限责任公司和国有独资公司）以及未进行股份制改造的一般企业都可以通过产权重组进行产权嫁接，而且运作的创新方式迭出，往往根据具体企业的实际情况，采用灵活的融资方案。

投资者在寻找投资对象时，其选择投资的目标企业既可以是母公司，也可以是子公司。对于投资于母公司，通常是进行部分产权的购买，将母公司变成一个合资或合作企业。投资方有时要求拥有其51%的股权，以便在进一步进行股权重组时拥有绝对控制权。在对子公司进行股权投资时，既可以购买部分股权，也可以购买全部股权，更通常的做法是后者。

就产权投资的方式来说，既可以购买现有产权，即产权的转让，也可以是进行新增投资，即购买新增的股权。对于被嫁接的企业而言，两种方式都起到了融通资金的作用。具体嫁接方式包括以下类型：

（1）单枝嫁接，即被嫁接的企业以部分厂房、设备、人员和资金与投资者合作投资一个新项目，形成"一厂两制"或"一厂多制"的嫁接形式。单枝嫁接形成的合资企业与老厂的关系，有的只作为老厂的车间，形成管理与被管理的关系；有的只作为新厂的股东之一，参与重大经营决策和利润分成。这种嫁接方式有利于发挥老厂某些方面的优势，分期分批推进技术改造，增强自我积累能力。

（2）多枝嫁接，一般用于吸收多种资金来源对现有大型老企业进行改造。一般做法是，被嫁接企业将其分厂或车间分别与不同的投资者进行合作，投资于两项或两项以上的不同项目或某一大型综合项目。其特点是，能够多渠道筹集资金、多方式引进技术和产品、实行多角化经营和分散投资风险。

（3）整体嫁接，被嫁接企业以全部厂房、设备、人员、资金转移到合资企业中，原企业法人地位被合资后的新法人取代，原企业的财产组织形式发生本质性转变。整体嫁接的优点是，能够迅速吸收投资方的资金、技术和管理经验，对老企业进行全盘改造，并且能够吸纳原厂的全部人力资源，不给社会增加负担。其缺点是，如果合资时产品选择失误或投资方选择不当，则会造成嫁接后的合资企业先天不足，甚至导致项目下马或全资清盘。

（4）一揽子嫁接，即选择一批关联企业或一个行业或一个地区的企业与投资方进行一揽子嫁接。例如，泉州市国有资产投资经营公司下属37家国有企业与香港中策投资公司一揽子合资组成了泉州中侨（集团）股份有限公司，以及香港中策投资公司对啤酒企业和轮胎企业的一揽子并购等。

（5）产权转让，即为了盘活存量资产，实现资本利的增值，公司将其部分产权转让给其他企业持有，从而实现产权嫁接融资。从转让的价格上区分，产权转让可分为平价转让、溢价转让和折价转让。如果企业资产具有战略投资价值，未来增长潜力较大，可以按高于净资产含量的价格进行溢价转让。相反，如果企业不良债权、债务较多、资产呆滞、财务结构不理想、资产质量较差，可按低于净资产含量的价格进行折价转让。按照转让股份的比例，可分为参股转让和控股转让。参股转让是将企业的大部分产权都转让出去，原有企业的产权持有人只保留部分股权。控股转让是指原有产权持有人仍保留控股权的转让。

从资产合资方式角度，产权嫁接的入资途径可分为以下四种：

（1）资产直接评估作价投入。即以企业存量资产和现有厂房、设备、土地使用权折算资金作为与对方合资的投入。这种方式所占比例较大。

（2）租赁式投入。即被嫁接企业投入的厂房、设备等全部或其中一部分，不计入投资总额和注册资本，而是租赁给嫁接后的企业使用。

（3）合作投入。即合资企业中，被嫁接企业投入的资产仍属原企业所有，嫁接方投入的资本可在合作期限内陆续收回本息，以降低投资风险。

（4）伴随贷款转移投入。即被嫁接企业利用原有的厂房、设备作价计股，而把已投入的技术改造贷款部分全部转入合资企业，作为合资企业的共同贷款。

在重组过程中，要根据国家有关法律规定和企业实际情况，切实解决好企业职工医疗保障、待业救济及离休职工的社会保障问题，制订出切实可行的实施方案。在资产重组之后，企业可以在有关中介机构的参与下，制订产权嫁接融资的具体实施方案，关键是产权交易价格的确定，一是以重组后的企业净资产为标准，按照有限责任公司组建方式确定投资各方股权比例和投资金额；二是以重组后的企业实际税后盈利水平和预计今后若干年（1～3年）的税后盈利水平为依据，按照一定的市盈率（如5～8倍），确定投资各方的股权比例和投资金额。在制订了详细的产权嫁接融资方案之后，即可进行实质性谈判。

对于国际产权嫁接，企业拟进行产权嫁接融资的项目必须符合国家制定的外商投资产业政策。对于禁止外商投资的领域则不允许进行产权嫁接融资；对于限制外商投资的领域则必须符合国家制定的报批标准，方可取得国家主管部门的批准。如果产权嫁接融资协议确定的企业组织形式为股份有限公司，则必须符合下列条件：①原有企业至少经营5年并有最近连续3年的盈利纪录；②外国股东以可自由兑换的外币购买并持有该企业的股份占该企业注册资本的25%以上；③企业经营范围符合外商投资企业产业政策。

在产权嫁接融资实务中，可以将国内企业产权嫁接融资和国际产权嫁接融资结合起来进行。操作方式可采用一家公司首先全资收购另一家国内公司，对被收购公司进行资产和经营活动的重组，培植其盈利能力，在被收购公司资产规模增长到一定程度后，再将其全部产权或部分产权转让给境外投资者。

（三）上市公司产权嫁接

1. 国内上市公司产权嫁接融资

国内上市公司产权嫁接融资是指业已在国内或境外证券市场上市的企业，以其上市股份进行嫁接融资的行为。可以将上市企业部分发起人股和法人股的配股部分转让给其他投资者，或将部分发起人股和法人股直接协议转让给其他投资者，以及将未上市的国家股部分转让给其他投资者。上市公司由于其运作比较规范，产权明晰，企业财务报表健全，净资产情况明了，因而向投资方转让股权相对比较容易。投资者往往选择属于支柱产业、高科技产业及高速成长产业的上市公司进行股权投资，这样可以直接跨越直接投资的阶段，免除项目的建设周期，直接地介入企业发展的进程，因而对上市公司的产权投资已成为境内外投资者进行产权嫁接融资的重要方式。

2. 境内企业兼并海外上市公司

另一种上市公司产权融资是指内地企业到海外兼并上市公司。在操作中首先要选择好自己所要兼并的上市公司，要了解清楚兼并对象的背景及发展前途等情况，要选定有发展潜力的上市公司进行兼并，谨防背上负债包袱。兼并上市公司时，还要考虑其经营业务是否有利于自己的国际化和多元化经营。通常具备下列条件的公司才被视为理想的兼并对象：①业务规模小，但较稳定；②股票在市场上流动量小；③由大股东拥有绝对控制权；④股票市值较低。

一般来说，我国企业在兼并海外上市公司后，随后的行动便是扩股。通常是以反收购的方式，将非上市公司的资产注入上市公司，为企业筹集资金。反收购的做法是，上市公司以发行新股方式收购寻求上市的业务及资产，使该业务及资产的原持有人取得上市公司控制性股权，具体方式见表2-1。

表 2-1                                企业反收购具体方式

| 反收购方式 | 特　点 |
| --- | --- |
| 供股集资 | 一家上市公司邀请现有股东，根据他们持有股份的比例认购新股，认购价通常都低于当时的市价，不打算认购新股的股东，可将其未付款的认股权在股票市场出售 |
| 配股集资 | 一家上市公司有选择地邀请投资者认购股份，配售股份通常是按该公司股东大会给予董事的一般授权进行，一般配发新股不多于已发行股份的20% |
| 向股东公开发售 | 上市公司邀请现有股东认购新股，但不一定要按已持有股份的比例认购 |

一般情况下，我国企业兼并海外上市公司最重要的目的应是寻求企业的长远发展。为此，要求我国企业必须遵守当地证券管理部门的不同规定，在海外公众参股和监督下有效运作，不断提高竞争力和盈利水平。如果只重视上市集资，忽视机制转换和活力增强，将不利于企业的长远发展，也会有损于中资企业在海外的形象。要实现在海外的长远发展，必须不断提高自己的经营实力。因为海外股市也不乏投机，容易造成大起大落，企业如果没有实力作为基础，就是泡沫经济，一旦崩溃，损失惨重。同时要充分利用海外的市场经济环境，培养自己的专业管理人才，为实现企业的长远发展打下基础。此外，企业在海外开展经营时，企业的信誉具有重要作用，甚至决定着企业的存亡。因而，我国企业也必须注重树立信誉，以在海外建立良好的企业形象。

## 第四节　投资基金融资

### 一、金融资本和投资基金融资方式

金融资本和投资基金是现代市场经济中发展比较成熟的一种投资融资方式，在国外有一百多年的发展历史，于第二次世界大战以后得到了进一步的发展与完善，目前已成为发达国家的主要投融资方式。这种方式也被许多发展中国家和地区所广泛采用，并对其经济发展和起飞产生了较大的推动作用。进入20世纪90年代以来，利用境外金融资本和投资基金已成为我国利用外资的一种新的有效手段。许多基金已成功地投资于国内产业和国内资本市场，相应地国家对其法律、法规也从无到有逐渐趋于完善，成为国内企业引入外资的重要途径。

（一）跨国公司和金融资本投资

联合国跨国公司中心对跨国公司的定义是，跨国公司应指这样一种企业：①包括设在两个或两个以上国家的实体（不管这些实体的法律形式和领域如何）；②在一个决策体系中进行经营，能通过一个或几个决策中心采取一致对策和共同战略；③各实体通过股权或其他方式形成联系，使其中一个或几个实体有可能对别的实体施加重大影响，特别是同其他实体分享知识资源和分担责任。

跨国公司的发展离不开金融资本的支持，跨国公司的日常经营活动需要短期借贷资金；

跨国公司进行大中型项目投资和企业兼并需要中长期借贷资金；跨国公司的证券交易等金融活动也需要通过跨国银行进行。跨国公司与跨国银行在资本国际化的共同进程中，形成了互为协同、密不可分的关系。一方面，跨国公司是跨国银行的最大资金客户，也是跨国银行利润的主要来源；另一方面，跨国银行经营的短期和中期信贷业务，以及经营的外汇市场业务和承购承销国际债券等业务，又是跨国公司发展的依托。过去来中国投资的外商基本上是生产性及贸易性企业，一般称其为产业资本，这些企业本身从事其行业的生产或贸易，到中国投资往往是寻求相对应行业中的企业进行合资。在这种运作方式下，通常是外商要求控制企业的生产、销售甚至进货及引进设备。金融资本与产业资本不同。金融资本的资金来源是国外社会闲散资金，包括退休养老基金、保险基金、个人用于储蓄和投资的基金等。金融资本的具体表现形式为投资基金或投资公司。拥有各种资金来源的人作为投资基金或投资公司的股东，由经验丰富的专业人员组成投资基金或投资公司的管理机构，负责投资运作，获取投资回报后按比例分配给股东。

投资基金是将中小投资者手中分散的小额资本集中起来，然后按照投资组合原理再分散投资于有价证券、货币、黄金及企业产权和工业项目中，以期获得较为稳定的投资收益，降低投资风险。基金或投资公司在投资运作方式上与产业资本的差别及特点如下：

（1）产业资本与金融资本都可以引入资金，但在资金形态上，产业资本往往要求以设备或技术作价，其作价的公平性往往是中外双方争论的焦点之一。而金融资本在入资时通常以现金形式出资。

（2）产业资本可以带来技术甚至市场，金融资本在此方面则有一定的局限性。金融资本可以在一定的条件下利用其广泛的联系，在与产业资本的联系方面起到重要的沟通作用。

（3）产业资本与金融资本在参与对所投资企业的经营管理方面存在着较大差别。产业资本习惯于在生产、销售、经营、财务等各个方面来加强对所投资企业的控制。相反，金融资本则更多地强调在财务管理方面的参与，在其他方面则是依赖原有企业的经营管理班子。金融资本特别是投资基金往往出于控制风险的原则，一般对在某个具体项目中的投资金额做出限制，这种比例上的限制也决定了此类投资者在投资企业中参与经营管理是有限度的。

（4）从引入的资金量上来说，金融资本有一定的优势，特别是当若干个分散的投资基金联合进行投资的时候，其融资量可以比产业资本大得多。产业资本自身的资金很大部分也是靠银行或吸引投资基金、投资公司或零星投资人的资金来解决的。无论是产业资本还是金融资本，在资本市场上的融资方式是类似的，包括以增加股权或私募的形式以及通过银行贷款的方式等。

金融资本相对于产业资本而言参与所投资企业的管理要少，因此，金融资本只有在企业制度、管理体系及法律法规较为健全的经济环境下才比较愿意进行投资，以避免因为被投资企业的不规范的经济活动而给投资企业造成致命的风险。金融资本自身的技术及市场优势不如产业资本，因此，金融资本希望在被投资的企业自身的技术及市场方面已有了较成熟的发展的情况下进行投资活动。我国的很多企业目前的技术水平及国内外市场的开发已趋向成熟，亦给金融资本的投资创造了一定的基础。金融资本投资者遵循的原则是在控制风险的前提下获取最高的利益回报。特别是东南亚金融危机过后，我国的金融市场对外开放步伐加快，金融资本在我国的投资将保持一定的增长势头。

（二）投资基金的种类

1. 按照组织形式分类

按照组织形式分类，投资基金包括契约型基金和公司型基金两种。

（1）契约型基金。契约型基金又称为单位信托基金，一般由专门投资机构共同出资组建一家基金经理公司（基金管理公司），基金经理公司作为委托人与作为受托人的基金管理公司，通过签订契约的形式，发行基金份额（也称受益凭证或基金单位持有证）来募集投资者的资金，基金管理公司将募集来的资金交由公司的投资专家操作，投资于基金章程所规定的投资项目中。概括地说，契约型投资基金是由基金经理公司（委托人）、基金管理公司（受托人）和投资者（受益人）三方订立信托投资契约，由委托人依据契约运用信托资产进行投资，受托人负责保管信托资产，受益人享受投资成果的一种基金形态。

（2）公司型基金。公司型基金，又称共同基金或互惠基金，是按照《公司法》的规定组成以赢利为目的的股份有限公司，基金的份额即为公司股票（或称受益凭证），投资者为该股份公司的股东，凭所持股份以股息的形式分配投资收益。公司型基金与普通股份有限公司的根本区别在于其业务集中于从事投资信托业务，其公司组织结构及法人治理机构与普通股份有限公司并无区别。该类基金由投资公司、管理公司、保管公司和承销公司四个当事人构成。投资公司是基金型公司的主体，它是投资基金的名义持有人，实际持有人则是该公司的股东，即购买该公司股票的投资者，他们是基金的受益人。投资公司根据公司章程的规定决定投资的重大决策，然后交由管理公司具体执行。管理公司是投资公司的投资顾问，其主要人员由投资专家组成，负责提供投资参考资料和服务，通过与投资公司订立的管理契约办理一切管理事务，收取管理报酬，有关资金运用和证券买卖的重大决策需提交投资公司董事会做出，这点与契约型基金中的管理公司有着根本的区别。保管公司是投资公司所指定的银行或信托公司，根据与投资公司订阅的保管契约，保管资金和所投资的有价证券，核算基金的每日净资产，配发股息和办理过户手续。承销公司负责承销投资公司的股票，即承销基金的受益凭证。

2. 按照流通方式分类

按照基金的流通方式不同，投资基金可分为开放型基金和封闭型基金两种。

（1）开放型基金。开放型基金是指基金经理公司在设立基金时，不固定基金发行份额的总量，也不限定本次基金发行的数量，而是根据经营策略及市场状况持续地发行。投资者随时可以购买基金份额，也可以在基金首次发行一段时间后将所购买的基金份额在基金管理公司设定的内部交易营业日通过内部交易柜台再卖回基金管理公司，即基金管理公司赎回所发行的基金份额，投资者赎回现金。赎回基金份额的价格参照基金的净资产值计算，由基金保管公司（受托人）每日计算，基金的购买价格和赎回价格在一定程度上也反映出市场的供求状况。

（2）封闭型基金。封闭型基金是指基金经理公司在设立基金时设定了基金的发行总额，在完成发行计划后，基金即告成立并进行封闭，在一定时期内不再追加发行新的基金份额。基金可以在证券交易所上市流通，待基金存续期限到期之后，投资者才可以向基金管理公司赎回现金。

（三）我国企业利用境外投资基金融资

利用境外投资基金对我国的基础设施、基础产业项目、现有企业技术改造进行直接投资，是我国企业利用外资的重要方式。从投资基金投资的区域来看，可分为全球基金、地区基金和国家基金等。全球基金和地区基金多是由于证券市场、资金市场、金融衍生品市场发育比较成熟才得以设立，国家基金则多是为了参与某一国家和地区经济高速增长而设立，并对该国或地区的经济增长起到推动作用。这种国家基金不仅仅局限于投资证券市场，而且还对许多产业和开发项目进行大量直接投资，以期获得长期稳定的资本增长回报。因此，我国企业利用境外投资基金进行融资，一般是通过利用境外中国产业投资基金的方式进行，即通过在海外设立中国产业基金，发行基金，募集资金，然后投资于中国的产业项目。境外中国基金早期多为外国银行、投资公司或投资基金为投资于中国证券市场及与中国有关的周边证券市场的中国概念股票而设立。随后，由中国国内大型企业、非银行金融机构及境外中资机构参与发起组建的中外合作境外中国产业投资基金得到了相当迅速的发展，已成为中国引进外资的一条重要渠道。这类基金一般直接投资于国内未上市企业和一些建设项目，其设立主要采用中外合作的形式，外方一般得到了地方政府或行业主管部门的支持，中方充当基金在国内的投资顾问，并发挥着中方在项目选择中的优势和主动权。

根据我国法律规定，中资机构作为境外投资基金的发起人，其中至少有一个发起人应当是具备下列条件的非银行金融机构：

（1）提出申请前一年年末资本金总额不少于 10 亿元人民币；

（2）信用良好，经营作风稳健，并在提出申请前 3 年内未受到金融监督管理机构或者司法机关的重大处罚；

（3）具有熟悉国际金融业务、基金管理业务的专业人员。

境外投资基金发起人中的中资非金融机构，应当具备下列条件：

（1）提出申请前一年年末资本金总额不少于 5 亿元人民币；

（2）经营国家产业政策支持的项目；

（3）信用良好、经营作风稳健，并在提出申请前 3 年内未受到有关主管机关或者司法机关的重大处罚。

中资机构设立境外投资基金，应选择信用良好、经营作风稳健，具有投资基金设立、承销或者管理等方面的经验，且其所在地具有良好的金融环境的境外机构进行合作。拟设立的境外投资基金发行总额不少于 5000 万美元，组织形式一般应为封闭式基金，基金凭证不可赎回，其存续期不少于 10 年。中资机构作为发起人认购基金份额的总额不超过拟发行基金总额的 10%，并且只使用其自有资金认购。境外投资基金所融资金主要用于投资中国境内国家产业政策支持的产业项目，且其数额不低于基金总额的 70%。

在投资基金对投资范围的规定与限制方面，各国的法律虽在一些细节上的规定有所差别，但在很多方面都进行了相似的规定。第一，关于投资分布，一般规定持有某公司有价证券的价值不得超过基金总资产净值的一定比例，持有某一公司的证券数量不得超过其全部证券数量的一定比例。例如，我国香港规定都不能超过 10%。第二，非上市公司权益的比例，有的国家规定持有非上市公司股权价值不得超过基金净资产的一定比例。第三，关于借款的限制，一般规定基金不得借入超过其总资产净值一定比例的款项，也不得从事放贷业务、提供担保业务等。第四，关于无限责任，一般规定基金不可取得任何可能使其承担无限责任的资产。第五，关于违反投资限制的补救措施，如果出现违反投资限制的现象，经理人首先要在合理的时间内采取一切必要措施进行补救工作，并适当考虑受益人的利益。如果基金的名称显示是针对某一目标、某一地区或市场，则基金至少必须将其一定比例的资产投资于所针对的目标地区和市场。例如，我国香港规定对于冠以中国字样的投资基金，须有70%以上的资产投资于与中国有关的证券及其他投资项目之上。此外，有关投资限制的规定还对诸如认股权证、期权、期货、商品、地产等方面做出了投资比例或禁止投资的限制。

境外投资基金投资于国内企业的形式主要有三种：

（1）直接投资于原有的国内企业，组建中外合资经营企业；

（2）联合另一家海外企业，投资于一家国内企业，三方共同组成中外合资经营企业；

（3）与另一家海外企业合资，到中国境内组建合营的外商独资企业。

一般而言，不同的基金由于其设立的背景和基金的类型不同，一般会对其投资的项目选择标准及投资限制制定一些特殊的标准。国内企业在利用海外投资基金进行融资时，应仔细研究基金章程或招募说明书的详细规定，以便做出合理选择。

**二、产业投资基金融资模式**

产业投资基金在理论界、实业界、政府研究界之间探讨研究已经多年，从1995年中国人民银行发布《设立境外中国产业投资基金管理办法》开始，许多地方政府、中央各行业部门和产业集团加速了对产业投资基金的研究和实践。在我国，产业投资基金是一个与证券投资基金相对应的概念，证券投资基金投资于可流通证券，产业投资基金直接投资于产业领域；其产生是为了深化投融资体制改革，促进产业升级和经济结构调整，更多地体现为对某个行业的扶持。通常对私募对象有一定数量限制，每个投资者认缴的产业投资基金资本也有一定限制，产业投资基金的募集总规模也会有一定限制。一般是指向具有高增长潜力的未上市企业进行股权或准股权投资，并参与被投资企业的经营管理，以期所投资企业发育成熟后通过股权转让实现资本增值。

（一）产业投资基金与传统债券融资的关系

产业投资基金投资作为投资基金的一个种类，它具有"集合投资，专家管理，分散风险，运作规范"的特点。与贷款等传统的债权投资方式相比，最为重要的差异在于基金投资是权益性的，着眼点不在于投资对象当前的盈亏，而在于他们的发展前景和资产增值，以便能通过上市或出售获得高额的资本利得回报。具体表现为以下几个方面：

（1）投资对象不同。产业投资基金主要投资于新兴的、有巨大增长潜力的非上市企业，其中中小企业是其投资重点。而债权投资则以成熟、现金流稳定的企业为主。

（2）对目标企业的资格审查侧重点不同。产业投资基金以发展潜力为审查重点，管理、技术创新与市场前景是关键性因素。而债权投资则以财务分析与物质保证为审查重点，其中企业有无偿还能力是决定是否投资的关键。

（3）投资管理方式不同。产业基金在对目标企业进行投资后，要参与企业的经营管理与重大决策事项。而债权投资人则仅对企业经营管理有参考咨询作用，一般不介入决策。

（4）投资回报率不同。产业投资是一种风险共担、利润共享的投资模式。如果所投资企业成功，则可以获得高额回报，否则亦可能面临亏损，是典型的高风险高收益型投资。而债权投资则在到期日按照贷款合同收回本息，所承担风险与投资回报率均要远低于产业基金。

（5）市场重点不同。产业投资基金侧重于未来潜在的市场，一般定位于高新技术产业、有效率的基础设施产业，如收费路桥建设、电力建设、城市公共设施建设等，促进产业升级与结构调整，以高风险实现高收益。而债权投资则针对现有的易于预测的成熟市场。

（6）投资期限不同。产业投资基金投资期限通常为 15 年以内。在所投资企业发展到一定程度后，最终都要退出所投资企业。其选择的退出方式主要有三种：一是通过所投资企业的上市，将所持股份获利抛出；二是通过其他途径转让所投资企业股权；三是所投资企业发展壮大后从产业基金手中回购股份等。

（二）产业投资基金与其他类型基金的关系

1. 产业投资资金与私募股权基金

私募股权基金（Private Equity Fund）是以非上市企业股权为主要投资对象的各类创业投资基金或产业投资基金。产业投资基金中的创业投资基金和企业重组基金可以和私募股权基金的创业投资基金和收购基金有重合，如果不考虑产业投资基金扶持国家某一行业的功能，产业投资基金可等同于私募股权基金，现在许多研究者都直接把产业投资基金等同于私募股权投资基金进行分析研究。

2. 产业投资基金与创业投资基金

创业资本（也称为风险资本或风险投资）依据其组织化程度，可以划分为三种形态：个人分散投资的创业资本、非专业管理的机构性创业资本、专业化和机构化管理的创业资本。由于国外产业投资基金的发展往往是与高科技、高风险的新兴产业联系在一起的，所以有时又叫作风险投资基金和创业投资基金（Venture Capital Fund）。

从我国产业投资基金的投资对象来看，除了创业投资以外，还包括企业的并购重组、基础设施投资以及房地产投资等各种直接股权投资。按照《创业投资企业管理暂行办法》的规定，产业投资基金分为创业投资基金、支柱产业投资基金和国有企业（产业）重组基金。

3. 产业投资基金与证券投资基金

证券投资基金与产业投资基金是推进我国资本市场积极稳妥发展不可或缺的两个重要杠杆。发展以股票为主要投资对象的证券基金，有利于增加股市资金供给、改善投资者结构和改变投资理念，发挥理性机构投资者支撑与稳定股市的作用；但股票基金支撑与稳定股市职能的发挥，又是通过发掘高成长绩优股而对其作长期投资这一机制来实现的。这就必须要求股市本身具有一大批高质量的有投资价值的上市公司。在一个垃圾股占一定比例的股市，企求股票基金以长期投资方式救市既不现实，也与股票基金本身的商业性运作原则不符合；而确保上市公司质量、减少股市投机性的重要途径，就是发展产业投资基金。

（三）产业投资基金的资金来源与筹集

产业投资基金的投资期限非常长，因此其资金来源主要是长期投资者。一般来说，产业投资基金的资金会大量来自于其主要投资地域的机构投资者。以欧洲为例，欧洲产业投资基金业 70%以上的资金来自欧洲本土。中国是其中的例外，大量的资金来源于海外，部分归因于国内缺乏完善的资本市场和相应的监管架构。

产业投资基金的筹集方式不同于普通基金，通常采用资金承诺方式。基金管理公司在设立时并不一定要求所有合伙人投入预定的资本额，而是要求投资者给予承诺。当管理者发现合适的投资机会时，他们只需要提前一定的时间通知投资者。这存在一定的风险，如果投资者未能及时投入资金，他们按照协议将会被处以一定的罚金。因此，基金宣称的筹集资本额只是承诺资本额，并非实际投资额或者持有的资金数额。在实际的筹资活动中，基金有一定的筹集期限。当期限满时，基金会宣布认购截止。同一个基金可能会有多次认购截止日，但一般不超过三次。实践中，基金可能会雇佣代理机构来进行筹资活动。

在欧美基金中，基金管理人一般会出资 1%左右。管理人出资份额越高，往往投资者信心越高。基金管理人除了获得管理费之外，还会获得分红。在这种激励机制之下，基金管理人有很强的动力去追求最大利润。另外，私募股权基金的存续期间一般在 15 年以下。基金管理人有可能在原有基金尚未到期之前就必须重新融资成立新的基金。在融资过程中，基金管理人的声誉和历史业绩非常重要。这种约束机制也是私募股权基金在没有严格监管情况下仍然健康成长的重要原因。

（四）产业投资基金的基本形式

1. 公司型产业投资基金

公司型产业投资基金以股份公司形式存在，基金的每个投资者都是基金公司的股东，有权对公司的经营运作提出建议和质疑。公司型产业投资基金是法人，所聘请的管理公司权力有限，所有权和经营权没有彻底分离，投资者将不同程度地影响公司的决策取向，一定程度上制约了基金管理公司对基金的管理运作。

2. 契约型产业投资基金

契约型产业投资基金不以股份公司形式存在，投资者不是股东，而仅仅是信托契约的当事人和基金的受益者，无权参与管理决策。契约型产业投资基金不是法人，必须委托管理公司管理运作基金资产，所有权和经营权得到彻底分离，有利于产业投资基金进行长期稳定的运作。由于管理公司拥有充分的管理和运作基金的权力，契约型产业投资基金资产的支配，不会被众多小投资者追求短期利益的意图所影响，符合现代企业制度运作模式。

# 第三章

# 债务资金融资方式

## 第一节　工程项目债务资金来源

### 一、工程项目债务资金概述

（一）项目债务资金的概念

项目债务资金是指除资本金以外，项目以负债形式从金融机构、证券市场等资本市场取得的资金。它是项目资金的重要来源，不仅能弥补资本金的不足，还能够优化资金结构。

（二）项目债务资金的特点

项目债务资金具有如下基本特点：

（1）债务资金的使用具有有偿性和时间性，债务人一般应按时还本付息。

（2）债权人无权参与企业的经营管理，不会分散企业控制权。

（3）债权人不参与利润分配，企业只需支付定额利息，利息支付不受企业经济效益的影响。

（4）债务资金的利息可以税前扣除，起到减税作用，所以适当负债能够提高企业收益。

（5）当企业破产清算时，债权人具有第一求偿权，所以债务资金的风险较低，成本也较低。

（6）使用债务资金时，债权人对债务人往往有较多的限制条件，如债务额度、资产负债比率等，同时债务资金的使用会给企业带来一定的财务负担，如无法到期还款付息等，增加企业的破产风险。

### 二、债务资金的种类及特点

（一）商业银行贷款

1. 国内商业银行贷款

国内商业银行贷款是项目债务融资最常用的方法，商业银行可以为项目提供多种贷款期限的债务资金。其特点有三个：一是贷款期限灵活，可以为企业提供 1 年以内的短期贷款、1～3 年的中期贷款、3 年以上的长期贷款等，同时，国内商业银行贷款通常不超过 10 年；二是贷款利率接受国家监管，以基准利率为中心，受金融监管机构的调控，而各商业银行只可以在一定幅度内调节利率；三是贷款手续简单，是企业获得贷款资金的主要渠道。

2. 国际商业银行贷款

国际商业银行贷款是一国政府、金融机构或企业为某一特定项目融资而向国际金融市场上一家或几家商业银行申请贷款，从而取得的债务资金。贷款利率分为固定利率和浮动利率，浮动利率以国际金融市场利率为准，而近年来多采用利率封顶或利率保底方式来预防国际金融市场利率动荡。其特点：一是资金使用不受限制；二是贷款金额一般较大且贷款手续简单；三是国际金融市场利率水平较高且要支付一定的手续费，融资成本较高。

31

（二）政策性银行贷款

政策性银行贷款是指政策性银行为了配合国家产业政策等经济政策的实施，对有关的项目提供的政策性贷款。其特点：一是项目必须与国家经济政策相符，是国家支持和倡导的经济活动；二是贷款期较长、额度较大；三是贷款条件优惠，如低息优惠贷款等；四是风险较高，因为申请政策性银行贷款的项目通常是经济收益性差、回收期较长、一般商业银行不愿提供贷款的项目。目前，我国政策性银行共有三家：国家开发银行、中国进出口银行和中国农业发展银行。

1. 国家开发银行

该行的主要任务是按照国家法律政策的规定，筹集和引导社会资金，支持国家基础设施、基础产业和支柱产业的大中型基础建设项目及重大技术改造等，并为其发放贷款。

2. 中国进出口银行

该行的主要任务是执行国家产业政策和外贸政策，为扩大我国机电产品和成套设备等资本性货物出口提供政策性金融支持，同时还办理中国政府的援外贷款及外国政府贷款的转贷款业务。

3. 中国农业发展银行

该行的主要任务是按照国家有关法律法规和方针政策，以国家信用为基础，筹集农业政策性信贷资金，承担国家规定的农业政策性金融业务，代理财政性支农资金的拨付，为农业和农村经济发展服务。

（三）外国政府贷款

外国政府贷款是一国政府向另一国家的企业或政府提供的具有一定外交目的的低息优惠贷款。其特点：一是贷款带有一定的援助性质，期限长，利率低，有的甚至无息；二是外国政府贷款必须得到我国政府的安排与支持，是以两国政治经济关系良好为前提的；三是贷款一般有限制性条件，如贷款必须用于采购贷款国的设备。目前我国可利用的外国政府贷款主要有日本国际协力银行贷款、日本能源贷款、美国国际开发署贷款、加拿大国际开发署贷款，以及德国、法国等国的政府贷款。

（四）国际金融组织贷款

国际金融组织贷款，是指国际金融组织按照章程向其成员国提供的各种贷款。这些贷款的特点有三个：一是资金使用具有限制性，项目必须符合相应国际金融组织的贷款政策，并按照规定的程序和方法来实施项目；二是贷款条件优惠，带有援助性质；三是贷款程序严密。目前与我国关系最为密切的国际金融组织有国际货币基金组织、世界银行和亚洲开发银行。

（五）出口信贷

出口信贷是设备出口国政府为支持促进本国设备出口，由出口国银行提供给本国出口商或外国进口商的贷款。其特点：一是资金使用受限，只能用于扩大本国设备出口；二是贷款期限多为中长期，2～10 年；三是贷款利率多低于市场利率，因为出口国大多会为出口国银行提供利率补贴，来鼓励银行放贷，但也要求企业支付一定的附加费用，如管理费、承诺费等；四是出口国政府承担出口信贷风险；五是出口信贷通常不能对设备价款全额贷款，只能提供设备价款85%的贷款，其余的15%价款需要由进口商以现金支付。根据借款人的不同，出口信贷可分为买方信贷与卖方信贷。

（六）委托贷款

委托贷款是指银行或信托投资公司根据委托人的委托要求，如贷款对象、用途、金额等贷款条件，代为发放、监督管理并协助收回本息的贷款。

委托贷款有四个特点：一是贷款手续简单，但要支付一定的手续费；二是委托贷款利用了企业的闲余资金，提高了资金使用效率；三是保障了最低收益，对于未发放的资金要按照国家规定的利息支付活期利息；四是银行不垫付资金，只履行受托服务，不享有项目收益，也不承担贷款风险。

（七）企业债券

企业债券是企业依照《公司法》、《中华人民共和国证券法》等法律法规规定的条件和程序发行的、约定在一定期限内还本付息的债券。

企业债券融资的特点：筹资对象广、市场大，但发债条件严格、手续复杂；其利率虽低于银行贷款利率但发行费用较高，需要支付承销费、发行手续费、兑付手续费及担保费等费用，适用于资金需求大、偿债能力较强的项目。

目前，我国企业债券的发行总量需纳入国家信贷计划，申请发行企业债券要经过严格的审核，只有实力强、资信好的企业才有可能被批准发行企业债券，同时还必须有实力很强的第三方提供担保。

（八）国际债券

国际债券是一国政府、金融机构、工商企业或国际组织为筹措和融通资金，在国际金融市场上以外国货币为面值发行的债券。国际债券的重要特征是债券发行者和债券投资者属于不同的国家，资金来源于国际金融市场，可以筹集到不同国家的货币资金。

按照发行债券所用货币与发行地点的不同，国际债券可分为欧洲债券、全球债券、亚洲债券和外国债券。

发行国际债券的优点是资金额度大，借款时间较长，可以获得外汇资金；缺点是发债条件严格，对发债人信用要求高；筹资成本高；手续复杂，国家对企业发行国际债券进行了严格的管理，适用于资金需求大、需要吸引外资的项目。

（九）融资租赁

融资租赁是出租人在一定期限内将资产提供给承租人使用，由承租人定期支付给出租人一定租金，并使得承租人实质性地占有和使用租赁物，享有租赁物带来的利益与风险，即以租赁物品的所有权与使用权相分离为特征的信贷方式。

融资租赁的特点是融资活动与融物活动一起进行，承租人实际得到了承租资产全部价款的融资，融资额度一般比使用贷款要大，适用于以购买设备为主的项目。

## 第二节　企业负债融资模式

企业负债融资是以企业自身偿债能力为信用基础对外举债所采用的各种融资方式的统称，包括银行贷款、发行债券等方式。这类融资模式既不同于无追索权或有限追索权的各种项目融资模式，也不同于以政府信用为基础的融资模式。

企业负债融资不像股权融资，它在规定的期限内必须支付利息。由于在债务期限结束时必须偿还本金，当企业不能按时偿付时，债权人有权申请对负债企业进行清算重组。

### 一、企业负债融资的主要方式和特点

融资方式按照其储蓄与投资的关系可分为内部融资（Internal Finance）和外部融资（External Finance）。从企业角度来看，内部融资包括企业经营活动创造的利润扣除股利后的剩余（留存收益）以及提取的折旧；外部融资主要是指股权融资和债务融资。债务融资是借款者以负债形式向贷款者支付固定金额的契约性合约。按照贷款对象（或资金来源）的不同，企业债务融资方式可划分为对金融机构的债务融资、企业间的债务融资和证券市场的债务融资。

（一）金融机构的债务融资

对金融机构的债务融资包括贷款融资和租赁融资。其中，银行的贷款融资是企业通过金融机构进行债务融资的主要形式，是企业直接向商业银行或其他金融机构商借的、偿还期较为固定的债务筹资方式，其主要特点：

（1）筹资速度快、手续简便，使企业得到借款所花费的时间较短；

（2）企业可以就借款条件和期限等事项直接与银行商谈，从而灵活性较大；

（3）筹资不涉及证券发行等问题，交易费用低，有利于降低筹资成本。

银行贷款可以按不同方式进行分类。按有无抵押划分，银行贷款可分为抵押贷款和信用贷款；按贷款对象划分，可分为工商贷款、农业贷款、消费者贷款、不动产贷款、同业放款；按贷款期限划分，可分为短期贷款和中、长期贷款；按还款方式划分可以分为三种：一是到期偿还本息贷款，二是定期偿还相等数量本息的贷款，三是分期偿还数额不等本息的贷款。

租赁融资是一种特殊的债务融资方式。它是以专门从事租赁业务的非银行金融机构和租赁公司作为出租人，以收取租金为条件，在契约和合同规定的期限内，将资产租赁给承租人使用的一种经济行为。

根据租赁的期限和双方权利义务关系的不同，租赁活动可分为经营租赁和融资租赁两大类。相比而言，经营租赁通常期限短，出租方需将租赁物多次出租才能收回成本，赚取利润，且出租方负责对承租货物的维修和保养，可以给承租方带来很大的方便；租赁合同中通常包括取消条款，承租方可以在合同到期前结束与承租方的租赁关系，将租赁物退还给出租方，从而降低承租方的风险。融资租赁一般是一种长期租赁，出租方往往通过一次租赁就可以赚取相应的利润，也不需负责出租货物的维修与保养，租赁合同通常可以稳定续约。

（二）企业间的债务融资

企业间的债务融资不是指企业之间的资金借贷行为，而是指企业间的商业信用行为，即指企业商品交易中延期付款或预收货款进行购销活动而形成的信用关系，是企业在商品交易过程中因交易时间和空间分离而产生的直接信用行为，具体形式包括应付账款、应付票据、应付费用和预收货款。

1. 应付账款

应付账款是企业因赊购而产生的一种短期债务，是卖方向企业提供的一种商业信用。卖方提供商业信用的目的在于拥有买方企业信用维持的前提下，促进其产品的销售，扩大市场份额，减少存货以降低存货成本。

应付账款作为一种最典型、最常见的商业信用形式，不但在客观上提高了买方企业的资金使用效率，在一定程度上缓解了资金的紧张，而且筹资非常方便，限制性条款很少，筹资成本也较低廉。但是，这并不意味着可以不加限制地任意使用这种方式进行筹资。事实上，

由于企业延期付款的时间一般较短、偿债任务重，经常性地拖延应付账款，就会影响企业的声誉，甚至造成企业今后的缺货损失。

2. 应付票据

应付票据是要求付款人在指定日期无条件支付确定的金额给收款人或持票人的票据。其特点是支付期限短，一般小于 6 个月；票面利率低，甚至可以不带息，而且不需保持相应的补偿性条款和支付协议费；到期必须归还，否则要交付比率远高于同期银行借款利率的罚金。

3. 应付费用

应付费用是企业内部在生产经营中预先提取但尚未支付的费用，或已经形成但尚未支付的款项，如应付工资、应付税金和预提费用等。这些费用使企业受益在前、支付在后，相当于享受了收款方的借款，可在某种程度上缓解企业资金紧张的压力。但由于应付费用通常都规定有一个必须支付的最后期限，这使企业一旦延期支付，就会面临诸如缴纳高额滞纳金和赔偿金以及罢工威胁等风险，这就要求企业必须合理调度资金，以保障应付费用的按时支付。

4. 预收货款

预收货款是企业向买方交付货物之前预先收取的全部或部分货款的信用形式，其相当于买方向卖方无息借款一段时间之后，卖方以货物进行清偿的行为。对于卖方企业来说，虽然这种信用方式的外在成本很低，是一种销售与筹资最好的结合方式，但只有在卖方企业所提供商品小于需求或加工周期较长的情况下，卖方企业才能同意提供这种商业信用。一旦卖方企业失信于买方企业，除了要求归还预先收取的货款外，还往往会导致超额索赔。

（三）证券市场的债务融资

证券市场的债务融资主要是指企业通过发行企业债券在证券市场上筹集债务资金的一种形式。如果发债企业直接以《公司法》的要求设立公司制企业，企业债券则又称公司债券，是企业依照法定程序发行的约定在一定期限内还本付息的一种债券。

企业债券代表着发债企业和投资者之间的一种债权债务关系。债券持有人是企业的债权人，不是股权所有者，一般情况下无权参与或干涉企业经营管理，但债券持有人有权按期收回本息。

企业债券与股票一样，同为有价证券，可以自由转让。由于企业主要以自身的经营利润作为还本付息的保证，因此企业债券风险与企业本身的经营状况直接相关。如果企业发行债券后，经营状况不好，连续出现亏损，可能无力支付债券本息，债券持有人就面临着遭受损失的风险。从这个意义上讲，企业债券存在投资风险。所以，在企业发行债券时，一般要对发债企业进行严格的资格审查或要求发债企业有财产抵押，以保护债券投资者利益。另外，在一定限度内，证券市场上的风险与收益成正相关关系，高风险伴随高收益。企业债券的利率一般也高于国债和地方政府债券。

企业债券按不同标准分为多种，最常见的分类有以下几种：

（1）按期限划分，有短期企业债券、中期企业债券和长期企业债券。短期企业债券期限一般在 1 年以内，中期企业债券为 1 年以上 5 年以下，长期企业债券期限在 5 年以上。

（2）按是否记名划分，可分为记名企业债券和不记名企业债券。如果企业债券上登记债券持有人的姓名，债券持有人领取利息时要凭印章或其他有效的身份证明，转让时要在债券上签名，同时还要到发行公司登记，那么它就称为记名企业债券。反之，称为不记名企业债券。

（3）按债券有无担保划分，可分为信用债券和担保债券。信用债券指凭借筹资人的信用发行的没有担保的债券，仅适用于信用等级高的债券发行人。担保债券是指以抵押、质押、保证等方式发行的债券，其中抵押债券是指以不动产作为担保品所发行的债券，质押债券是指以其有价证券作为担保品所发行的债券，保证债券是指由第三者担保偿还本息的债券。

（4）按债券可否提前赎回划分，企业债券可分为可提前赎回债券和不可提前赎回债券。如果企业在债券到期前有权定期或随时购回全部或部分债券，这种债券就称为可提前赎回债券，反之则是不可提前赎回债券。

（5）按债券票面利率是否变动划分，可分为固定利率债券、浮动利率债券和累进利率债券。固定利率债券指在偿还期内利率固定不变的债券；浮动利率债券指票面利率随市场利率的变动而定期变动的债券；累进利率债券指利率随着债券期限的增加而累进的债券。

（6）按发行人是否给予债券持有人选择权划分，可分为附有选择权的企业债券和不附有选择权的企业债券。附有选择权的企业债券，指债券发行人给予债券持有人一定的选择权，如可转换公司债券、有认股权证的企业债券、可返还的企业债券等。可转换公司债券的持有者，能够在一定时间内按照规定的价格将债券转换成企业发行的股票；有认股权证的企业债券持有者，可凭认股权证购买所约定的公司的股票；可返还的企业债券在规定的期限内可以返还。债券持有人所持债券如果没有选择权即为不附有选择权的企业债券。

（7）按发行方式划分，可分为公募债券和私募债券。公募债券指按规定程序经证券主管部门批准公开向社会公众投资者发行的债券；私募债券指以特定的少数投资者为对象发行的债券，发行手续简单，一般不能公开上市发行。

### 二、负债融资的功能效应分析

（一）负债融资的税盾效应

负债融资的税盾效应（Tax Shield），是指负债融资产生的利息可作为企业的期间费用抵减收益，从而有利于降低企业的应交所得税，减轻企业的所得税负担，增加股东的税后利润。负债融资的税盾效应随着资本结构的产生开始被广泛关注。

（二）负债融资的破产成本效应

为了建立能够合理说明现实中企业融资行为的资本结构理论体系，20世纪60年代末，学者开始关注负债融资的破产成本。巴格斯特最早在资本结构理论的研究中分析了负债的破产成本问题，在此基础上，斯科特、梅耶斯等人提出了权衡理论，主张企业的最优负债比例应由负债的避税收益与负债的预期破产成本来均衡决定。

（三）负债融资的代理成本效应

20世纪70年代以来，企业理论的发展以及委托代理理论、信息经济学、契约理论等新的经济学研究方法在资本结构理论研究中的应用，将负债融资对企业治理机制的影响研究带入了一个崭新的阶段。

代理成本学说的创始人詹森和麦克林认为由于信息不对称及道德危机，当委托人与代理人目标利益不一致导致利益冲突时，即产生了代理问题。企业融资的代理成本包括股权融资的代理成本和债权融资的代理成本，负债融资可以降低股权代理成本，同时又不受管理者自身财富的限制。负债本息的固定支付有利于减少经营管理者自由支配的现金流，减少其过度投资，在一定程度上缓和了股东和经理的利益冲突。另外，负债融资的破产成本效应又会促使经营管理者更加努力工作，做出更好的投资决策，从而有利于降低股权融资的代理成本。

负债融资或负债比率的上升虽然能够缓和股东与企业经营管理者之间的利益冲突，抑制管理者的道德风险行为，但是当企业采用负债融资时，外部债权人和内部的股东、经营者形成了以负债契约为媒介的委托代理关系，从而会出现作为委托人的债权人和作为代理人的股东及管理者之间的利益冲突。作为代理人的管理者往往会采取为股东谋利而损害债权人利益的行为，导致代理成本的发生。负债融资的代理成本主要包括资产替代、投资不足、监督约束成本。

### 三、企业负债融资的方式选择与优化

债务融资在企业外部融资中具有重要地位，并对现代企业治理机制产生重要影响，在企业自有资金或股权融资一定的条件下，企业依托外部的债务融资投资发展新项目。影响企业债务融资方式选择的因素是非常多的，既受客观经济金融环境、政策法规制度等共性因素的制约，又受到企业的特质（如行业特征、负债水平、净值状况、盈利能力、规模大小、自有资本高低、声誉等）的内在因素的影响，见表3-1。

因此，企业的债务融资方式的需求是多样化的，不同国家的企业、不同行业的企业、不同规模大小的企业及处于不同发展阶段的企业，其融资需求存在着差异，并对应着相应融资成本的融资方式。故没有理由认为一种融资方式对所有企业或投资项目都是最优的，无论是证券市场债务融资还是银行贷款融资，似乎都不应也不能够成为经济活动中处于垄断地位的融资方式。这表明，银行信贷融资与证券市场融资不仅不应相互排斥，还应该共存、相互补充，以满足多样化的融资方式需求，否则融资方式的供给或生产不足对众多融资方式需求的抑制只会最终影响资源的配置和经济的成长。

**表 3-1**　　　　　　　　　　　　**影响企业债务融资方式选择因素的比较分析**

| 影响因素 | 银行贷款 | 企业债券 |
|---|---|---|
| 经济环境：<br>（1）发展战略；<br>（2）金融法规；<br>（3）经济周期；<br>（4）经济发展水平 | （1）适合赶超型经济；<br>（2）适合银行主导型经济；<br>（3）顺周期；<br>（4）更适宜于发展中国家 | （1）适合成熟市场经济；<br>（2）适合市场主导型经济；<br>（3）逆周期；<br>（4）在发达国家更易得到发展 |
| 筹资成本 | 一般高于同期企业债券；为中小企业首选 | 发行的规模成本效应使得大企业更愿意选择企业债券融资；不适宜于中小企业 |
| 信息不对称（代理成本） | 信息不对称问题的解决：<br>（1）银行独特的金融服务使其更有条件知晓贷款企业的内部信息；<br>（2）拥有信息生产的规模优势；<br>（3）拥有监控企业的成本优势；<br>（4）可提供企业内部信息一定程度的保护问题 | 信息不对称问题的解决：<br>（1）市场的有效性与价格机制的作用；<br>（2）发达的信用评级、咨询、投资银行等市场信息生产机构；<br>（3）严格有效的信息披露与监管机制问题。<br>上述条件的具备需有一个渐进发展过程 |
| 合约特征与债务重谈 | 合约弹性大，债务条款可重谈，不可交易转让，软约束问题 | 合约弹性小，债务重谈难度大，可交易转让，硬约束债务 |
| 企业特质：<br>（1）行业特征；<br>（2）盈利能力；<br>（3）自有资本；<br>（4）企业声誉 | （1）适合于传统、竞争性产业，技术成熟型产业；<br>（2）更适合中小企业；<br>（3）更适合中小企业；<br>（4）更适合中小企业 | （1）适合新兴产业、新技术产业、垄断产业以及受管制企业；<br>（2）适合盈利能力强、净值高、负债水平低的企业；<br>（3）适合自有资本多的企业；<br>（4）适合于声誉高、成熟的大企业 |
| 总结 | 既适合大企业，也适合中小企业 | 适合特殊企业群体：规模大、盈利能力强、净值高、负债水平低、自有资本多且声誉好的企业 |

与银行贷款不同，企业债券融资是一种对市场进入"门槛"要求更高的融资方式，因为从上述的理论分析可以得出，证券市场的投资者（债权人）在对企业信息的生产和监督激励方面，与银行等中介金融机构相比往往处于劣势。因此，有效克服证券市场投资者与企业间信息不对称的手段在很大程度上有赖于市场信息披露机制的健全和完善。这些机制包括市场的有效性（价格机制的有效性）、评级和咨询等中介机构的发达程度和严格有效的信息披露与监管法规。显然，这些条件的具备往往需经历一个渐进的过程。这样，企业的特质便能在克服信息不对称问题方面发挥重要的信息传递作用。理论分析与实证表明，规模大、净值高、盈利能力强、负债水平低、自有资本多及社会声誉好的企业更能有效克服信息不对称问题和增强融资的规模成本效应。也就是说，企业债券一般更适宜这些特殊的企业群体。认识和理解企业债券融资的这一特征的重要意义在于在债务融资方式的选择上，必须充分比较银行贷款和债券融资方面的成本差异及对企业价值和治理的不同影响，以利于做出合理的融资决策。同时，在发展企业债券市场方面，必须充分认识到当地经济发展水平和市场发育程度的实际状况，切不可仅仅把企业债券理解为一种融资方式而忽略了这种融资方式所内含的基本条件、适用范围和约束契约特征。

## 第三节　银行信贷和发行债券融资

在投资理财活动中，融资方案必须覆盖项目的全部投资资金需求。因此，投资估算与权益资本之间的差额，必须由债务资金来补足。债务资金按其使用期限可分为短期（1年以内）、中期（1～5年）、长期（5年以上）债务；项目投资中所需要筹集的是中长期债务资金，一般通过信贷融资、债券融资等方式来解决。

### 一、银行信贷融资

信贷融资是指通过国内外政策性银行、商业银行等银行贷款进行的融资，或者通过国内外银团贷款，世界银行、亚洲开发银行等国际金融组织贷款，外国政府贷款、出口信贷、混合贷款以及信托投资公司等其他非银行金融机构贷款等方式进行的信贷融资。从投融资体制改革的趋势看，不管是商业银行还是政策性银行，都将按独立评审项目、自主决定贷款、自担信贷风险的市场化目标发展。所以无论项目融资还是企业融资，只有提高信用、分散风险，才有希望获得银行的贷款支持。

#### （一）国家政策性贷款融资

国家政策性银行贷款一般期限较长，利率较低，并配合国家产业政策的实施，采取各种优惠政策。我国的政策性贷款一般通过国家开发银行进行。国家开发银行配置资金的对象是大型基础设施、基础产业和支柱产业大中型基本建设和技术改造等政策性项目及其配套工程。基础设施包括农业、水利、铁道、交通、民航；基础产业包括能源（煤炭、石油、电力）和基础原材料工业（钢铁、有色金属、化学工业、建材、森林工业、非金属矿）；支柱产业主要包括石油化学工业、汽车、机械、电子等产业；政策性项目主要是现阶段财务效益低、建设周期长、国家又急需发展的项目，主要包括：①制约经济发展的"瓶颈"项目；②直接关系增强综合国力的支柱产业中的重大项目；③重大高新技术在经济领域应用的项目；④跨地区的重大政策性项目；⑤其他政策性项目。

政策性项目并非笼统地按行业划分，而是根据项目的性质确定。对于基础设施基础工业中财务效益较好的项目（如沿海地区大部分的大中型项目、钢铁项目、水泥项目等），可由商业银行安排贷款，对于支柱产业、政策性贷款主要用于支持少数投资规模大、技术先进、上规模、上档次的特大型项目，其余项目由商业银行安排贷款。

国家开发银行审查及批准项目贷款的依据是《国家开发银行基本建设贷款办法》、《国家开发银行技术改造贷款办法》和《国家开发银行外汇信贷业务管理规定》等文件。其固定资产贷款分为软贷款和硬贷款。软贷款分为股本金贷款和特别贷款；硬贷款分为基本建设贷款和技术改造贷款。基本建设贷款又分为差别贷款、专项贷款和一般贷款。

另外，中国农业发展银行作为国务院直属的另一家政策性金融机构，按照国家法律、法规、政策的要求，以国家信用为基础，提供农业政策性信贷业务。中国农业发展银行的农业政策性贷款分为商业性贷款和开发性贷款。商业性贷款包括粮棉油收购、调销、储备、批发、进出口以及猪肉、食糖、烟叶、羊毛等储备的贷款；开发性贷款包括大型农业基本建设和技术改造贷款、林业贷款和治沙贷款。

（二）海外政府贷款

政府贷款是政府间利用国库资金提供的长期低息优惠贷款，具有援助性质。年利率从无息到 2%～3%；偿还期限平均 20～30 年，有的长达 50 年，其中包含 10 年左右只付息不还本的宽限期。政府贷款一般规定用于基础设施建设，且有一定的附加条件。目前对我国进行政府贷款的国家主要有日本（国际协力银行贷款、"黑字还流"贷款）、比利时、意大利、法国、加拿大、科威特、瑞典、英国、德国、瑞士，以及丹麦、芬兰、挪威、澳大利亚、荷兰、卢森堡、奥地利、西班牙等国。

政府贷款通常由政府有关部门出面洽谈，也有的是政府首脑出国访问时，经双方共同商定，签订贷款协议。例如，法国对外提供贷款时，由其主管部门法国财政部国库司代表法国政府对外谈判，签订贷款总协议，拟定贷款的额度、期限等一般条件，然后听取法国国民议会有关机构的意见。

各国政府贷款的程序不尽相同，一般有以下几个步骤：①贷款接受国选定贷款项目，进行贷款前准备工作；②借款国向贷款国提供贷款申请；③贷款国对项目进行分析审查；④借款国如接受对方提供的条件，双方对贷款的基本条款和条件进行谈判；⑤双方签订贷款协议；⑥政府指定银行实施贷款协议；⑦支付贷款；⑧贷款机构对项目执行和经营阶段的活动进行监督管理；⑨返还贷款。

外国政府贷款分为两种，一是纯政府贷款，即完全由政府财政性资金提供的贷款，一般无息或利率很低，还款期较长，用于城市基础设施等非盈利的开发性项目；二是政府混合贷款，由政府财政性资金与商业性贷款混合而成，是外国政府贷款的主要形式，主要有三种类型：①政府财政性资金与一般商业性资金混合起来的贷款，比一般商业性贷款优惠；②一定比例的赠款和信贷混合而成，赠款部分占 25%～45%；③政府财政性资金和商业银行出口信贷混合的贷款，这是最普遍采用的贷款形式。其中软贷款占 30%～50%。出口信贷的条件，凡经济合作与发展组织（Organization for Economic Cooperation and Development，OECD）成员国，利率和偿还期一般采用该组织的 OECD 条件，宽限期视项目建设期而定。

（三）国际金融组织贷款

目前全球性的国际金融组织主要有国际货币基金组织、国际复兴开发银行（IBRD）、国际清算银行等，影响较大的区域性国际金融组织包括亚洲开发银行、泛美开发银行、非洲开发银行、欧洲复兴开发银行等。这些国际金融机构由许多国家政府参加，并向特定的对象国政府提供优惠性的多边信贷，其贷款有软硬之分，是另一种官方资本来源。目前，向我国提供多边贷款的国际金融机构主要有世界银行、亚洲开发银行、国际农业发展基金组织和国际货币基金组织。

1. 世界银行集团贷款

世界银行集团共有五个经济单位，其中与融资有关的机构有以下三个：

（1）世界银行。贷款对象是会员国官方、国有企业、私营企业，要有政府担保。其贷款分为项目贷款、部门贷款、结构调整贷款、技术援助贷款、紧急复兴贷款共五类，其中项目贷款所占比例最大，影响和作用也最大。项目贷款期限平均6～9年，有的长达20年，宽限期5年；利率低于市场利率，定期调整利率，收取杂费较低。目前在世界银行贷款中，最主要的贷款对象为农业和农村发展项目，其次是交通、能源、社会业务、工业等。世界银行对我国交通行业的贷款主要是公路、铁路和港口项目，能源侧重于电力项目（包括火电和水电），社会业务主要包括教育、卫生、环境保护和城市建设项目，工业侧重于机床、基础化工等项目。贷款程序一般经过项目的初选、项目准备（可行性研究，初步设计）、项目分析、贷款条件谈判、项目的执行与监督和总结评价六个阶段。贷款的主要条件包括：①只有会员国才能申请贷款；②贷款对象可以是会员国的政府及其机构、企业，对私营企业贷款需有政府担保；国际开发协会信贷只贷给会员国政府但可以由其转贷；③申请贷款一定要有项目计划；④一般只贷进口货物和服务所需的外汇，不贷项目的国内费用，但在某些情况下，如高度优先项目，国内费用占总投资比例较大，也可用于国内费用，世界银行根据各国情况确定这种贷款占总投资的比例；⑤申请贷款的项目须经世界银行调查，并与会员国研究商定，对经济上优先项目才提供贷款；⑥贷款专款专用，受世界银行监督；⑦项目实施中采购货物和劳务应按照其规定程序进行国际竞争性招标，通过对采购货物规格、招标程序、投标人资格、评标和授标建议的审查，对采购进行监督。除绝大部分采购要求进行国际性招标外，还有一小部分可以采取其他的采购形式，但都需事先商定并在贷款协定中明确规定。

（2）国际开发协会。贷款对象是人均收入水平低的发展中国家；其贷款俗称"软贷款"，条件十分优惠；我国按人均 GNP（Gross National Product，国民生产总值）考核，已超出其提供贷款的标准，因此这一贷款不再向中国发放。

（3）国际金融公司。向会员国，特别是发展中国家的私营企业提供资金，形式是贷款或参股，不需政府担保；每笔金额不超过 200 万～400 万美元，贷款期限 5～15 年，执行商业利率。贷款对象为较贫穷的发展中国家的私营企业，贷款用途为制造业、加工业、开采业、公用业务、旅游业项目。贷款需以原借款时的货币偿还。贷款条件比较灵活，可用于国内外全部投资（包括流动资金），用于采购货物时不需进行国际竞争性招标，但限于在世界银行会员国或瑞士范围内采购。

2. 亚洲开发银行贷款

亚洲开发银行的贷款有以下三类：

（1）硬贷款，即普通贷款，按平均借入贷款的成本外加 0.5% 的利差来确定利率，定期调整；期限 10～30 年，宽限期 2～7 年；主要用于基础设施项目，贷款条件要求较严。

（2）软贷款，也称特别基金贷款，期限长达 40 年，宽限期 10 年；宽限期后的 10 年，每年还本 2%，以后 20 年每年还本 4%；为无息贷款，只收 1% 的手续费。另外，还为科技落后的成员国提供用于项目咨询的技术援助特别基金，属于赠款。

（3）联合融资，指亚洲开发银行和外来资金共同资助一个项目，分为平行融资、共同融资、伞形融资（后备融资）、窗口融资、参与性融资等五种类型。

亚洲开发银行也以项目贷款为主，同时还有部门贷款、规划贷款、中间金融机构贷款等，主要领域包括农业和农产品加工业（重点支持水利、林业和渔业）、能源（重点是电力，特别是水电的发展）、工业（主要用于化学工业、水泥、机械制造、采矿和科技开发）、开发金融机构、交通运输及通信（重点支持港口、铁路、公路、电信等项目）、基础设施和社会发展（包括供排水、环境保护、城市发展、住房、卫生、教育、人口控制）等项目。

3. 国际农业发展基金组织贷款

国际农业发展基金组织是按照世界粮食会议决定，于 1977 年设立的一个联合国专门机构，是专门为发展中国家提供优惠贷款发展粮食生产的国际组织。它以优惠条件帮助发展中国家发展农业，特别是加强粮食生产，消灭贫困和营养不良。国际农业发展基金组织提供的贷款分为三类，一是优惠贷款，偿还期为 50 年，含宽限期 10 年，每年收取 1%的服务费；二是中等贷款，偿还期 20 年，宽限期 5 年，年利率 4%；三是普通贷款，偿还期 15～18 年，宽限期 3 年，年利率 8%。该组织提供的贷款，在增加粮食生产方面，主要是扩大和改进现有灌溉设施，改良品种，改进耕作技术和土壤管理，兴修水利工程等。在消除贫困方面，强调贷款项目要直接有利于经济条件差、贫困和无地农民，贷款原则上不能用于发展盈利业务。

4. 国际货币基金组织贷款

国际货币基金组织的宗旨是促进国际货币合作，支持国际贸易的发展和均衡增长，稳定国际汇兑，以及提供临时性融资，以帮助成员国调整国际收支的暂时失调。它不向成员国提供一般的项目贷款，而是在成员国发生国际收支暂时不平衡时，通过出售特别提款权或其他货币换取成员国货币的方式向成员国提供资金援助。该组织贷款条件严格，它按成员国在基金中的份额，面临国际收支困难的程度及解决这些困难的政策是否能奏效等条件来确定贷款的数额。

该组织的贷款种类包括以下几个：

（1）普通贷款，用于解决会员国一般国际收支逆差的短期资金需要。贷款期限为 3～5 年，每一会员国借款累计最高额为该会员国认缴份额的 125%，并根据贷款额度的不同，收取不同的贷款利率和手续费。

（2）中期贷款，用于解决会员国较长期国际收支逆差需要。贷款额度较大，期限为 4～8 年，贷款利率随借用年限递增。会员国使用这种贷款的最高额为认缴份额的 140%。该项贷款与普通贷款两项总额不超过会员国认缴份额的 165%。使用中期贷款时，应先向基金组织提出申请，并附有为克服国际收支困难所应采取的有关措施。基金组织经审查同意后才能提供贷款。会员国在贷款期间还需定期向基金组织提供有关资料，以便进行监督检查。

（3）出口波动补偿贷款，当初级产品出口国发生国际收支困难时，在原有普通贷款外另外申请的一种贷款。贷款期限为 3～5 年，贷款最高额为会员国认缴份额的 100%。

（4）缓冲库存贷款，用于帮助初级产品生产国为稳定销往国际市场的产品价格所需的资金。贷款期为 3～5 年，最高额为会员国认缴份额的 75%。

（5）补充贷款，主要用于补充普通贷款的不足，解决会员国巨额和持续的国际收支逆差所需金额较大、期限较长的资金。贷款期限为 3.5～7 年。贷款最高额为会员国认缴份额的

140%。

（6）信托基金，是国际货币基金组织出售其所持有的一部分黄金而得到利润对低收入会员国提供的一种条件优惠的临时性贷款，期限为 5 年，利率 0.5%。每半年偿还一次，分期还清。目前该项贷款已取消。

（7）扩大资金贷款，由沙特阿拉伯及少数西方国家提供，用于解决成员国国际收支困难。贷款期限为 3.5～7 年，贷款限额第一年为份额的 150%，第三年为 450%。

（8）结构调整贷款，仅向低收入国家提供，属于援助性贷款。

（四）出口信贷

出口信贷是出口国的官方金融机构或商业银行以优惠利率向本国出口商或进口商、进口方银行提供的信贷。它是国家为支持和扩大大型设备的出口，加强国际竞争能力的方式。出口信贷以出口国政府为后盾，通过银行对出口贸易提供的信贷。世界各国为支持和扩大本国出口，通过对本国出口信贷给予利息补贴并提供担保的方式，鼓励本国商业银行对本国出口商或外国进口商（或银行）提供较低利率的贷款，以解决买方支付的需要。对于出口贸易中金额较大、付款期限较长的情况，如成套设备的出口，经常使用出口信贷。

出口信贷的特点是，贷款只能用于购买出口国的出口商品；利率低于市场利率，利差部分由出口国政府给予补贴，同时贷款期限一般在 5 年以上；出口信贷的发放与信贷保险相结合，银行在办理出口信贷以前，都要求出口商向本国的出口信贷保险机构投保，以减轻可能发生的进口商不履行合同的风险。

1. 出口信贷的种类

出口信贷按接受对象的不同分为卖方信贷和买方信贷两种主要形式。

（1）卖方信贷。卖方信贷是出口商所在地的银行对出口商提供的出口信贷，目的是便于出口商以延期付款的形式出售大型设备或成套设备。出口商为销售产品，与进口方银行签订信贷合同，得到出口信贷作为对进口商购买自己产品的垫付资金，从而允许买方赊购，分期付款。使用卖方信贷，进口商在订货时一般先付合同金额 15% 的定金，其余货款在全部交货或工厂开工投产后陆续偿还。进口商还款后，出口商把货款归还出口方银行。

（2）买方信贷。在大型机器设备或成套设备贸易中，由出口商（卖方）所在地的银行贷款给外国进口商（买方）或进口商银行，以给予融资便利，扩大本国设备的出口，这种贷款方式就是买方信贷。买方信贷一般限于合同金额的 85%，并以合同金额的 15% 作为定金，在签订合同后一个月内支付。卖方交货完毕或工厂建成投产，进口商或进口方银行再向出口方银行分次还款，每半年还款一次。买方信贷协议中，一般规定进口商或进口商所在地银行需要支付的信贷保险费、承诺费、管理费等具体金额，这就比卖方信贷更有利于进口商了解真实货价。

2. 出口信贷的操作方法

（1）期限和利率。出口信贷的期限视合同的具体情况而定，一般从 18 个月到 10 年，建设期为宽限期，贷款利率一般按 OECD 的规定执行。该组织协调各成员国出口信贷利率，半年调整一次，按签约时的固定利率计息，并要支付银行办理托收的手续费，支付贷款国出口信贷保险机构的保险费、承诺费、印花税等。由于受到出口国政府的政策补贴，出口信贷的利率比市场利率较低，出口商的竞争也可使借款人有多个选择机会。由于这种信贷与购买货物联系，因此有时信贷条件相对较为优越。

（2）卖方信贷的运作方法。由于卖方信贷是出口商所在地银行给予出口商的贷款，是银行信用，不应将卖方信贷解释为延期付款，延期付款是出口商给予进口商的商业信用。购买设备所需资金由出口方凭交货证件向本国银行申请信贷，贷款利息和保险费等费用均包括在货价之内，信贷条件和买方信贷类同。对进口商来说，卖方信贷的优点是手续简单，资金筹措等各种事宜均由出口商包办。缺点是由于出口商的贷款利息和信贷保险等费用均包括在货价之内，进口商较难对各出口商的报价进行比较。为此，如有可能，应尽量要求出口商分项报价，利息和各项费用也应逐笔分开。卖方信贷一般采用下列三种操作方式。

1）出口商（卖方）以延期付款或赊销方式向进口商（买方）出售大型机械装备或成套设备。在这种方式下，出口商、进口商签订合同后，进口商先支付 10%～15% 的贷款；其余 70%～80% 的贷款在全部交货后若干年内分期偿还（一般每半年还款一次），并付给延期付款间的利息。

2）出口商（卖方）向其所在地银行商借贷款，签订贷款协议，以融通资金。

3）进口商（买方）随同利息分期偿还出口商（卖方）贷款后，根据贷款协议，出口商再用以偿还其从银行取得的贷款。出口商向银行借取卖方信贷，除按出口信贷利率支付利息外，并须支付信贷保险费、承诺费、管理费等。这些费用的具体金额，进口商无法知道。延期付款的货价一般高于以现汇支付的货价，有时高出 3%～4%，最高时达到 8%～10%。

（3）买方信贷的运作方法。在出口信贷中，买方信贷比卖方信贷得到更广泛的运用。操作程序：

1）进口商（买方）与出口商（卖方）洽谈贸易，签订贸易合同后，进口商（买方）先缴相当于货价 15% 的现汇定金。现汇定金在合同生效日支付，也可在合同签订后的 60 天或 90 天支付。

2）进口商与出口商所在地银行签订贷款协议，这个协议以上述贸易合同为基础，如果进口商不购买出口国的设备，则进口商不能从出口所在地银行取得此项贷款。

3）进口商用其借用的贷款，以现汇付款的形式向出口商支付贷款。

4）进口商对出口商所在地银行的欠款，按贷款协议的条件分期付款。

买方信贷应遵循如下贷款原则。

1）接受买方信贷的进口商所得的贷款只能向发放买方信贷的国家的出口商、出口制造商或在该国注册的外国出口公司进行支付，不能用于第三国。这是因为贷款利率低，政府贴现利差，扩大出口的实惠不能被他国所得。

2）进口商利用买方信贷限于购买资本性货物。一般不能利用贷款购买原材料、消费品等。

3）一些国家发放的买方信贷有时也允许进口非资本性货物，如船舶、飞机、军用品、卫星站等，但要另订协议，另外规定条件。

4）提供买方信贷国家出口的资本货物限于在本国内制造，如该资本物的部件系由多国产品组装，本国部件应占 50% 以上。个别国家规定外国部件不能超过 15%。有的国家规定只对资本货物制造的部分提供信贷。

5）贷款只提供贸易合同的 85%，船舶为 80%，其余为 15% 或 20% 要付现汇。贸易合同签订生效后，至少要先付 5% 的定金，一般要先付 15% 或 20% 的现汇后才能使用贷款。

6）贷款均为分期偿还，一般规定半年还本付息一次，还款期限有长有短。

买方信贷的贷款条件主要包括以下几个：

1）买方信贷所使用的货币可以是提供买方信贷国家的货币或美元，或者是提供买方信贷国家的货币与美元共用，不同货币不同利率，或者只使用美元。

2）进口商利用买方信贷购买资本货物都规定有最低起点，如所购买的资本性货物没有达到规定的起点，则不能使用买方信贷。这一规定的目的在于促进大额交易的成功，扩大出口国资本货物的推销，各国对买方信贷的起点规定也不尽相同。

3）在利息计算方面，买方信贷都低于市场利率，但各国不同，大致可分为四种类型。一是 OECD 国家的利率类型，按经济收入的不同把世界各国划分为三类，即低收入国家、中等收入国家、富有国家。根据贷款期的不同，对不同国家规定不同的利率；二是伦敦同业银行优惠放款的利率类型；三是加拿大的利率类型，由加拿大政府自定，此利率高于 OECD 类型，但低于 LIBOR（London Interbank Offered Rate，伦敦银行同业拆放利率）类型；四是美国类型，即发放买方信贷的资金一部分由进出口银行提供，一部分由商业银行提供。前者收取的利率较低，后者按美国市场利率收取。对由进出口银行和商业银行提供的买方信贷的比例不定期地进行调整。

4）使用买方信贷除支付利息外，还需支付：管理费，费率一般为 1‰～5‰，有的国家规定在签订协议后一次支付，有的规定按每次支取的贷款金额付款；承诺费用，费率一般为 1‰～5‰，每 3 个月或 6 个月支付一次，有的国家有时不收承诺费；信贷保险费，有的国家规定由进口商支付，有的规定由出口商支付，费率一般为贷款金额的 2.5%。

5）买方信贷的用款手续：出口商银行与进口商银行签订贷款总协议，规定贷款总金额，当进口商与出口商达成交易，签订贸易合同需用贷款时，根据贸易合同向进口国银行申请，经批准后即可使用贷款。

6）买方信贷的使用限期与还款期。使用限期是指总协议规定的总额在何时应办理具体手续或另签具体贷款协议的限期。但一经办理申请获得批准或另签贷款协议，就应按批件与具体协议规定办事，不再受总协议限期的限制。

7）还款期根据进口设备的性质与金额大小而定：单机一般在货物装船后 6 个月开始分期还款，也有些国家按提单日期、支用货款日期或合同规定的装运期计算还款期。有的国家规定成套设备按基本交货完毕或最终交货 6 个月开始还款，有的规定交接验收后 6 个月开始还款，也有的规定保证期满后 6 个月开始还款。

（五）商业银行贷款

1. 商业银行贷款的一般特点

商业银行贷款是大多数企业信贷融资的主要途径。其基本特点：

（1）商业贷款的主要条款制订只需取得贷款机构的同意，不必经过证券管理部门的申请程序，因此较其他商业性融资手续较为简单，融资速度快；

（2）商业贷款在经济情况发生变化的情况下如果需要变更协议的有关条款，借贷双方可以灵活协商处理，与采用债券融资因债券持有者较为分散，难以得到所有债券持有者的变更许可相比较为灵活；

（3）商业信贷由借款者和贷款者直接商定信贷条件，无须作广泛的宣传与广告推介，无须大量的文件制作，因而交易成本较低，且借款利率也低于债券融资的利率等；

（4）银行贷款利息可以进入成本，从而相对减轻企业税负；

（5）发行股票和债券融资仅适于大中型企业，银行根据企业的信用状况而给予的商业信贷，则成为中小型企业长期资本的主要来源。主要不足是，长期借款的限制性条件较多。金融机构为了保证借款的安全，一般制定很多保护性条款，包括一般性保护条款、例行性保护条款和特殊性保护条款，约束了企业的生产经营和借款的使用。

按照国际惯例，商业长期贷款由于期限长、风险较高，因此银行为了避免到期不能收回本息的风险，一般在签订合同时附加一些限制性的条件，称为"保护性契约条款"，主要包括：

（1）提供担保品或抵押品。为避免和减少长期贷款的风险，银行对财务状况一般的企业往往要求提供担保品或抵押品，作为担保品和抵押品的财产必须是担保人或抵押人拥有所有权的财产。一旦借款企业到期不能偿还本息，银行有权对其予以处置。

（2）流动比率等财务指标应达到一定要求。贷款银行通常规定融资企业必须保护一定比例的流动资产，有的甚至要求企业的存款额不得低于贷款总额的一定百分比。

（3）提供相关信息。为便于了解借款企业的财务状况和经营状况，银行一般规定借款企业按期向银行递交经过审查或公证的每一份会计报表，并随时向银行报告企业的经营情况和财务计划。

（4）参与企业的管理。银行通常在借款合同中附加参与企业管理的条款，如规定银行可派代表列席企业的重要会议，向企业派驻银行董事等。其目的是防止因企业管理政策的重大改变而影响银行贷款的及时收回。

（5）其他限制性条款。例如，非经贷款银行同意，融资企业不得再借入长期借款；不得将有关财产再次作为抵押品或担保品；不得签订超过一定期限的长期租赁合约，以及对资本支出规模和现金股利支付的限制等。

借款利率是信贷合同的主要条款。利率水平受当时的资本供求关系、企业的贷款金额、有无担保以及企业的信用状况等因素影响。商业贷款利率包括固定利率、变动利率和浮动利率三种。

（1）固定利率：在订立借款合同时就约定利率水平，不管未来金融市场利率是否波动和通胀指数是否上升，借款企业均按照固定不变的利率定期还本付息。

（2）变动利率：规定利率可以定期调整，一般根据金融市场行情每半年或一年调整一次，调整以后借贷款的余额按新利率计息并还本付息。

（3）浮动利率：这种利率通常在基本利率、商业票据利率、国库券利率的基础上再加上若干百分点，当利率指数上升或下降时，定期借款的未偿还余额的利率也作相同幅度的调整。

2. 国内商业银行贷款

我国相继颁布《中华人民共和国中国人民银行法》、《中华人民共和国商业银行法》和《贷款通则》，实行政策性银行和商业性银行分业经营，企业与商业银行的关系逐步变成按市场规则动作的商业信贷关系。根据《贷款通则》规定，我国商业银行贷款有如下分类：①根据承担风险的主体不同，分为自营贷款、委托贷款和特定贷款；②根据贷款期限不同，分为短期贷款、中期贷款和长期贷款；③根据贷款的担保情况，分为信用贷款、担保贷款、保证贷款、抵押贷款、质押贷款和票据贴现贷款。其中，信用贷款是指不需抵押品，企业仅凭借自身的信用或某保证人的信用而取得的借款。抵押贷款是指以特定的抵押品为担保的借款，作为借款担保的物品可以是不动产、机器设备等实物资产，也可以是股票债券等有价证券。

根据相关规定，申请商业性贷款，应当具备产品有市场、生产经营有效益、不挤占挪用信贷资金、恪守信用等基本条件，并符合以下要求：①有按期还本付息的能力，原应付贷款利息和到期贷款已清偿，没有清偿的，已经制订贷款人认可的偿还计划；②除自然人和不需要经工商部门核准登记的业务法人外，应当经过工商部门办理年检手续；③已开立基本账户或一般存款账户；④除国务院规定外，有限责任公司和股份有限公司对外股本权益性投资累计额未超过其净资产总额的50%；⑤申请中期、长期贷款的，新建项目的企业法人所有者权益与项目所需总投资的比例不低于国家规定的投资项目的资本金比例。

我国申请商业性贷款的一般程序是：

（1）提出贷款申请。《借款申请书》应包括借款金额、用途、偿还能力及还款方式等内容。

（2）对借款企业进行信用等级分析。主要评价领导者素质、经济实力、融资结构、履约情况、经营效益和发展前景。

（3）贷款调查。主要调查企业的信用等级、借款的合法性、安全性、营利性，核实抵押物、质押物、保证人情况，测定贷款的风险度。

（4）贷款审批。建立审贷分类、分级审批的贷款管理制度，审查贷款申请资料，复测贷款风险度。

（5）签订借款合同。我国有关法规规定借款合同应包括的基本内容为借款种类、借款用途、借款金额、借款利率、借款期限、还款资金来源及还款方式、保证条款、违约责任及其他有关事项。

（6）贷款发放，按合同规定按期发放，否则应付违约金。

（7）贷后检查。对借款合同执行情况及借款人的经营情况进行追踪调查和检查。

（8）贷款归还。按合同规定按时足额归还贷款本息，否则应加罚利息或依法起诉。企业偿还借款的方式主要有三种：到期一次偿还；定期偿还等额的本金；分次偿还，但每次金额不等。

（六）银团贷款

商业贷款可以由一家商业银行独自提供贷款，也可以由几家甚至几十家商业银行组成银团进行贷款，应由一家或几家银行牵头，多家商业银行参加，共同向某一项目提供长期、高额贷款。它可不受限制地用于向任何国家购买商品和劳务。例如，英法海底隧道的银团贷款有150家银行参加，贷款总额86亿美元。银团贷款总额约占国际资本市场借贷总额的50%以上，占发展中国家长期借款的85%以上。

银团贷款一般采用两种形式，一是共同贷款，由一家银行牵头，对内对外包揽一切，借款人只与牵头银行接触，与之签订贷款合同，其他银行的资金，也由牵头银行分别按贷款份额比例代为收付，由各银行与牵头银行签订合同；二是平行贷款，由几家银行牵头分配各银行贷款份额，各银行（包括牵头银行在内）分别直接与借款人签订贷款合同。每份贷款合同各有一份担保合同，对借款人的资金收付由银团委托银团外的一家代理行代办。平行贷款的合同往往订有对等待遇，即借款人对各贷款人必须同等待遇，如果对某一个贷款人给予优惠待遇，必须给予所有其他贷款人同等的优惠待遇。

国际银团贷款期限一般为5~10年，长者可达15年，本息偿还有多种方式，可以同时选择多种货币。利率高低取决于货币市场利率和借款人信用两大因素，一般按LIBOR的短期利率再附加一个利差来计息，利率要定期调整。贷款绝大部分用美元计算，也有的用欧元、日元等货币计算，贷款费用名目繁多，其中主要包括：

（1）管理费（Management Fee）。费率为 0.1%～0.5%，主要用于打印办公费用等，按贷款金额在签约时或在用款时支付。

（2）承诺费（Commitment Fee）。费率为 0.125%～0.375%，按未支用部分金额计算，每半年支付一次，直到贷款合同金额全部用足为止。起算日期有多种：从合同签订日起算；在用款订有宽限期的情况下，从宽限期终了后的次日起算；如果贷款合同中附有分期用款计划，如分两次用款，则都从合同签订日起算，但承诺费率可降低，各期费率有所差别；如果贷款合同中规定按季或年度由供款人提供用款计划，则以用款计划为准，如有超提或少提，按差额计收承诺费。这种计算方法对借款人最有利。

（3）前端费（Front-end Fee）。费率为 0.1%～0.5%，用于贷款合同签订前，银团内部相互之间进行联系的费用。一般按贷款金额在合同签订时一次支付，有的无该项费用或包括在管理费以内。

（4）手续费（Commission）。如由牵头银行直接与借款人联系而成交，费率较低，一般约 0.5%。如果经由中间商介绍而成交，费率为 1.5%～3%，大都在用款时内扣。贷款条件中常订有"发放率"，即 100%扣除手续费率后的实发率（还款仍需按 100%计算偿还本息），如发放率为 98%，即内扣手续费 2%。

（5）保险费（Insurance Premium）。费率约 0.25%，用于信贷保险，每年按投保额计算。

（6）代理费（Agent Fee）。代理行每年约收 5000 美元；也可一次性收取一笔，不每年收取。如果代理行是牵头行之一，有的免费代理收付。

（7）法律费（Legal Fee）。有的按绝对额计算，每份合同收取一定金额，有的按合同金额的一定比例（0.1%～0.2%）计算支付；也有的按实支付，即凭律师事务所按工作时间计算的发票支付。

（8）杂费（Out of Pocket Expenses），如旅行费（Travelling Expenses）等。这些费用有一定伸缩余地，各银行收费的名称不同，费率也不同，即使是同一家银行，每笔收费情况也可能不同，主要视资金供求、借款人信誉、金额大小等方面情况而定。对借款人来说，合同中除承诺费、手续费、保险费几种主要费用单独列明外，其他各项费用最好拟定一个总金额包干，以免失控。

（七）混合贷款

混合贷款是出口信贷、商业银行贷款、出口国政府援助、捐赠等相结合的信贷融资方式。其中政府出资一般占 30%～50%，因此综合利率相对较低，期限可达 30～50 年，宽限期可达 10 年；但选项较严，手续较复杂。混合贷款需要事先由主管部门与对方政府洽谈项目。

在卖方信贷的形式下，根据国际惯例规定，进口商要向出口商支付货价一定比例的现汇定金，在买方信贷下进口商要支付设备货款 15%的现汇定金，其余 85%的设备货款由进口商从出口国银行取得的贷款支付，但贷款不得用于当地费用支出。出口国为了扩大本国设备的出口，加强本国设备出口的竞争能力，在出口国银行发放卖方信贷或买方信贷时，政府还从预算中提出一笔资金，作为政府贷款，与卖方信贷或买方信贷一并发放，以满足出口商或进口商支付当地费用的需要，这就更有利于促进该国设备的出口。

另外，在银团贷款和混合贷款的基础上，又产生了一种"合作融资"的信贷方式，就是集中几个不同的资金来源，共同对一个项目进行融资。贷款人主要有四个方面：一是私营金融机构，主要是私营商业银行，也包括保险公司和其他私人机构；二是提供出口信贷的机构，包括各种进出口银行和提供买方信贷的一般商业银行；三是多边性开发贷款机构，如世界银行、国际金融公司、泛美开发银行等；四是官方援助，包括各国政府和政府援外机构的无偿赠款和低息或无息贷款。主要组合方式有四种：一是私营金融机构之间的联合；二是多边性的开发贷款机构之间的联合；三是私营金融机构和多边性开发贷款机构之间的联合；四是提供贷款国的政府和银行之间的联合。私营金融机构之间的联合，大都采用银团贷款的做法。多边性开发贷款机构之间的联合对借款人的要求基本上参照世界银行的做法，贷款关系视项目的具体情况有"平行"和"共同"之分。主要有以下特点：

（1）在采取平行贷款的情况下，各份贷款合同的条款有两点与一般银团贷款中的平行贷款做法不同。一是各贷款人按各自的贷款条件、程序签订协议。有的提供土建部分所需的资金；有的提供项目执行和监督所需的资金；有的提供项目前期费用资金；而银团贷款的各贷款人提供的贷款不各自指定用途，由借款人统一安排。二是借款人对各贷款人的态度不同，一旦发生偿债有困难，借款人一般是先还多边性开发贷款机构的贷款，然后还其他贷款人的贷款，而银团贷款的借款人必须对所有贷款人一视同仁，在还本付息、抵押等方面不能给任何一个贷款人以优于其他贷款人的条件。

（2）多边金融机构除本身提供贷款资金以外，还起到其他作用。例如，对可行性研究报告进行分析审查，据此为借款人安排融资计划，就贷款人的选择、借款协议中主要条款的写法等一般性问题提出意见，提供与项目有关的咨询服务，供借款人参考等。总之，既当贷款人，又当中介人和借款人的顾问。而银团贷款的牵头银行除本身提供一部分贷款外，只是组织银团，除非借款人另行聘请，不当借款人的顾问，不提供上述咨询服务。

（3）在共同贷款的情况下，由于有多边金融机构参与的联合贷款，都要采用国际性招标来选购设备和选定工程承包对象，而利用出口信贷则必须购买提供贷款国的商品或劳务，两者有矛盾。所以，有世界银行等国际金融机构参加的联合融资，各国出口信贷机构一般不愿意参加。这样，一个项目的融资得到了世界银行的贷款，就很难同时得到出口信贷。而银团贷款就可以与出口信贷相结合，提供混合贷款。

（4）在平行贷款的情况下，每份贷款协议都订有两个特殊条款。一是并联违约条款，即在各贷款人提供的贷款拟定不同用途的情况下，如果某一贷款人因某一正当理由而取消、停付或要求提前偿还其贷款，其他贷款人（包括世界银行在内）有权采取相应的措施，以支持该贷款人取消、停付或提前偿还贷款。二是相互参照条款，即允许其他贷款人待国际金融机构履行其贷款协议中某些条款（如项目管理、资金汇集、担保等）以后，再实施其贷款协议；银团贷款不存在任何一个贷款人可以因任何理由单独采取行动，取消、停付或要求提前偿还其贷款，也不存在各贷款人履约有先后之分。所以贷款协议中没有必要订这两个条款。

（5）转让贷款份额。这是多边性开发贷款机构组织一部分私营银行的资金，扩大其贷款能力，从而能向发展中国家提供多种开发资金的一种办法。具体做法是，多边性开发贷款机构在与借款人达成贷款协议后，将一部分或全部的贷款份额转让给私营银行，转让以后，多边性开发贷款机构继续管理这笔贷款，但不向受让贷款份额的银行负担保借款人还款的责任。借款人与受让贷款份额的银行在法律上不发生关系。银团贷款份额的转让，按贷款协议规定，一般需经借款人同意，转让以后，受让贷款份额的银行与借款人在法律上直接发生关系。出让贷款份额的银行不再对借款人承担责任。

（八）信贷融资方案设计

在融资方案设计中，首先要具体描述信贷资金的基本要素，包括：

（1）融资的金额和时间，要指出每项信贷资金可能提供的金额及初期支付时间、贷款期和宽限期、分期还款的类型。

（2）融资成本，包括贷款利息的类型，浮动利率何时调整及如何调整，每年计息几次，对应的年利率是多少，承诺费、手续费、管理费、牵头费、代理费、担保费、信贷保险费及其他杂费的计算办法及数额等。

（3）建设期利息的支付方式。

（4）附加条件的说明。例如，必须购买哪类货物，不得购买哪类货物；借外债时，对所借币种及所还币种有何限制等。

（5）利用外债的责任分析。外国政府贷款、国际金融组织贷款、中国银行和其他国有银行统一对外筹借的国际贷款，都是国家统借债务。融资方案设计中，要明确外债是否属国家债务，以及属于哪一类型的债务。

债权人为了保障其权益，需要采取能够保证债权受偿的措施，以便到期能收回本息。债权保证是债务人及第三方对债权人提供履行债务的特殊保证。信贷融资方案的分析中应进行债权保证条款分析，对债务人及有关第三方提出的债权保证提出方案，并加以分析优化。债权保证的形式包括以下几种。①借款人保证：较为完善的信贷协议中，往往加入借款人保证条款，说明借款人对债权人的保证。借款人保证通常主要包括：债权人对于借款人财务和经营状况的知晓权；借款人保证在整个贷款期内，财务状况不致出现任何实质性恶化；借款人对外提供担保、财产抵押、大规模增加借款等行为的限制等。②财产抵押和质押。财产抵押和质押是以债务人或第三方的财产或权益保障债权实现的担保方式。债务人到期未清偿债务时，债权人有权依法将这些财产、权益折价变卖，所得价款优先受偿。抵押和质押的区别：质押物要交由债权人保管，而抵押物仍由债务人使用和保管，债权人不直接占有抵押品，但直接占有质押品。二者效力范围、对财产或权益所产生利息的收取也不同。抵押物主要有房地产（土地使用权、房屋）、机器设备、运输工具（汽车、飞机、船舶）等，质押物主要是有价证券（国库券、债券等）、本外币存单。③第三方担保。抵押和质押实际上也是一种担保，是物的担保。一般所称的担保则是第三方人（包括法人）的担保，它是指在被担保人（债务人）不履行其对担保受益人（债权人）所承担的义务时（违约时），担保人必须承担起被担保人的合约义务。为获得担保，债务人需要支付担保费用，融资方案中应说明担保费用的计算方法及数额，并计入融资费用。

**二、债券融资**

作为直接融资的重要方式，债券融资在利用资本市场进行融资中具有重要作用。债券可分为政府债券（国库券）、地方债券、金融债券、公司（企业）债券等。投资项目的资金筹措，主要分析公司（企业）债券，即企业以自身的信用条件为基础，通过发行债券，筹集资金用于项目投资建设的融资方式。债券融资因从资本市场直接融资，资金成本（利率）一般应低于向银行贷款。由于有较为严格的证券监管规定，只有实力很强的企业才有能力进行债券融资。除在国内金融市场发行债券融资外，我国政府、银行、企业还可以在国际金融市场上通过发行海外债券募集外汇资金。

（一）债券融资的一般特点

债券融资的主要优点包括：

（1）与股票相比，债券的利息允许在所得税前列支，故企业实际负担的债券成本一般低于股票融资成本。

（2）发行债券的企业只需支付固定利息，付息后的利润可用于分配给股东或留作企业经营，有利于增加股东财富和企业价值。

（3）债券持有者不能参与发行债券企业的管理，故债券的发行不会稀释企业的所有权或削弱企业原所有者对企业的控制。

（4）企业通过发行可转换债券，或在发行债券时规定可提前赎回债券，有利于企业调整融资结构，确立负债与资本的合理比例。

债券融资的主要缺点包括：

（1）融资数量有限。企业发行债券融资一般会受到一定额度的限制。例如，规定发行公司在外流通的债券累计总额不得超过公司净资产的40%。

（2）限制条件较多。发行债券的限制条件一般要比长期借款、租赁融资严格，从而影响了企业对债券融资方式的运用。

（3）财务风险较高。债券有固定的到期日，且需定期支付利息，在企业经营不景气的情况下，固定的利息费用会给企业带来沉重的压力，甚至导致企业破产。

（二）企业债券发行方案的制订

1. 债券发行数量的确定

债券发行数量的确定，是债券融资方案制订的基础。发行规模过小，筹集资本不足，就达不到最初的发行目的，或影响企业正常经营；发行规模过大，造成资本闲置和浪费，则加重企业债务负担，影响资金使用效果。确定债券发行合理规模应考虑的因素是：

（1）企业经营规模目标。以企业合理的资金占用量和投资项目的资金需要为前提，对企业的未来经营规模进行规划，对投资项目进行可行性研究。

（2）企业的财务状况，尤其是偿债能力和未来获利能力。偿债能力、获利能力越强，债务融资的规模就可以越大。

（3）各种融资方式的资金成本和方便程度。各种融资方式的资金成本不同，取得资金的难易程度也不同。企业应选择最经济、最方便的融资方式。通过比较分析，就可以确定是否采用债券融资方式以及发行的规模。

企业发行债券的规模不能超过负债界点。负债界点反映了企业偿还债务、支付本息的盈利状况，企业债券融资的规模如果超过了负债界点，则不仅偿还债务有问题，且会因支付的利息过大而发生亏损。

2. 债券发行价格的确定

债券发行价格是指债券从发行企业转移到初始投资者手中的价格，其决定因素为：

（1）债券面值。债券面值越高，发行价格越高。

（2）票面利率，即企业债券票面规定的固定不变的利率，亦称"息票利率"、"设定利率"或"名义利率"，以之乘债券面值，即为债券发行企业每年应付的债券利息。票面利率越高，发行价格越高。

（3）实际利率，即债券发行企业实际负担的利率，是债券发行当时通行的市场利率，亦称"市场利率"。债券发行时实际利率越高，债券价格越低。

（4）债券期限。期限越长，债权人风险越大，要求支付的利息越高，债券发行价格就越低。

债券的发行可采用折价发行、溢价发行和等价发行三种方式。债券票面利率与市场利率的差异决定采用何种发行方式。一般来说，市场利率高于票面利率，则折价发行；市场利率低于票面利率，则溢价发行；市场利率等于票面利率，则等价发行。

债券发行价格由两部分构成：一是债券到期还本面额按实际利率折成的现值；二是债券名义利率规定的各期利息按实际利率折成的现值。

债券的发行费用包括承购费（Underwriting Fee，约 3/8%，由融资人支付给承购人，补偿承购人是否能将债券销售出去的风险）、推销费（约 1/4%）、管理费（约 3/8%）、还款代理费（约 0.1%），以及印刷费和杂费等。

发行企业在选择发行方式时，除按上式计算出发行价格外，必须综合分析市场利率的变动趋势、社会经济状况、发行企业未来的盈利能力和偿还能力等因素。

3. 债券发行种类的确定

债券发行企业在确定发行债券的类型时，应首先考虑不同债券对投资者的吸引力。发行公司的收益水平高低和偿债能力大小，是债券吸引力强弱的决定性因素。因此，发行公司应对自身的知名度、收益水平、偿债能力与其他发行公司进行横向比较，分析其优势，扬长避短，才能做出债券发行合适种类的决策。如果企业通过比较，认为本公司在投资者心目中有相当高的吸引力，即公司已经具有良好的信誉和知名度，可选择发行普通的、无附加条件的债券；如果发行企业认为普通债券对投资者的吸引力不足，则应选择有附加条件的债券，如可转换债券、抵押债券、担保信托债券、设立偿债基金债券，以促进债券的推销。当然，附加条件越多，对发行企业的束缚也就越多。

4. 债券期限的确定

确定债券还本期限，应综合考虑以下因素：

（1）投资项目的性质。投资项目的期限是决定偿债期的主要依据，若为生产性建设项目筹集资金而发行债券时，期限应长。因为只有在该项目投产获利之后，才有偿债能力；若是设备更新改造融资，则期限可以相对短；若仅为了满足暂时的周转资金的需要而发行债券，则债券期限可安排在几个月内。总之，债券期限要与融资用途或者投资项目的性质相适应，目的是付出最小的代价，最大限度地满足融资的目的。

（2）债券交易的方便程度。证券市场的完善程度对发行债券的期限有很大的影响。如果证券市场十分完善，债券流通活跃，交易方便，就应发行短期债券。债券期限越长，则债券利率越高，融资成本加大。因此应在证券市场许可的情况下尽量发行期限较短的债券。

（3）证券市场利率变化趋势的预期。如果预测未来利率将要降低，就选择发行期限较短的债券，以便将来再以较低的债券利率发行新的债券，以降低融资成本；反之，如果预测将来利率将要提高，则宜发行期限较长的债券，以避免利率上涨后发行新债券导致融资成本增加。

为了规避利率变动风险，发行企业可提前偿还债券，在发行企业债券时就规定，举债公司有提前偿还权，可以通知债权人提前偿还，或者在债券到期日前选择适当的有利时机，在证券市场上陆续购回发行在外的公司债券。当市场利率下降时，提前偿还旧债券，再发行利率较低的公司债券，以减轻利息负担。

为了保障投资者的利益，确保到期日举债公司有足够的偿还能力，某些公司的债券信托合同中有专门的条款，规定债券发行公司须在债券到期以前，即在公司债券存续期间，按期由企业从资产设备折旧或利润中提存一定数额的专门款项，交由银行或信托公司等公司债券的信托人保存和运用。这项为公司债券偿还而提存的专款，一般称为"偿债基金"。

5. 债券发行利率的确定

确定发行债券的利率，既要符合国家有关规定，又要考虑发行企业的支付能力，并对投资者有吸引力，以利于债券的推销。根据我国目前的实际情况，确定债券利率应主要考虑以下因素：

（1）现行银行同期储蓄存款的利率水平。银行储蓄和债券是可供投资者、居民选择的两种投资形式，由于债券信用不如银行储蓄，所以一般而言，债券利率应略高于同期储蓄存款利率水平。现行银行同期储蓄存款利率是公司债券利率的下限。

（2）国家有关债券利率的规定。我国规定企业债券的利率一般不得高于银行同期储蓄存款利率的40%，这是企业债券利率的上限。

（3）发行企业的承受能力。为保证债券到期还本付息和债券发行公司的信用，需要测算投资项目的经济效益，量入为出，投资项目的预计投资报酬率是债券利率决策的极其重要的依据。

（4）发行公司的信用级别。如果发行公司的社会知名度高，信用较好，则可以相应降低利率，反之则相应提高利率。

（5）债券发行的其他条件。如果发行的债券附有抵押、担保等保证条款，利率可适当降低；反之，利率应适当提高。

6. 利息支付方式的确定

企业发行债券的利息支付方式，一是息票方式，即持有者凭债券定期取得或到期一次取得累计利息，这是利息支付的主要方式；二是折扣方式，即持券者在购买债券时，按照规定的折扣率，以低于票面额的价格买进到期按面额收回本金的债券，相当于先取得利息，其投资收益来自购买价格与期满收回本金之间的差额；三是实物利息，这是一种以购买某种特殊的紧俏物品的优先权作为利息支付的方式。这三种方式中，第一种方式最常见，第二种方式实际上是第一种方式到期一次取得利息的转化形式，没有根本的差别。这两种方式是投资者都愿意接受的，因而发行效果较好。第三种方式仅适用于某个特定时期的某些特殊商品，是一种辅助性的利息支付方法。

7. 债券发行方式的确定

债券的发行可以采取公募和私募两种方式。公募就是公开发行，发行的债券可在市场上流通、买卖，发行人要选定某家投资银行或其他金融机构为经销机构，委托其发行债券和处理有关法律事务，并在发行之后经办还本付息和有关的管理工作。如发行额较大，受托银行常组织银团先予认购，再推销给其他投资者。私募是发行人向特定的投资人直接定向销售债券以募集资金，一般以少数与发行人或经办单位业务交往较密切的投资者为发行对象，不向其他投资者公开，也不进入公开的市场流通。由于认购人了解发行人的信用和经营状况，发行人可以不提供有关报表和资料。私募时间短、手续简单，费用较低，适用于发行额较小的债券。

（三）国内企业债券融资

目前，企业通过国内证券市场发行债券融资，一般企业应以《企业债券管理条例》为法律依据，公司制企业应以《公司法》和《证券法》为依据。

1.《企业债券管理条例》对企业债券融资的规定

《企业债券管理条例》规定，企业发行债券必须具备下列条件：①企业规模达到国家规定的要求；②企业财务会计制度符合国家规定；③具有偿债能力；④企业经济效益良好，发行企业债券前连续3年盈利；⑤所筹资金用途符合国家产业政策。

债券发行的程序为：

（1）制定发行章程。发行章程应包括：企业名称、住所、经营范围、法定代表人；企业近3年的生产经营状况和有关业务发展基本情况；财务报告；企业自有资产净值；筹集资金的用途；效益预测；发行对象、时间、期限、方式；债券的种类及期限；债券的利率；债券总面额；还本付息方式和审批机关要求载明的其他事项。

（2）报审批机关审批。应报送下列文件：发行企业债券的申请书；营业执照；发行章程；经会计师事务所审计的企业近3年的财务报告；审批机关要求提供的其他材料。

（3）公示。申请批准后，企业应公布经批准的发行章程和其他有关资料，以便投资者了解企业的经营状况、偿债能力、还本付息方式等真实、准确、完整的资料。

（4）承销。企业发行债券，应当由证券经营机构承销。证券经营机构承销企业债券，应对发行债券企业的发行章程和其他有关文件的真实性、准确性、完整性进行核实，在此基础上和企业签订债券承销协议，并按协议承销债券。

2. 公司债券的发行

按照现代企业制度运作的公司制企业，利用公司债券融资是公司融资的最基本，也是最常用的方式之一。这种融资方式具有融资对象广、市场大的优势，但也有成本高、风险大、限制条件多的不利因素。我国《公司法》规定，股份有限公司、国有独资公司和两个以上的国有企业或者其他两个以上的国有投资主体投资设立的有限责任公司，才有资格发行公司债券。发行公司凡前一次发行的公司债券尚未募足，或者对已发行的公司债券或者其他债务有违约或者延迟支付本息的事实，且仍处于持续状态的情形发生，不得再次发行公司债券。

发行公司债券的程序为：

（1）发行公司债券的决议或决定。股份有限公司和国有有限责任公司发行公司债券，由董事会制订方案，股东大会做出决议；国有独资公司发行公司债券，由国家授权投资的机构或者国家授权的部门做出决定。

（2）发行债券的申请与批准。公司向社会公众发行债券募集资金，数额大，债权人多，牵涉利益范围广，必须严格审批。要先向国务院证券管理部门提出申请。提交申请文件包括公司登记证明、公司章程、公司债券募集办法、资产评估报告、验资报告。国务院证券管理部门根据《公司法》的规定和国务院确定的公司债券发行规模等，对公司的申请予以审批。

（3）制作募集办法并予公告。发债申请被批准后，应制作详细的债券募集办法。办法应载明的主要事项：公司名称；债券总额和票面金额；债券利率；还本付息的期限与方法；债券发行的起止日期；公司净资产额；已发行的尚未到期的债券总额；公司债券的承销机构。然后，应按当时当地通常合理的方法向社会公告。

（4）资金募集。债券募集公告发出后，应在公告所定的期限募集资金。一般而言，公司债券的发行方式有公司直接向社会发行（私募发行）和由证券经营机构承销发行（公募发行）两种。我国法律规定采用承销方式。

（四）海外债券融资

1. 海外债券的种类

海外债券是指我国政府、银行、企业或单位在国际市场上以外国货币为面值发行的债券，分为外国债券和欧洲债券两大类。

外国债券的特点：发行人属于一个国家，债券币种及发行市场则在另一个国家，如我国在日本发行的日元债券。著名的外国债券市场有纽约市场（扬基债券）、日本市场（武士债券）、伦敦市场（猛犬债券）、瑞士市场（世界上最大的外国债券市场）、法兰克福市场等。采取这一融资方式的多为发展中国家。

欧洲债券的特点：发行人属于一个国家，发行地是另一个国家，采用的面值货币是第三个国家，如我国在日本发行的美元债券。西方各国普遍采用这一融资方式。相对于外国债券，欧洲债券的管制较松、币种多样化、期限多样化、交易集中、税收优惠、资金调拨方便。

海外债券一般采用下列主要形式：①一般利率债券，利率和期限均为固定不变的债券；②浮动利率债券，即以银行间的拆借利率为基准，再加一定的加息率，每3个月或6个月调整一次利率的债券；③锁定利率债券，即债券发行时，只确定一个基础利率，待债券发行之后，如市场利率降到预先确定的水平时，则将债券的利率锁在一定的利率水平上，成为固定利率，直至债券到期时止；④授权债券，即债券发行时附有授权证，持有者可在未来某一时间内，按确定的价格购买指定的债券或股票；⑤复合欧洲债券，即利率水平较高并以一揽子货币为面值发行的债券。

2. 海外债券的发行程序

境外发行债券的具体程序会因国家不同、市场不同、时间不同而有所差异，但大致经过以下几个步骤：

（1）发行企业选定一家金融公司作为此债券发行的组织者，即主干事银行或主干事证券公司。双方就此债券的形式、发行市场、发行数量、币种、利率、价格、期限，以及发行的报酬和费用进行磋商。

（2）向当地外汇管理部门提出发行债券申请，经该部门审查并提出意见后，报经国家外汇管理部门审查和中国人民银行总行批准。

（3）向国外有关信用评审机构申请评级。申请评级以前，须先向国内的审查管理机构提出书面申请，并提供评级机构名称和用于评级的资料等。发行者应在得到评级结果的3日内向审批管理部门报告评级结果。

（4）向拟发行证券的市场所在国政府提出申请，征得市场所在国政府的许可。

（5）发行者在得到发行许可后，委托主干事银行组织承销团，由其负责债券的发行与包销。

3. 企业利用海外债券融资的条件

海外债券市场一般有严格的管理制度，但也有一些国家的债券市场相当自由，管理较严的国家一般对发行者均有如下要求：①必须经过正式申请、登记，由专门的评审机构对发行者进行审查；②发行者必须公布其财政收支状况和资产负债情况；③在发行期间，每年应向投资人报告资产负债盈亏情况；④债券发行获得批准后，必须根据市场容量，统一安排发行的先后次序；⑤债券的发行与销售一般只许证券公司或投资银行经营，代理登记及还本、付息、转让等业务；⑥一般须由发行者所在国政府或中央银行担保，担保必须是无条件的和不可撤销的。

境外发行债券已成为发展中国家融资的一种主要形式。发行海外债券与其他融资方式相比，优点在于投资者一般对筹款的使用没有严格要求，也不会出现干预发债国财政和金融政策的现象，而且一旦通过了评级并发行了债券，还可提高发行者在国际市场上的信誉，从而拓宽其他融资渠道。但海外债券的发行费用较高，且在评级过程中需要发行者提供很多的有关材料，发债手续也比银团贷款复杂。因此，我国企业选择发行海外债券进行融资，应权衡利弊，慎重决策。

（五）可转换债券融资

1. 可转换债券融资的基本要素

可转换债券在转换成股票之前，持有人可得到合同中规定的利息，也可以将可转换债券在市场上出售。它具有一般债券的特点，如果股价上涨，持有者可将之换成股票，从股市上涨中获益；而在股价下跌时，债券持有者可保留债券获取利息，避免股市不景气造成的损失。因此，同股票和普通债券相比，可转换债券为投资者提供了更大的选择余地。

可转换债券的发行方案由债券的发行人、发行规模、发行时间、债券面值、发行价格、债券利息率、债券期限和转换期限、转换价格、未换成股票的债券的偿还方式九大因素决定。这九项因素中，债券利息率、债券期限和转换价格是最为关键的三个因素。可转换债券的利息率一般低于普通债券的利率，期限为3～10年，转换期限大多为债券期限的后半段，但也有一些可转换债券的转换期限与债券期限完全相同。转换价格是指可转换债券在转换期限内可以据此转换成基准股票的每股价格。转换价格在发行时就必须确定，而且在债券期限内不能改变，除非发生某些特殊，如送配股、合并或收购等可能引起股票价格改变的重大事件。转换价格多数高于发行时的股票市场价格，但也可以低于发行时的股票市价。

2. 可转换债券的发行方式

公司一般在下列两种情况下发行可转换债券：①当时的市场条件不适宜发行普通股票；②一般公司债券的利率很高。发行可转换债券实际上是一种延迟的普通股融资方式，因为在一般情况下，投资者都会在债券到期前把债券换成股票。同时发行可转换债券的利率一般比普通利率低，因此公司发行可转换债券可节省利息支出。

国际市场上可转换债券的转换期权有两种类型：欧式期权和美式期权。欧式期权只允许投资者在债券到期时行使转换权，由于对投资者限制过多，实际中较少采用；美式期权则允许投资者在债券发行一定时间后至到期前任何时候都可以转换，这样就为投资者自由转换提供了很大的活动空间，因此在实践中被广泛采用。为了满足可转换债券的发行人的特殊要求和投资者的喜好，可转换债券也有不同的设计风格：

（1）高利率/高溢价发行：高利率是相对普通债券（固定利率债券）利率而言，可转换债券的利率略低于普通债券；高溢价是指转换价格比债券发行时公司股票的市场价格要高出相当的百分比。这种模式下可转换债券更接近普通债券发行，债券转换成股票的可能性不大。

（2）低利率/低溢价发行，是指发行人以远低于普通债券市场的利率和接近公司投票当时市价的条件发行可转换债券。这种模式下，发行者可降低融资成本，投资者可以支付低溢价获得股权。因此这种发行使债券转换成股票的可能性增大，更接近于股票的发行。

（3）投资者前期溢价沽出。在这种结构下，投资者有权在债券发行完毕的一段时间后，要求发行人以一定的溢价水平购回所发行的可转换债券。这时投资者所获得的回报率高于可转换债券原来的票面利率，但仍低于普通债券的利率。这相当于对投资者提供了一种额外选择，可以增加对投资者的吸引力。而对于发行人来说，可以降低债券的票面利率，提高转换溢价，但是一旦投资者行使该项权力，则债券的存续期缩短，公司相当于发行了一笔短期债，需要准备一笔偿债资金。

（4）到期溢价收回。在这种模式下，如果投资人没有行使转换权，债券到期时，发行人要用高于票面本金的价格来清偿，用以提高投资者的回报率，使之高于可转换债券的票面利率，但仍低于同期普通债券利率。

（5）强制转换。在这种模式下，发行可以实行期前购回，通常是当公司股价在连续一段时间中超过一定百分比的转换价格时，发行人事先公告，允许投资者在一定期限内将债券转为股票，否则公司将以高于面值的事先确定的价格强制购回。由于可转换债券的利率低于普通债券的利率，发行者进行强制回购的目的是迫使投资者更具吸引力。

## 第四节　发行市政债券融资

随着中国城市化进程的加快，基础设施建设及城市市政建设的资金需求不断增长，发行市政债券显得日益必要和迫切。

### 一、发行市政债券的基本理论分析

一般认为，市政债券是指城市政府或其授权代理机构利用政府信用从社会上吸收资金，用于提供公共物品和服务支出的长期债务融资。

从经济角度来看，发行市政债券的原因显而易见：部分公共物品和公共服务在较短的期限里需要较大的投资，而政府财政预算周期较短，一般为一年，税收刚性又很大，一般不可能在预算年度里根据公共服务的支出情况快速增加税收收入，所以很难在预算周期之内实现财政收支平衡。为了有效提供公共物品和服务，发行市政债券有一定的客观必然性和合理性。

#### （一）市政债券的特点和分类

概括地说，市政债券具有以下几个特点。

（1）市政债券不仅具有按期还本付息和按计划分配等特点，还要求与特定的资产建设相对应。这有别于一般企业债券。

（2）市政债券要求地方政府像企业一样以独立法人的资格向投资者披露债务人的相关资产经营状况和年度财务状况。这是区别于中央政府公债和其他地方政府债务的重要特点。

（3）市政债券具有免税特征。由于地方政府发行市政债券的目的是建设公用事业项目，因此为增加市政债券的吸引力，以及降低地方政府当局的筹资成本，一般对市政债券的利息收入免征所得税。因此，市政债券的利率一般要低于企业债券。

（4）市政债券与国债相比，不仅利率较高，而且具有较为严格的限定性，即对于具体的发债主体、债务使用范围和发债方式等方面，都要经过严格的选择。这是防范地方财政风险的需要，也是财政适度分权的体现，联邦制和单一制国家都不例外。

根据偿债来源和方式的不同，市政债券大致可以分成以下两类：一般责任债券和收益性债券（详见表 3-2）。

**表 3-2**                      **市政债券的分类**

| 种类 | 发行单位 | 偿债来源和方式 |
|---|---|---|
| 一般责任债券 | 由省、市、县发行 | 以个人和公司所得税、销售税、汽油税、高速公路使用税等专项税收作为偿还的保证，此种债券以地方政府具有较强的税基和征税能力作为后盾 |
| 收益性债券 | 为了建造某一基础设施而依法成立的代理机构、委员会和授权机构 | 这些基础设施包括城市轨道交通、收费桥梁、收费高速公路、医院、大学宿舍、供水设施、污水处理设施、区域电气设施或港口等，以使用这些设施的收入来偿还债务，如果该收入不足以偿债时，市政当局将会承担相应偿还义务 |

**（二）市政债券的运作体系**

市政债券的运作体系主要包括市政债券的发行和偿还等环节。

1. 市政债券的发行

在市政债券的发行中，方式选择是一个带有较强技术性、实务性和专业性的工作。合适的发行方式，可以使地方政府顺利而及时地获取所需要的债务资金，而投资者也能够方便快捷地认购所需要的债券品种。参照国债长期的发行实践及国外做法，市政债券发行包括市场发行和行政发行、公募发行和私募发行、直接发行和间接发行、竞价发行和定价发行、承购包销和零售发行等方式。

一般来说，市政债券发行方式的选择应主要考虑以下三方面的要求。一是要满足地方政府对债务资金的需求规模。不同的发行方式，对地方政府所筹债务资金的规模大小和时间长短也不同。例如，利用中介机构间接发行债券，较直接发行效率相对更高，相对容易及时筹措到债务资金，因此地方政府要根据其发债规模和对资金需要的紧迫性程度相应选择合适的发行方式。二是要满足地方政府筹资成本最小化的要求。在各种发行方式下，会有不同的筹资成本，包括发行费用和利息成本。地方政府应在不同的发行成本和债券收益中进行统筹考虑做出慎重权衡。三是在一定情况下，要满足某些特定投资者的需求。例如，假定地方政府的举债政策是为了吸收个人投资者的消费结余资金，则采取零售发行方式为宜。

2. 市政债券的偿还

市政债券的偿还意味着市政债券债权债务关系的结束。其主要问题是偿债资金的来源问题。借鉴国债的偿债资金来源，我们认为，市政债券可以采取预算结余、偿债基金、举借新债偿还旧债和投资收益等方式的结合作为偿还债券的资金来源。

（1）动用预算结余。预算结余是历年财政收入大于财政支出的余额，是政府未消耗而结存的资金，自然可以成为偿还债务的资金来源。但在现实中，由于各级地方政府事权和职能的不断扩张，以及存在的诸多盲目扩大支出的行为，使各级政府的预算执行结果往往以超支出现财政赤字为普遍现象。即使某些年份出现结余，其数额也具有很大的不确定性。因此，动用历年财政结余并不能为偿还债务提供一种稳定可靠的资金来源。但是对经济运行良好、财政实力较强、预算结余较为普遍的地方政府而言，动用历年预算结余是偿还债务资金的最佳选择。

（2）建立偿债基金。偿债基金是政府专门设置用以偿还债务的基金。即政府每年从预算资金中拿出一定数额进入偿债基金，由特定机构管理，专门用来偿还到期债务。从理论上来讲，这种方法可以提供一种稳定的偿债资金来源，可以避免偿债高峰期对财政资金的巨大压力。但是这种方法要求政府不管财政状况如何，都要安排一定的预算资金进入偿债基金，使政府在财力运用上缺乏伸缩性，在实际中很容易被其他支出项目挤占，导致偿债基金名存实亡。但是，我们认为，可以形成偿债基金来源多元化的格局，根据各地财政收入的主要支撑点，选择政府预算、投资收益、税收收入等主要资金的一定比例作为偿债基金的资金来源，从而减轻政府预算独撑偿债基金的压力，有利于保证偿债基金的稳定资金来源。

（3）举借新债偿还旧债。举借新债偿还旧债也是各国偿还到期债务的一种普遍做法，即以新债收入作为偿还旧债的资金来源。在这种方式下，相当于政府延迟了原先债务的偿还期限，如果政府有足够高的信誉，可以一直以举借新债偿还旧债，则意味着政府永久地占用了这笔债务资金，政府需要偿还的仅仅是债务利息。这种偿还方法可以减轻政府一次还本付息的压力，而且在实际中也较为简单易行，但其最大的弊端是容易形成政府债务的过度累积，债台高筑，加重债务负担，严重时甚至使政府陷入债务危机。因此，使用这种方法时一定要避免债务过度积累情况的发生。

（4）运用投资收益。投资收益是特指政府将债务资金投资于某个具体项目而产生的收益。为区域经济发展提供必要的基础设施是各级地方政府的重要职责，如果政府通常举借债务资金并投资兴建某一基础设施或工程项目，而这一项目又会有直接的资金收入归政府，那么政府就可以用该投资收益来偿还原先举借的债务。基于地方政府举债的基本目的就是加强基础设施和大型工程项目建设，这样运用投资收益应是政府偿还债务的重要资金来源之一。

由以上分析可以看出，每一种债务偿还的资金来源都各有利弊，各有适用条件和特点，地方政府在具体选择合适的偿债资金时，要基于各种债券的性质及使用去向，分别选择一种或结合几种偿债方式，保证债务按期足额偿还并不引起政府债务危机，要有利于政府举债的稳定性和长期性，促进政府债务的良性运行和区域经济的健康协调发展。

**二、国外市政债券运用的成功经验**

联邦制国家中，美国、加拿大、德国、澳大利亚、俄罗斯、匈牙利、捷克、波兰、巴西、阿根廷、哥伦比亚等均有地方政府债券市场。其中，以美国市政债券市场最为成熟和完善。美国联邦政府与州政府之间是联邦制，但州政府与地方政府之间是单一制。这样，美国州以下地方政府发行市政债券，对我国就很有借鉴意义。日本是单一制国家，在一定程度上承认地方政府有一定的自治权，在中央的严格审批下，地方政府可以发行债券进行融资，尤其值得我国参考和借鉴。

（一）美国市政债券基本情况

美国具有完善、发达的市政债券体系。近年来，这种市政债券已成为其金融体系中最活跃、增长最迅速的一部分，市政债券与国债、抵押贷款债券、公司债券等共同组成了美国品种丰富的债券市场。

1. 美国市政债券的发行主体及发债用途

美国是联邦制国家，州先于联邦存在，联邦的权力来自于州的让与，凡宪法未明确列举联邦可行使的权力，一概由各州保留。联邦政府与州政府的关系按联邦制处理，但州政府与地方政府的关系是单一制。联邦制及地方政府分权自治的共同结果是，50 个州及其授权机构、大部分地方政府及其授权机构都可以发行债券。此外，美国领地如波多黎各岛、维尔京群岛以及其他的一些领地也发行债券。据统计，美国州或地方政府发行市政债券的机构有 18 000

多家。

从用途来看，美国发行市政债券主要用于诸如公益目的、交通运输、公共设施、住房、医疗保健、环境设施、电力、教育、区域开发以及偿还旧债，其中占用资金最多的是区域开发、偿还旧债等一般目的、医疗保健、住房和公益事业。

2. 美国市政债券的种类

在美国，按照债券的偿还保证和支持方式，一般将市政债券划分为一般责任债券（General Obligation Bonds）和收益债券（Revenue Bonds）两种。当然，也存在附有其他担保形式的市政债券。

一般责任债券是州、地方政府及其授权机构以自己名义发行，以其无限或有限征税能力作担保的一种政府债券。这种债券信用仅次于国债，安全性强。一般责任债券包括有限税额债券和无限税额债券两种。有限税额债券的发行者只能以法律规定的有限征税能力为发行债券的保证。例如，在美国，有的州规定该种债券只能以财产税收入为保证。一般指市、镇、县一级政府发行的债券。无限税额债券的发行者可以以自己充分的征税能力为发行债券的保证，因此该种债券本利支付不会出现问题，安全性高。在美国，一般责任债券通常由州政府发行。

收益债券是由州、地方政府及其授权机构为公益项目如城市轨道交通、医院、大学、机场、收费公路等发行的债券，这种债券为特定项目融资而发行，债券发行者只能以经营该项目本身的收益来偿还债务，而不是直接以州、地方政府的征税能力作为保证。例如，纽约与新泽西港口事务管理局许诺在建成纽约市机场、乔治·华盛顿大桥及其他设施收缴通行税和通过费，以保证他们发行的债券得以偿付。但借款人纽约及新泽西管理局也要对维护创造收入的财产负责。收益债券使用于基础设施项目，其收入稳定可靠，因此债券的还本付息是相对有保证的，但这种债券没有地方政府的征税能力作为直接担保，只是由相应的地方政府以自己的名义发行，因此其风险相对高于一般责任债券，当然其票面利率、收益率也比一般责任债券要高。

3. 美国市政债券管理与市场监管

对市政债券的管理和市场监管，主要是通过发行人、市场机制以及透明的法律来约束州和地方政府的借债行为。美国一些州关于市政债券的规定一般包括以下内容：一是州信用不能用于私人利益；二是债券要首先用于改进长期项目；三是大宗发行证券需要投票同意（收益债券的发行则可以不通过公众投票）。不少州还要求债券按系列发行，每一种债券的收益都必须记入专项基金，并不得与政府其他基金混在一起。对州以下的地方政府，如果其债务不能偿还，债权人可以依法起诉要求强制执行。如果没有可扣押财产，经上级批准地方政府可以提高税率以偿还债务。从这些方面看，美国市政债券发行中对于发行人的约束是十分严格的。

规范美国市政债券发行的法律不是联邦立法，而是州一级立法。市政债券免于《证券法》规定的注册程序，但多数州立法仍要求公布募债说明书，并遵守证券交易委员会制定的反欺诈条款。对市政债券的监管由市政债券规则制定委员会、证券交易委员会、全国证券交易商协会、联邦存款保险公司、联邦储备银行和货币监理署等部门负责。

（二）日本地方政府债券基本情况

日本在中央集权下承认地方政府自治，因此地方政府发行市政债券便有了政治和法律基础。

**1. 日本地方政府债券的发债主体及发债用途**

在日本，以实施行政为目的而设立的、具有独立法人资格的团体一般称为公共组合（公共团体），地方公共组合包括普通地方公共组合和特殊地方公共组合。都道府县、市町村是普通地方公共组合；特别区、复合地方公共组合、财产区及地方开发事业团是特别地方公共组合。此外，日本还将地方上行使行政职能的公社团法人、公财团法人、公私混合财团法人列入其他类型的地方公共组合。日本《地方财政法》、《地方自治法》仅对普通地方公共组合发行市政债券有关事项作出规定。但实际上，特殊地方公共组合发行的债券也列入市政债券的发行计划和额度。

日本的地方公债包括普通债和公营企业债。市政债券计划中，地方普通会计预算公债（一般预算债）主要用于地方道路建设和地区开发、义务教育设施建设、公营住宅建设、购置公共用地及其他公用事业。地方公营企业债的使用相对集中，主要用于下水道、自来水和交通设施建设等方面。在日本，市政债券在城市生活污水处理设施建设方面的投资占相关设施建设总投资的20%～40%。

**2. 日本地方政府债券的形式**

日本市政债券发行分为证券发行和证书借款两种方式。

证券发行，指地方政府通过发行债券，由金融机构等认购而筹措资金的方式。证券发行是真正意义上的地方政府债券，包括招募、销售和交付公债三种主要发行方式。

证书借款，指地方政府不发行债券，而是以借款收据的形式筹借资金的方式，是地方政府借债的主要方式，尤其是在借入中央政府资金和公营企业金融公库资金时，均采用这种形式。日本市政债券主要是靠证书借款方式发行的，其市政债券余额中，该方式发行市政债券占70%以上，而且动态地看其比例逐步上升。在证券发行方式中，交付公债占比例很小，招募发行额占市政债券余额的比例为20%～30%。

**（三）国外市政债券的启示**

**1. 地方政府可以在一定范围内发行市政债券**

随着社会经济的发展，许多与地方居民直接相关的社会公益事业也在不断地扩展，地方政府在提供公共服务方面扮演着越来越重要的角色，于是地方财政支出的规模也随之扩大。在这种情况下，举债就成了地方政府缓解地方资金供需矛盾的一种有效方式。同时，中央政府出于促使地方政府增强责任感和公平程度的考虑，也相应地下放事权和财权，以调动地方政府兴办公共事业的积极性。因此，目前世界上许多国家的联邦政府或中央政府都允许地方政府在规定的范围内发行地方债券。

**2. 利用市政债券的期限结构调节地方资金**

市政债券按还本付息的期限可分为短期债券和中长期债券两种。短期债券期限短，利率低，发行成本低，灵活性较大，发行方便。因此，地方政府可根据资金需要随时发行，以缓解财政年度内季节性资金的短缺。中长期债券期限长，利率高，发行成本大，具有一定的投资价值，主要用于基本建设周期较长的基础设施和公益项目。这类债券的具体期限要根据建设项目的投资回收期而定。无论是短期债券还是长期债券，都起到了调节地方资金的作用。

**3. 市政债券主要用于地方公用事业和经济建设**

在一些国家的市政债券发行中，我们可以看出，长期市政债券在整个市政债券中所占比例最大。这些长期债券的发行主要用于长期资本项目。例如，在美国，州地政府发行市政债券筹集资金主要用来进行私人资本无力或不愿兴办的基本建设，如修建城市轨道交通、公路、港口、码头等基础设施，建设学校、社会福利和其他公用设施等。在日本，《地方公债法》明确限制和规定了市政债券的用途，要求原则上用于建设性支出。日本通过建立市政债券制度，充实了地方财源，加快了地方经济和公益事业发展，在提高公共服务水平、满足人民生活需求方面发挥了重要作用。一些发展中国家也通过发行市政债券筹集公共投资资金，改善地方基础设施的经营和维修等。这些都说明市政债券在适用范围上主要用于地方公用事业和经济建设。

4. 建立严格的市政债券管理制度

一些发行市政债券的国家，都建立了比较严格的市政债券管理制度。根据日本的经验，市政债券的发行要实行计划管理。市政债券计划与协议审批制度相互配合，构成了日本严密的市政债券管理制度。在美国，对市政债券的管理主要通过发行人、市场机制以及透明的法律框架，约束州和地方政府的借债行为。在法国，多个部门对地方政府发债进行联合监督，规范地方政府的发债行为。

### 三、我国发行基础设施建设市政债券融资模式选择

无论从理论依据，还是从现实依据来讲，建立我国的市政债券制度都是一种必然选择，但是这一制度的建立与完善应是一个渐进的过程，不可能一蹴而就。况且，市政债券的投资项目是规模较大、投资回收期较长、收益率较低的公共基础设施项目，一旦决策失误、管理不善、控制不严，所造成的损失就不仅仅是形成潜在的风险，而是有可能引发地方财政危机。我国应制定《市政债券管理条例》，并将市政债券纳入预算管理，严格控制发债用途，合理安排市政债券发行、承销与交易，建立债券信用评级机构和偿债基金制度，以解决市政债券发行中的风险问题。

（一）制定和修改相关法律

市政债券的发行必须以法律法规为依据。现阶段应制定一部《市政债券管理条例》，明确市政债券发行、承销、托管、转让、信息披露、偿债措施、法律责任等相关内容，规范地方政府举债行为。《市政债券管理条例》可参照国债相关指标，设定市政债券重要指标，衡量、测度地方政府债务风险。

（1）年度发行额占上年度当地 GDP（Gross Domestic Product，国内生产总值）的比例。参照国债，市政债年度发行额应控制在当地 GDP 的 3% 以下。

（2）市政债务依存度。即年度发行额占当年市政财政预算支出与债务还本付息支出的比例。这一指标用来衡量市政财政支出是否过分依赖债务收入。从国际经验看，中央财政债务依存度为 25%～30%。因此，市政债务依存度应严格控制在当地市政财政预算支出的30%以下。

（3）市政债务偿债率。即年度还本付息额占当年市政财政收入的比例。这一指标用来衡量市政财政本身偿债能力。发达国家国债债务偿债率一般为 10% 左右，因此，市政债务偿债率也必须严格控制在市政财政收入的 10% 以内。

（4）市政债务负担率。即累计发行余额占当地 GDP 的比例。国际经验表明，发达国家国债余额占 GDP 的比例一般不超过 45%，欧洲货币联盟签订的《欧洲联盟条约》规定的比率为 50%。因此，市政债务负担率应严格控制在当地 GDP 的 40% 以下。

（5）债券的期限以 10~30 年为宜，过短无法满足市政基础设施建设的需要，过长风险太大。但首次发行市政债券时，债券的期限可暂定为 5 年，在被认可和成熟后，再发行期限更长的债券。

（6）债券的利率高于同期的国债利率，低于同期的商业银行贷款利率，并且市政信用债券的利率低于市政收益债券的利率。

（7）市政债券的利息应借鉴国际做法，免收利息所得税，以促进大众和机构的投资热情。

（二）将市政债券纳入预算管理

为了切实控制地方政府债务的规模，直接将这一风险意识内化到政府部门特别是财政部门的实际工作中，增强其约束力，建议可以尝试建立地方政府债务预算，将地方公债资金纳入预算管理。具体操作上，一种方式是建立经常性预算与建设性预算相分离的复式预算，将市政资金和政府专项基金，如城建、城市轨道交通等建设性收支统一纳入建设性预算；另一种方式是在现行地方一般预算之外，单独编列地方公债或市政债务预算，并建立相应的财政专户。前一种方式的改革力度较大，后一种方式没有触动现有的预算框架，较为简便，况且由于债务资金与其他财政资金相比，债务收支活动有其相对独立的特征，如债务收支的时间跨度长，债务收入和还本付息支出的连续性较强等，编列单独的债务预算也较为适宜。地方政府财政部门所编制的地方政府债务预算，要对当年公债发行总额、用途、期限、利率、推销方式、使用方案和还本付息来源等做出详细的说明，并报本级人民代表大会审批，以充分发挥地方人民代表大会对地方公债的发行规模、使用方向、还本付息等方面的审查权和监督权，这是控制地方政府短期行为和不当决策的重要保证。

（三）实行债务投资决策责任制

为了杜绝行政领导随意拍板决定项目取舍的非科学做法，各级政府在使用、管理债务资金时，要建立严格的债务投资决策责任制，以规范项目负责人应承担的管理和偿债责任。同时，为避免投资决策失误，应实行整个投资项目的决策者一贯负责制，对从建设项目的可行性研究和确定，到设计、施工、生产准备、投入生产的全过程负责到底，全面监督。对放弃职责，放松管理，致使项目失败，偿债发生困难的责任人，要给予党纪、政纪处分；对造成重大损失浪费，甚至利用主管项目之机违纪违法的，要追究其法律责任。

（四）严格控制发债用途

市政发债只能用于募集说明书中所载明的有确定现金保证的基础设施建设项目，不能用于其他支出，特别是政府经常项目支出，如行政管理费用等。省级人民代表大会可设立专门的市政债务委员会，负责监督各地政府发债用途。市政债务用途出现重大违法情况时，中央政府可以直接出面干预。

（五）合理安排市政债券发行、承销与交易

为避免加大区域差距，在市政债券的发行初期，只允许区域内发行和购买，暂不允许进入证券交易所交易。省级政府债券首次公开募股（Initial Public Offerings，IPO）只能限于本省范围内进行，并优先由省内金融机构负责承销。但如果不上市交易，就会削弱债券流动性和市场外部监督，因此建议安排在银行间债券市场上市交易。在银行间债券市场上市，债券价格、收益率上下波动，价格信号可以全面反映省级政府的信用等级。

（六）建立债券信用评级机构

信用评级机构通过对发债人、债券的信用状况进行综合分析，判断债券投资价值、违约风险、债务偿付意愿和能力，向投资者提供专业化中介服务。信用评级是利率市场化条件下债券风险定价的主要依据。目前银行间债券市场上，中央政府债券、中央银行债券、政府类开发金融机构债券发行人豁免信用评级义务。由于省级政府间信用差异较大，将来不能豁免信用评级义务。我国可考虑优先发展国内证券信用评级机构，对市政债券信用等级每年复评一次。

市政债券应面向大众及投资机构、保险公司、信托机构等部门，发行标准从发行主体、债券品种、信用评级、债券期限及利率、税收待遇等方面来制定。

（1）发行主体可先设为省级、直辖市、自治区级的地方政府，根据各地政府的财政实力、发展规划等因素制定发债的规模、品种，并对地方政府的市政债券进行评级，低于标准普尔BB级的债券不能发行。

（2）评级为 AAA 和 AA 级别的地方政府债券可发行信用债券，A、BBB 和 BB 级别的可发行收益债券。

（七）建立偿债基金制度

市政债券的最大风险就是偿债风险，如果地方政府出现偿债危机，必然会严重打击投资者的信心，容易引起严重的财政危机和金融危机，因此为了确保市政债券的按期还本付息，地方各级财政部门应通过年度预算安排、财政结余调剂以及债务投资项目效益的一定比例的划转等途径，建立财政偿债基金，专项用于各种地方政府债务的偿还。考虑到偿债的长期性，偿债基金一旦建立，就应保持其稳定性，年度预算安排要作为固定支出项目，每年都应有所增长。对有经济效益和偿还能力的项目，财政部门应对其经营效益情况进行监控，督促项目单位制定并落实偿债计划，按月将偿债资金汇入财政部门专设的偿债基金专户，统一由财政部门负责还本付息。建立地方财政偿债机制，把偿债资金纳入年度财政预算，不仅有利于消除地方财政因年底突然激增的债务支出所造成的地方预算难以有效执行的弊端，而且有利于保证财政偿债有稳定的资金来源，严格控制新财政债务的增加。中央有关管理部门也应对各地财政偿债基金的安排和使用进行监督和检查，并将检查结果作为评价各地债券资信的重要依据。此外，通过建立市政债券保险和再保险机制，也可在一定程度缓解地方政府偿债压力。

（八）加强债券发行与交易活动的信息披露和外部监管

目前银行间债券市场上，中央政府债券、中央银行债券豁免信息披露义务。但发行市政债券，必须公布债券募集说明书，公开披露年报。必要时，信息披露要求律师事务所出具法律意见书，会计事务所出具审计报告。对市政债券市场的监管，国家发展和改革委员会、财政部、中国银监会、中国证券业监督管理委员会等部门要形成监管合力，省级人大要重点建立市政债券的风险防范体系。将风险管理和严格监管作为市场发展的前提，从市政债券资金的筹集、使用到偿还，各个环节要有严格的监管制度，保证其稳定性和安全性，并从立法角度给以强化，制定一定的标准，限制举债的规模和举债权（例如，每年地方政府发债的额度及总负债的额度不能超过地方财政收入的一定比例等措施），并建立信用评级制度、地方财政信息披露制度等以加强信用风险的管理。

# 第四章

# 项目融资方式

## 第一节　项目融资概述

项目融资是债务资金筹措的重要方式，其资金来源包括国内外商业银行贷款、债券融资、出口信贷、国际金融组织贷款、客户（受益人）信贷，以及国内外政策性银行和保险机构的信用支持。融资的组织方式是采用与一般融资不同的无追索权式项目融资或有限追索权式项目融资结构框架安排。

### 一、项目融资的内涵

（一）项目融资的定义、分类、特征和适用范围

1. 项目融资的定义

项目融资是一种独特的融资方式，它是以项目自身的未来现金流量为基础而进行的融资。在项目融资中，借款人将项目自身未来产生的收益用于还本付息，并以项目自身的资产作为负债融资的担保品，项目的发起方不对债权人提供直接担保。利用项目融资方式，项目本身必须具有较强的盈利能力、比较稳定的未来现金流量，并且这种现金流量能够独立地被识别、剥离出来，能够通过各种合同、条例予以界定，以确保用于项目的还本付息。

2. 项目融资的分类

项目融资分为无追索权式项目融资和有限追索权式项目融资。纯粹的项目融资是指项目负债的偿还完全依靠项目本身的资产和现金流量来保证，即使项目实际运作失败，债权人也只能要求以项目本身的财产或盈余偿还债务，而对项目以外的资产无追索权，这就是无追索权式项目融资。在项目融资的实际操作中，纯粹的无追索权项目融资是无法做到的。由于项目资产的变现能力受到限制（特别是道路、桥梁、电站等项目的资产往往很难变现），以及项目本身的盈利状况受到各种不确定性因素的影响等原因，仅仅依靠项目自身的资产和未来现金流量为保证进行负债融资，债权人的利益将很难得到保障，因此在实际应用中都采用有限追索权式项目融资。具体做法是，债权人除要求以项目自身收益作为偿债资金来源，并在项目的资产上设定担保物权外，还要求由项目以外的与项目有利害关系的第三方提供各种担保，担保人可以是项目主办人、项目产品的未来购买者、东道国政府等。当项目不能完成或经营失败，项目本身的资产或收益不足以清偿债务时，债权人就有权向这些担保人进行有条件的追索。各个担保人对项目债务所负的责任，仅以其各自所提供的担保资金额或按有关协议所承担的义务为限。这种追索是有限的，因此叫有限追索权式项目融资。

3. 项目融资的基本特征

项目融资具有如下基本特征：

（1）至少有项目发起方（Project Sponsors）、项目公司（Project Company）、贷款方（Lenders）三方参与。

（2）项目发起方以股东身份组建项目公司。项目融资所指的项目应当是一个新的建设项目（如果是改扩建项目，应以改扩建部分为依托组建新的项目公司）。

（3）项目融资是一种负债性质的融资方式，提供贷款的融资者可能包括股本投资者（项目发起方）本身，但一般应是独立于股本投资者的贷款者。

（4）项目融资是仅仅依赖于项目本身收益还款的融资，这是区别于原有公司或机构融资的重要特征。

（5）项目融资是通过一系列合同、协议将风险分散到与项目有关的各方的一种融资方式。由于融资者对项目出资者的责任只能以其出资额（股本）为限，同时，通过一系列合同协议，按相关条款对有关各方有一定程度的追索，并以有关合同和协议作为其信用支持。

（6）就债务资金的提供者而言，由于项目单一，财务担保能力有限，风险较大，吸引投资者和贷款人较为困难，因而对借款成本和投资回报有较高的要求。贷款银行以项目本身的收益、资产及与项目有关的合同的切实履行作为还本付息的保证，一般要求必须构成一个完整的担保抵押体系，以保障债权人的权益。

（7）债权人只要求项目发起人（开发商）做出有限度的承诺，除要求发起人履行所商定的承诺外，贷款人无权要求对发起人其他资产的追索。这样，开发商只需投入有限资金，就可以通过项目融资为发起方提供一个具有有限追索权或无追索权的资金来源，从而筹集到项目建设所需全部资金，有利于项目的开发建设。

（8）项目融资允许高水平的杠杆结构，一般资产负债率在70%以上，有的项目甚至达到100%，由于大多数国家规定贷款利息是免税的，而股权收益则必须在税后利润中支付，负债比率的提高将降低整个项目的资金成本。此外，很多国家规定新企业享受资本支出的税收优惠和一定的免税期，也会鼓励项目发起方考虑项目融资的方式。项目融资的结构设计中，税收的考虑通常占有重要位置。

（9）投资者和贷款人要求的条件较多，往往要求项目融资技术上的复杂性。例如，贷款方要求对项目的贷款使用以及技术进展情况进行有效监督，要求效率和收益均高于同行业，附加条件苛刻等，组织实施的程度极为复杂，一般需要签订的合同至少有几十个，如价格、土地、用水、供电、材料、环保、销售、运输等；来自于出资者之间签订的协议，如出资比例、分配形式、风险承担、组织管理等；来自项目的建设和委托运营以及一系列担保、抵押协定等。

（10）贷款方及其律师、技术及经济专家在项目分析、文件推敲、担保等的设计方面需要花费很多时间，实施的过程比发债等其他融资方式要长。

4. 项目融资的适用范围

由于项目融资具有以上特点，在融资过程中，融资者对项目的要求比较严格，一般应对项目及项目各方进行详细审查，要求项目具有详细而精确的贷款合同，项目在经济和技术上应具有充分的可行性，能够通过一系列合同或协议降低融资风险，并能获得所在国政府的大力支持。这种融资方式的雏形出现于20世纪70年代，最初主要用于矿藏开采项目的融资。随后，由于项目融资的优越性逐渐被人们所认识，尤其是在大型基础设施项目融资中的优势，使得项目融资方式在发电厂、油田、机场、港口、公路、铁路等的融资中得到广泛应用。目前，项目融资的运作方法已适用于各种项目，从石油、天然气等资源的开发，到豪华酒店的建设和经营，甚至包括大型的农业开发项目，但仍主要用于电力和交通等大型建设项目。这些项目一般投资规模较大，建设周期相对较长，对政治及经济风险异常敏感，能够充分体现项目融资在风险分配方面的优势。

（二）项目融资的结构框架

1. 项目融资的基本结构

对于不同的投资项目，项目融资的结构安排各有特点，但其基本结构主要有两个：一是贷款方为借款方提供没有追索权或只有有限追索权的贷款，贷款的偿还主要依靠项目的现金流；二是通过"远期购买协议"或"产品支付协议"，由贷款方预先支付一定的资金来"购买"项目的产品（最终转化为销售收入），由项目公司以预付货款来建设项目。无论采用哪种结构，只要项目各方（发起方、供应商、购买商和用户等）恪守各自的承诺，贷款方才能顺利收回其贷款的本金和利息。如果采用第二种结构，贷款方还必须依赖开放的市场来出售它所"购买"的项目产品，才能获得足够的收入来抵补债务偿还风险。

这两种基本结构框架中，如果融合融资手段，可以派生出一系列融资结构。融资手段主要包括：

（1）融资租赁：租赁方式可以用来筹集项目所需的部分或全部资金。在许多国家，融资租赁方式能够使资本支出获得税务减免，因此倍受投资者的青睐。

（2）出口信贷：在使用出口信贷时，应适当调节融资结构以便满足出口信贷银行及相关机构的要求。

（3）发行证券：有时通过发行由商业银行或其他担保机构作担保的证券，可以获得成本较低的资金。如果融资项目经营管理得十分出色，它可以仅凭自己的实力和信誉来发行证券而无需任何担保。

2. 项目融资的负债结构

负债融资结构的安排是无追索权或有限追索权融资项目关注的焦点。如果借款的实体是由项目发起方组成的具有有限责任的专设公司，由于偿还贷款的责任由专设公司而不是项目股东承担，债权债务关系比较清楚，贷款文件中就没有必要对追索权问题作过于烦琐的阐述。如果借款方不是专设公司，为了明确各种债权债务关系，保证借款方的其他资产不会因项目陷入困境而受到追索，借款方都会想方设法地在贷款协议中加进保护他们其他资产的条款，有关贷款方对借款方及其资产的追索权的限制就需要在合同条款中进行详细说明。

在项目融资的结构安排上，建设开发阶段和投产经营阶段的贷款结构会表现出不同的特征。

在建设开发阶段，贷款资金逐步到位。但由于这一阶段无还款能力，贷款的利息一般采用给定一定时期的宽限期或通过借新债还旧债的方法解决。由于这一阶段的风险很高，贷款方通常要求所提供的贷款具有完全追索权，或者要求提高利率，并要求提供相关的履约保函。当项目完工进入投产经营期，项目开始产生现金收入，并开始偿还贷款，项目的风险降低，贷款对项目发起方的追索可能会被撤销或降格，贷款的利率也可能会下调，但贷款人会进一步要求关于项目产品销售收入和项目其他收入的担保。

3. 项目融资的合同结构

项目融资的实施比传统的融资方式复杂，需要订立许多合同和法律文件来处理各种错综复杂的法律关系，并构成有机的整体。各个项目融资方案因项目的规模不同、涉及面不同，其融资的合同结构也不同。在有限追索权融资方式中，项目融资的合同结构主要有以下三种形式：

（1）二联式结构。其结构框架是，贷款人与项目公司订立贷款协议，并向项目公司提供贷款；项目发起人与债权人订立各种担保协议，由发起人直接向债权人提供担保或准担保，直到项目完成。

（2）三联式结构。其结构框架：①贷款银行与项目公司订立贷款协议，并提供贷款，项目发起方（或主办人）为贷款提供担保，直到项目完成；②项目公司与用户订立长期购买合同，最好采用照付不议合同，将项目产品卖给用户，项目产品的用户可以是第三人，也可以是项目发起方或主办人，项目公司用购买合同项下的收入偿还贷款本金和利息；③发起方就用户照付不议合同所承担的义务向项目公司提供担保，然后，项目公司将照付不议合同下的权利及发起人为该合同提供担保转为对贷款人提供的担保。

（3）四联式结构。其结构框架：①贷款银行同全部股权归其所有的金融公司订立贷款协议，并提供贷款；②金融公司与项目公司订立远期购买协议，将贷款银行提供的款项作为购买项目产品的预付货款贷给项目公司；③项目投产后，项目公司按照远期购买协议向金融公司交付产品，金融公司按照提货或付款合同将产品出售给第三者，以所得收入偿还贷款；④发起方就项目公司远期购买协议承担的义务向金融公司提供担保，或就第三者按照照付不议合同所承担的义务向项目公司提供担保，项目公司取得此项担保后转让给金融公司，最后金融公司将上述合同项下的权利以及发起方提供的各种担保全部转让给贷款银行，作为贷款银行提供贷款的担保权益。

四联式结构与三联式结构相比，增加了金融公司的参与。金融公司参与项目融资，主要基于以下考虑：①贷款银行所属国家的银行法可能限制银行参与非银行性质的金融业务，贷款银行通过金融公司开展融资业务，就可以规避有关法律限制；②如果贷款方是由多家银行组成的财团，由一家金融公司统一负责办理购买或销售项目产品的业务，比由多家银行分头进行更为方便；③从税务方面考虑，利用一家金融公司可能会更有利于债权人。

**二、项目融资中的主要文件**

（一）基本文件

项目的贷款方以及他们的律师不仅要认真起草贷款和担保文件，还要特别仔细地审阅项目发起方和其他参与方之间的各项协议。这些协议是项目得以进行的基础，其中有些甚至在贷款方正式介入之前就已经签署完毕。项目融资协议框架应包括如下基本文件：①政府的项目特许经营协议、其他许可证、缴纳政府费用协议；②土地租赁协议、土地许可证等土地权利方面的文件；③项目发起方之间的合资协议、股东协议、项目公司的公司章程等成立文件；④项目管理协议和技术顾问合同；⑤承建合同和次级承包合同，承建商和次级承建商的担保及预付款保函；⑥项目投保合同；⑦原材料供应协议、能源供应协议、产品购买协议、项目经营协议；⑧技术可行性报告及技术许可证，独立技术专家的分析报告，规划方面的许可证、批文；⑨运输协议；⑩项目发起方的其他融资文件。

在阅读这些基本文件时，贷款方应特别注意以下事项：①借款方用于还款担保所依赖的项目协议和未来现金流量已经被抵押，承建和销售合同明文规定不得用于担保；②其他融资文件中不利于贷款方的资产担保条款，如交叉违约条款、消极保证条款和同步条款；③项目发起方已有支付义务；④"不可抗力"条款可能免除某一方或某几方的付款义务；⑤项目合作方之间达成的强制放弃或取代条款，要求在他们中的某几方从项目中撤出来以后，留下的一方无条件继承退出者的责任与义务；⑥经营许可权的取得或取消条款以及对于经营许可权转让的限制。无论在什么情况下，贷款人都应该坚持文件的修订必须满足以下两个条件：一是保证贷款方获得足够的担保；二是项目不能轻易放弃，它的终止必须符合融资文件中相关条款的规定。为了实现这一原则，贷款方有时需承担起借款方对其他发起方的某些义务。

在拟订项目文件时，项目发起人应尽量避免对自己有潜在威胁性或限制性的条款。通常在合同开始执行前对合同进行修改要比合同生效后再要求修改容易得多。因此，对文件的斟酌与修改宜早不宜迟。

（二）融资文件

项目融资协议框架中一般包括如下融资文件：①贷款协议；②担保文件；③贷款方与其他方就项目担保所达成的内部协议；④安慰信或其他支持性文件；⑤其他融资文件（如果还有其他资金来源）；⑥金融风险管理文件，如掉期协议、期权协议等。以下具体介绍其中三个文件。

1. 贷款协议

贷款协议应包括以下基本内容：

（1）资金的需要量和用途、利率及偿还期限、应向协调银行、代理银行和贷款银行交付的佣金及其他费用。

（2）贷款的先决条件，包括法律意见、董事会的决定、所有项目协议的副本、担保文件的转让、政府批文、弃权声明书、专家分析报告以及财务报表。

（3）对借款方及项目发起方追索权的限制，项目未来现金流量的使用。

（4）保护性条款：税收补偿、成本超额补偿、浮动利率、拖欠利息补偿及一般性补偿。

（5）说明与担保：项目公司的法律地位和权利、担保协议的履行、财务信息的准确性、合同义务的有效性等。

（6）项目附加要求：工艺是否达到标准，项目是否符合经营许可及有关法律、法规，项目的开发和经营是否符合开发计划和可行性报告，担保是否具有连续性等。

（7）限制性契约：借款限制、消极保证、同步条款、派发红利的限制；有关资金撤出的条款。

（8）违约事件：加速偿款程序、担保的强制；项目完工测试。

（9）项目的财务分析和预测。

（10）代理条款、支付方法、银行间的协调及收入分配；出现纠纷时法律或法院的选择以及诉讼代理的指定。

2. 担保文件

担保文件应该包括以下内容：①对土地、房屋等不动产抵押的享有权；②对动产、债务以及在建生产线抵押的享有权；③对项目基本文件（如经营许可、承建合同、供应协议）给予的权利的享有权；④对项目保险的享有权；⑤对销售合同、照付不议合同、产量或分次支付协议以及营业收入的享有权；⑥对项目现金流量的享有权；⑦对项目管理、技术援助和顾问协议的享有权；⑧对项目公司股份的享有权。

3. 支持性文件

支持性文件需要包括以下内容：

（1）项目发起方的直接支持：偿还担保、完工担保、营运资金保证协议、现金亏欠协议、承诺保证函和安慰信。

（2）项目发起方的间接支持：照付不议合同、产量合同、无条件的运输合同、供应保证协议。

（3）项目管理和经营合同。

（4）东道国政府的支持：经营许可、项目批准、特许权利、不收归国有的保证、外汇许可等。

（5）项目保险：商业保险、出口信贷保险以及多边机构的担保。

（三）专家报告

在向一个项目发放贷款之前，贷款方必须从以下几方获得令人满意的报告：

（1）工程师：就项目的技术可行性做出报告。

（2）环境顾问：就项目对环境的影响以及适用法律提交报告。

（3）保险专家：就项目保险的充分性做出论证。

（4）会计师事务所：对项目发起方及项目公司的财务状况和股本结构进行分析。

（5）东道国或其他相关国家的法律顾问：为担保过程中遇到的法律问题提供咨询。

法律意见应包括以下内容：①各参与方在行使其在项目协议和信用担保文件中规定的义务时的法律地位和权利；②项目文件的法律强制性；③项目资产的所有权；④需要获得经营许可和政府特许权的事项；⑤有关外汇管制、关税和税务的法律法规；⑥违约条款和其他补偿条款的法律强制性；⑦当地法院对涉外事务的裁决；⑧法律和法庭选择的有效性以及外国仲裁和判决的适用性；⑨诉讼或财产查封的豁免权。

## 第二节　社会资本参与的 PPP 融资模式

我国基础设施项目过去全是由政府财政支持投资建设，由国有企业垄断经营。这种基础设施建设管理的模式不仅越来越不能满足社会经济日益发展的需要，而且政府投资在基础设施建设中存在的浪费严重、效率低下、风险巨大等诸多弊病暴露得也越来越明显。基础设施领域投融资体制要尽快向市场化方向改革，政府在基础设施投资建设领域的地位和职能迫切需要转变，政府同时身兼直接投资者、直接经营者、直接监管者等多重职能的状况要改变。在这种背景下，积极吸引社会资本参与基础设施的建设，并将其按市场化模式运作，既能有效减轻政府财政支出的压力，提高基础设施投资与运营的效率，同时又不会引起公共产权的争论问题，因此在我国有着广泛的发展前景。

### 一、社会资本与 PPP 模式

（一）社会资本在基础设施领域的投融资现状

1. 社会资本的特征

社会资本是相对政府投资而言的，是从其所有权主体的角度来界定的。目前在我国固定资产投资的统计口径中，社会资本范围包括国有经济资本、外资、我国港澳台投资以及集体、个体、股份制、联营、私营和其他经济类型的资本。改革开放以来，我国社会资本在发展经济、扩大税收、增加出口、扩大投资、增加就业、提供高效的公共服务、活跃市场经济等方面都发挥着重大的作用，正成为我国经济发展中日益重要的推动力。

作为一种新的投资来源，社会资本具有以下特征。

（1）逐利性。逐利性是社会资本的最本质特征，也是社会资本最原始、最基本的动力。

目前，我国各个领域对吸收社会资本十分重视，就是因为双方主体都以盈利为目标，最终实现"双赢"效应。追求利润最大化是社会资本的最终目标。

（2）脆弱性。社会资本的脆弱性是指其产生的历史短、经验欠缺、投资主体素质不高等，这个特征也是社会资本发展受到限制的重要因素。

（3）投资规模较小。社会资本一般以个体投资和家庭式投资居多，以自筹资金为主，规模比较小，生产性投资不足。

（4）注重投资的时效性。由于存在较大的风险，在某一行业投资时，要能尽快地收回成本，以利于企业更好地发展，这也决定了社会资本一般只在狭窄的行业领域内竞争。

2. 社会资本进入我国基础设施领域的现状

目前，我国的社会资本发展很快，已经成为全社会总投资的重要组成部分，并且仍呈不断增长的趋势。就社会资本投资的行业来进行考察，主要分布在传统制造业、商贸流通和房地产开发等领域内，而其在基础设施领域中的投资与在这些领域中的投资相比微不足道。这种状况一方面说明我国社会资本的投资实力在不断增强，另一方面反映出社会资本在我国长期投资中的作用不大，尤其是城市基础设施项目投资。

究其原因在于：社会资本参与城市基础设施的投融资活动存在不少限制。基础设施在经济和政治上的重要性、建设的超前性以及其在市场机制下的局限性要求政府在基础设施建设和营运中居于支配地位。因此，新中国成立以来政府一直是我国基础设施建设项目投资的主角。20世纪 80 年代以来，为了解决基础设施建设制约我国经济发展的问题，国家加大了基础设施建设的投资力度，但基础设施建设的巨额资金需求不是政府拨给有限的财政资金及银行贷款能够满足的。采取有效的融资模式，缓解基础设施建设资金压力，已成为刻不容缓的问题。

目前，许多国家基础设施部门的投融资改革都在向打破垄断、引入社会资本的方向发展。据世界银行私人部门基础设施建设数据库显示，私人部门基础设施建设有 30%分布在电力部门，28%分布在电信领域，18%分布在供水、卫生设施，8%在道路港口，5%在水路运输，3%在机场项目，2%在铁路运输，这反映出发达国家社会资本已在众多基础设施项目中发挥作用，其发展空间也极为广阔。随着改革开放的深入和社会资本积累的不断成长壮大，我国政府也将逐步开放基础设施领域，让私人部门与政府部门合作，共同进行基础设施项目建设和建成后的经营活动。因此，通过市场手段筹集社会资本进行基础设施建设，是社会经济发展的必然需要。

3. PPP 模式中对社会资本的界定

我国吸引社会资本投资基础设施建设，核心目的是充分发挥社会资本的优势，打破政府财政资金垄断基础设施投资建设的局面，动员各类社会资金进行投融资模式的创新，推动基础设施的快速发展。由于我国具有中国特色的社会主义市场经济体制与西方市场经济国家的一个重要区别是国有经济占主导地位，国有企业在基础设施投资领域发展中起主导作用，而且许多国有企业均以营利为目的，属于市场竞争主体。根据我国国情，将地方政府投资或其拥有控制权的所属企业资本以外的所有资本，包括国有资本、民营资本、境外资本，均视为当地政府的社会资本。

（二）PPP 融资模式的产生应用、理论基础、内涵、参与各方和特征

1. PPP 融资模式的产生和应用

社会资本参与基础设施的建设运营及提供公共服务的历史最早可以追溯到 1782 年，法国 Perrier 兄弟建设、运营自来水公司可以看作其应用的开端。直到 20 世纪中叶，随着各国

经济的飞速发展，政府部门对基础设施的建设才得以重视，但是单靠政府资金难以满足这一巨大需求。因此，社会资本在基础设施建设中才开始发挥它的作用，从而出现了各种各样的社会资本参与基础设施建设的方式，但这些模式也存在一些问题，为了弥补这些不足，近年来出现并逐渐盛行的 PPP 模式才得到人们的广泛关注。

英国就是一个较早推广 PPP 模式的国家，自 20 世纪 90 年代以来，政府部门积极利用各私人领域的商业服务公司或机构在金融、设计和管理方面的技术和经验，为公共领域提供服务，形成完备的多元化投资模式，即 PPP 模式。

从英国应用 PPP 的经验来看，PPP 模式一般可以帮助政府节省 5%～20% 的费用，而且节约时间，所提供的公共服务质量也显著上升。英国的统计数据表明，80% 的工程项目按规定工期完成（常规招标项目按期完成的只有 30%），20% 未按期完成的，拖延时间最长不超过 4 个月。同时，80% 的工程耗资均在预算之内（一般传统招标方式只能达到 25%），20% 超过预算的是因为政府提出调整工程方案。

智利在为平衡基础设施投资和公用事业急需改善的背景下于 1994 年引进 PPP 模式，提高了基础设施现代化程度，并获得充足资金投资到社会发展计划，至今已完成 36 个项目，投资额 60 亿美元，年投资规模由该模式实施以前的 3 亿美元增加到 17 亿美元。葡萄牙自 1997 年启动 PPP 模式，首先应用在公路网的建设上，至 2006 年的 10 年间，公路里程比原来增加一倍。巴西于 2004 年 12 月通过"公私合营（PPP）模式"法案，该法对国家管理部门执行 PPP 模式下的工程招投标和签订工程合同做出具体的规定。据巴西计划部称，列入 2004～2007 年 4 年发展规划中的 23 项公路、铁路、港口和灌溉工程作为 PPP 模式的首批招标项目，总投资达到 130.67 亿雷亚尔。

2. PPP 融资模式的理论基础

PPP 融资模式的理论基础是 20 世纪以来创立发展起来的公共产品理论。它按消费特征的不同将与私人产品相对应的公共产品划分为纯粹公共产品和准公共产品。其一，纯粹公共产品必须同时具备消费上的非竞争性和非排他性，即被社会公众共同享用，不能排斥他人享用，如国防、行政、环境保护等。其二，纯粹公共产品在现实中是极少数的，有不少产品在不同程度上具有上述特征或只具备其中一个特征，称为准公共产品，如公路桥梁、自来水、煤气、电力等，有可能把受益和负担联系起来，可以采取适当收费的形式筹措资金。美国著名经济学家斯蒂格利茨曾对社会资本进入公共产品生产领域提出重要解释。他指出："虽然市场存在失灵问题，且要求政府以某种形式进行干预，但是它并没有必然地要求政府进行生产，这在自然垄断的情况下可以清楚地看出来。"

因此，对具备准公共产品消费特征的基础设施，政府的生产职能与提供职能确实是可以分离的，政府应当负责准公共产品的提供，而其生产则可交由私人机构进行。准公共产品的这种特性使得 PPP 融资模式应时而生，这种模式使得政府与社会资本各自的优点相结合，既充分利用了丰富的社会资本，又通过政府的参与解决了社会资本无法避免的宏观问题。

3. PPP 融资模式的内涵

联合国培训研究院认为 PPP 的定义包含两层含义：第一是为了满足公共产品的需要而建立的公共和私人倡导者之间的各种合作关系；第二是为了满足公共产品的需要，公共和私人部门建立伙伴关系实施大型公共项目。联合国开发署对 PPP 的定义：是指政府、营利性企业和非营利性企业基于某个项目而形成的相互合作关系，通过这种合作形式，合作各方可以达到比预期单独行动更有利的结果。因此，我们可以认为，PPP 是指公共部门通过与社会资本建立伙伴关系来提供公共产品或服务的一种方式，是公共基础设施建设中发展起来的一种优化的项目融资与实施模式，是一种以各参与方的"双赢"或"多赢"为合作理念的现代融资模式，通过这种伙伴关系，合作各方可以达到比预期单独行动更有利的结果。PPP 模式的内涵主要包括以下四个方面。

（1）PPP 模式是一种新型的项目融资模式。PPP 项目融资模式主要是根据项目的预期收益、资产以及政府扶持措施的力度，而不是项目投资人或发起人的资信来安排融资的。项目经营的直接收益和通过政府扶持所转化的效益是偿还贷款的资金来源，项目公司的资产和政府给予的有限承诺是贷款的安全保障。PPP 合作始于项目的确认和可行性研究阶段，并贯穿于项目的全过程。在这个过程中，政府的公共部门与社会资本共同对项目的整个周期负责。在项目的早期论证阶段，公私双方共同参与项目的确认、技术方案设计和可行性研究工作，对采用融资的可能性进行评估，并采取有效的风险分配方案，让各参与方合理地承担风险。

（2）PPP 模式可以使更多的社会资本参与到项目中，降低融资风险。政府的公共部门与社会资本以特许协议为基础进行全过程的合作。在这个过程中，由于政府的公共部门与社会资本共同对项目的整个周期负责，因此，当公共部门与社会资本之间出现分歧时，任何一方都不能独自改变项目的实施，而要平等地在特许协议的基础上处理问题。PPP 模式的这种操作规则不仅降低了社会资本的投资风险，而且能将社会资本中高效的管理方法和先进的技术运用到项目建设中，达到降低公私双方融资风险的目的。

（3）PPP 模式成为政府在基础设施建设中减轻负担并降低风险的一种有效方式。在 PPP 模式下，公共部门和社会资本共同参与基础设施建设的运营，政府的任务就是引入社会资本参与合作，借助其资金来进行基础设施的建设，使得一些原来没有条件建设的基础设施得到发展，从而不但为政府减轻了负担，还可以将项目的一部分风险转移给社会资本，从而降低了政府的风险。

（4）PPP 模式在一定程度上保证了社会资本的"有利可图"。PPP 模式下，政府可以给予社会资本相应的政策扶持作为补偿，如贷款担保、税收优惠等，从长远意义上确保投资效益的可靠性，从而提高社会资本投资基础设施项目建设的积极性。

4. PPP 融资模式的参与各方

PPP 融资本身是一个内在结构相对灵活的模式。其基本结构见图 4-1，通常情况下，具体到不同项目时，PPP 模式的结构或多或少存在差异。

其中，PPP 项目的合同关系通常包括政府、社会资本、PPP 项目公司、金融机构、建设承包商、供应商、运营商及其他参与方等。

（1）政府。政府（或政府指定的机构）通常是 PPP 项目的主要发起人，在法律上既不拥有项目，也不经营项目，而是通过给予某些特许经营权或给予政策扶持措施作为项目建设、开发、融资安排的支持，以吸引社会资本并促进项目成功。

（2）社会资本。社会资本是 PPP 项目的发起人之一，和代表政府的股权投资机构合作成立 PPP 项目公司，投入的股本形成公司的权益资本。通常，政府通过公开招标的方式选择合适的社会资本。

（3）PPP 项目公司。PPP 项目公司是 PPP 项目的具体实施者，由政府和社会资本联合组成，负责项目从融资、设计、建设、运营到项目最后的移交等全过程的运作。

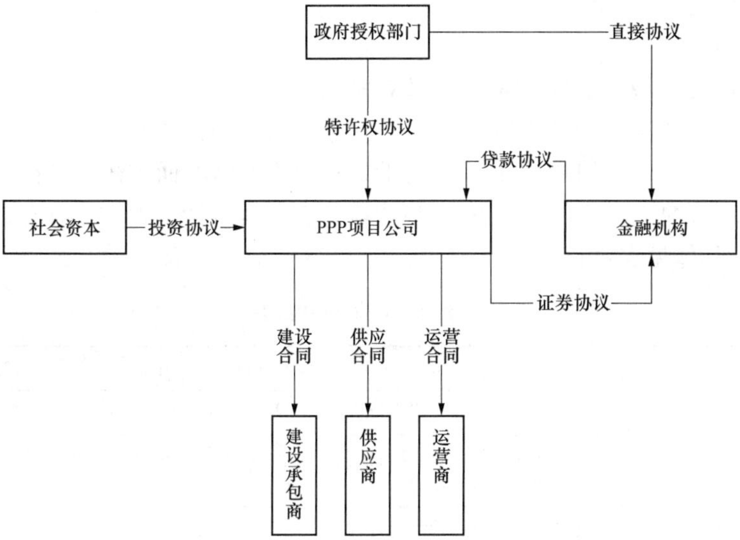

图 4-1 特许经营 PPP 融资模式基本结构

（4）金融机构。由于基础设施项目投资巨大，在 PPP 项目的资金中，来自社会资本和政府的直接投资所占的比例通常较小，大部分资金来自于金融机构，且贷款期限较长。因此金融机构为 PPP 项目的顺利实施提供了资金和信用支持。

5. PPP 融资模式的特征

PPP 项目融资具有以下特征。

（1）以项目为主体。PPP 项目主要根据项目的预期收益、资产以及政府扶持措施的力度来安排融资，其贷款的数量、融资成本的高低以及融资结构的设计都是与项目的现金流量和资产价值直接联系在一起的，因此 PPP 项目的融资是以项目为主体的融资活动。

（2）有限追索贷款。传统融资模式实行的是根据借款人自身资信情况确定的完全追索贷款，而 PPP 项目融资实行的是有限追索贷款，即贷款人可以在贷款的某个特定阶段对项目借款人实行追索，或在一个规定范围内对公私合作双方进行追索。除此之外，项目出现任何问题，贷款人均不能追索到项目借款人除该项目资产、现金流量以及政府所承诺义务之外的任何形式的资产。

（3）合理分配投资风险。PPP 融资模式可以尽早地确定哪些基础设施项目能够进行项目融资，并且可以在项目的初始阶段就较合理地分配项目整个生命周期中的风险，而且风险将通过项目评估时的定价而变得清晰。

（4）资产负债表之外的融资。PPP 项目的融资是一种资产负债表之外的融资。根据有限追索原则，项目投资人承担的是有限责任，因而通过对项目投资结构和融资结构的设计，可以帮助投资者将贷款安排为一种非公司负债型融资，使融资成为一种不需进入项目投资者资产负债表的贷款形式。

（5）灵活的信用结构。PPP 项目具有灵活的信用结构，可以将贷款的信用支持分配到与项目有关的各个方面，提高项目的债务承受能力，减少贷款人对投资者资信和其他资产的依赖程度。

## 二、PPP 融资模式的运作

### （一）PPP 模式的常见类型

#### 1. BOT 模式

（1）BOT 模式的基本概念。BOT 模式是指由社会资本或项目公司承担新建项目设计、融资、建造、运营、维护和用户服务职责，合同期满后将项目资产及相关权力等移交给政府的项目运作方式。项目合同期限根据所在行业、项目收益情况而定，大多在 20~30 年。

（2）BOT 项目的主要参与者。BOT 模式参与者主要包括三大类：政府、社会资本、其他可能参与方，具体见表 4-1。

表 4-1　　　　　　　　　　　　　　　　　　BOT 项目的主要参与者

| 参与者 | | 主 要 工 作 |
|---|---|---|
| 政府 | | 通过特许协议的方式将特许权授予社会资本或项目公司 |
| 社会资本 | | 在特许权期限内负责项目的建设、经营、管理，并用经营期产生的净现金流收回投资、偿还贷款、取得收益 |
| 其他可能参与方 | 运营公司 | 负责项目建成后的运营管理 |
| | 保险公司 | 对项目中各个角色不愿承担的风险提供保险服务 |
| | 融资机构 | 根据对项目进行的评价，在风险可控的前提下为项目提供债权资金支持 |
| | 招标代理 | 具备相关资质的招标代理机构（公司）按照相关法律规定，受招标人的委托或授权办理招标事宜 |
| | 使用者或承购商 | 项目产品/设施的使用与付费 |
| | 施工单位 | 承担项目的建设、安装等任务 |

（3）典型 BOT 项目组织结构，见图 4-2。

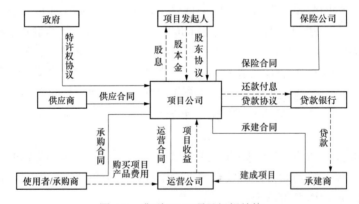

图 4-2　典型 BOT 项目组织结构

（4）BOT 模式的适用范围。BOT 模式主要适用于收费或价格形成机制较为健全的经营性、准经营性基础设施项目，常用领域包括以下几个。①收费的交通设施项目：高速公路、桥梁、隧道、港口、码头、城际轨道交通等；②水利建设项目：城镇源水供应项目、发电或城镇供水等具有经营效益的综合利用水利枢纽项目等；③市政基础设施项目：城镇自来水、污水处理、垃圾处理、天然气供应、热力供应、城市轨道交通和城市公共汽车交通等；④部分社会服务性基础设施项目：部分体育场馆、文化娱乐和旅游景观建设等。

2. BOO 模式

（1）BOO（Build-Own-Operate，建设—拥有—运营）模式的基本概念。BOO 模式由 BOT 模式演变而来，社会资本根据政府赋予的特许权，建设并经营某个项目，但必须在合同中约定保证公益性的约束条款；BOO 项目不涉及项目期满移交。

（2）BOO 模式与 BOT 模式的比较。BOO 项目的参与者、组织方式与 BOT 非常相似，但相较 BOT 模式而言，BOO 模式是一种对公共基础设施更高级别的私有化途径。二者的区别主要表现在两个方面。一是所有权方面，在 BOT 项目中，社会资本或项目公司在特许期结束后必须将项目设施交还给政府，社会资本或项目公司不拥有项目所有权；而在 BOO 项目中，社会资本或项目公司将拥有项目所有权；二是项目产品（服务）价格方面，在 BOT 项目中，由于存在特许经营期，为保证社会资本投入资金能够实现回收，项目产品（服务）定价相对较高；而在 BOO 项目中，社会资本或项目公司有权不受任何时间限制地拥有并经营项目设施，更长的特许期使得项目产品（服务）的定价相对较低。

（3）BOO 模式的适用范围。BOO 模式主要适用于有一定社会属性，但政府又可以接受其私有化的场合，如供电、部分环保设施等。

3. TOT 模式

（1）TOT（Transfer-Operate-Transfer，转让—运营—移交）模式的基本概念。TOT 模式是指政府将存量基础设施有偿转让给社会资本或项目公司，并由其负责运营、维护和用户服务，合同期满后再将其移交给政府的项目运作方式。TOT 项目合同期限与 BOT 类似。

（2）TOT 模式的内涵。从本质上看，TOT 模式是政府将基础设施租赁给投资者的一种方式，投资者一次性向政府支付租金。通过 TOT 模式，政府可以全部或部分回收设施建设投资，同时解决运营主体问题。对于投资者而言，由于其受让的是已建成且能正常运营的项目，不需承担建设期的风险，尽管投资回报率会略低于 BOT 模式，但对投资者仍有较大吸引力。从 T-O 过程来看，具有买卖性质，其标的为基础设施一定期限内的现金流量，但从 TOT 整个过程来看，具有租赁性质，租金一次性支付。

（3）典型 TOT 项目组织结构。由于不涉及建设环节，TOT 项目的参与方少于 BOT 项目，其组织结构见图 4-3。

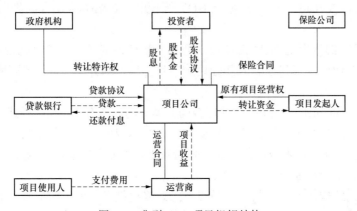

图 4-3 典型 TOT 项目组织结构

（4）TOT 模式的适用范围。TOT 模式的意义在于盘活政府存量基础设施项目的资产并提高其经营效率，多用于存量的桥梁、公路、电厂、水厂等具有一定经营收益的基础设施项目。

4. ROT 模式

（1）ROT（Rehabilitate-Operate-Transfer，改建—运营—移交）模式的基本概念。ROT 模式是在 TOT 模式的基础上，增加对设施改扩建内容的项目运作方式。社会资本负责既有设施扩建/改建的资金筹措、建设及其运营管理，期满将全部设施无偿移交给政府部门。

（2）ROT 模式与 TOT 模式的差异。ROT 项目实质上是将 TOT 模式与 BOT 模式相结合。相较单纯的 TOT 模式，ROT 模式增加了改扩建内容，体现通过对既有项目的技术改造实现提质增效。

（3）典型 ROT 项目组织结构，见图 4-4。

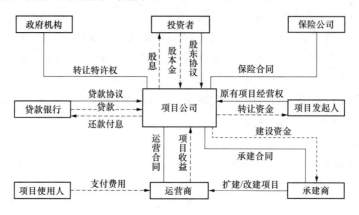

图 4-4　典型 ROT 项目组织结构

（4）ROT 模式的适用范围。ROT 适用于已经建成且具有一定经营收益，但需要投资改造的基础设施项目，如已经营多年的电厂、水厂更新改造等。

5. O&M 模式

（1）O&M（Operations & Maintenance，委托运营）模式的基本概念。O&M 模式是指政府将存量公共资产的运营维护职责委托给社会资本或项目公司，社会资本或项目公司不负责用户服务的政府和社会资本合作项目运作方式。政府保留资产所有权，只向社会资本或项目公司支付委托运营费。相对于 BOT 等模式，O&M 模式合同期限较短，一般不超过 8 年。

（2）O&M 模式的适用范围。O&M 模式适合于物理外围及责任边界比较容易划分，同时其运营管理需要专业化队伍和经验的基础设施项目，如污水处理厂。

6. MC 模式

（1）MC（Management Contract，管理合同）模式的基本概念。MC 模式是指政府将存量公共资产的运营、维护及用户服务职责授权给社会资本或项目公司的项目运作方式。政府保留资产所有权，只向社会资本或项目公司支付管理费。管理合同通常作为 TOT 模式的过渡方式，合同期限一般不超过 3 年。

（2）MC 模式结构。虽然公共部门是服务的最终提供者，但日常的管理和控制被分配给社会资本。多数情况下，社会资本提供运营资金。MC 模式结构见图 4-5。

（3）MC 模式的适用范围。MC 模式的适用范围较广，大多数公共服务，如公共设施、医院、港口管理等都可使用 MC 模式。

（二）PPP 项目操作中的关键环节

1. 做好项目前期策划和科学论证

加强 PPP 项目的前期策划和可行性论证是决定项目成功的首要环节，可委托有一定业绩和能力的专业咨询机构编制 PPP 项目实施方案，内容应包括项目基本情况、规模与期限、建设内容、服务质量和标准、规划条件和土地落实情况、投融资结构、收入来源、财务测算与风险分析、实施进度计划、资金保障、政府配套措施等内容。

政府投资主管部门应组织有关部门、咨询机构、运营和技术服务单位、相关专家以及各利益相关方共同对项目实施方案进行充分论证，确保项目的可行性和可操作性，以及项目财务的可持续性。

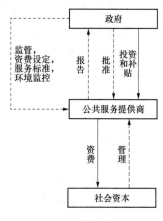

图 4-5 MC 模式结构

2. 策划合理的 PPP 项目回报水平

合理确定和形成 PPP 项目回报水平，是建立 PPP 项目投资吸引力的关键，也是 PPP 项目成功的基础。科学预计或设计 PPP 项目回报水平是前期论证的重要内容，项目回报水平预期是政府和社会资本进行项目价格谈判、确定政府补贴水平、相关利益分成机制设计的基础，也为项目风险处理方案（如价格调整）提供依据和目标。因此，应该建立合理的利益共享机制，通过政府核定经营收费价格以及以购买服务方式补贴标准，实现项目建设运营的财务可持续性。既要保障公共利益，提高公共服务质量和效率，又要避免企业出现暴利和亏损，实现"盈利但不暴利"。

BOT 项目直接涉及公众利益，必须通过设定合理的价格形成机制以平衡公众利益和投资者经营效益。TOT 项目交易对价需要在评估的基础上合理制定，如果转让资产价格过低，会造成公共利益损失，价格过高则社会资本方无法承受。

3. 策划建立在平等的风险共担机制上的合同结构

PPP 项目多具有自然垄断属性，且涉及建设、运营等多环节，合同期限长，交易结构、合同结构的复杂性超过一般项目。因此，不论采用哪类 PPP 模式，都必须满足一些重要特征：①合同必须界定各方的职能和责任；②政府部门与社会资本以合理的方式共担风险；③社会资本主体取得事先规定的业绩后应获得相应的投资回报。政府和社会资本应该平等参与、诚实守信，按照合同办事，依据对风险的控制力，承担相应的责任，不过度转移风险至合作方。企业主要承担投融资、建设、运营和技术风险，政府主要承担国家政策、标准调整变化的风险，双方共同承担不可抗力风险。

4. 建立严格的监管和绩效评价机制

政府应该对 PPP 项目运作、公共服务质量和资金使用效率等进行全过程监管和综合考核评价，认真把握和确定项目验收的技术标准、政府提供的支持条件、项目运营的技术标准、运营服务内容和范围、政府监管内容和方法等，加强成本监审、考核评估、价格调整审核，必要时可以考虑引入第三方进行评估。

5. 策划好移交和退出机制主要内容

对于有移交阶段的项目预先设计合理的移交程序及过渡期的安排、移交设施的范围和内容、移交标准要求、移交费用安排以及移交后的质量保证。

### 三、北京地铁 4 号线案例分析

北京地铁 4 号线全长 28.65 千米，全线共有宣武门、西单、西直门、中关村、颐和园等 24 个车站，由南至北穿越北京丰台、宣武、西城和海淀 4 个区，是贯穿北京城区南北的城市轨道交通主干线之一。项目总投资约为 153 亿元，于 2009 年竣工并投入运营，日均客流量达到 70 万人次。

2005 年 2 月 7 日，京投公司与我国香港地铁公司及北京首都创业集团有限公司达成协议，合作成立公私合营公司（以下简称 PPP 公司），特许经营列车及机电设备的投资建设和 4 号线的 30 年运营，成为国内首例以 PPP 模式运作的城市轨道交通项目。

#### （一）4 号线 PPP 方案的设计原则

京投公司在深入调查、研究城市轨道交通的产业特点及 PPP 模式的内涵后，提出了城市轨道交通投融资公私合作的运作思路，初步提出政府部门与社会投资者合作建设城市轨道交通项目需建立的经济关系、法律关系、政策关系，以及如何在投资、建设、运营、监管四个环节明确各参与方的重大权利义务的分配原则。

2002 年年初，中国国际工程咨询公司对京投公司提出的投融资公私合作方案构想进行了专家论证。专家论证意见认为，尽管城市轨道交通运营的社会效益很好，但城市轨道交通运营的财务收益通常较低，运营收入不足以全额补偿投资及运营成本。采用公私合作方式可以引入社会资本投资，加快城市轨道交通建设进度，更重要的是可以提高城市轨道交通运营的经营效率，这种投融资方式是世界性的发展趋势，也符合北京市基础设施投融资体制改革的方向，建议该公司进一步研究具体方案。同时，专家也指出，鉴于该公司提出的公私合作方式要把城市轨道交通项目分为公益性与营利性两部分，并分别由政府与社会投资。由于结构性融资的概念在目前国内外基础设施项目中还没有先例，需要进行较多的体制、机制、技术创新。京投公司集中专业人员进行攻坚研究，设计制订了完整的城市轨道交通投融资公私合作方案。

1. 准确定位城市轨道交通项目的准公共产品经济属性，设计公私合作方式的盈利模式

由于城市轨道交通项目无法通过票款收入收回全部投资并实现盈利，整个项目都由社会投资者投资确实不具备经济可行性，人们一般认为城市轨道交通属于必须由国家投资、政府垄断经营的纯公益性产品。京投公司以公共部门经济理论为基础，通过深入研究认为，城市轨道交通项目的经济特征以公益性为主，但兼具一定的营利性，属于准公共产品，既可以由政府直接提供，也可以在政府给予补助的条件下，由非政府部门通过市场提供。

但如何在经济上科学合理地区分公益性与营利性关系，是实现公私合作需首先解决的财务条件。针对这一难题，京投公司采用逆向思维，从界定项目经济价值入手，采用结构融资技术，创造性地在投资上将一个城市轨道交通项目分成 A、B 两部分，A 部分为公益性部分，由政府投资；B 部分为营利性部分，由社会投资，并通过项目一定时期内的经营收入实现合理回报，建立了城市轨道交通项目盈利财务模型。

2. 确定城市轨道交通项目政府投资与社会投资的基础比例关系

京投公司在对城市轨道交通运营成本、预测客流和票价结构等方面进行大量实证研究的基础上，通过数据统计分析和预测，建立了城市轨道交通项目寿命期现金流量模型，以经营期 30 年、回报率 10%为假设条件，最终发现新建城市轨道交通项目 30 年的财务净现值的总额（城市轨道交通项目市场估价值），约占项目总投资的 30%，另外 70%投资不具有市场价

值，应为公益性投资。30%具有市场价值的投资部分可以通过市场化的方式吸引社会投资解决，70%公益性投资部分只能由政府财力解决。

由于不同线路的客流收入情况、建设成本、票价政策等因素存在差异，政府投资和社会投资的比例可以在上述基础比例上进行微调。即如果线路的经济特征相比平均水平要好，那么政府投资的比例可以下调，反之则上调。

3. 导入城市轨道交通影子票价，解决城市轨道交通项目政府定价与市场定价相背离的问题

票价问题是城市轨道交通市场化运作的核心问题。城市轨道交通作为准公共产品，根据规定实行政府定价，这就使投资者很难通过价格来消化成本。如何在政府为保证项目的公益性而实行的政府定价与社会投资商业化运作所需要的自主定价之间，建立科学、合理、灵活的票价机制，是长期以来制约社会投资进入城市轨道交通领域的又一大难题。

为此，京投公司研究提出了城市轨道交通影子票价及其调节机制，即在基期计程票价基础上，结合客流结构，确定平均人次票价，对票价的调整结合与经营成本紧密相关的电价、工资、消费价格指数等因素考虑，建立联动机制，量化票价公式。

城市轨道交通影子票价体现了应通过价格合理消化的城市轨道交通行业企业正常的成本上涨因素。按政府定价计算的平均人次票价与按影子票价计算的平均人次票价差额部分，由政府与社会投资共担。这一机制建立了城市轨道交通项目政府定价与市场价格间的桥梁。

4. 采用公益性资产租赁的方式，实现公益性资产与营利性资产在一个项目上的管理整体性

城市轨道交通项目在投资上可以分为公益性与营利性两部分，并分别由政府投资方与特许公司（PPP公司）两个业主负责建设，但在资产管理、运营管理上，又必须统一起来。因此，京投公司设计了资产租赁的方式，由特许公司通过租赁公益性部分资产，向政府投资方缴纳租金的方式取得公益性资产的使用权。

（二）4号线PPP方案的主要内容

1. 设计合理保障机制，妥善处理好公共产品持续经营与经营性风险的关系

纵观世界各地基础设施市场化运作的成功案例，关键在于合理分配项目的收益与风险，要避免出现以下两种情况，一种是项目实际收益过高，政府迫于公众压力，向社会投资者收回项目经营权；另一种是项目实际收益过低甚至持续亏损，投资者退出。

京投公司充分认识到对于准公共产品，构造适度盈利、适度风险的保障机制，对实现城市轨道交通投融资公私合作方式至关重要，认真研究设计了以下两个机制，为项目持续运营提供保障。

（1）租金调整机制。以特许公司租赁政府投资的公益性部分资产所缴纳的租金为蓄水池，在项目成长期，如果实际客流低于预测客流一定比例（将导致特许公司经营困难，危及项目运行，并影响公众出行），政府投资方适当减免租金，增强项目的抗风险能力；在项目成熟期，如果实际客流超出预测客流一定比例，政府投资方适当调增租金，以回收部分政府投资，避免项目产生超额利润。

（2）合理的社会投资退出机制。考虑到城市轨道交通服务的公益性，当不可预见事件发生且影响严重，为保证正常系统安全运行，投资者需退出，政府有义务介入以保证公众的利

益不受损害。如因投资者自身经营不善、违约导致退出，政府将折价甚至无偿接管 B 部分资产；如因不可抗力、政策调整以及非经营性因素导致退出，政府需要给予投资人以公允价格补偿。

2. 签订《特许经营协议》，明确界定政府与特许公司之间的权利义务关系

在市场经济条件下，对于经营性企业，政府主要履行监管和服务职能，企业自主经营、自负盈亏。而对于公共事业型企业，政府部门往往介入较深，很大程度上承担了企业应履行的经营职能。因为公共事业型企业多为国有企业，政府与国有企业之间还存在着"一家人"的概念认识。但实际上，随着社会经济的发展，对产权、事权的清晰界定要求越来越高。无论国有企业、民营企业，政企关系都需要明确清晰。公司研究认为，城市轨道交通投融资公私合作方式下，政府对城市轨道交通企业除存在服务监管等正常的行业管理关系外，还有着特殊的合作关系。

城市轨道交通投融资公私合作方式下的合作关系是政府以经营权的让渡向社会投资者购买社会公共产品服务，以此履行其作为政府的公共产品提供职责。政府部门成为交易的一方，双方的权利义务应该是平等、自愿的。例如，政府的权利是要求特许经营者提供不间断的公共服务，政府有定价权，政府的义务是提供资金的支持、落实项目规划条件的实现等。特许公司的权利是自主经营，享有收益权；义务是特许期满无偿将其投资建设的 B 部分项目资产完好地交给政府。

政府通过与特许公司签署《特许经营协议》，来落实政府与企业之间的合作关系，即明确政府与特许公司之间的权利义务关系。《特许经营协议》主要包括政企双方在特许权的授予、建设分工和衔接机制、票价水平、票价结算机制、客流风险分担机制、一般补偿办法、终止补偿办法等方面的权利义务关系。另外，特许公司与政府投资的 A 部分资产业主间的资产租赁关系，也需要签订《资产租赁协议》，约定租金水平和租金方式，取得资产使用权，并负责经营期间的维护，特许期满要完好地归还 A 部分资产。

3. 强化政府监管机制建设，确保公众利益

城市轨道交通关乎人身和财产安全，关乎广大公众的满意程度。作为公众利益的代表，政府要监督社会投资不能以损害公众利益为代价追求利润最大化。公私合作投融资方式中的政府监管不但不能弱化，而且需要强化。为此，京投公司着力研究加强城市轨道交通公私合作方式下的政府监管机制建设。

政府部门通过明确《特许经营协议》中有关安全、质量标准和罚则，增大了政府部门对公用事业的监管幅度和深度。在监管范围上，包括投资、建设、运营的全过程；在监管时序上，包括事前监管、事中监管和事后监管；在监管层次上，如发生一般违约事项，以经济处罚为主，实施一般监管，如发生涉及公共安全等紧急事件，政府拥有介入权，实施特殊监管，以切实保护公众利益，如特许公司严重违反《特许经营协议》规定的义务，政府有权采取最终监管包括收回特许权在内的制裁措施；在监管标准上，结合具体项目特点，能量化的尽量量化，不能量化的尽量细化。例如，京投公司研究将客运服务监管分为列车服务指标、客运服务表现和客运服务一般要求三部分，分别对特许公司提出具体明确的考核指标和违约处理办法。

可以看出，在服从明确监管机制的条件下，完全可以按照市场化原则运作项目，通过企业主观上对利润最大化的追求，在合理边界内，为降低成本而提高管理水平，为增加收入而

提高服务水平，客观上保障了为公众提供良好运输服务的公共利益。

（三）4 号线融资 PPP 模式的组织实施

2005 年，在京投公司的积极努力下，城市轨道交通项目政府投资与社会投资 7:3 的基础比例得到了《北京市人民政府批转市发展改革委关于本市深化城市基础设施投融资体制改革实施意见的通知》（京政发〔2003〕30 号）认可，城市轨道交通投融资公私合作方式的实施条件逐渐成熟。

1. 经过反复研究，选定地铁 4 号线实施城市轨道交通投融资公私合作方式

2003 年，京投公司负责投资的北京市城市轨道交通拟建、在建的项目有地铁 4 号线、5 号线、10 号线一期（含奥运支线）、9 号线 4 条线路。京投公司研究认为，9 号线刚刚进行预可研，项目的线位、路由、投资均不稳定，且预计客流不够理想，尚不具备公私合作的基础。4 号线、5 号线、10 号线一期（含奥运支线）已开工建设，项目的线位、路由、投资均相对稳定，且均为市内线，客流比较理想，项目本身的经济条件都具备公私合作的基础。其中，5 号线已开工一年多，社会投资人已基本没有余地参与项目设计、介入项目前期，对吸引社会投资的限制条件较多。10 号线目前仅开工建设一期工程，且与奥运支线（规划中的 8 号线一期）一并立项共同建设，建成后 10 号线一期与奥运支线之间及与二期工程之间的投资建设、运营组织关系非常复杂且不确定，而奥运支线直接服务于 2008 年奥运会，责任重大，不容尝试，因此不宜将 10 号线一期（含奥运支线）交给社会投资人组织投资建设运营。相比而言，4 号线刚刚开工，各项条件均较为符合，因此，京投公司决定选定 4 号线作为城市轨道交通公私合作投融资方式的试点。

2. 按照设计方案，细化地铁 4 号线投融资公私合作实施方案

京投公司聘请了国内外有经验的财务、技术、法律顾问，工作团队达 30 人，按设计方案细化了地铁 4 号线公私合作实施方案，报请市政府有关部门批准。北京市交通委员会、市发展和改革委员会组织政府有关部门，聘请了英国普华永道会计事务所、法国东方汇理银行、北京交通大学、律师事务所等专业机构，进行了联合评审，对实施方案予以肯定并提出修改意见。2004 年 9 月，北京市政府批复同意了 4 号线公私合作运作方案。

京投公司根据 4 号线初步设计概算 153 亿元的投资，将全部建设内容划分为 A、B 两部分。A 部分主要为土建工程的投资和建设，投资额约为 107 亿元，约占总投资的 70%，由京投公司投资完成；B 部分包括车辆、信号、自动售检票系统等机电设备的投资和建设，投资额约为 46 亿元，占总投资的 30%，由社会投资人组建特许公司来完成。

在 4 号线建成后，特许公司将负责地铁 4 号线的运营管理、全部设施（包括 A 和 B 两部分）的维护和除洞体外的资产更新，以及站内的商业经营，通过地铁票款收入及站内商业经营收入回收投资。

特许经营期结束后，特许公司将 B 部分项目设施完好、无偿地移交给市政府指定部门，将 A 部分项目设施归还给京投公司。

京投公司结合 4 号线的换乘客流特点，明确了以 2004 年价格水平测算的 30 年运营期内各年度测算平均人次票价收入水平，其中，起始年为 3.34 元（按此水平计算，北京市民每月用于交通的支出占工资比例的 6.1%，符合世界银行报告提出的应在 5%～10% 的发展中国家市民经济承受能力水平）；测算票价调整公式中，计算出在票价调整系数中，电价变化幅度占 30%，城市在岗职工平均工资变化幅度占 35%，居民消费价格指数变化幅度占 35%，并测算

确定总体修正系数为 80%；测算调价周期为，运营初始年按累计调整系数进行第一次测算调价，此后每 3 年计算一次；若各运营年度按实际运营票价实现的平均人次票价收入水平低于调整后的测算平均人次票价收入水平，其差额部分由政府给予补偿，反之，差额部分由政府收回。

对于客流风险分担问题，该公司一方面在具体测算的基础上，明确了"如果实际客流低于预测客流一定比例，政府投资方适当减免租金；实际客流超出预测客流一定比例，政府投资方适当调增租金"的具体比例参数；另一方面，明确如果实际客流连续 3 年低于预测客流的一定比例，导致特许公司无法维持正常经营，且双方无法就继续履行《特许经营协议》达成一致意见，则《特许经营协议》终止，市政府将按《特许经营协议》规定以市场公允价格回购 B 部分项目资产，但特许公司应自行承担前 3 年的经营亏损。

由于没有成熟的城市轨道交通项目《特许经营协议》和《资产租赁协议》文本可供借鉴，该公司集中投入大量人力，编写了 4 号线项目《特许经营协议》以及《资产租赁协议》，通过对 4 号线公私合作方案的细化、政府与社会投资者之间的风险收益进一步合理分担，不仅降低了政府的建设成本，而且使社会投资者承担的风险降低到可接受的程度，将政府的力量和市场的作用更有效地结合起来。

3. 通过国际招商，选定合适的投资人

2004 年，京投公司编制招商文件，组织、参与了四次大型推介会，进行国际招商，社会投资人表示项目公私合作具体方案新颖，符合投资人视角，满足了投资人对项目投资评估的需要。我国香港地铁公司、中国中信集团公司、西门子股份公司、新加坡地铁公司等 10 余家公司表示了投资意向。

考虑到城市轨道交通行业专业性强的特点，加上长达 30 年的特许经营期，京投公司在选择社会投资人时格外谨慎，既要考虑其投资能力，还要考虑其城市轨道交通运营经验和能力，将真正符合条件的投资者锁定在"西门子—中铁建联合体"、"香港地铁—首创集团联合体"两家。

"香港地铁—首创集团联合体"中，香港地铁公司、首创集团均为京港两地具有政府背景的大型企业，实力雄厚、信誉优良。其中，首创集团为北京市大型国有独资公司，资产规模超过 300 亿元，有着丰富的基础设施投资建设经验；香港地铁公司成立于 1975 年，第一大股东香港特区政府持有股份约 76%，2000 年在香港联合交易所上市，为恒生指数成分股之一。

通过与两家联合体的竞争性谈判，经报请北京市政府有关部门同意，最终，"香港地铁—首创集团联合体"凭借良好的资信、雄厚的资金实力、丰富的运营经验、先进的管理理念等因素被选定。

4. 谈判签订项目协议，确保合作方式的顺利实施

京投公司就投资额、技术条件、运营标准、法律问题等与"香港地铁—首创集团联合体"进行了多轮协议谈判，其中，向特许公司收取的 A 部分租赁资产的租金是谈判的焦点之一，谈判最终的租金水平较高。

2005 年 2 月，项目《特许经营协议》、《资产租赁协议》成功签署，随后通过国家发展和改革委员会、国家商务部核准批复，特许公司（京港地铁公司）顺利成立。京投公司按政府的要求对京港地铁公司和 4 号线项目进行日常监管，投融资公私合作方式已经在投资、建设、运营各个环节全面保障项目的顺利实施。

（1）投资环节。在京港地铁公司所负责的 4 号线 B 部分总投资 46 亿元中，30%（13.8亿元）由京港地铁公司的资本金解决，其余 70%（32.2 亿元）由京港地铁公司负责贷款落实，京港地铁公司已与国家开发银行、中国工商银行北京市分行签署了贷款协议，落实了全部贷款。根据各方签署的外商投资合作协议，在京港地铁公司中，投资人香港地铁公司以港币现金出资，持股 49%；股东首创集团以现金出资，持股 49%；为符合国家产业政策规定，并加强对项目公司进行政府监管，以充分保障公众利益，京投公司以现金出资，持股 2%。按照合作协议，股东方将按项目进度分期注入资本金。通过以上设计与安排，项目投资完全可以保障。

（2）建设环节。为保证工期，4 号线 A 部分工程已在公私合作方式运作过程中由京投公司委托给北京市城市轨道交通建设管理公司负责建设。为避免 4 号线作为一个完整工程在物理上划分为两部分带来工程界面衔接和建设期工程管理协调的复杂问题，按照京投公司的建议，京港地铁公司将其负责的 B 部分工程同样委托给北京市城市轨道交通建设管理公司负责具体建设。同时，《特许经营协议》在保障京港地铁公司可在 B 部分建设中充分引入国际先进经验、进一步优化设计的同时，鼓励京港地铁公司对 A 部分建设提出优化意见并设计奖励机制。此外，对建设期 A、B 部分间的协调机制也做出明确规定，在京投公司的组织下，A、B 部分定期和日常的协调机制及优化建议提出与商榷实施机制均已有序开展，从而形成了"两个业主、一家建设、充分协调、共谋最优"的良好局面。特许公司全面参与 4 号线工程优化设计、项目施工和设备采购招标，提出了很多合理的优化建议，其积极意义已经显现。

（3）运营环节。运营期内，《特许经营协议》明确规定了具体的运营时间、最大发车间隔、最大高峰满载率、发车数量、准点率、各种设备系统可靠度等一系列客运服务指标和检查处罚机制。如特许公司违约导致《特许经营协议》终止，市政府将支付远低于 B 部分资产账面净值的价格取得社会投资人投资形成的该部分资产，社会投资人将因此承担极大的投资损失，由此即可鞭策社会投资人认真履约，政府得以充分维护社会公众利益。同时，《特许经营协议》规定，特许期满后特许公司将 B 部分项目设施完好、无偿移交给北京市政府。如果届时北京市政府决定继续采取特许经营方式经营 4 号线项目，则在同等条件下，特许公司具有优先权，从而保证了 4 号线客运服务的连续性和稳定性，有效防范了项目风险，保障了项目公益性。完整的项目示意见图 4-6。

（四）4 号线 PPP 模式实施的主要效果

城市轨道交通投融资公私合作方式是北京市基础设施投融资领域的一项重要创新，4 号线公私合作项目是我国城市轨道交通行业第一个正式批复实施的特许经营项目，是国内第一个利用外资、引入社会资本运作的城市轨道交通项目，成为我国公用事业改革的重要创新成果。

（1）城市轨道交通投融资公私合作方式的实施，通过项目自身的未来收益筹集建设资金，大大分担了政府对城市轨道交通项目的财力投入压力，可加快城市轨道交通建设速度。

根据 4 号线公私合作项目的实施情况，在建设期内，社会投资分担了占总投资约 30%的46 亿元的建设投资。根据北京城市轨道交通发展规划，2015 年前要建成 14 条线路，静态总投资超过 2000 亿元，若采用公私合作方式，通过社会投资者至少可解决 400 多亿元的投资，将大幅减少政府投资额，拓宽城市轨道交通建设资金来源，加快建设速度。

（2）城市轨道交通投融资公私合作方式的实施，大幅提高了城市轨道交通的投资、建设和运营效率。

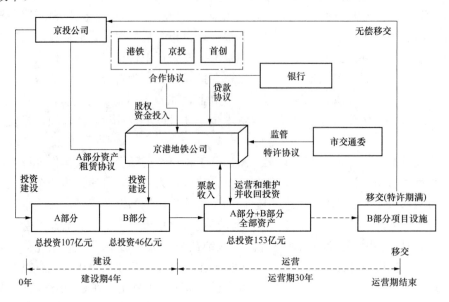

图 4-6　北京地铁四号线项目示意

1）提高了城市轨道交通投资、建设效率。公私合作方式解决了政府投资建设竣工超支风险，避免了复八线建设期长达 10 年、超概算 150% 的弊端，避免了 4 号线 B 部分工程超支带来的市财力投资增加。假设 B 部分工程超支 10%，采用公私合作方式可进一步节省政府财力支出 4.6 亿元。

2）有利于促进城市轨道交通运营效率的提高。运营期内，政府不对 4 号线运营进行亏损补贴。经测算，采用公私合作方式，4 号线运营期内节省政府支出 18.3 亿元。此外，如实际客流低于预测客流 10%，相比传统投融资方式，采用公私合作方式将进一步节省政府支出 19.4 亿元。

（3）城市轨道交通投融资公私合作方式的实施，为政府部门完善对公用事业的监管方式提供了新思路。城市轨道交通投融资公私合作方式的提出和运作尝试，使政府部门在城市轨道交通项目中从原来的监管者、经营者集于一身的双重角色中解脱出来，转向更为集中的监管角色，政府仍然是提供公共产品的责任者，但不再是直接的经营者，划清了政府监管职能与市场主体之间的责权关系。通过企业自主经营，充分发挥企业的积极性来提供高效的公共产品服务。在政府的支持和监管下，城市轨道交通投资、建设和运营将步入市场化、规范化、法制化的轨道。

（4）城市轨道交通投融资公私合作方式的实施，总结了准公共产品的公私合作一般规律及可行性方案。北京进一步扩大在城市轨道交通领域的实施，各地政府部门纷纷借鉴、试点。北京地铁 9 号线等项目及国内多个其他城市的新建城市轨道交通项目已按城市轨道交通投融资公私合作方式开展。此外，城市轨道交通投融资公私合作方式也完全可以应用于高速公路、电厂等其他大型基础设施项目的市场化投融资运作，并为之提供了成功范例。

城市轨道交通投融资公私合作项目的推广实施，将推动我国城市轨道交通等准公共产品加快实现"四个转变"，即一是投资体系由单一的政府财力投资向包括外资在内的社会资本多元投资转变；二是融资渠道由单一的借助政府信用支持下的银行贷款向利用项目自身的未来收益通过资本运作进行内源融资转变；三是运营体系由独家运营向多个运营主体适度竞争转变；四是监管方式由单一的行政手段管理向契约化的行政、法律、经济手段综合管理转变。贯彻落实政府部门对基础设施"政府主导、社会参与、市场运作、提高效率"的改革方针，促进准公共产品"政府科学监管、适度竞争机制、投融资方式多元化"的产业格局形成，为公众提供优质的公共产品服务。

# 第五章

# 企业资产证券化融资

## 第一节　资产证券化的理论架构及基本流程

### 一、资产证券化及其理论基础

#### （一）资产证券化的概念

资产证券化的概念最早由美国投资银行家刘易斯·兰尼埃瑞提出，他在 1977 年接受《华尔街日报》记者采访时提出了这一术语。被誉为"证券之父"的美国耶鲁大学教授弗兰克·法博齐认为，资产证券化是这样的一个过程，它把具有共同特征的贷款、消费者分期付款合同、租赁合同、应收账款或其他不流动的资产包装成可以市场化的、具有投资特征的带息证券。

美国证券交易委员会对资产证券化进行了如下定义：资产证券化将构造一种资产支持证券，这种证券由一个特定的应收账款资产池（Asset Pool）或其他金融资产池来支持，保证偿付，并通过特定条款确保在规定时间内转换成现金以及拥有必要的权利，这种证券也可以是能够通过服务条款或者合适的分配程序给证券持有人提供收入的具有资产支持的证券。

简单地说，资产证券化就是将缺乏流动性，但未来可产生稳定现金流的资产，通过发行证券将其出售，然后以未来现金流来偿付证券。在这里需要指出的是，资产证券化的"资产"不同于会计上所说的"资产"。会计上对资产的定义是，企业过去的交易或者事项形成的、由企业拥有或者控制的、预期会给企业带来经济利益的资源。企业过去的交易或者事项包括购买、生产、建造等，是过去发生的，未来的交易或事项不形成资产。而资产证券化中的"资产"则广泛得多，不仅包括资产负债表下的"资产"，还包括预期未来收益。

#### （二）资产证券化的四大原理

资产证券化有四大原理：基础资产的现金流分析、资产重组、风险隔离和信用增级。其中基础资产的现金流分析是核心原理，资产重组、风险隔离和信用增级是基本原理，基本原理是对核心原理的进一步发展和深化。

##### 1. 基础资产的现金流分析

基础资产的现金流分析之所以为核心原理，是因为资产证券化运作的前提和基础是具有预期的、稳定的现金流，只有具备预期稳定的现金流，才能评估和确定以基础资产为支撑的证券价值，评级机构才能对现金流的确定性进行分析，从而进行信用评级。表面上，资产证券化是以资产为支撑的，而实际是以资产预期所产生的现金流为支撑的，没有预期的现金流就无法进行资产证券化。所以，基础资产的现金流分析是资产证券化的核心原理。

未来现金流的现值决定了资产的价值，这就存在一个资产定价问题。一项资产要证券化，首先必须对它进行正确的定价，资产的价值取决于它未来产生的现金流的现值，目前主要有三种定价方法：静态现金流折现法、静态利差法和期权调整利差法。这三种方法将在本章第三节进行详细介绍和对比分析，在这里先不展开。使用不同的定价方法获得的结果可能会有明显差异，从而影响资产证券化的效率。所以，选择合适的资产定价方法就显得至关重要。不同的基础资产，其未来预期现金流的期限和流量是不同的，现金流的期限和流量又决定了资产支持证券的期限和本息的偿付特征。所以，对基础资产的现金流进行分析有助于我们设计出既符合其现金流特征，又能满足市场投资者需求的资产证券化产品。

2. 资产重组

资产重组是指运用一定方式和手段对资产池中的资产进行重新分割和组合，主要是对资产进行选择与配置。资产重组原理实际上是从资产收益的角度进一步进行基础资产的现金流分析，通过资产的重组实现收益的重组，使资产证券化达到最优、均衡和成本最低的目的。

基础资产的选择是资产重组原理的一个重要内容。股票、债券和贷款等融资方式是以企业的整体信用为担保的，是以企业的所有资产为支撑的，企业经营的好坏直接影响到融资的成功与否；而资产证券化不是以企业的整体资产为支撑的，而是将基础资产从整体资产中"剥离"出来，真实出售给特殊目的载体，然后进行证券化操作，不需要以企业的整体信用为担保。这就需要选择适合证券化的资产，汇集组成一个资产池，但该资产池中的资产并不局限于同一家企业的资产，多个企业或不同地域的资产也可组成一个资产池。

3. 风险隔离

风险隔离原理的核心内容就是通过技术操作把基础资产的风险和原始权益人其他资产的风险隔离，进而提高资产证券化的效率，以及最大化资产证券化交易中参与各方的收益。风险隔离机制是资产证券化特有的一项技术，也是与其他融资方式相比的优势所在。

实现风险隔离的首要条件是设立 SPV（Special Purpose Vehicle，特殊目的载体），把基础资产真实出售给 SPV 后，基础资产的风险和原始权益人其他资产的风险就从法律上隔离了，企业的经营风险或破产风险对资产支持证券的影响比较小。相反，股票、债券等传统融资方式要求以企业的整体信用为担保，一旦企业经营出现问题或者破产，股票、债券等证券的偿付就会出现问题，影响到证券持有人的收益，甚至导致血本无归。资产证券化过程中设立的 SPV 是不容易破产的，基础资产真实出售给 SPV 后，原始权益人对该资产没有追索权，即使原始权益人经营不善或破产，该资产也不会被列入清算资产，也就是说其风险也不会"传染"给证券持有者，证券化交易的风险只与证券化资产本身相关，而与原始权益人的风险无关。

4. 信用增级

信用增级是通过额外信用的引入，来分散证券化资产的整体风险，继而相应分散投资者的风险，提高证券化资产的信用级别的多种金融手段的总称。资产支持证券发行必须经过信用机构的评级，其评估重点是基础资产能否及时提供足额的现金流，以保证证券的定期支付能力。

信用增级分为内部信用增级和外部信用增级。内部信用增级依赖于基础资产本身，其主要形式有优先/次级结构、超额抵押、出售者追索权、储备金、利差账户等。外部信用增级依赖于独立的第三方（信用担保机构）的信誉，其主要方式有相关方担保、信用证、专业保险、企业担保、现金抵押账户。在大部分的资产证券化设计中都需要内部信用增级，而在内部信用增级无法达到所需的评级时就需要外部信用增级机构提供信用支持。

**二、资产证券化的参与主体和基本流程**

（一）资产证券化的参与主体

一般来说，资产证券化的参与主体主要包括原始权益人（发起人）、SPV、信用增级机构、信用评级机构、证券承销商、服务机构和受托人等。

（1）原始权益人。原始权益人是基础资产的发起人，是拥有未来现金流或者应收款的权益人，也就是希望从资本市场发行证券而融通资金的企业或实体。由于其对证券化资产的熟悉，在证券化过程中往往还充当服务商的角色。

（2）SPV。SPV 是为了进行资产证券化业务而专门设立的一个实体，是介于发起人和投资者之间的中介机构，是证券的真正发行人。SPV 是法律上的实体，可以采用信托、公司或有限合伙的形式。

（3）信用增级机构。内部信用增级一般由发起人自己施行，外部信用增级机构一般为独立的第三方，如政府机构、商业银行、保险公司、金融担保公司、大型企业的财务公司等。

（4）信用评级机构。信用评级机构对资产池所能承受的风险程度进行审核，并公平地赋予评级，以利于广大投资者做出决策。其主要是对与资产证券化相关联的标的资产产生未来现金流的能力进行评估。

（5）证券承销商。承销商是负责证券发行和销售的机构，如投资银行、证券公司等。在证券设计过程中，承销商还会运用其专业技能和经验，设计出既能满足发起人的利益，又能为广大投资者所接受的融资方案。

（6）服务机构。服务机构主要对资产池的资产及其所产生的现金流进行管理。例如，将各期的现金流入存入受托银行，对逾期债务进行催缴以保证资金及时、足额到位，定期向受托人和投资者提供相关财务报告。服务机构一般由发起人担任并对上述服务收费。

（7）受托人。受托人是投资者利益的代表，受托管理基础资产以及对资产支持证券进行偿付，其主要职责：把服务机构存入银行账户的资金支付给投资者，作为其本金和利息的偿付，将没有立即支付的部分进行再投资，避免资金闲置造成浪费；监督资产证券化各方的行为和合约执行情况，对资产池中的资产信息进行定期审查；对服务机构定期提供的报告的真实性进行审查，并向投资者披露。

（二）资产证券化的基本流程

典型的资产证券化运作包括七个步骤，其流程见图 5-1。

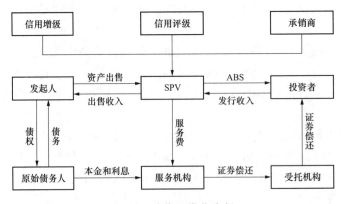

图 5-1 资产证券化流程

（1）发起人选择拟证券化的基础资产，通过捆绑组合形成资产池。发起人根据自身的融资需求和现有资产的情况，选择适合证券化的资产作为基础资产。一般而言，证券化资产不限于一种，通常把多种资产组合起来，形成资产池。资产池必须具有一定的规模，以减少非系统风险，达到资产证券化交易的规模效应。

（2）设立 SPV。在标准的资产证券化运作过程中，SPV 是一个专门为实现资产证券化而设立的特别法律实体，没有固定的组织形式和运作架构，发起人通过签订买卖合同将资产池出售给 SPV。SPV 在法律上独立于基础资产的原始权益人，原始权益人的风险不会影响到证券化资产，实现了破产隔离。

（3）发起人将基础资产出售给 SPV。发起人将基础资产出售给 SPV 时双方需要签署金融资产书面担保协议，法院根据此协议裁定该资产是否属于真实出售，只有真实出售以后才能保证原始权益人其他资产的风险与基础资产的风险相隔离，以达到破产隔离的目的，降低对投资者利益的损害。

（4）对资产支持证券进行信用增级。信用增级的目的是保证资产支持证券能够被及时足额地偿付，提高证券的信用等级，降低融资费用。信用增级降低了投资者的风险，增加了资产支持证券对投资者的吸引力，有利于证券的顺利发行和畅销。SPV 会聘请评级机构对证券化交易进行评估，以确定需何种程度的信用增级，一般是多种信用增级形式并用。

（5）进行信用评级。信用增级完成之后，SPV 将再次聘请信用评级机构进行信用评级，并向投资者公布结果。信用级别越高，证券的发行成本越低，发行条件就越好。在资产证券化过程中，信用评级机构只对基础资产未来产生现金流的能力进行评估，而不需要对发行人的整体资产进行评估，因此选择优质的资产并将其从整体资产中剥离出来，配以一系列信用增级措施，就可获得远高于原始权益人自身信用等级的信用评级。

（6）设计与发行证券。证券的设计与发行由证券承销商来完成，SPV 一般委托投资银行作为承销商。投资银行在设计证券时要充分了解发起人的目标和要求，熟悉政治经济环境、投资环境、金融市场环境、法律和税务环境，掌握必要的技术和手段，选择合适的证券交易品种并发行上市。

（7）管理及偿付现金流。证券发行上市以后，从证券承销商那里获得的现金收入将用来支付各种款项：证券化资产的购买价款，评级机构、投资银行等中介机构的服务费用等。SPV 一般委托发起人作为服务人管理资产池，收取和记录各项资产的现金流入，并在规定的证券偿付期内支付本金和利息给投资者。

### 三、资产证券化的特点及优势

（一）资产证券化的特点

资产证券化与传统的股票方式和债券等融资不同，主要有以下几个特点。

1. 属于收入导向型融资方式

传统融资方式是以资金需求者自身的信用为基础来进行融资的，资金供给者更多地关注资金需求者的整体财务状况、经营成果和现金流量，对特定资产的关注较少，只有在抵押贷款时才会关注抵押资产的管理和处置问题，在这里抵押资产只是作为对资金需求者信用的补充。而资产证券化是根据基础资产的未来收益能力来融资的，基础资产的信用水平与原始权益人的信用水平分离，投资者更多地关注资产池中基础资产的质量和水平以及未来产生现金流量的能力，资产证券化交易结构的严谨性和有效性，而原始权益人自身的信用等级则处于相对次要的地位。

2. 属于结构性融资方式

资产证券化通过建立一个严谨的、有效的交易结构，即设立 SPV，把资产池的偿付能力与原始权益人的信用风险分离，保证了破产隔离的实现，即使原始权益人破产，资产池中的资产也不会被列入破产资产进行清算。资产证券化使原始权益人得以用出售资产的方式融资，而不增加资产负债表上的负债，有助于改善企业的财务结构；它确保了企业在融资过程中能够充分享受政府提供的税收优惠；它使原始权益人能够通过内部信用增级和外部信用增级，或多种信用增级方式并用来提高资产的信用等级，改善资产支持证券的发行条件，保证其顺利、成功发行。

### 3. 属于表外融资方式

传统的融资方式如债权融资和股权融资对应的是资产负债表的"负债"和"所有者权益"科目，增加了资产负债表的规模，是一种表内融资；而资产证券化融资是通过出售资产换取资金，其基础资产的未来现金流并不出现在资产负债表中，不影响资产负债表中的资产项目，属于表外融资。资产证券化可以降低资产负债率，改善财务结构。

### 4. 融资成本低

首先，由于资产证券化需要进行信用增级，其信用要求往往低于发行股票与债券，支付的利息比原始权益人发行可比债券要低；其次，资产证券化虽然涉及的中介机构较多，需支付托管费、服务费、承销费和律师费等，但支付的费用较低，信用增级的担保费用也较低，所以各项费用相对于交易总额的比率很低。在资产证券化过程中，中介机构收取的总费用率比其他融资方式的费用率至少低 50%。

### 5. 融资风险相对较低

资产证券化通过破产隔离和真实出售等技术使基础资产从企业的整体资产中剥离出来，其信用也从企业的资信能力中分解出来，实现了从整体信用基础向特定资产信用基础的转化，就像在企业与投资者之间构筑了一道坚实的"防火墙"，其风险不会传递给投资者，资产的信用风险与企业的经营风险无关，而只与基础资产的预期现金流相关；而传统的融资方式的信用基础是企业的整体信用，没有"防火墙"，风险极容易转嫁给投资者。

### （二）资产证券化融资比较优势分析

从融资主体角度出发，企业融资可以划分为两个层次：第一层次为内源融资和外源融资；第二层次将外源融资划分为直接融资和间接融资。企业内源融资，是指企业依靠其内部积累进行的融资，具体包括三种形式：资本公积、折旧基金转化为重置投资和留存收益转化为新增投资。企业外源融资，则是指企业通过一定方式从外部融入资金用于投资。

随着企业的发展与经营的扩大，所需资金将越来越多，内源融资显然不能满足企业发展的需要，企业迫切需要进行外源融资。直接融资主要表现为股票融资和债券融资等资本市场融资。我国的资本市场从其产生之日起，股票发行额度和上市公司的选择就受到规模限制，其设置的门槛较高，同样，债券市场也存在发行门槛较高的问题。银行贷款有诸多的限制条件和严格的贷款审查程序，对企业信用要求高。企业融资虽然大多依靠银行贷款这一单一渠道，但企业想要获得投资所需资金仍有难度，特别是受金融危机的影响，银行借贷状况比较严重，这就导致企业资金严重缺乏，急需一种新的金融工具来解决这一难题。民间借贷大都处于"非法"状态，由于其负面影响大，风险也大，融资成本高，因此在引导其向正常方向发展的同时，还要制定相关的政策法规加以限制。就企业本身而言，企业负债率高，资本结构不合理，高负债利息成本和大量应收账款减少了企业自有现金流。

综上，我国企业融资困境的主要表现：金融机构对企业的信贷支持少；国内资本市场准入门槛较高；融资成本较高等。资产证券化具有融资成本低、效率高、风险小的优点，有利于解决以上难题，改善企业财务结构。具体来看，资产证券化融资的优势主要体现在融资门槛、融资成本、财务灵活性、企业信息披露等方面。

1. 融资门槛

企业能否采用股权或债务融资，要受到企业自身整体信用条件的制约，对企业信用等级的要求较高。而资产证券化中破产隔离技术的使用使拟证券化资产从企业的整体资产中分离出来，该资产不再与企业的经营风险与收益风险相联系，即使企业破产，证券化资产也不会被列入清算资产，企业债权人对其不具有追索权。相应地，投资者关注的也不再是企业的整体信用，而是证券化资产本身的信用。当证券化资产信用等级不够时，能够运用内部信用增级和外部信用增级来获得高于企业整体信用的信用等级，这样即使企业整体信用等级不够，如果有合适的资产，也能通过资产证券化交易进行融资，从而降低企业进入资本市场融资的门槛。

2. 融资成本

融资成本是企业为取得资金的使用权而支付的各项费用之和，它是企业进行融资决策时需要考虑的重要因素之一，包括资金筹集过程中发生的融资费用和企业向资金提供者支付的报酬（资金使用成本）。融资额减去融资费用后的余额称为企业的可使用资金额。融资成本一般用资金使用成本与可使用的资金额的比值即资金成本率来表示：

$$K = \frac{D}{P - F}$$

式中　　$K$——资金成本；

　　　　$D$——资金使用成本；

　　　　$P$——融资额；

　　　　$F$——融资费用。

从资金成本的公式中可以看出，影响融资成本高低的因素有资金的使用成本和融资费用率。

从资金的使用成本来看，股权融资方式由于没有破产隔离机制和信用增级方式，不具备风险隔离功能，一旦公司破产清算，股东只能是损失的第一承担者。而且股东与企业之间没有签订固定支付合约，其投资报酬的多少取决于公司经营盈利状况，因此股东承担的风险较大，相应地会要求更高的投资回报率。另外，股利的支付必须是税后利润，不具有抵税作用，所以股权融资的资金使用成本较高。对于债务融资，债权人承担的风险要小于股东，所以取得的投资回报相对较低。但是债权人为了保护自身利益不受损害，必然会对融资企业进行监督和提出种种限制，由此带来的监督成本最终由企业承担，使债务融资的资金使用成本上升。由于资产证券化四大原理的运用，资产证券化产品的投资者所承担的风险要远远低于股东和债权人，从而资产证券化的融资成本也得以大大降低。

从融资费用率看，融资费用可分为固定费用和变动费用两种，固定费用与融资额无关，变动费用则随着融资额大小变化。对股权融资和企业债券融资而言，融资费用是与证券有关的发行费用，固定费用有印刷费、公告费、评审费、法律咨询费、资产评估费等，变动费用有承销等，其比例随融资额增大而逐步趋小。对银行贷款融资而言，融资费用主要是支付给银行的借贷手续费，借贷手续费不是很高，通常按融资额的一定比例收取。对于资产证券化融资而言，融资费用包括项目评估和交易设计费、信用增级费用、信用评级费、证券发行费、资产池管理服务费等。

由于资产证券化的融资参与者众多，其费用支出项目要比银行贷款多。在融资规模较小时，资产证券化的融资费用率比银行贷款要高。随着融资规模扩大，银行贷款手续费不会下降，而资产证券化融资费用率则随着融资额增大而不断降低，当融资额达到一定规模时出现规模经济效应，其融资成本率将低于银行贷款。

综上所述，资产证券化融资具有相对较低的资金使用成本，在达到一定的融资规模时，其融资费用率也比较低。因此，在一定规模下，资产证券化的融资成本相对较低。

3. 财务灵活性

财务灵活性主要表现在两个方面：一是当出现好的投资机会时企业有足够的资金可以灵活应对；二是企业经理有更大的决策空间和权力来保证企业的持续经营。股权融资虽然能获得供企业支配的资金，但是它需要以项目为支撑，而在短时间内很难找到合适的项目，项目的调研、可行性分析和审批也需要较长的时间，缺乏财务灵活性。债务融资方式下债权人为了保障自己的利益，降低风险，会严格限制企业对筹集资金的使用，企业其他方面的活动也会受到限制和监督，同样缺乏财务灵活性。通过资产证券化方式融资获得的资金在使用上则没有任何限制，既增加了可供企业支配的自由现金流量，又使企业避免了寻找项目的压力，也不用受到债权人的限制和监督，企业能够灵活地进行投资活动和财务管理，增加了企业的价值。

4. 企业信息披露

股票和债券等直接融资方式都是以企业整体信用水平为基础的，投资者要求企业披露有关其财务状况、经营成果、现金流量和盈利能力等与企业整体相关的信息，一些专有信息可能会因此泄露给市场竞争者而使企业蒙受损失，信息质量越高，泄露所造成的损失就越大。因此，信息披露的要求成为企业选择融资方式的考虑因素之一，对企业机密信息的关注使企业经营者倾向于使用银行贷款等间接融资方式，而非直接融资，以避免企业相关信息的公开化。

由于证券化资产与融资企业的破产隔离机制，资产证券化融资只需由证券发行人向投资者披露证券化资产的相关信息，无须由企业披露其整体信息，从而减少了企业信息披露带来的损失和成本。

综上所述，企业资产证券化融资的优势是基础资产的现金流分析、资产重组、风险隔离和信用增级四大原理有效结合的结果，从而形成了资产证券化融资相对于股权和债务融资的比较优势。

## 第二节　我国企业资产证券化模式分析

### 一、我国企业资产证券化现有模式分析

（一）我国企业资产证券化概况

目前我国的资产证券化在实践中采取了两条路线：①以银监会为主导的信贷资产证券化，包括 CLO（Collaterized Loan Obligation，组合债权证券化）、MBS（Mortgage-Backed

Security，抵押贷款证券化）和 RMBS（Residential Mortgage-Backed Securities，住房抵押贷款证券化）；②以证监会主导的企业资产证券化，主要是 SAMP（Specific Asset Management Plan，专项资产管理计划）。目前信贷资产证券化在法律和实践中都比较成熟，但是对于企业资产证券化，证监会还处于一事一批的阶段，还没有明确的法规规范企业资产证券化。2014年以来，我国资产证券化产品发行数量和规模巨幅增加。

（二）现有模式——专项资产管理计划

就我国已经开展的企业资产证券化业务来看，主要采用的是专项资产管理计划，一般由证券公司向境内机构投资者发行资产支持受益凭证，募集的资金按规定用于购买原始权益人的特定资产，作为基础资产，这些资产能够产生预期稳定的现金流，同时将该资产的收益分配给凭证持有人作为本息的偿付。证券公司是专项资产管理计划的管理人，而按计划向原始权益人购买的基础资产则委托托管机构托管。

专项资产管理计划基本符合资产证券化的步骤，其运作模式和运作规范与国际上普遍采用的模式比较接近，试点阶段已有成功案例，促进了我国资产证券化市场的发展。但是该模式也存在以下问题。

1. 专项资产管理计划的法律地位不明确

法律没有规定专项资产管理计划具备法律主体地位，所以它无法以其名义对证券公司管理的资产进行所有权人变更登记。目前实践中的操作都是由证券公司代替专项资产管理计划和原始权益人签订资产买卖合同，基础资产的权属暂时登记在证券公司名下，根据证监会有关规定，专项资产管理计划的资产既不属于证券公司负债，也不属于其固有资产，而是由所有投资者按份共有，这明显与现有法律存在冲突。因此，如果证券公司破产，其债权人可以向法院申请财产强制执行，投资人的利益可能由此受到损害。

破产隔离的实现主要取决于两个因素：SPV 的设立和基础资产的真实出售。在专项资产管理计划中，由于证券公司目前还没有信托牌照，不能真正实现信托，只是借用了特殊目的信托的概念来进行资产证券化操作，并没有真正通过信托机制来实现真实出售和风险隔离。证券公司不同于信托公司，其基础资产显然不能像信托财产一样不被列入破产清算资产。所以专项资产管理这一交易结构只能说是一种"准真实出售"，离真正的真实出售和风险隔离还有一定的距离，证券公司在现有体制下不具备充当 SPV 的条件与能力。

2. 基础资产权属不明确

现有的专项资产管理计划业务中，原始权益人与证券公司签署基础资产转让协议，证券公司支付买价，收益权转让给证券公司，双方形成买卖关系。原则上原始权益人将收益权交付给证券公司后，对证券公司没有其他给付义务，因此，收益权转让不属于抵押融资。但由于法律制度的缺失，有关合同未来收益权的转让需依赖于合同方履行义务的状况，在合同义务履行完之前，真实出售还不具备基础，如果原始权益人破产，投资人的利益也可能受损。

即使假设上述未来应收款和未来现金流对应的收益权可以在法律上被认定为可转让"资产"，根据现行的法律，转让的有效性也可能得不到保证。例如，债权资产有效转让的必要条件之一是需事先告知原始债务人（根据《中华人民共和国民法通则》规定还需得到其对该转让的同意），但由于过程非常复杂，且未来债权转让还可能存在资产转让时对应债务人尚未确定的问题，因此，现有专项计划目前均未实施这一过程。

## 二、基础资产的选择

### （一）基础资产选择的标准

可以进行证券化的资产必须满足一定的条件，并不是所有的资产都能进行证券化。一般地，基础资产需满足下列条件。

（1）资产在未来一定时期内能够产生持续的、独立的、相对稳定的现金流，这是资产证券化的基本前提。

（2）拟证券化的资产必须达到一定的规模，如果规模较小，就把性质相类似的资产捆绑组合，形成一个资产池，从而达到规模经济。

（3）拟证券化资产的收益率具有可拆分的经济价值，即资产必须具有可重组性。资产证券化的本质要求组合中各项资产的期限、风险、收益水平等方面基本相近。

（4）基础资产的持有者要具备提高拟发行的资产支持证券信用的能力，即需要对所发行的证券进行信用增级。

### （二）可供证券化的资产

企业资产证券化业务的基础资产包括 BT（建设-移交）合同债权、高速公路收费权、售电收益、融资租赁项下的租金请求权、污水处理费等类型，细分如下：①水电气资产，包括电厂及电网、自来水厂、污水处理厂、燃气公司等；②路桥收费和公共基础设施，包括高速公路、铁路、机场、港口、大型公交公司等；③市政工程，特别是正在回款期的 BT 项目，主要是指由开发商垫资建设市政项目，建成后移交政府，政府分期回款给开发商，开发商以对政府的应收款作为基础资产；④商业物业的租赁，但没有或很少有合同的酒店和高档公寓除外；⑤企业大型设备租赁、企业具有的大额应收账款、金融资产租赁等。

在欧美各国的实践中，企业资产证券化的基础资产主要有贸易应收款、租赁应收款（办公设备、汽车、飞机）、公用事业和基础设施收费、特许经营权收费、专利权和音像版权费等。在我国，除了上述资产外，也有人提出将知识产权等无形资产作为基础资产开展证券化。在理论上，知识产权是可以进行资产证券化的，并且在国外已经进行了尝试，英国摇滚歌星大卫·鲍威将其在 1900 年以前录制的唱片的预期版权使用费进行了证券化，这是世界上最早的一例知识产权证券化案例。之后，世界各国又进行了多起知识产权证券化，从音乐版权和电影版权，到药物专利权、足球电视转播权，再到油气勘探资料等。但是由于我国的资产证券化起步较晚，企业资产证券化还处于试点阶段，发展还不成熟，相关法律制度还不健全，加之知识产权证券化有其特殊性，使未来现金流的稳定性降低，不确定性加大，投资风险也相应增加，导致证券对投资者的吸引力降低。鉴于以上原因，知识产权作为基础资产进行资产证券化在我国存在诸多障碍，尚不存在实施条件。

就我国目前实际情况来看，可以用来证券化的资产主要是大型公用基础设施、大型公司应收款等。这些资产在我国都有较大规模，有一定的统计规律，统计资料较完备，现金流相对稳定，信用级别比较高，所以比较适合进行资产证券化。另外，资产证券化有利于国内大型企业释放资本，增加收益，拓宽融资渠道，缓解资金需求压力，改善资本结构，且资产证券化具有低融资成本、低风险的优势，所以它们对于资产证券化有很强的需求。

## 三、SPV 的特点和分类

资产支持证券对投资者的吸引力在于基础资产本身的信用水平，而非发起人或发行人的信用。要使基础资产获得较高的信用等级，需要建立一个有效的风险隔离机制来隔离风险，提升基础资产的信用水平，以满足投资者对安全性的要求。此外，资产本身是不具备法律人格的，没有行为能力，需要有一个合格的载体作为其法律外壳，SPV 就是这样一个载体。因此，SPV 在资产证券化中的功能，一是作为一个合格的机构构建风险隔离机制，二是作为拟证券化资产的法律人格的载体。

**（一）SPV 的特点**

SPV 的设立者可以是原始权益人，也可以是第三人甚至政府。但无论设立主体是谁，为了满足破产隔离的需要，它必须是一个独立的实体。如果 SPV 不具有独立性，一旦设立者破产，SPV 的资产就会被列入破产资产进行清算，如此一来便无法实现破产隔离，资产支持证券投资者的利益也就会受到损害。

SPV 是一个风险隔离的实体，它是为了风险隔离而设立的，必须保证不受原始权益人破产风险的影响。SPV 还必须保证其自身不会受破产风险影响，因为它是以自己的名义来持有基础资产，发行资产支持证券，以及向投资者偿付证券本息的，如果 SPV 自身破产，会直接危及投资者的投资安全。另外，SPV 还要与基础资产的原始债务人、服务商的破产风险相隔离，以保证资产支持证券的及时和足额偿付。

SPV 通常可以只是法律意义上的实体，实际操作中的空壳机构。只是被动地持有预期可产生稳定现金流的资产，然后按照资产证券化步骤和流程进行证券化操作，实际上它只是基础资产的名义所有权人。SPV 是一个风险隔离的载体，用于偿付资产支持证券的资金来源于基础资产的未来现金流，所以它不需要太多的资本，所需的场地、职工和经费，除信托投资公司外，都由设立人直接或间接提供。SPV 甚至可以不用职员和场地，只拥有名义上的资产和权益，其实际管理全部委托他人进行。所以，SPV 可以是一个空壳的实体。

**（二）SPV 的分类**

SPV 购买原始权益人的基础资产，并以此为基础设计、发行资产支持证券。以 SPV 的形态为标准，SPV 可以分为特殊目的公司（Special Purpose Company，SPC）和特殊目的信托（Special Purpose Trust，SPT）模式及有限合伙型 SPV。

**1. SPC**

SPC 指一家专门从事资产证券化运作的公司。发起人将基础资产转让给 SPC，SPC 即拥有了基础资产的所有权，有权对基础资产产生的现金流进行分割、组合，形成资产池，并结合剥离、分层等技术，通过一系列操作，向投资者发行多种类型的资产支持证券。SPC 可以灵活地选择资产，既可以进行单个资产证券化，也可以把多个不相关联但相类似的资产组合起来进行证券化，这些证券化交易既可以依次进行也可以同时进行。因此，SPC 可以扩大资产池的规模，从而摊薄资产证券化交易所需的较高的初始发行费用。但是，资产证券化在我国起步较晚，相关立法还不完善甚至缺失，导致 SPC 的设立存在困难，SPC 基本上属于一个"空壳公司"，而《公司法》规定不允许设立"空壳公司"，所以 SPC 在我国尚不具备设立条件。

**2. SPT**

SPT 是指在拟证券化的资产上设立 SPT，借助信托财产独立性原理隔离资产风险，并运用证券载体形式发售信托产品。与 SPC 和合伙型 SPV 相比，信托的设立要求和经营规则较少，是一种比较灵活的组织形式。借助信托财产的独立性原则更容易实现破产隔离，这是因为根据信托财产独立性原则，信托财产不仅与委托人的财产相独立，还与受托人的固有财产相独立，所以信托形式不会受到委托人和受托人的破产风险的影响，与其破产风险是相隔离的。

此外，法律规定禁止或限制信托财产的强制执行和抵销，这一规定进一步加强了破产隔离。对信托财产强制执行的禁止是指除法定情形外，对信托财产不得强制执行，这样，发起人的债权人，受托人固有财产的债权人，受托人管理的其他信托财产的债权人，均不得对该信托财产提出强制执行申请；对信托财产抵销的禁止是指属于信托财产的债权，不得与不属于信托财产的债务相抵销，这在一定程度上避免了受托人的道德风险。

SPT 也存在不足。我国的《中华人民共和国信托法》（以下简称《信托法》）没有规定双重所有权，而是采取了回避的态度，受托人对信托财产享有不完全的权利，如管理权、使用权和处分权，并且这种权利被限制在受益人利益范围之内。《信托法》也没有明确信托财产移转之后的归属问题。因为这些问题的存在，SPT 的设立在理论上和实践上都产生了很多争论。在美国，一项信托计划被视为主体性存在，而在大陆法系国家，信托只是一个合同性规定，这就导致又一个争论的焦点：何为信托型 SPV。我国很多学者认为信托投资公司就是 SPV，但信托投资公司一般兼营多种业务，不满足 SPV 的空壳性和风险隔离的要求，而信托本身不是一个法律主体，无法把它单独作为 SPV。因此，在大陆法系的法制架构下就很难真正定位信托型 SPV。在我国，虽然在税制上把信托视为一个独立的主体，但在法律上并没有突破大陆法系的固有传统。

3. 有限合伙型 SPV

有限合伙型 SPV 下，作为资产证券化中介机构的是一个合伙组织，发起人将拟证券化资产让与该组织，由其发行证券，投资者购买该证券后则成为有限合伙人。但是，要成立合伙组织需要满足一系列限制条件，这些条件包括有限合伙形式的合伙人中至少要包含一名无限合伙人，至少要签订一份合伙协议，需要履行一定的法律手续，合伙份额的转让受到较为严格的限制等，这在一定程度上增加了资产证券化操作的难度。而且，由于无限合伙人要对公司债务承担连带责任，导致无限合伙人的风险和公司的风险没有完全隔离，不利于破产隔离目标的实现。另外，为防止个人合伙人的死亡而使公司解散，有限合伙型 SPV 的合伙人必须是公司或其他实体。现在，合伙形式的 SPV 在美国也很少被采用。

**四、企业资产证券化模式设计**

（一）具体模式

SPV 的设立方式在国外主要有两种模式：一是以美国为代表的由联邦政府出面设立专门机构，我国香港也是采用的这种方式；二是以英国为代表的以民间机构和证券化发起人出面设立 SPV，大多数开展资产证券化的国家采用的是这种方式。尽管在国外 SPV 具有多种可供选择的模式，但在我国要根据现实的法律制度环境做出选择与设计，具体提出以下几种模式。

1. 信托型 SPV（SPT）模式

在我国，较公司型 SPV 而言，信托型 SPV 受到的法律方面的限制较少，基本具备设立条件。《信托法》规定信托财产与委托人的其他财产相区别，也就是说一旦设立信托，信托财产就从委托人的其他财产中脱离出来，成为具有一定独立性的资产。《信托法》还规定信托财产与受托人的固有财产相区别，信托财产与受托人固有财产分开管理，分别记账，当信托投资公司终止时，信托财产不被列入其清算财产进行清算。

设立信托以后，受托人就取得了对信托财产管理、使用和处分的权利，但是信托财产区别于受托人的固有财产,两者的管理与记账必须分开进行清算。受托人固有财产的债权人和受托人管理的其他信托财产的债权人均不得对信托财产主张强制执行,这就保证了破产隔离的实现。SPT 通常由有资格经营信托业务的银行、信托投资公司等充当。操作流程见图 5-2。

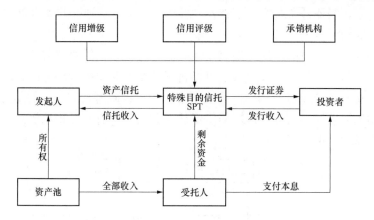

图 5-2　信托型 SPV 操作流程

2. 类担保公司债信托模式

将基础资产的未来预期稳定的现金流作为担保,向投资者销售额定公司债券,当发行人破产时,投资者能够就被证券化资产的预期未来现金流享有担保物权,该现金流作为担保物先用来偿还投资者的本金,使投资者免受发行人破产的影响,从而实现了破产隔离,降低了风险。但这种模式也有不足之处,即用于担保的资产仍然停留在发起人的资产负债表上,这就需要建立一套风险隔离机制,以达到与 SPV 的破产隔离机制相类似的效果。一般为了达到这一效果,需要对这种担保按照物权变动的公示原则进行质押登记,并对拟证券化资产的未来现金流指定专门的托管机构进行托管。根据我国《信托法》规定,对财产的合法财产权利也可作为信托财产设立信托。所以,作为一种财产权利,担保权是可以作为信托财产设立信托的。在我国现行的法律环境下,类担保公司债信托模式是可行的。这种模式通常具有巨额的准备金账户,由外汇担保和有限额外担保提供支持,其信用等级较高。此模式是典型的表内模式,可以避免表外模式下的诸多法律限制,由于不用设立专门的 SPV,减少了交易环节,从而大大节约了交易成本。其操作流程见图 5-3。

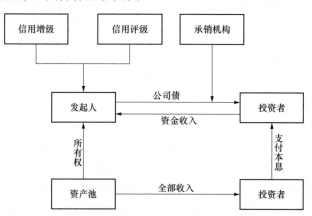

图 5-3　类担保公司债信托模式操作流程

### 3. 政府型 SPV 模式

政府型 SPV 模式以《公司法》中有关国有独资公司的规定为依据，由政府部门（建设部和财政部）出资设立 SPV。《公司法》规定国有独资公司有发行公司债券的资格，可见该模式具有很强的现实可操作性，基本上不存在法律障碍。发起人将拟证券化资产抵押给政府型SPV，再由政府型 SPV 进行一系列资产证券化操作，最后向投资者发行证券。

此种模式的优点：政府的信用等级高，由政府主办可以消除投资者顾虑，有利于资产支持证券的发行和销售；政府具有权威性，可以将抵押资产和审批程序标准化、规范化；发起人将基础资产真实出售给政府型 SPV，实现了破产隔离；政府具有较高的信誉度和权威性，由该机构发行的债券能够得到证券市场的广泛认可和信任，有利于推动资产证券化市场的发展。其操作流程见图 5-4。

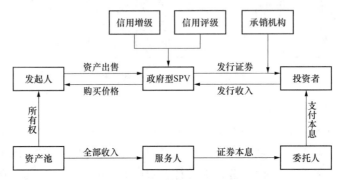

图 5-4　政府型 SPV 操作流程

### 4. 国有资产管理公司设立 SPV 模式

国有资产管理公司设立 SPV 模式是指在信达、东方、长城和华融等资产管理公司下成立一个公司型SPV，专门收购拟证券化资产，然后将其打包出售。成立的 SPV 是国有资产管理公司的子公司，之所以可以进行这一操作是因为国有资产管理公司是可以开展资产证券化业务的实体，并且母公司与子公司之间业务不会发生重叠。其操作思路：在资产管理公司下设立一个全资控股的子公司，充当 SPV，资产管理公司收购基础资产项目，并将这些资产转让给该子公司，子公司再根据不同种类对基础资产进行组合，形成资产池，以资产池的预期稳定现金流为依托发行资产支持证券，资产管理公司将筹集的资金用于基础资产购买价款的偿还和证券本息的偿付。

在这种模式下，国有资产管理公司为发起人，其设立全资控股的子公司为 SPV，根据经济法规定"子公司具有法人资格，独立承担民事行为责任"，且集团公司不承担债务，实现了真实出售和破产隔离。另外，国有资产管理公司可以经营资产证券化业务，其面临的法律障碍会小得多，还可以得到政策上的支持，是比较可行的模式。该模式操作流程见图 5-5。

### （二）对四种模式的评价

以上四种模式就我国现有的法律环境来说是比较适用的，它规避了 SPV 设立的法律上的障碍，又能弥补现有专项资产管理计划的不足。除了类担保公司债信托模式外，其他三种模式中 SPV 的设立符合基础资产真实出售和破产隔离的标准，在我国目前的法律制度下是切实可行的。而类担保公司债信托模式中基础资产虽未真实出售，但是风险隔离机制的运用使之达到破产隔离的效果，在我国资产证券化的试点阶段，相较于专项资产管理计划来说有不可比拟的优势，也是可以运用的。

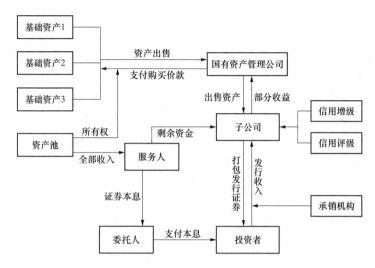

图 5-5 国有资产管理公司设立 SPV 模式操作流程

## 第三节 企业资产证券化定价

### 一、影响企业资产证券化定价的因素

资产证券化要解决的首要问题之一就是证券化产品的定价问题，而要选择合适的定价模型则先要对其影响因素进行分析。企业资产证券化定价的影响因素主要有利率值、利率波动率、偿还期和资本市场的运行状况。

（一）利率值

利率的变化是引起所有固定收益证券价格变动的主要因素之一，这是因为债券的期权性决定了债券市场是受利率政策调整影响最快也是最直接的市场。利率的变化对证券价格的影响主要包括三个方面：第一，利率变动导致证券价格发生变化，从而影响投资者获利的大小；第二，利率变化导致证券利息收入与再投资收益率的变化；第三，利率变化会导致证券本金流量发生变化，进而影响投资者的收益率。

证券的价格与利率呈反方向变化，利率上升时，证券的价格会下降；反之，利率下降，证券的价格则上升。一般而言，在其他条件相同的情况下，证券的息票利率越高，其价格对利率的变化就越敏感；或证券的到期期限越长，其价格相对于利率的变化就越敏感；或利率水平越低，证券的价格相对于利率的变化就越敏感。

（二）利率波动率

利率波动率是指利率每日增量的年度化标准差。利率波动率上升使证券内含期权的价值增加，从而降低证券的价值；利率波动率下降使证券内含期权的价值降低，从而增加证券的价值。实际上波动率反映的是利率的不确定性，对付不确定性是投资市场的一个核心特征。

（三）偿还期

偿还期是指债券期望存续的期间，即债务人承诺履行义务的期间。债券到期后，债务人要清偿所有尚未偿还的本息。债券价格受偿还期的影响，主要表现在三个方面：第一，偿还期的长短影响债券的价格，偿还期是投资者预期收到利息的期数以及距离本金偿还的时间，偿还期越长，其市场价格波动的可能性越大，投资者要求的报酬率也越高，从而影响债券价格的高低；第二，偿还期的长短影响债券的收益率，长期债券的收益率大于短期债券的收益率，从根本上讲，债券的收益率取决于偿还期的长短；第三，偿还期的长短与债券价格的波动性密切相关，债券的市场利率波动虽然也会造成证券价格的波动，但是，对于一定的息票债券和初始收益，期限越长，价格波动的可能性越大。

（四）资本市场的运行状况

证券市场运转顺畅，证券供应充裕，市场投资者旺盛，资金充足，证券的流动性就好。证券的流动性是指证券的持有人在不遭受损失的情况下将债券随时变现的能力，证券的预期流动性越高，投资者要求的收益率就越低；反之，证券的流动性越低，投资者要求的收益率就越高。

我国的债券市场的优点在于：虽然市场规模小，品种也较少，但市场投资者潜力较大，资金较充足，债券供应量远不能满足社会需求，这对资产支持证券的发行很有利。但是也存在不利的方面：目前我国的债券规模不稳定，二级市场发展缓慢，债券流动性较低，债券的发行仍然受政府的干预等，这些障碍在一定程度上影响了债券的流动性。众所周知，长期债券的利率风险和通货膨胀风险要大于短期债券，固定利率国债的利率风险要大于浮动利率国债，而我国的资产支持证券大多是长期债券，投资者必然要求较高的报酬率，这对资产支持证券的价格会有一定的压力。

**二、资产证券化定价模型**

（一）常用方法

资产支持证券与普通债券的定价具有一定相似性，都是以资金的时间价值为基础的，预测产品未来产生的现金流，计算出相应的收益率作为折现标准，通过计算得到现金流折现值及产品的价值。常用方法介绍如下。

1. 静态现金流折现法

静态现金流折现法是资产证券化中最早的定价方法，它需要求出资产支持证券的内含收益率，然后将其作为折现利率对预期未来现金流进行折现，得到的现值即为资产支持证券的价值。该方法假设在证券存续期内利率固定不变。静态现金流折现定价模型如下：

$$PV = \sum_{t=1}^{n} \frac{C_t}{(1+i)^t}$$

式中　　$C_t$——第 $t$ 期的现金流量；

　　　　$i$——折现率。

此方法需要确定准确的现金流和恰当的贴现率，使证券未来现金流通过贴现率折现以后的值等于证券的现价。

静态现金流折现法作为资产证券化定价的基本工具，提供了一个简单而实用的评比标准。但是，它也存在不足：以单一贴现率来折现所有现金流量，未考虑利率的期限性、利率的波动性，以及不同利率路径下现金流的波动性。

2. 静态利差法

静态利差（Static Spread，SS）法不是用同一个折现率对各期现金流进行折现，而是选取国债到期收益曲线上各个不同期限的折现率再加上一个固定的利差作为贴现率，对不同期限的现金流进行折现。它考虑到不同期限的贴现率不同，得到的现值与用单一折现率折现的结果是不同的。该方法假定特定信用等级的债券的收益率曲线与国债收益率曲线之间的利差是稳定的，设这一差值为 ss，则有

$$PV = \sum_{t=1}^{n} \frac{CF_i}{(1+r_{oi}+ss)^t}$$

式中　$CF_i$——债券各年现金收入（含本息）；

　　　　$r_{oi}$——不同期限上国债的即期利率。

用该方法计算资产支持证券的价值时，首先要知道国债的即期利率曲线数据，并根据该证券化产品的信用等级，找出所有同一等级的在交易债券，根据它们的交易价格试算出上式中的 ss 值，将这一 ss 值与该证券预期各期现金流代入式中，即得到证券价值。

3. 期权调整利差法

期权调整利差法（Option Adjusted Spread，OAS）的原理在于尽可能考虑所有的利率路径，其实质是通过利率情景模拟来量化证券持有者因承担额外风险而享有的超过国库券收益率之上的回报率，具体来讲，就是将债券存续期分为不同的阶段，通过设想每一个阶段利率可能出现的情况，再以模拟利率加上一个期权调整利差和作为贴现率来贴现未来现金流，建立起一个树状的现金流量模型。在每个利率枝权上，对应不同利率会有一系列现金流。

由于利率路径不同，每一条路径下的现金流量也会有所不同，那么根据每一条路径所计算的证券价值也会不同。由于已经尽可能地考虑了所有的利率路径，因此也几乎考虑了所有隐含期权可能执行的情形，将这些计算出来的证券价值加以平均，即可得到考虑了隐含期权的证券价值，一般称该证券价值为该证券的理论价格，使此理论价格与市场价格相等的利差即被称为期权调整利差。OAS 通过蒙特卡罗方法模拟出无数条利率轨迹，从而确定未来现金流量现值。该模型通过引入期权调整利差的概念使资产支持证券的贴现价值等于其市场价格，计算的结果实际是成千上万次模拟计算的概率平均值。

（二）各模型的评价

静态现金流折现法比较简单易行，但是它只是以单一的贴现率来折现所有现金流，没有反映利率的期限结构，也就没有考虑到收益率曲线上所反映的不同期限贴现率不一定相同。该方法也没有考虑到不同利率路径下现金流量的波动性。因此，依靠这种方法的投资者必须依靠自己的主观判断来确定需要多大的收益差来补偿这些缺陷所造成的不确定性的影响。

静态利差法是以整条到期收益率曲线来确定价格的，在现金流量比较集中的情况下，该方法与静态现金流折现法相比差异不大，但在现金流量比较分散的情况下，两种方法就会有较大的差异。资产支持证券中有很多是分期还本付息的，其特点是本金流入平均分布于各期而不是集中于某一期，其产生的现金流量也并不集中于某一时点。所以，用静态利差法来评估会比静态现金流折现法准确。相比而言，静态现金流折现法则比较粗糙，利用该法对 ABS 进行定价对于短期的现金流量价值有低估的可能，对于长期的现金流量价值则有高估的可能，所以误差也比较大。但静态利差法的缺陷也同静态现金流法一样，没有考虑不同利率路径之下现金流量的波动性。

期权调整利差法对未来利率轨迹进行了大量模拟，并考虑了早偿风险对利率的依赖性，其计算结果能在更大程度上反映真实情况。期权调整利差法与前两种方法相比有实质性的改进，是当前资产证券化业务中使用得最多和最有效的定价模型。

# 第六章

# 企业并购融资

## 第一节 企业并购融资的概念及基础理论

### 一、企业并购融资的相关概念

#### （一）企业并购的概念界定

并购（Merge & Acquisition，M&A）是指企业间的兼并与收购，这两者在概念上既有联系又有各自的特点，习惯上人们常常将其连在一起使用，简称并购。

《不列颠百科全书》中对兼并的解释："指两家或更多的独立企业或公司合并成一家企业，通常由一家占优势的公司吸收一家或更多的公司。"这与《公司法》中的吸收合并所指概念基本相同。一般来说，人们对兼并与合并的概念不加以区分，均称为兼并。收购，指的是一家公司（出价者或收购方）购入另一家公司（目标公司或被并购方）一定比例的或全部的资产或股权，以获得该企业控制权的经济行为。从这一定义来看，企业收购有两种：股权收购和资产收购。

#### （二）企业并购融资的概念界定

企业并购融资是指并购方企业为了兼并或收购被并购方企业而进行的融资活动。并购融资是并购业务中最重要的一个环节，是并购业务的核心内容。并购融资的分类：按融资渠道分为内部融资和外部融资；按融资的资本类型分为权益资本融资和债务资本融资；按融资方式分为留存收益、银行贷款、发行证券等。企业并购在国家法律政策允许的范围内进行，所以其融资行为要受到国家政策、法律、法规的限制，融资规模、方式、数量都要受宏观环境的影响。另外，由于企业并购涉及并购双方的利益，融资决策困难，因此，并购融资往往是以投资银行做财务顾问，在投资银行帮助下来完成的。企业并购融资的流程见图6-1。

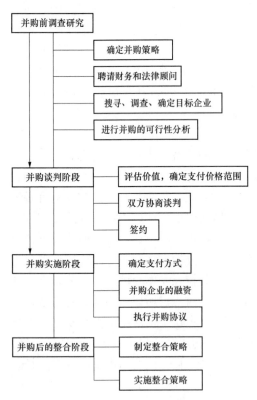

图 6-1 企业并购融资流程

### 二、企业并购融资的基础理论

#### （一）代理成本理论

由于 MM 理论和米勒模型在研究企业资本结构与企业市场价值的关系时，都是遵循新古典经济学的分析框架，没有涉及公司资本结构与公司治理结构的关系问题，因而没有从根本上解释企业选择资本结构的真正动机。正因为如此，詹森和梅克林在 1976 年提出了代理成本理论，将代理成本引入资本结构理论研究。由于存在委托代理关系，而产生的企业股东、债权人、企业经理之间利益协调、监督等成本，即代理成本，这成为影响企业权益融资、债务融资行为的因素。股权代理成本是指股东在监督经理层的过程中产生的成本。债权代理成本则是指债权人为保护自身利益而采取的一系列措施所产生的费用支出，包括直接代理成本和间接代理成本。直接代理成本是由于债权人的保护措施直接产生的费用开支，如审计费、评估费等。间接代理成本产生于债权人在贷款合约中规定的保护性条款，如对举债的限制、对股利政策的限制等。因此，最优资本结构取决于所有者愿意承担的总代理成本，即当债权融资与股权融资的边际代理成本相等时，总代理成本最小，资本结构最优。布拉德利、贾雷尔和金则提出了一个更加统一化的模型，以说明"最优资本结构就在于净负债税收收益与负债相关的成本相互权衡"，而不论这些成本是直接的还是间接的，也不管它们是属于破产成本还是代理成本。

（二）不对称信息理论

罗斯最早系统地把不对称信息理论引入资本结构的研究。他的研究完全保留了 MM 理论的全部假设，仅仅放松了关于充分信息的假设。罗斯假设企业管理层对企业未来收益和投资风险有内部信息，而投资者没有这些内部信息。因此，投资者只能通过管理层输出的信息来评价企业价值，企业资本债务率、债务权益比率等财务杠杆就是一种把内部信息传递给市场的信号工具。他认为财务杠杆提高是一个积极的信号，它表明管理层对企业未来发展有较大的信心。因此，企业价值也随之提高，在这个意义上说，企业价值与资本结构有关。不对称信息理论的基本要点如下。

第一，管理层和投资者在信息获得方面是不平等的，管理层比投资者掌握更多、更准确的信息。

第二，管理层为现行的股东谋取最大利益，因此，当经理认为企业的股票被高估时就会发行新股票，如被低估就不发行股票。如果投资者认识到这一点，就会把企业发行新股票当作企业股票高估的信号，所以企业发行新股会导致股价下跌。为了避免股价下跌，管理层往往不用股票融资方式。考虑到这种情况，企业按如下顺序融资：先内部后外部，即先用留存收益融资，后发行证券融资（先债券融资，后股票融资）。

（三）控制权理论

控制权理论基本上延续了詹森和麦克林的研究思路，基本观点是，公司的资本结构不但决定其收入的分配，也决定了控制权的分配，主要代表人物是哈里斯与雷维吾、阿洪与伯尔顿。哈里斯和雷维吾考察了投票权的经理控制、负债与股权的比例和并购市场三者之间的关系，认为随着经理股份增大，经理掌握控制权的概率增大，从而其收益增大。如果经理股份增加太多，企业的价值及相应的经理的股份价值就会减少，因为更有能力的潜在竞争者成功的可能性减少。因此，最优的所有权份额是掌握控制权带来的个人收益同自有股份的资本价值损失相权衡的结果。由于经理的股份是由企业的资本结构间接决定的，这种权衡也就进而成为一种资本结构理论。

阿洪—伯尔顿模型在交易成本和合约不完全的基础上，假定市场上存在有资本无技术的投资者和无资本有技术的企业家，他们签订长期合约。由于企业家同时追求货币报酬和非货币报酬（如个人声誉和在职消费），而投资者只追求货币报酬，所以双方的利益有冲突。完全的合约可以化解利益不一致问题，但现实中的未来不确定性注定了合约的不完全。因此，剩余控制权的分配就尤为重要，有三种方式分配控制权：①发行普通股，投资者掌握剩余控制权；②发行优先股，公司管理者拥有剩余控制权；③发行债券，若能按期偿债，则管理者拥有剩余控制权，否则，便转移到投资者手中。该理论中不完全合约是剩余控制权的前提。

### 三、企业并购融资方式及分析

（一）债务性并购融资方式

债务性融资的最大优势就在于利息的减税作用。但负债比例过大，又会降低企业信誉，导致再融资成本升高。负债融资形式多样，是融资方式中最丰富的一类。

1. 优先债务融资

优先债务（Senior Debt）是指在受偿顺序上享有优先权的债务，在并购融资中主要是指由商业银行等金融机构提供的并购贷款。商业银行对一级银行贷款（提供贷款的金融机构对收购的资产享有一级优先权，或由收购方提供一定的抵押担保，以便降低风险）的审核非常谨慎，所以风险较低，相应要求的利率也较低，通常比基础利率高 1.5%～2%。一级银行贷款的提供者主要是商业银行，有时也有保险公司等其他金融机构的参与。选择合适的贷款银行，对企业并购后的经营发展很重要。通常，企业在申请贷款时应考虑贷款成本、银行承担风险的意愿、咨询与服务、对客户的忠诚度、银行规模、贷款的专业化程度等方面。

优先债务融资的优点在于：第一，银行贷款发行的程序比发行股票、债券简单，而且发行费用也低于证券融资；第二，一级银行贷款所要求的低风险导致银行获取的收益率也很低，因而降低了企业的融资成本；第三，通过银团贷款可以得到巨额资金，足以进行标的金额巨大的并购活动。但优先债务融资也有一定的缺点：第一，企业为了取得银行贷款，可能要付出资产的抵押权，从而降低了企业今后的再融资能力，产生了隐性的融资成本；第二，企业要从银行取得贷款，必须向银行公开其财务、经营状况，并在今后的经营管理上有很大程度受到银行的制约；第三，如果贷款行要求企业提供担保人，这也会增加企业的融资费用；第四，银行贷款的数额往往有限，并不能完全满足交易金额日益巨大的企业并购融资需要。

2. 从属债务融资

从属债务（Subordinated Debt）一般不像优先债务那样具有抵押担保，并且其受偿顺序也位于优先债务之后。从属债务按照其受偿的保障程度又包括过渡贷款（Bridge Loan）、从属债券等。过渡贷款主要是由投资银行负责提供的，实际上是投资银行为促成并购交易的迅速达成，以利率爬升票据等形式向并购企业提供的自有资本支持下的贷款，贷款期限通常为180 天。这笔贷款日后由并购企业公开发行新的高利风险债券所得的款项或以收购完成后收购者出售部分资产、部门或业务等所得的资金进行偿还。由于并购企业的大部分优质资产已经被用于获取一级银行贷款的抵押，因而过渡贷款通常是没有抵押的，而且其偿还也次于一级银行贷款，这些都导致了过渡贷款较高的风险，因此投资银行不得不控制过渡贷款的总量，这使并购企业在获取过渡贷款融资时受到很大限制。

从属债券包括抵押债券、担保债券、垃圾债券等各类债券融资方式。从属债券的清偿顺序在一级银行贷款之后，其到期年限多为 9～14 年。根据求偿权的优先级别，从属债券又可分为高级从属债券和次级从属债券。在数额较大的融资中，债券融资的最大优势即在于其利息是在税前扣除的，可以减轻企业的税负。从属债券的利率一般呈现比较高的特点。

（二）权益性并购融资方式

在企业并购中最常用的权益融资方式具体分为以下三种不同形式。

1. 股票融资

股票融资即指并购企业在股市上发行新股或向原股东配售新股，用发行股票所得的款项来支付并购交易的价款。股票融资主要存在以下弊端。第一，分散企业控制权。增资扩股会带来股份总数的变化，新股东的进入就有可能影响老股东对企业的控制权，或者说稀释和分散了老股东的企业控制权。第二，新股发行认购不足。企业如果通过增资扩股获得现金来实现并购目的，企业新老股东会分析、比较认购股份资金的成本，因为成本的大小与高低直接影响着股东的认购意愿，进而有可能会带来认购资金不足的现象。第三，影响企业有关财务指标的表现，公开发行新股一般会使财务费用大大下降，收购成本较低。但是尽管并购后总资产增加，而每股净资产不一定增加。因为存在收购溢价，增加的总资产中有一部分是无形资产和递延资产，并且，每股收益率还与并购后的经营业绩密不可分，也具有不确定性，会给股东带来较大风险。

2. 换股收购融资

换股收购融资是以股票为并购的支付手段，又可分为增资换股、库藏股换股、母子公司交叉换股等。这种并购融资形式的好处主要体现在会计和税收方面。若并购企业的股票市盈率高于目标企业，并购后新企业的每股收益就会高于并购企业的原有水平。对目标企业来说，股东可以推迟收益的实现时间，从而得到税收上的好处。由于继续拥有股权，目标企业原股东也能分享到并购后新企业实现的价值增值。但这种方法会受到各国证券法的限制，审批手续较多，会给竞购对手提供机会，也使目标企业有时间布置反收购措施。新股的发行还会产生并购企业原有股权结构的变化，对其股权价值产生影响。并且，股价的波动会令收购成本不易确定，因此这种方式常用于善意并购中。

企业并购融资中无论采用发新股，还是以换股形式融资，其使用的股票又有普通股和优先股的区别。普通股对于能发行股票的企业来说是其资本结构中最主要、最基本的股份，同时也是风险最大的一种股份。普通股融资的基本特点是：其投资收益不是在购买时约定，而是事后根据股票发行企业的经营业绩来确定。持有普通股的股东，享有参与经营权、收益分配权、资产分配权、优先购股权和股份转让权等。优先股是企业专为某些获得优先特权的投资者设计的一种股票。它的主要特点是一般预先确定股息收益率；优先股股东一般享有优先索偿权，能优先领取股息、分配剩余资产，但无选举权和投票权。

3. 以权益为基础的融资

以权益为基础的融资主要包括股权划出、反向回购、管理层收购、员工持股计划等。股权划出是指公司通过首次公开发行将其一小部分股份卖出。反向回购即出售通过回购获得的股份。我国《公司法》规定，公司不得收购本公司的股票，但为减少公司资本或者与持有本公司股票的其他公司合并时除外。反向回购与股权划出在我国现阶段存在着一定的法律限制。员工持股计划和管理层并购在我国以各种形式存在着。

（三）混合性并购融资方式

混合性并购融资工具是既带有权益特征又带有债务特征的一种融资工具，除了上述的债务、权益融资方式以外，西方国家企业在并购融资中还大量使用混合型融资工具，这种特殊的融资工具在企业并购融资中扮演着重要的角色。我们仅对两种常见的混合融资工具——可转换债券和认股权证进行介绍。

1. 可转换债券

可转换债券（Convertible Bond）是一种公司债券，它赋予持有人有权在规定期限内按事先确定的转换价格将其转换成公司的普通股股票的权利，为投资人提供了一种有利于控制风险的投资选择。它实际上是一种负债与权益相结合的混合性融资工具。对于融资企业而言，发行可转换债券具有高度的灵活性，企业可依据自身具体情况，拟出具有不同报酬和不同转换溢价的可转换债券，以求达到最优资本结构。这种债券的利率一般比普通债券的利率低，因而其融资成本也较低。由于其具有可转换性，可以为企业提供长期稳定的资本供给，还可以避免原股东的利益被稀释。

但可转换债券这种融资方式也存在一定的缺点：当股价上涨，大量可转债转换成股票会使企业蒙受财务损失，而当股价低迷时又会造成发行困难，因而合理确定发行时机和转股价格至关重要。西方企业利用可转换债券进行并购融资的数额占债务发行总额的40%。

2. 认股权证

权证（Warrants）是由标的证券发行人或第三人发行的，允许持有人在一定时期内或某一到期日，有权按约定价格向发行人购买或出售标的证券，当企业准备发行较低利率的长期债券或较低股息的优先股股票时，常会按一定的比例将认股权证赠送或卖给投资者，以促进证券的出售。认股权证同原有的债券或股票通常是可以分离的，具有独立的价值，能在市场上独立流通交易，而且行使认股权后，其基础证券仍然继续存在。

认股权证对于并购企业的优点是，可避免目标企业股东在并购后的整合初期成为普通股东，而拥有获得信息和参加股东大会的权利，并且与股票不同，它对目标企业目前的股东利益没有影响。但是，发行认股权证融资也存在潜在的弊端，如果认股权证行使时，普通股股价高于认股权证的定价较多，发行企业就会蒙受融资损失。

## 第二节　我国企业并购融资方式的优化选择

目前我国的企业特别是上市公司，并购融资还是以股票和债券两种方式为主。因此，在这种现实情况下，选取上市公司并购样本数据实证分析两种融资方式对企业每股净利润的影响可能会对我国企业在并购融资方式的选择上有所帮助。

### 一、企业并购融资方式优化选择的标准和指标

（一）企业并购融资方式优化选择的标准

在现实经济中，无论是企业的经营投资决策，还是企业的并购融资决策，总是围绕企业价值最大化这一根本原则进行的。因此，衡量企业并购融资的方式选择是否科学、融资结构是否合理的标准就是看其能否有助于实现并购后新企业价值最大化。企业的市场价值（$V$）是由权益资本价值（$E$）和债务价值（$D$）组成的，其大小受预期收益和投资者要求收益率的影响。其中，预期收益又与公司的息税前利润（EBIT）密切相关。而息税前利润是由企业资产的组合、管理、生产、销售、经济环境等因素决定的。因此，增减债务不会改变息税前利润，而是通过影响企业的资本成本来使企业的价值发生变化。企业的市场价值、息税前利润

和总资本成本率（$K_a$）三者之间的关系为

$$V = E + D = \frac{EBIT}{K_a}$$

如果假设企业只采用权益融资和负债融资两种融资方式，那么总资本成本率 $K_a$ 就等于权益资本成本率［权益资本的要求收益率（$K_e$）和债务资本成本率（$K_d$）的加权平均资本成本率］，又称企业的资本化率，可表示为

$$K_a = \frac{E}{V} \cdot K_e + \frac{D}{V} \cdot K_d$$

从上式可以看出，当企业息税前利润既定时，当总资本成本率最低时，企业价值达到最大。所以，企业融资方式选择的标准有两个：①企业市场价值最大；②资本成本最低。

（二）企业并购融资方式优化选择的指标

排除非纯粹的经济性等因素的影响，企业在进行并购融资决策选择融资方式时，面对着多种的融资方式，有权益性融资方式、债务性融资方式、混合型融资方式，还有特殊的融资方式。企业如何在众多的可供选择的融资方式中，科学、客观、准确地选择一个最适合的融资方式（包括几种方式的组合），是一个影响融资决策的重要因素。企业的经营目标是企业价值最大化。如何实现企业价值最大化目标，在具体的企业经营活动中，往往通过企业经营的财务指标来考核，其中最重要的指标就是每股净利润（EPS）。

每股净利润是衡量上市公司盈利能力最常用的财务指标，反映普通股的获利水平。在分析时，可以进行公司间的比较，以评价该公司的相对盈利能力；可以进行跨期比较，了解公司盈利能力的变化趋势；也可以进行经营实绩和盈利预测的比较，了解该公司的管理能力。

**二、制约我国企业并购融资方式优化选择的因素**

（一）我国上市公司并购融资渠道狭窄，并购融资方式单一

从形式上看，我国金融市场的融资工具是比较齐全的，相对于国外来说主要的融资渠道都存在，但是具体到并购时，可选用的融资方式十分有限，仍主要集中在内部融资、贷款融资及发行股票融资几个方面。内部融资对企业来说，可以减少融资成本及并购风险，但在当前企业普遍处于资本金不足、负债率过高的状况下，内部融资的数量是十分有限的。尽管国内也有一些大型企业或集团公司内部成立了财务公司，利用其雄厚的自有资金收购其他企业，毕竟为数不多。对于大部分企业而言，并购资金主要来源于外部融资。尽管银监会取消了商业银行不能向上市公司开办并购贷款业务的规定，但对商业银行的资格和并购贷款占企业并购资金总额的比例都进行了严格的限制，并且保险公司和养老基金等其他的金融机构还是不能为并购提供贷款。

发行证券融资是大多数企业并购融资考虑的主渠道，但由于我国证券市场起步较晚，支持并购的证券融资方式也是刚刚开始探索和运用。同时，通过发行股票和债券进行并购融资还受到许多条件的限制，尤其是发行企业债券为企业并购融资在目前尚无先例。作为一种融资方式，换股收购在我国还运用得比较少。这一方式在我国的发展主要受制于以下因素：资产的证券化程度；合适的换股比例确定方法；我国目前股权结构的优化，解决国有股、法人股及公众股之间的相互转化及流通问题。伴随我国股票市场的不断发展和完善，换股收购将

成为我国上市公司并购的新途径。

（二）我国上市公司并购融资呈现逆向选择

1. 融资理论与上市公司并购融资结构倾向存在悖论

企业融资方式和融资顺序的选择是上市公司并购融资活动中需要面对的一项重要决策。根据梅耶斯的融资优序理论，企业融资应遵循先内源融资，其次债务融资，最后股权融资的顺序，并且这一理论已经在西方国家的融资实践中得到有效的验证。但是我国上市公司并购融资的实际情况呈现出一种并购融资的逆向选择性，即忽视内源融资、对股权融资相对偏好、对债务融资轻视的状况。因为在我国资本市场发展还不完善的前提下，股权融资所付出的资金成本相对较低，并且没有按期还本付息的付现压力，而且在我国股权分置的环境下，进行股权融资不会分散大股东的控制权。

出现这种逆向选择性的主要原因是我国上市公司由于特殊的背景普遍资产负债率极高，银行尚未把并购视为一种投资行为看待，不愿意向企业发放并购贷款。在西方比较流行的垃圾债券在我国缺乏现实的土壤，再加之目前我国也只有初步具有投资银行雏形的证券公司，还没有真正意义上的投资银行，并且它的业务范围往往是证券的包销和承销业务以及股票的自营业务，还未能提供企业并购贷款。因此对有条件的上市公司来说，也只能转向权益融资。所以说这种现金支付方式下股权融资偏好倾向与融资理论存在着悖论。

2. 我国上市公司存在股权融资偏好

由于上市公司流通股比例很低，在公司融资决策中没有发言权，公司的控制权完全落在大股东手中。或者由于大股东缺位，形成了完全的内部人控制。在这种控制权结构下，公司的融资决策完全由大股东或者内部人决定，小股东完全没有决策的权利，而大股东和内部人的融资决策的理性选择就是股权融资，即采用配股或增发融资。原因有以下几个。

（1）大股东的持股比例很高，配股或增发都不会威胁到大股东的绝对控制权，所以大股东和内部人也不担心配股或增发会危及自己的控制权，企业经营管理者始终可以作为大股东的代表控制公司。

（2）股权分割使股票有流通股和非流通股之分，流通股有很高的二级市场溢价。由于二级市场的股票价格很高，配股或增发的价格相应的也比较高，大股东在不影响控制权的情况下，可以通过高价配股或增发来提高每股净资产，使大股东权益大大增加，股权的稀释效应不复存在。这种配股或增发带来的收益远远超过经营绩效增长带来的利益，所以大股东从自身利益出发，必然选择股权融资。而小股东在这种配股或增发中，往往会受到损失，一方面由于小股东没有决策权；另一方面，小股东过于分散，容易陷入一种集体行动的困境中，不能有效抵制大股东的决策。

（3）在国有大股东控制下的上市公司中，作为内部人的企业经营管理者充当了大股东的代表，因此经营管理者的融资选择与大股东的选择是一致的。由于国有股股东缺位，经营管理者成为企业事实上的控制者。股权融资一方面不会对国有股的控制权造成威胁，因此经营管理者的权力就不受威胁；另一方面，由于股权融资带来大量的自由现金流，可以随意挥霍而不会导致企业破产，而债券融资有导致企业破产的危险，所以经营管理者和大股东的选择都是股权融资。

因此，在并购融资过程中，上市公司中流通股比例越高、非流通股比例越低的公司，股权融资偏好越小。国有非流通股比例越高的上市公司，股权融资偏好越强烈。

（三）我国上市公司并购融资中不规范操作现象严重

并购融资不同于一般企业的融资，会对并购企业的财务状况及权益价值产生特殊的影响。所以并购企业在融资决策的过程中应当重视财务分析，分析不同融资方式及融资结构安排对企业财务状况的影响，进行合理的融资规划。但是在实践中我国众多企业在并购的扩张过程中，往往过多注重规模的扩张，而忽视了融资方式选择的财务分析和融资风险的控制，并购不规范现象严重。例如，2004 年 8 月我国的"德隆系"，企业的轰然倒塌，其中一个主要原因就是在并购融资的过程中盲目扩张，忽视了财务分析和融资风险的控制。

随着我国经济的稳步发展，对并购及并购融资的需求越来越多，但是由于我国法律法规的限制、市场和监管等方面的原因，企业并购融资的渠道中存在着很多障碍，企业有时可能无法通过正规途径获得所需的并购资金，只能寻找其他途径，走灰色区域。由于现在我国法律在一些领域内存在着空白，某些并购企业正是利用了这一点钻法律的空子，致使不规范操作现象严重，严重扰乱了资本市场的秩序。此外，由于我国证券市场的先天性缺陷，流通股和非流通股的定价机制完全不同，导致非流通股的价格低于二级证券市场上流通股的价格，产生套利机会，加上国有企业改革和"国退民进"的大趋势，一些企业便打着并购重组的招牌乘机渔利，掏空国有资产，制造出一幕幕内幕交易、虚假重组的案例。例如，一些上市公司通过增发募集资金进行的收购活动多是关联公司之间的非实质性收购，这样增发融资变成了"圈钱"的途径，收购行为变成了操纵利润的工具。

（四）并购融资法律政策不完善，并购融资方式的选择受到限制

从目前情况来看，企业可利用的三种主要融资渠道，即银行贷款、发行股票和企业债券在法规上都受到了不同程度的限制。

（1）贷款融资方面，银监会 2008 年 12 月 9 日发布实施的《商业银行并购贷款风险管理指引》（以下简称《指引》），允许符合条件的商业银行开办并购贷款业务，但《指引》中也规定企业并购的资金来源中并购贷款所占的比例不应高于 50%，并购贷款期限不超过 5 年，商业银行并购贷款余额占同期本行核心资本净额比例不超过 50%；并且开办并购贷款业务的商业银行资本充足率不低于 10%，贷款损失专项准备充足率不低于 100%，一般准备余额不低于同期贷款余额的 1%，有良好的风险管理和内部控制机制，有并购贷款尽职调查和风险评估专业团队。

（2）股票融资方面，现阶段发行股票实行额度控制，并按地方和行业进行额度分配，因此上市公司并购非上市公司后如何解决新增资部分的上市便存在障碍，为完成并购而发行股票也受到制约。

（3）企业债券融资在立法方面存在和股票融资类似的问题：首先，企业债券的发行同股票一样实行计划额度管理，且审批过程烦琐严格，影响并购融资的时间要求；其次，企业债券的收益性、安全性及流动性较差，因而也限制了企业债券的销售；最后，《企业债券管理条例》第 20 条规定：企业发行企业债券所筹集的资金不得用于房地产买卖、股票买卖和期货交易等与本企业生产经营无关的风险投资。企业并购很多情况下都涉及股票买卖，因而该条款对企业利用发行债券进行股权并购融资明显是不利的。

（五）我国的资本市场体系尚不完善

我国的资本市场体系不完善给我国企业并购融资造成了很多限制，对融资渠道的限制主要来自证券市场发展状况的制约。我国上市公司的股权结构不合理，人为地增加了并购融资

的资金需求量。在这种情况下，并购企业往往要付出高于非流通股转让方式数倍的并购成本。融资数量的迅速增加、并购成本的急剧提高都给并购企业在二级市场上进行融资带来了很大的难度。

企业并购实质上是企业资产的重新组合，而这种资产组合一般是市场机制作用的结果，其中资本市场居于最为核心的地位。现代并购案例的发生离开资本市场是难以成功的。我国资本市场在短短的十几年内发展迅速，取得了不少成功的经验，但是经济转轨时期的各种复杂因素，决定了我国资本市场的发展还不尽如人意，存在的问题制约了资本市场自身功能的发挥，阻碍了资本市场的健康发展，主要表现在以下几点。

（1）证券市场规模偏小。作为资本市场的主体，证券市场的发育程度代表了资本市场的发育程度。尽管我国已经有上千家上市公司，但相对于我国大量的企业来说，市场容量仍然偏小，证券市场偏小。这阻碍了并购融资业务的开展：一是在证券市场上可供选择的并购对象有限；二是表明了多数企业资产非证券化，意味着并购将表现为非标准化的产权交易，而非标准化的股权交易将使并购融资可选用的方式减少，并购融资的成本增加。

（2）证券市场结构失衡。股票市场与债券市场是为了满足不同的投融资需要而发展起来的。目前中国资本市场上股权市场发展得比较快，而债券市场尤其是企业债券市场的发展相对滞后，呈现出不协调的发展态势。国外并购的实践表明，股票市场的产权交易需要债券市场的大力协助，其中很重要的方面就是企业并购的进行需要通过发行垃圾债券进行融资。而我国对企业发行债券，尤其是发行专门用于筹集并购资金的债券的限制，使得并购企业缺乏足够的融资工具来支持企业并购的进行。

（3）证券市场结构的人为分割。同为企业的产权，却被人为划分为 A 股、B 股、H 股、N 股等，在 A 股内部还分割为具有不同流通性的股票。这些人为分割为企业并购增加了难度：一是社会公众股比例偏小，使得通过二级市场进行的要约收购难以进行；二是部分股票的非流通性使得通过协议转让的代价与社会公众股的市场价格存在巨大的偏差，使得并购企业对企业产权的定价发生困难；三是证券市场结构的人为分割造成了证券市场的高投机性，股价波动程度大，股票价格与企业价值相去甚远，这也为并购融资业务带来了较高的风险和成本。

（4）我国风险投资退出机制不健全。我国上市公司并购融资渠道狭窄的另一个原因就是缺乏风险投资者。风险投资的活力就是资金的循环流动，而居于核心地位的是退出环节。但在我国的风险投资业中缺乏通常的风险投资退出渠道，合理的高收益难以变现，风险基金难以流动，不能顺利进入下一个循环，导致风险投资基金的沉淀，这种"易进难出"的矛盾严重制约了中国风险投资的发展。

（5）股票发行审核制度不合理。从 2004 年 10 月开始，中国实行保荐制。保荐制的主体由保荐人和保荐机构两部分组成，满足一定条件和资格的人方可担任企业发行股票的保荐人，凡具有两个以上的保荐代表人的证券公司或资产管理公司可成为保荐机构，并具备推荐企业发行上市的资格。股份有限公司首次公开发行股票和上市公司发行新股、可转换公司债券都必须经保荐机构的"保荐"。

我国实行保荐制的实践反映出：一方面，通过保荐机构对上市公司的资格审查，上市公司股票发行的质量得到了一定程度的提高；但是另一方面，保荐制的实施并不能完全解决我国股票发行审核中存在的问题，主要表现在以下两个方面。①保荐制并不能减少发行过程中的人为影响。由于目前发行上市对拟上市公司来说还是"稀缺资源"，对其需求量极大，严格控制发行审核意味着人为限制市场准入，从而使市场价格虚高，上市公司股价与其内在价值严重脱节。②保荐制下的审查范围、程序仍然繁杂。股票发行不仅要由证券监管部门和发审委员会审查批准，事先还要经过保荐机构的严格细致的审查；证券监管部门不仅进行形式审查，还要进行实质性审查，这都使证券发行的时间跨度增大，对于迫切需要通过发行证券融资并购的上市公司而言是极其不利的。

（六）中介机构的融资服务有限

在西方企业并购中，中介服务机构——投资银行起着举足轻重的作用，并购企业有并购意图后的第一步就是找一家投资银行接洽，寻求融资建议，这家投资银行可能会代表也可能不会代表并购企业和目标公司商谈具体的并购事项，但融资的建议是必须首先考虑的。在中介服务方面，投资银行不仅作为财务顾问帮助企业设计并购融资方案、安排融资、联络资金提供者，而且经常直接作为投资者为收购企业提供并购所需的资金。可以说，如果没有投资银行等金融中介机构的推动和支持，就没有西方企业并购繁荣发展的今天。虽然我国目前一些证券公司也有投资银行业务，但整体资金实力普遍较弱，为企业提供融资服务的工具和能力非常有限，这也是并购融资的不足之处。

（七）缺乏机构投资者

机构投资者在西方发达国家企业并购融资中起着至关重要的作用，尤其是在杠杆收购和管理层收购中。美国在1988年的杠杆收购高峰期，有大约250亿美元的杠杆收购基金在四处游动。在这笔巨大的货币资源中，杠杆收购巨头KKR集团握有55亿美元，福斯特曼·里特公司握有27亿美元，摩根士丹利集团握有16亿美元，美林公司握有15亿美元，而在我国，由于缺乏机构投资者，上市公司管理层收购主要通过民间资本借贷解决，极大地阻碍了管理层收购的发展。同时，大量通过个人协议流动的民间资本也隐含了不能到期还债而潜在的金融风险和社会不稳定因素。因此，培育机构投资者成为解决我国管理层收购融资问题和规范管理层收购行为的一项重要任务。

（八）企业和投资者素质的制约

企业并购融资是一项专业技能和知识经验要求都相当高的金融财务活动，需要掌握财务、会计、资本运作、风险分析等方面的知识，尤其当涉及衍生金融工具的使用时，要求企业和投资者能够很好地理解和控制交易风险，设计出满足各方风险和回报要求的并购融资方案，并尽量降低成本。由于我国资本市场和企业并购活动的历史都很短，企业并购活动在我国的频率和规模不高，真正能够经常参与企业并购及并购融资的企业和投资者只是少数，所以，总体来说，企业和投资者在对风险的把握和处理能力方面还有很大差距，尤其是对衍生金融工具的使用，如可转换债券、认股权证、换股并购中换股比例的确定等。

（九）我国企业并购大多带有行政色彩

受多种因素影响，我国的企业并购大都并非企业自愿，因而不同的企业在计算并购融资需求大小时面临的压力会有很大差别，给融资市场的公平发展带来不利影响：一方面，企业缺乏应有的积极性与自主性，抑制了企业并购融资的内在冲动；另一方面，政府部门的干预，使企业并购融资很难得到外来资金支持。

众所周知，并购资金是支付给目标公司所有者的，而不是企业本身，政府只关注并购时的资金需求，而并购后的资金支持及企业运作往往因资金缺乏，从而影响其正常经营和并购效果。与此同时，在实际操作中由于缺少相应的法律法规规范，也为行政性并购融资留有广阔的操作空间。因此当前在我国建立市场化的企业并购融资机制就显得尤为突出。

### 三、优化我国企业并购融资方式选择的对策

（一）建立健全并购融资有关法律法规和政策体系

当前我国对并购所需资金的筹集设置了重重障碍，其结果不仅阻碍了正常并购的进行，也导致了大量企业不得不为了并购融资进行违法操作，严重扰乱了资本市场秩序。因此我国立法部门应尽快对现有法规进行适当修订，放松对上市公司并购融资业务的政策管制，使企业正常并购所必需的资金来源渠道合法化。

1. 逐步放松银行贷款不得用于并购的限制

为了降低银行资金的风险，1996 年 8 月 1 日实施的《贷款通则》明确规定"不得用贷款从事股本权益性投资"。而在国外并购中，商业银行贷款一直是重要的资金来源。建议我国商业银行放松贷款限制，在企业财务状况良好、负债比例合理且经营前景广阔的情况下，国家可以考虑允许商业银行在一定程度上向企业提供并购融资支持，对贷款实施封闭管理，专户专用。

2. 解除企业债券不得用于并购融资的限制

根据国外经验，在证券融资中企业债券结构的发展趋势是债券融资比例上升，股票融资比例下降，企业债券融资在并购融资中扮演着越来越重要的角色。但是在我国情况恰恰相反，法律法规对这一方式的限制非常严格。因此在并购中债券融资需要越来越紧迫的情况下，迫切需要国家在相关法规中放松对企业债券用途的限制，降低发债的门槛，发展我国债券市场。

3. 尽快出台有关并购的专门法律法规

企业并购设计的法律法规很多，尤其是有关法规，往往由不同部门针对不同问题从不同角度制定，许多规定相互矛盾和冲突。因此迫切需要调整和完善与并购有关的法律法规，应当尽快制定符合市场经济基本规则，适用于国内外投资者，适应当前全球并购投资趋势，透明、可操作性强的"公司兼并收购法"和其他相关法律法规及实施细则。

（二）大力发展资本市场，为并购融资创造良好的环境

1. 改变不合理的资本市场结构，提高市场效率

（1）发展我国的企业债券市场。在我国债券市场，国债市场份额偏大，企业债券份额小，发行企业债券的门槛高，限制了并购企业通过发行企业债券进行并购融资的可能性。因此要逐步取消对企业发债指标、利率和交易的限制；取消企业债券发行的变相政府担保，通过独立评级机构的公正评估和投资者自己的判断，让真正需要资金并有偿债能力的企业在市场规则下有效利用债权方式自主融资，繁荣企业债券发行和交易市场。

（2）组建并购投资基金。基金业务在我国证券市场起步较晚，而并购相对于专项投资基金更是空白。企业并购基金是共同基金的创新品种，在 20 世纪 80 年代美国企业并购中发挥了非常突出的作用。它既有集体投资、专家经营、风险分散、共同受益的共同基金共性，又具有其因投资倾向独具特色而体现出的高风险、高收益、筹资快、用途明显等优势。

结合我国的实际情况来看，首先，应有计划有选择地试办并购基金，成立专门的机构，对并购基金的可行性及具体操作方案进行研究与设计，对基金的发起人可以优先选择有并购内在动机的企业及规模经济特征明显的行业和部门，国家财政或专门部门可以先划出一定的专项资金参与发起。有关专业性资金管理公司可以首先尝试此项业务。

其次，应完善并购基金的配套服务与风险管理。并购基金因投向专一，应在遵循基金业通则的基础上，适当放宽某些条件，如在收益率上高于其他基金，税务上给予减让优惠，同时能在贷款方面予以配套资金。在风险管理方面，把好组织关，在基金的组建中要对机构、人员进行严格审查，采用封闭经营，真正实现低风险控制、专家理财；把好投向关，要对投向企业进行分类对比与严格筛选，既不能过于分散，达不到企业并购的目的，又不能过于集中，难以抗拒产业联动而造成的风险。

（3）加大金融创新力度，鼓励衍生金融工具的使用。西方国家并购市场上常用的融资工具还有可转换债券、可转换优先股、认股权证等衍生金融工具。衍生金融工具在风险和收益上具有灵活性，在并购融资中扮演着重要角色。在 LBO（Leveraged Buyout，杠杆收购）中，由于融资以债务融资为主，如果全部采用债券或贷款方式，必然造成企业在并购完成后面临巨大的偿债和现金流出压力，财务风险极大，企业极有可能陷入困境和破产。如果其中一部分融资采用可转换债券的形式，一方面可以缓解企业的还款压力，为企业创造更宽松的发展环境；另一方面可转换债券所包含的股权特性也使债权人关注企业的长远利益，积极参与对企业经营的监督和支持，以期从将来企业价值增长、股价上升中获得更高的收益。

在并购融资工具上我国与发达国家相比还有相当大的差距，在国际并购融资中广泛使用的垃圾债券、可转换优先股、可转换债券、认股权证、票据等在我国并购融资中基本是空白，其他的并购融资方式如管理层收购、换股并购等也不完善。随着我国经济发展，与国际金融市场逐渐接轨，企业并购的规模越来越大，形式越来越复杂，对并购融资的资金量需求和融资结构的设计要求越来越高。因此在扩大传统融资工具的基础上，加大可转换债券、认股权证等衍生金融工具的开发和使用，是必然的趋势。所以我们应借鉴国外经验，大力发展金融工具创新，为我国企业在并购融资方式上提供多元化的选择，推动我国并购融资的发展。

（4）积极发展养老基金、保险基金、信托基金等机构投资者。西方国家机构投资者的实力非常雄厚，主导了整个证券市场。而我国现有的机构和基金的规模都偏小，而且有关法规和条例对机构和基金投资于股票都有金额的限制。尽管我国的部分基金和机构已经投资上市公司的股票，但持股比例低，对公司的控制权几乎不构成影响。因此逐步创造投资的环境，加强投资理念的重塑，使部分基金和机构能够持有一些绩优公司的股票，成为他们的股东，使这些机构和基金有更多的利益和动机关注所投资公司价值的增长，这样机构和基金的价值理念也能潜移默化地影响上市公司，使之有一个良好的循环，同时，机构投资者也将是众多中小投资者所追捧的对象，因而机构投资者的一举一动将是中小投资者模仿的样本，以此类推，这些好的投资理念又将进一步影响到众多投资者，在全社会营造一个好的投资氛围，也将会进一步促使公司的价值增长，这也是众多投资者所期待的。因此要继续鼓励和支持保险资金、社会保障基金、企业补充养老基金、商业保险基金等参与并购，同时也要进一步研究和完善合格境外机构投资者境内证券投资管理机制，丰富我国企业并购融资的来源，更好地解决我国企业并购融资难的困境。

2. 推动发行制度由保荐制向注册制演进

保荐制虽然是一种效率很高的制度，但也存在很多问题。保荐人权利和责任过大，这和中国券商目前的执业水平不相匹配，如果保荐人不能很好地承担这些责任，市场效率就很难提高，因此，在完善和发展保荐制的基础上，可以在适当时期引入国际证券市场股票发行常用的方法——注册制。

注册制是培育市场机制的必要条件，是市场化运作的内在要求。具体来说，注册制的作用可以体现在以下几个方面。第一，注册制有助于形成市场定价机制。由于在注册制下，证券监管机构对证券发行事先不作实质条件的限制，也不对证券发行行为及证券本身做出价值判断，证券能否或以什么价格出售完全由市场供求决定，从而使预期的新发行价格与现有的交易价格得到有效衔接。第二，注册制有助于中介机构充分发挥作用。只有实现注册制，才能使中介机构之间真正形成发行上市的良性竞争，在市场压力下中介机构才有动力建立"信誉"，最终在证券发行中主动承担责任，从而有助于形成市场机制。第三，实行注册制后，证券监管部门的主要任务是保证上市公司公开的信息的真实完整性，证券发行的门槛大大降低，任何公司都有发行证券的权利，并且由于证券监管部门工作的精简，证券发行的程序也大大减少，证券发行的速度将得到提高。

（三）弱化上市公司并购股权融资偏好

1. 完善公司治理结构

培育和完善职业经理人和企业家市场，让经营者产生于市场又同时受制于市场，这就有一个股权全流通的问题。国有股和流通股在同一个市场上流动，真正实现同股同权，才可能使市场对内部人产生压力和控制。并购融资增发股票是比较符合中国目前的局面的，有利于引入外来投资者，合理分散股权，但如何对它合理地规范和引导也是一个不能轻视的问题。中国的股权结构的流动，将是一个缓慢的过程，而职业经理人和企业家的培育也将是一个长时期的过程，也是随着市场化程度加深而逐步提高的过程，培育中国的职业经理人和企业家需要有足够的耐心和时间。在股权逐步流通的过程中，我国上市公司的股权结构日趋合理，股东有实实在在的利益和动机监督经营者，才有一系列的激励机制和约束条件制衡经营者，而经营者为了追求自身利益的最大化，也受到市场和声誉的制约，必须为了企业价值最大化而努力。在这种环境下，企业的治理结构才会清晰，股东会、董事会、经理层之间的权限划分才会清楚，公司的治理结构才会日趋完善，企业并购融资决策也才会合理化和科学化，彼此之间都是相互作用、相互影响的过程，每一环节都不可缺。

2. 完善市场退出机制

建立对上市公司的真正退出机制，实现上市公司的优胜劣汰，即真正的适用者留下、弱者退出的机制，真正发挥外部市场机制对企业的约束作用。因此应加快新的"破产法"出台，用以指导部分 ST（Special Treatment，特别处理）、PT（Particular Transfer，特别转让）企业的下市；建立对退市公司高管人员失职的责任追究机制，切实保护投资者的合法权益。内部的治理和外部退出机制的完善，都能为企业提供一个比较好的并购融资决策环境，有利于并购融资决策的科学化。

3. 创新财务理念

我国现阶段上市公司偏好股权融资是现实环境下的合理选择，这也是特殊历史环境所造成的。只有理顺了公司的产权结构关系，公司的治理结构才会清晰和完善，谁当债权人，谁当股东，都将是市场选择的结果。商业银行和非金融机构也要参与到企业并购战略决策中，为并购融资提供多种融资选择和品种的组合，企业再根据自己的需要寻找最适合自己的并购融资方式，形成最佳的融资结构，财务理念也才能在此种环境下发挥它的指导作用。再者，在加大金融创新力度的同时，也要培养一批新环境下的财务人员，提高他们的财务素质，更好地为我国的并购融资贡献他们的先进知识和提供理论指导，最终我国上市公司并购融资也将日趋完善，增大企业价值，提高股东财富的观念也就会深入人心。

（四）大力发展投资银行等中介机构，为企业并购融资活动提供优质服务

加强对中介机构的规范和发展，根据审慎监管原则，健全投资银行等中介机构的市场准入制度，督促其规范和完善治理结构，规范其股东行为，强化诚信责任，鼓励它们对新领域的业务进行开拓，有条件的机构可以进行增资扩股扩大规模。《国务院关于推进资本市场改革开放和稳定发展的若干意见》中指出："继续支持符合条件的证券公司公开发行股票或发行债券筹集长期资金，完善证券公司质押贷款及进入银行间同业市场管理办法，制定证券公司收购兼并和证券公司承销业务贷款的审核标准，在健全风险控制机制的前提下，为证券公司使用贷款融通资金创造条件。"

由此可知在不久的未来，我国的证券公司也能为企业并购提供融资安排，企业并购又多了一条融资渠道。环境是不断变化的，对投资银行等中介机构规范和监管也应该是不断地调整和变化的，继续发挥行业自律和监管作用，引导和加强新闻媒介对中介机构的宣传和监督。

应重视金融中介服务机构的作用。为保证并购融资的合法性和公开性，并购过程中需要各方面的专家和机构发挥作用，如执业律师、注册会计师、评估师以及投资银行等机构。这些人士提供的专业调查和咨询建议是防范风险的有力武器。律师的工作尤为重要，专门从事并购法律事务的律师，对并购双方减少交易风险有着不可忽视的作用。为此，政府应创造环境，大力推动投资银行等中介机构的多元化发展，大力培养并购市场所缺乏的专业人才，提高中介机构从业人员的业务素质和服务能力。

（五）创新并购融资工具，加强混合型融资工具在并购中的运用

加强我国金融产品创新问题的研究与开发力度，丰富和完善各种金融工具，探索发展综合证券收购方式，大力推动可转换债券等混合性并购融资工具的运用。

1. 发展可转换债券市场，筹集并购资金

放宽可转换债券发行条件，丰富可转换债券的发行主体。监管部门可以适当放宽可转换债券的融资条件，特别是高科技风险产业的企业，可转换债券市场更应积极支持。国有企业如果要实现国有资本的部分或全部退出，也可以在可转换债券市场上进行创新和试点，吸引更多资金进入可转换债券市场。措施包括：鼓励组建、发起可转换债券投资基金；将基金投资于债券市场的比例调高，或规定一定比例的资产必须投资于可转换债券；鼓励社保基金和保险基金进入可转换债券市场。

2. 大力发展企业杠杆收购融资

杠杆融资最主要的特点和优势，一是筹资企业只需要投入少量的资金便可以获得较大金额的银行贷款以用于收购目标企业，起到四两拨千斤的奇效；二是杠杆收购融资可以采用不同的融资方式，灵活设计不同的财务模式。杠杆收购中一般的融资结构为一级银行贷款占60%，夹层债券占30%，股权资本占10%，当然，具体比例随着不同企业实际并购情况而有所不同。目前我国银行存款余额较高，LOB 资金来源充足；国有企业有大量的资产需要盘活，金融机构或基金组织发展较快，LOB 参与主体并不缺少，这些都为 LOB 的实施创造了条件。针对我国企业 LOB 中存在的问题，要特别注意规范 LOB 融资行为，兼顾各方利益，强化"三公"原则，在真实评估的基础上，依据科学的定价模型拟定公允价格，防止国有资产流失，警惕 LOB 成为新的"国有资产大甩卖"。

3. 以换股并购为切入点，发展综合证券收购方式

换股并购已成为西方资本市场并购的主要方式，尤其是发生在大企业之间的、对产业发展有重大影响的并购活动。换股并购弥补了现金收购对并购方造成的现金流转压力，但换股并购本身也有缺陷。它的缺点在于股价的不确定性加大了被并购方的风险，而对于并购方则可能导致原有股东的股权稀释。因此我国今后在发展换股并购方式时，应注意以此为切入点，逐步完善以现金、股票、可转换债券和认股权证等多种融资工具进行的综合证券收购。在境外的公司收购实践中，这种综合证券收购的使用率呈逐年递增趋势，我们应该进行积极的探索。

（六）改善上市公司并购融资中存在的非市场化因素

减少我国上市公司并购融资中非市场化因素的影响，就要坚持完善社会主义市场经济体制，政府应该在适当的时候从部分企业中退出，即"有所为而有所不为"，在部分企业中引入外部投资者和战略合作伙伴，有利于股本结构的优化和公司治理的完善，摆脱一直以来政企不分、权责不明的顽疾，促进我国上市公司并购融资及其决策走向规范化、合理化、科学化的发展道路。

# 第七章

# 融 资 租 赁

## 第一节　融资租赁理论概述

### 一、融资租赁的定义

资本货物的租赁公司，在一定期限内将财产租给承租人使用，由承租人分期付给租赁公司一定的租赁费，这种融物与融资相结合的融资方式，就是租赁融资。这是一种以金融、贸易与租赁相结合，以租赁物品的所有权与使用权相分离为特征的信贷方式。这种融资方式既不是直接放贷，也不同于传统的财产租赁，而是集融资和融物于一身，兼有金融与贸易双重职能的融资方式。

"融资租赁"一词是从"Financing Lease"或"Financial Lease"翻译而来的，也有的英文文献中称该词为"Capital Lease"（金融租赁或资本租赁）。它是 20 世纪 50 年代发展起来的一种新型租赁形式，因此也被称作现代租赁。由于融资租赁在各国的发展程度不同，各国的法制和会计制度也不同，因此在世界各国尚未形成一个统一的概念。

（一）融资租赁的定义

1. 英国对融资租赁的定义

英国《标准会计实务公告》第二十一号（SSAP 21）对融资租赁的定义强调的是租赁物件的使用权，而不是最终获得资产所有权。具体分为以下几个特征。

（1）由承租企业而不是出租企业从供货经销商那里选择设备。

（2）出租企业保留设备的所有权，最终不能转变为承租企业的资产。

（3）出租企业即租赁公司在租赁期内，通过收取设备租赁费用设法补偿资本支出的全部或主要部分以及有关开支和实际利润。

（4）承租企业在支付租赁费用并履行各项条款的情况下，在租期内享有设备的独有使用权。

（5）由承租企业完全承担设备陈旧的风险，并负责补偿设备维修和保险费用。

（6）租期届满时承租企业有权选择降低租金继续租赁。

2. 美国对融资租赁的定义

美国的财务会计准则委员会在其第十三号公告中将租赁分为两种：一种是融资租赁；另一种是经营租赁。美国的财务会计准则委员会的第十三号公告关于融资租赁的定义：①租赁设备是由承租企业选择并指示出租企业购买；②租赁期内双方不得随意解除租赁合同；③承租企业按期向出租企业支付租金，租期与设备的经济耐用年限基本相等，租金的合计金额超过设备的原价。

根据定义，凡是符合以下条件之一的租赁判断为融资租赁，必须以资本化的方式记入承租企业的资产负债表内。融资租赁以外的其他所有租赁则划为经营租赁。

（1）租赁期满后，租赁资产的所有权移交给承租人。

（2）租约中包含承租人可以协商购买的选择权。

（3）租赁期等于或超过租赁资产预计经济寿命的75%。

（4）最低租赁费用的现值等于或超过资产公平价值减去出租人享有的任何相关投资税收优惠后的净值的90%。

由上可见，美国与英国关于融资租赁的定义在对承租企业是否获得所有权上有区别。

3. 国际会计准则对融资租赁的定义

国际会计准则委员会主张，融资租赁的资产必须在承租企业的资产负债表中资本化。在其制定的《国际会计准则第17号——租赁（IAS 17）》中对融资租赁的定义如下："融资租赁是指出租企业将实质上属于资产所有权上一切风险和报酬转移给承租企业的一种租赁，租赁期结束时其名义所有权可以转移也可以不转移给承租企业。"这个定义强调两点：①租赁资产强调经济所有权的转移，不重视法律上的名义所有权转移；②实质上只有将经济所有权转移给承租企业才算是融资租赁。

4. 我国企业会计准则对融资租赁的定义

我国《企业会计准则第21号——租赁》中对融资租赁的定义："实质上转移了与资产所有权有关的全部风险和报酬的租赁。其所有权最终可能转移，也可能不转移。"上述与资产所有权有关的风险是指，由于经营情况变化造成相关收益的变动，以及由于资产闲置、技术陈旧等造成的损失等；与资产所有权有关的报酬是指，在资产可使用年限内直接使用资产而获得的经济利益、资产增值，以及处置资产所实现的收益等。

企业在对租赁进行分类时，应当全面考虑租赁期届满时租赁资产所有权是否转移给承租人、承租人是否有购买租赁资产的选择权、租赁期占租赁资产尚可使用年限的比例等各种因素。满足以下一项或数项标准的租赁，应当认定为融资租赁。

（1）在租赁期届满时，租赁资产的所有权转移给承租人。

（2）承租人有购买租赁资产的选择权，所订立的购价预计将远低于行使选择权时租赁资产的公允价值，因而在租赁开始日就可以合理确定承租人将会行使这种选择权。

（3）租赁期占租赁资产尚可使用年限的大部分。但是，如果租赁资产在开始租赁前已使用年限超过该资产全新时可使用年限的大部分，则该项标准不适用。

（4）就承租人而言，租赁开始日最低租赁付款额的现值几乎相当于租赁开始日租赁资产原账面价值；就出租人而言，租赁开始日最低租赁收款额的现值几乎相当于租赁开始日租赁资产原账面价值。但是，如果租赁资产在开始租赁前已使用年限超过该资产全新时可使用年限的大部分，则该项标准不适用。本准则所称最低租赁付款额是指，在租赁期内，承租人应支付或可能要求支付的各种款项（不包括或有租金和履约成本），加上由承租人或与其有关的第三方担保的资产余值。但是，如果承租人有购买租赁资产的选择权，所订立的购价预计将远低于行使选择权时租赁资产的公允价值，因而在租赁开始日就可以合理确定承租人将会行使这种选择权，则购买价格也应当包括在内。或有租金是指，金额不固定、以时间长短以外的其他因素（如销售百分比、使用量、物价指数等）为依据计算的租金。履约成本是指，在租赁期内为租赁资产支付的各种使用成本，如技术咨询和服务费、人员培训费、维修费、保险费等。该准则所称最低租赁收款额是指，最低租赁付款额加上独立于承租人和出租人、但在财务上有能力担保的第三方对出租人担保的资产余值。

（5）租赁资产性质特殊，如果不作较大改造，只有承租人才能使用。我国《企业会计准则第21号——租赁》规范了融资租赁的会计行为。但是我国有关融资租赁的法律框架，除了《企业会计准则》的规定外，还有如下界定：

1）《中华人民共和国合同法》（以下简称《合同法》）关于融资租赁的界定。《合同法》规定：融资租赁合同是出租人根据承租人对出卖人、租赁物的选择，向出卖人购买租赁物，提供给承租人使用，承租人支付租金的合同。

2）行业监管办法关于融资租赁的界定。《金融租赁公司管理办法》规定，金融租赁公司是指经批准以经营融资租赁业务为主的非银行金融机构。融资租赁业务，是指出租人根据承租人对出卖人、租赁物的选择，向出卖人购买租赁物件，提供给承租人使用，向承租人收取租金的交易，它以出租人保留租赁物的所有权和收取租金为条件，使承租人在租赁合同期内对租赁物取得占有、使用和受益的权利。该办法同时将回租、转租赁视为融资租赁的特殊形式进行了定义。商务部监管融资租赁业的法律依据，主要是《外商投资租赁业管理办法》。

3）税法关于融资租赁的界定。流转税和所得税对于融资租赁的定义不同。营业税法采用形式主义界定，所得税法则采用实质主义界定。我国现行营业税政策规定：融资租赁，是指具有融资性质和所有权转移特点的设备租赁业务。即出租人根据承租人所要求的规格、型号、性能等条件购入设备租给承租人，合同期内设备所有权属于出租人，承租人只拥有使用权，合同期满付清租金后，承租人有权按残值购入设备，以拥有设备的所有权。现行所得税法规定：融资租赁是指在实质上转移与一项资产所有权有关的全部风险和报酬的一种租赁，并规定了认定融资租赁的三项标准（与《企业会计准则》规定相同）。

值得一提的是，在我国，金融租赁和融资租赁在内涵上也有所不同。由于我国是金融管制国家，冠以"金融"为名的租赁公司必然是金融机构。这类租赁公司的资金来源是和金融体系接轨的，具有金融企业经营牌照，因此称为金融租赁公司。其他类型租赁公司只是"提供融资服务的贸易"公司，没有金融经营权，开展业务主要靠自有资金和银行贷款。金融租赁和其他方式租赁的另一个不同点就是业务的广泛性。一般经营性租赁公司没有融资租赁的经营权，有些租赁公司可以开展融资租赁业务，但没有经营性租赁业务的经营权，金融租赁公司的业务全部涵盖，属于大租赁。

可以看出，我国对融资租赁的理解是在上述制度体系发展的基础上逐步建立起来的。同时我国民商法、会计法规、金融监管法规和税法对融资租赁的界定不尽相同。更重要的是，我国的融资租赁与英文"Financing Lease"的意义也并不完全一致。例如，在美国，经营性租赁（Operating Lease）是指非全额清偿的融资租赁，而对融资租赁，在很多情况下，通常采用设备租赁（Equipment Lease）的概念。租赁有三种主要形式：直接租赁、售后租回和杠杆租赁。这三种形式又可以分为两种类型：①经营租赁；②融资租赁。经营租赁和融资租赁的区别是与租赁资产所有权相关的风险与报酬的归属，如果大部分属于出租人，为经营租赁，反之则为融资租赁。我国将融资租赁分为直接租赁、售后回租和杠杆租赁等三种基本形式。其他形式的融资租赁均从这三种租赁形式演变而来。融资租赁中各方的关系如图7-1所示。

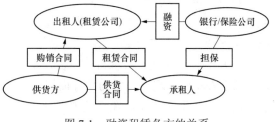

图7-1　融资租赁各方的关系

（二）融资租赁的主要特征

根据国际统一私法协会《国际融资租赁公约》的定义，融资租赁是指这样一种交易行为：租赁公司根据承租人的请求及提供的规格，与第三方（供货商）订立一项供货合同，根据此合同，租赁公司按照承租人在与其利益有关的范围内所同意的条款取得工厂、资本货物或其他设备（以下简称设备）。并且，租赁公司与承租人（用户）订立一项租赁合同，以承租人支付租金为条件授予承租人使用设备的权利。

融资租赁在急于寻求产品销售市场的设备制造商与急需产品设备但缺少资金的设备使用厂家之间发挥着桥梁作用，迎合了新科技、新工艺层出不穷，产品市场日新月异，企业设备更新加快的经济发展趋势，改变了人们长期以来重所有权、轻使用权的观念。融资租赁这种"借鸡下蛋、卖蛋还本"的新型信贷融资方式，被许多国家和政府所重视。例如，美国的融资租赁交易已占全美设备投资总额的 30% 以上。

融资租赁的主要特征可以概括如下：

（1）租赁物品的所有权与使用权相分离。在融资租赁的交易中，虽然设备是项目单位指定的，由出租方出资购进，但在约定的租期内，设备的所有权仍属租赁公司，项目单位只获得设备的使用权。同时，项目单位对使用的设备有维修、保养以及使之处于良好状态的义务。租期满后，项目单位有留购、续租、退租等多种选择。

（2）租金的分期归流。对项目单位来说，只需要付一定的租金就可以超前获得设备的全部使用价值。

（3）融资租赁包括两个或两个以上的合同。融资租赁由出租方向供货方购买设备，同时又将设备向项目单位出租，由此产生了出租方与供货方的买卖合同和出租方与项目单位的租赁合同。

（4）项目单位对设备和供货人有选择的权利。同时，项目单位也承担设备保养、维修和保险的责任。

（5）租赁合同一经签订不得撤销。租赁合同签订后，项目单位不得中途退租或要求退租；出租方也不能单方面要求撤销合同。

（6）融资租赁是一项至少涉及三方当事人——租赁公司、承租人和供货商，并至少由两个合同——买卖合同和租赁合同构成的自成体系的三边交易，这三方当事人相互关联、相互制约。

（7）拟租赁的设备由承租人自行选定，租赁公司负责按用户的要求给予融资便利，购买设备，不负担缺陷、延迟交货等责任和设备维护的义务；承担人也不得以此为由拖欠和拒付租金。

（8）全额清偿，即租赁公司在基本租期内只将设备出租给一个特定的用户，租赁公司从该用户收取的租金总额应等于该项租赁交易的全部投资及利润，或根据租赁公司所在国关于融资租赁的标准，等于投资总额的一定比例，如 80%。换言之，租赁公司在一些交易中就能收回全部或大部分该项交易的投资。

（9）不可解约性。对承租人而言，租赁的设备是承租人根据自身需要而自行选定的，因此，承租人不能以退还设备为条件而提前中止合同。对租赁公司而言，因设备为已购进商品，也不能以市场涨价为由而在租期内提高租金。总之，一般情况下，租期内租赁双方无权中止合同。

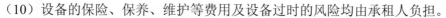

（10）设备的保险、保养、维护等费用及设备过时的风险均由承租人负担。

## 二、融资租赁的理论基础

早期的权衡理论在研究资本结构时，对与其相关的资本市场的假设往往是完美的，即没有交易成本、没有信息的获得成本且每个人都可获得信息、没有破产成本和税收。完美资本市场意味着市场达到一般均衡，意味着金融市场上存在能够满足融资人不同需要的各种金融工具。在这些假设暗含的金融市场完全竞争的情况下，出租人和借款人以相同的方式评估一个公司的借款和租赁债务，因而导致租赁成本等于借款成本，公司选择借款购买和融资租赁并无差异。然而现实生活中，市场主体不可能拥有完全的信息。这时，借款和租赁这两种金融工具的评估方法可能就会不一样。交易成本、信息成本等各项市场不完善因素以及代理冲突的存在导致融资租赁理论的产生。

### （一）税率差别理论

税率差别（Tax Rate Differences）理论认为，融资租赁之所以存在的最主要原因是承租企业和融资租赁公司能从融资租赁资产中得到不同程度的税收收益。在其他因素不变的情况下，这些利益越大，融资租赁就越吸引人。在实践上，融资租赁资产的实际税收收益就是资产在折旧期内计提的折旧所带来的避税收益。由于融资租赁资产可以在税前计提折旧，高税负的企业从低税负的企业租入资产时，高税负的企业就可以获得较大的税收收益。这样，承租企业得到了实质性资产所有权折旧带来的税收收益。

### （二）债务替代理论

融资租赁和借款融资是固定的、契约式的义务，是资金市场上两种不同的融资工具。早期债务替代理论（Substitutes Theory）认为，对于企业而言，两者都是可以采取的融资方式。通常，企业需要的融资金额在事先应该是经过研究明确的，企业融资租赁增加的结果总是借款融资减少。融资租赁和借款融资有着显著的正相关关系而非替代关系。而且在采用融资租赁的公司和未采用融资租赁的公司间，税率差异理论也不能够解释融资租赁和借款融资是相互补充关系。对于大企业来说，融资租赁则是借款债务融资的一种补充。而且他们发现，就平均水平而言，存在融资租赁的企业比不存在融资租赁的企业更具有显著的获利特征。实证结果揭示融资租赁对企业获利是有帮助的，且具有良好的融资管理的企业更可能采用融资租赁。假定小企业拙劣的业绩表现部分是由高速的扩展造成的，他们会发现少有融资方式可供企业选择。

### （三）代理成本理论与破产成本理论

20 世纪 80 年代以前，国外学者对融资租赁理论的研究主要关注的是税收因素以及债务替代因素。此后，更多的学者从代理成本（Agent Cost）角度出发，强调不同种类的金融合约对控制代理成本的相对能力。值得一提的是，代理成本理论并不否认税收以及债务替代理论对融资租赁具有的潜在的重要性。在代理理论中，个人被假设为谋求自身利益最大化者，因而代理人不会总以委托人的最大利益而行动。同样，当企业向外部投资者融入资金以后，两者就形成了委托—代理关系。外部投资者的目的是收回本金并获得比较稳定的报酬，企业融资的目的是用它扩大经营，投入有风险的生产经营项目，两者的目标并不一致。虽然外部投资者知道借出资金是有风险的，并且已经把这种风险的相应报酬纳入考虑范围，体现在未来的报酬之中。但是，融资合同一旦成为事实，资金到了企业，外部投资者就失去了控制权，企业可能为了自身利益而伤害外部投资者的利益。如为了提高公司利润，向更多的外部投资者融资，使原有借入资金的风险增加，从而损害原有外部投资者的利益。而融资租赁则比借款更容易避免这种问题。破产成本（Bankruptcy Cost）理论方面，部分学者认为如果承租企业或借款企业破产清算，出租企业的境况要比借款者好。融资租赁以承租设备本身作为担保物，一般不再需要额外的担保或抵押，对财产的所有权确保了出租企业的安全。而出租企业拥有被租赁资产的所有权，承租企业违约时，出租企业可收回租赁资产，损失较小。而借款者即使有资产作保证，在债务违约时，贷款人取得资产也较困难并且成本较高。融资公司的风险越高，资本提供者越愿意以融资租赁的方式提供资本。这正是代理成本理论和破产成本理论认为融资租赁存在的原因。

近年来，对融资租赁基础理论的研究都围绕着上述理论进行，特别是在实证研究中对这些理论的验证在西方学者中更为常见。但是，由于在市场经济条件下，信息不对称问题的普遍性和严重性，可能产生逆向选择和道德问题，经济人只有努力抵消信息不对称问题对市场效率的负面影响。融资租赁行为的本质即是契约，在代理成本理论与破产成本理论中，金融合约（契约）理论及其相关内容也仍然会是今后理论研究租赁的方向。

## 第二节　国内外企业融资租赁现状分析

### 一、融资租赁的类型及发展状况

（一）融资租赁的类型

1. 直接租赁

直接租赁是融资租赁的基本形式，也是最常采用的一种方式，其他融资租赁方式都是在此基础上发展起来的。其特点是只有单一的投资者，单一的租赁公司负责筹集资金，租赁公司根据与承租人达成的租赁协议，按照承租人提出的设备规格、技术要求，向承租人选定的供货厂商购买设备，取得设备的所有权，并将设备直接租赁给承租人使用。

2. 转租赁

转租赁是指由两家租赁公司同时承继性地经营一笔融资租赁业务，由租赁公司 A 根据最终承租人（用户）的要求先以承租人的身份从租赁公司 B 租进设备，然后以租赁公司的身份转租给用户使用的一项租赁交易。根据与供货商洽谈签订购货合同的当事人不同，转租赁又分为以下两种主要模式。

第一种转租赁模式的程序：①租赁公司 A 根据用户的要求与供货厂商签订购货合同；②租赁公司 A 以租赁公司 B 为其融资为条件，与租赁公司 B 签订购货合同的转让合同——将租赁设备的所有权转让给租赁公司 B，但保留其他权利；③租赁公司 A 以承租人身份与租赁公司 B 签订租赁合同，租进原要购买的设备；④租赁公司 A 与用户签订转租赁合同，再将从租赁公司 B 租进的设备转租给用户。

第二种转租赁模式的程序：①由用户与供货商就设备规格、性能、价格及交货条件等问题进行洽谈，草签购货协议；②租赁公司 B 根据购货协议与供货商正式签订购货合同；③租赁公司 A 与租赁公司 B 签订租赁合同；④租赁公司 A 与用户签订转租赁合同。

3. 售后回租

售后回租又称回租租赁，一般采用两种方式。一种是承租人首先借入资金购买设备，然后将该设备转卖给租赁公司以归还贷款，最后从租赁公司租入该设备以供使用。另一种是承租人将原有的设备甚至生产线、厂房卖给租赁公司，同时即向租赁公司租用同一资产，这样在不影响使用原资产的情况下，又拿出一笔现金可以进行新的项目投资。对承租企业而言，当其急需现金周转时，售后回租是改善企业财务状况的一种有效手段；此外，有的时候，承租人通过对能够升值的设备进行售后回租，还可获得设备溢价的现金收益。对非金融机构类的租赁公司来说，售后回租是扩大其业务种类的一种简便易行的方法。

4. 杠杆租赁

杠杆租赁又称平衡租赁，是 20 世纪 70 年代末首先在美国发展起来的一种融资租赁的最高级形式，适用于价值在几百万美元以上、有效寿命在 10 年以上的高度资本密集型设备的长期租赁业务，如飞机、火车车厢、船舶、海上石油钻井平台、通信卫星设备和成套生产设备等。杠杆租赁的出现是现代租赁业的一个重大发展，现已成为美国、日本等国租赁业的重要组成部分，它是指在一项租赁交易中，租赁公司只需投资租赁设备购置款项的 20%～40%的资金，即可在法律上拥有该设备的完整所有权，享有如同对设备 100%投资的同等税收待遇；设备购置款项的 60%～80%由银行等金融机构提供的无追索权贷款解决，但需租赁公司以租赁设备作抵押，以转让租赁合同和未来租金收入的权利进行担保的一项租赁交易。参与交易的当事人、交易程序及法律结构均比融资租赁的基本形式复杂。

杠杆租赁的杠杆作用主要体现在租赁物的较高折旧率，因为租赁公司购买租赁物品的资金大部分来自贷款，自有资金只占较小比例。这样，购买一项租赁物品以后，租赁公司本身垫资很少，却可以按物品的全部价值提留折旧，起到避税作用，降低融资成本，提高竞争能力。

5. 经营租赁

经营租赁主要是为了解决承租人对租赁物品的短期性需要，一般是承租人向租赁公司租用设备，租赁公司提取设备折旧，承租人所付租金计入财务费用（进成本），租赁期内和期满之后，设备都归租赁公司所有。租赁期间，由租赁公司负责租赁物品的维修、保养、保险和纳税，租赁费只包括租赁期间的折旧费、利息和其他费用。可以中途解约，到期后将原物品退回给租赁公司。这种方式适用于通用性较强、承租人不需长期使用的设备，如运输工具、计算机、工程建筑设备等。

6. 综合性租赁

综合性租赁是将租赁与购买、补偿贸易、来料加工、来件加工装配等贸易方式相结合的租赁方式。有的租赁公司既出租设备，又提供维修保养和技术培训，或者提供原料、承租人用加工产品交租赁公司包销，再用包销所得的货款抵付租金。它使得承租人和租赁公司之间的贸易业务与租赁业务共同发展，特别适用于地方的中小项目。

7. 双重租赁

双重租赁是指租赁公司和承租人都是各自国家获减税收的资产所有人，双方都以租赁资产在各自国家取得折旧税优惠，通过双重租赁的安排达到减税目的。

（二）融资租赁的发展状况

现代融资租赁不仅起源于西方发达国家而且在西方国家得到了飞速发展。以美国为例，美国是世界上租赁业务最发达的国家，其租赁总额占全球租赁交易额的 40%以上，其租赁渗透率已多年保持在 30%以上。从出租方角度看，美国的商业银行从事租赁业务具有资金及其成本优势，厂商从事租赁能提供专业化服务，独立的租赁公司则能提供综合性服务。租赁公司利用计算机可以随时通过银行、税务等单位查询企业和个人的信誉状况、银行对信用卡的付款保证，使租赁公司减少了欠租的风险，保险公司多种类型的服务使租赁公司减少了租赁物件在使用过程中的各种风险。因此，在这样比较健全的体制下，美国的公司采用融资租赁解决资金问题比较常见。美国等发达国家的出租市场的繁荣景象从一个侧面说明了企业选择租赁的普遍性和便利性。目前，发达国家从事租赁业的投资者主要分为四类。①金融机构类：由银行等金融机构成立独资或控股的租赁公司，主要目的是为自己所拥有的资金寻求一种能满足用户需求的新的资金投入方式。②厂商机构类：主要是由厂家或商家为投资背景成立的租赁公司，投资目的是促销和从事产品的租赁经营服务。③战略投资机构类：这类租赁公司的股东主要是政府、保险、券商、投资银行等投资机构，投资目的是寻求一种新的投资组合和投资方式，主要投向民航、海运、能源等基础设施项目，以期获得安全可靠的长期投资收益。④经纪机构类：这类租赁公司与厂家、各类中介机构和客户都有广泛的联系，他们的优势是擅长进行市场调查、制订商业计划书、进行项目评估和设计各种营销和融资模式。

**二、我国企业融资租赁的基本情况**

我国企业的租赁交易存在着一定特征。从出租人角度看，大部分租赁公司认为，绝大多数企业有选择租赁的可能，因为租赁的一些优点不同于银行借款融资和股权融资，选择租赁（包括融资租赁）对企业是有利的。但是，由于我国与租赁相关的法律尚未健全，无论是对国内还是国外的租赁公司来讲，如何推动企业自身的业务，让更多的企业了解和接受租赁是很重要的工作。从承租人角度看，承租企业涉及的行业、规模和压力是不同的。可喜的是，随着企业发展的需要，企业自身对融资租入设备这种观念已经开始增强。一方面，企业外部环境如其他融资渠道的限制过多不可避免地推动了企业融资租赁的行为。另一方面，当承租人站在财务管理决策的角度而不是因为受到主要来自于外部融资压力的情况下，企业选择融资租赁实际上属于"融资租赁还是购买"的决策。

（一）我国租赁行业的发展及其面临的问题和对策

1979 年，中国国际信托投资公司（以下简称中信公司）的前总经理荣毅仁先生率团到美国考察时，意识到融资租赁是一种利用外资的有效方式，并将这种方式推荐给当时的中国民用航空总局（现为中国民用航空局）。在中信公司的推动下，我国民用航空总局与美国汉诺威尔制造租赁公司（Manufacture Hanovel Leasing Co.）和英国劳埃德银行（Llodyds Bank）美国分行合作，首次利用跨国杠杆租赁方式从美国租赁了第一架波音 747SP 飞机。1981 年 4 月，我国第一家中外合资企业，也是我国的第一家租赁公司——中国东方租赁有限公司成立。同年 7 月，中信公司又与国家物资部等单位联合组建了我国第一家属于非银行金融机构类的、完全由中资组成的租赁公司——中国租赁有限公司。这两家租赁公司的成立，标志着我国融资租赁业的开端。此后，我国相继成立了中国环球租赁有限公司、中国国际包装租赁有限公司、中国国际有色金属租赁有限公司、光大金融租赁有限公司、远东国际租赁有限公司等中外合资租赁公司和中资租赁公司。近三十多年来，中国租赁业的发展进程与我国经济发展的速度基本同步，其发展进程可分为以下四个阶段。

（1）1980～1983 年为初创阶段，此间融资租赁业在我国刚刚起步。业务量较少，年业务收入分别约为 186 万美元、1253 万美元和 3805 万美元。

（2）1984～1989 年为发展阶段。在这 6 年间，年平均业务收入为 34 116.67 万美元，并在 1988 年达到顶峰，为 44 314 万美元。这期间中国融资租赁业快速增长与同期国民经济的高速发展基本一致。

（3）1990～1998年，中国融资租赁业开始平稳发展，表现为租赁公司开始注重项目的自主评估、优化投资方向等，业务收入从1990年的低谷23 154万美元到1991年的33 991万美元，并在1992年达到63 321万美元，1995年为44 292万美元等。

（4）1998年及其以后，这一阶段我国金融领域受WTO（World Trade Organization，世界贸易组织）影响加快了体制改革，融资租赁业的发展在这种背景下不断得到推进。我国租赁公司中大部分属于非银行金融机构类，取得的经营利润主要来源于直接租赁和售后租回形式，这与世界租赁公司存在着明显差距。导致这一现象的原因是多方面的，从我国融资租赁行业的角度分析，租赁公司面临以下影响行业发展的问题。

1）法律的制约。税法作为融资租赁行业法律支柱之一，对扶持融资租赁发展具有重要作用。如果税法不鼓励，融资租赁很难发展。尽管目前我国税法规定对经中国人民银行和商务部批准经营融资租赁业务的单位从事的融资租赁业务不征收增值税，但对于其他单位从事的融资租赁业务规定比较死板，依然不利于有实力的财团进军融资租赁业务。

2）资金限制。我国大多融资租赁公司的资金来源不是资金雄厚的财团（商业银行或基金等）。因此多数租赁公司由于资金有限，只能根据市场需要购置设备进行租赁，设备种类少，设备型号不全。

3）缺乏大量优秀的专业人才和创新能力。融资租赁作为一个跨行业、跨部门的边缘性行业，需要大批既懂经济、管理、法律、金融和外贸，又懂租赁物品性能、技术等专业知识的高素质复合人才，尤其要求高级管理人员必须具备能够适应创新的基本素质。另外，当前许多融资租赁机构在选用人才上仍然只注重学历与年龄，这恰恰与融资租赁行业需要的能力加经验型人才相背离。对人才资源的重视不够，也是使融资租赁行业发展缓慢的重要原因之一。

4）服务范围窄、融资渠道窄。我国目前的租赁公司以经营性租赁为主，只有个别公司有资格进行融资租赁，而绝大多数公司不能通过融资租赁进行新设备销售，并且没有完善的二手设备交易市场，配件市场混乱，租赁技术人才缺乏等原因导致我国目前大多数租赁企业只能从事简单的出租业务，极少有公司能提供出租、设备维修、配件供应、技术咨询等一站式服务。再有，租赁公司尚不能有效利用证券市场进行融资。大多租赁公司属于独立租赁公司，自身融资能力有限。少数租赁企业属于厂商租赁公司，可以从母公司进行融资。而银行对租赁公司的信贷限制多，大多租赁公司很难通过银行融资。保险业资金进入租赁市场仍然存在障碍。

5）缺乏品牌效应。我国租赁公司规模小，国内几家大型的设备租赁公司也只有几家分支机构，品牌知名度不高，且都局限在各自经营区域，通过品牌效应来扩展业务尚不具备。少数厂商租赁公司利用母公司或总公司的品牌开展业务。

6）信息化管理落后。我国租赁公司的信息化管理落后，全国的租赁公司拥有自己网站的仅有几百家。我国租赁公司基本没有客户服务管理系统等，只有少数几家租赁公司有GPS（Global Positioning System，全球定位系统）系统。

面对出租市场的上述诸多问题，出租人应当采取以下应对措施。

首先，出租人应努力推动我国宏观政策对出租市场的建设。由于商务部等管理层往往站在不同的角度上来规定、解释租赁公司的行为准则，多头管理使整个租赁业处于无序竞争的状态，也不利于主管部门的监管。所以，分别立法、分别管理的办法必须改为统一立法、统一管理，以加强国家支持和干预力度。出租人应当致力于推动国家完善以下相应的政策：

1）推动职能部门加紧研究，尽快颁布融资租赁的专门税法。在所得税的抵免、退税等方面应给予租赁公司和承租企业一部分优惠政策。此外，需要统一各类租赁公司坏账的提取方法。融资租赁业务是风险业务，租赁公司应实行审慎的经营原则，应允许租赁公司按应收租赁债权余额计提相对较高比例的坏账准备。

2）推动职能部门建立针对融资租赁的信贷政策，中国尚没有促进融资租赁业发展的信贷政策，这使租赁公司的融资渠道并不畅通。

3）推动政府针对融资租赁制定完善的保险制度。在融资租赁业运行不规范、风险过大的情况下，是不利于中国融资租赁业发展的。

其次，出租人应发挥主业优势，增强其市场竞争力。要加大资产重组力度，尤以引进制造厂商为背景的投资主体为主。这样，一方面改变了租赁公司的股本结构，另一方面加大了业务重组的力度，可以大力开拓以厂商为有力后盾的厂商融资租赁业务，也可以抓住市场积极开拓经营租赁业务。例如，商业银行与房地产商合作开拓的住房按揭贷款（其实质就是融资租赁业务）刺激了居民住房需求。购房者在支付了 20%～30%的首期付款后就可以取得房屋全部的使用权，并通过分期付款最终收回房屋产权。房地产商通过银行按揭一次性从银行收回房款。由于有产权证作抵押，实际上降低了银行贷款的风险。鉴于此，租赁公司也应以大力开拓厂商租赁业务为突破口，提高主业竞争力。此外，还要加大债务清理力度，积极核销不良资产。要充分利用会计政策，早日摆脱出租企业的债务负担。

最后，健全租赁人自我规避风险机制，克服租前调查、租后管理等环节存在的不足，杜绝一切信用扭曲，如亲情、行政命令等畸形信用，同时加强人才培养。具体措施有：

1）与银行建立良好合作关系，建立企业信用状况登记制度。金融租赁公司要借助银行的信用信息平台，多搜集信息，对于有信用不良记录的企业坚决不予合作。

2）强化明晰产权。出租人和承租人对租赁资产产权认识不清会严重阻碍租赁资产的安全收回，损害出租人的利益。出租人和承租人的交易活动明确界定为物的交易，使物权清晰明了。在发生租赁风险时，当债权无法行使时还有物权作为最后的保证。

3）制定有效的抵押担保及保险措施。

4）对人才培养除了利用内部资源外，还应加强社会和校园招聘。企业应当重点建立自我培训机制，实施内部轮岗和集体学习的制度，以增强其创新能力。

（二）我国承租企业结构现状

融资租赁的特点之一是给予承租人选择设备类型和厂家的自主权，掌握设备随时更新的主动权，这在新技术发展迅速的今天有利于降低承租人的技术更新、设备无形损耗加剧的风险。融资租赁还使承租人无须一次支付巨额资金购买设备，而是按期支付租金，这可以降低承租人在固定设备上的资金投入，把资金投向收益率更高的其他资产，提高资金的使用率和收益率。通常，融资租赁标的是技术含量高、价格高昂的设备（如医疗设备、信息处理设备、飞机等），如果需要进口，由出租人购买则还可以避免承租人的利率、汇率风险。但是，国内旧体制遗留下的管理思维和制度，使得我国多数企业对这种融资渠道仍然比较陌生，融资租赁的运用率还与西方发达国家企业存在明显差距。

由于中小企业和大企业之间存在着融资能力差异，中小企业会更多采用融资租赁。中小企业发展所需要的资金不像国有大中型企业的融资渠道广泛，因此，除了银行信贷以外，更倾向于采用信用要求等级较低的融资租赁方式。相反，国有控股的大中型企业只有在政府补助不足、自身资金紧张或亟待引进设备的情况下，开始考虑融资租赁。这与国外发达国家不同。以美国企业为例，由于早期受到政府的税收政策支持，正如前文所述的税率差别理论，融资租赁业发展迅速、影响力剧增，使得大中型企业较早地认识了融资租赁。虽然美国企业通过银行融资所占的比例也较大（约占外部融资的61.8%），但美国大企业中利用融资租赁融资的比较普遍。当然，从美国中小企业来看，由于存在着相对较高的贷款风险，导致商业性金融机构对中小企业贷款不足，其中小企业融资的境遇和我国中小企业类似。整体上，虽然企业运用融资租赁受我国的区域发展不平衡、企业诚信较弱等问题的制约，但从长远角度看，融资租赁有助于企业减轻融资压力、扩大融资渠道、更新换代先进设备、提高资产质量、增强市场竞争力。

（三）我国企业运用融资租赁所面临的问题

由于外部市场不成熟，企业自身经验不足、管理不善等原因，融资租赁为企业服务的深度和广度还处于发展阶段，企业在利用融资租赁的实际工作中还存在以下失误和教训。

（1）从总体看，国内企业传统的融资观念和财产价值观还是比较重，通过租赁融资一般较少采用。有学者认为，一个原因是我国企业的财产价值观受我国单位配置资源体制的深远影响，因为我国实行的划分企业等级标准，客观上体现了"重财产所有权轻使用权"的传统财产价值观，诱导企业追求外延扩张，为了提高等级，不断扩大投入以增加企业资产总额，企业不惜造成设备闲置率高使用率低的局面，千方百计筹集资金购置资产设备而不是采用其他更适当的融资的方式（如融资租赁方式）。

（2）企业引进项目的利用率不高。原国有企业在引进技术之后（包括通过融资租赁的引进），存在的突出问题是没有充分地对引进技术进行研究、消化吸收和创新，进而难以形成有自己特色的技术体系，难以实现引进—创新—输出的良性循环。就租赁的本身而言，由于租赁的后续投入不足，其租赁资产带来的收益难免存在很大不确定性，企业每年还要偿还一定的高额租金，这增加了企业的风险。从本质上看，企业在资产特别是固定资产管理能力上的薄弱是造成这种局面的主要原因。加强实物控制的管理对企业而言迫在眉睫。

（3）国内融资租赁公司规模（特别是内资租赁公司）较小，租赁产品单一，使得企业租赁设备没有很好的外部环境。企业融资租赁设备的要求多种多样，在设备提供厂商或专业租赁公司的发展规模未能达到相应水平下，增加了一般企业通过租赁融资的难度。可喜的是，我国融资租赁业前景十分广阔，随着租赁公司的发展和壮大，相信未来的租赁市场会满足承租企业的各种需求。

（4）企业在评估是否选用融资租赁项目时往往忽视了机会成本。一般分析融资租赁项目时，多数企业习惯将融资租赁的价值与银行借贷的成本和费用进行比较，这种做法站在财务管理的角度看并不全面。融资租赁是否能给企业带来效益、带来多大效益以及如何整合这些效益与企业其他利益的关系，以及对租赁项目的评价是否充分考虑了潜规则的费用、企业自有资金的节约、自行购买设备所耗费的时间和物力等因素都影响到企业是否选择运用融资租赁。据专业租赁公司统计，大部分本该选择融资租赁的企业因为财务部门的分析评价和理解力不足而放弃了融资租赁。

## 第三节　融资租赁方式的推广应用

运用融资租赁的企业与没有运用融资租赁的企业相比并不是所有的财务指标都反映出有利的事实。例如，运用融资租赁的企业存在着较高的负债结构、承担着较重的所得税税负等。此外，从实证分析的结果还看出，上市公司的盈利能力、内部控制因素在两类公司间不呈显著性差异。实际上，这正说明企业往往在银行信贷融资存在困难的情况下，才对融资租赁加以考虑，主动运用融资租赁调节企业融资能力的办法在我国还存在认识不足。不过，随着我国经济的发展，企业治理层、管理层理财观念的提升，外部融资市场的推动，相信融资租赁必将得到企业的充分认识和广泛地运用。

### 一、企业运用融资租赁的影响因素

#### （一）企业的负债结构

财务报表分析的指标很多，负债结构是其中重要的指标之一，也是影响租赁业务的重要因素之一。负债结构是指企业负债中各种负债金额的比例关系，尤其是长、短期负债资金的比例。它是一个比较宽泛、复杂的概念。一般来说，企业负债比率的高低只能表明整体偿债能力的大小，负债比率过高或者偿债能力过低只表明企业潜在发生财务危机的可能性较大，而这种可能的危机是否最终转变成现实的支付还取决于负债结构。因此，负债结构是一个研究企业长期偿债能力的财务指标综合。就租赁交易而言，租赁双方在租赁事件的整个过程中面临着影响租赁业务正常进行的各种因素。在进行租赁决策时，双方首先必须对租赁面临的各种风险因素进行科学的、有效的系统分析。根据债务替代理论，如果企业面临着较高的债务风险，那么租赁替代借款的可能性会增加，融资租赁和借款融资的替代性在企业的负债结构中就会有所反映。但在一般负债结构指标中的差别不大，因为融资租赁形成的负债（长期应付款）也会反映于资产负债表。不过需要注意的是，经营租赁并没有反映于资产负债表，当企业的经营租赁量比较大、期限比较长或具有经常性时，就形成了一种长期性融资，这种长期性融资到期时必须支付租金，也会对企业的负债结构产生影响，也会和融资租赁一样产生相同作用。因此，在选用长期负债指标实证分析时，针对企业存在的上述经营租赁情况应预于考虑和修正。与负债结构相关的指标有资产负债率、产权比率、权益成数、长期资本负债率、利息保障倍数、现金流量利息保障倍数、现金流量债务比等。

#### （二）盈利能力

盈利能力是财务分析的另一个重要的指标。企业的盈利能力之所以影响企业融资决策，一个理由是在于盈利能力差的企业会造成其融资成本相对较高。所以，盈利能力低的企业会更加谨慎地进行融资管理。在做出融资决策时，企业运用融资租赁的动机会受到其自身获利能力的影响，同样的，根据债务替代理论，在相同条件下，存在融资租赁的企业比不存在融资租赁的企业更具有显著的获利特征。另外，具有良好的融资管理的企业更可能采用融资租赁，因为融资租赁对企业盈利是有帮助的，企业的财务管理水平越高，其选择融资租赁的可能性会越大。常用的获利能力指标有销售利润率、资产利润率、权益净利率、每股收益、可用资本获利率等。

#### （三）企业的成长性

毫无疑问，企业只有不断向前发展才能在日益激烈的竞争环境下为股东带来最大受益。

企业发展需要的资金可能来源于外部也可能源于自有资金，怎样合理利用这些资金并将其更多投入符合股东权益最大化目标的领域是企业决策者所关心的问题。例如，企业正处在快速发展时期，其筹措的资金将大部分用于购买生产所需。那么，从代理成本角度看，决策者需要做的是在提高公司利润和最大化股东财富间进行权衡。此时，采用融资租赁则比借款更容易避免可能出现的潜在冲突。代理和破产成本理论从另一角度考虑了企业运用融资租赁的影响因素。代表成长性的指标有营业收入增长率、市值比率、固定资产增长率等。

## 二、融资租赁的操作

（一）融资租赁的具体操作方法

1. 承租人的租赁决策

承租人通过进行各种分析，结合自己的实际情况，采用租赁融资方式进行项目投资或添置设备等，并对租赁公司进行选择。对租赁公司的选择往往影响租赁融资活动的成败。项目单位应对租赁公司的业务范围、经营能力、融资能力、融资条件等诸方面因素进行反复比较，选择一家对自己委托的租赁条件要求迅速做出可信承诺，并以其自融资金达成交易的租赁公司作为租赁公司。一般来说，理想的租赁公司应具备以下条件：①资金力量雄厚，融资渠道多，与国内外金融机构联系广泛；②知名度高，在租赁业务方面经验丰富，有较好的业绩；③诚实守信；④租赁期限长，支付方式灵活，适应项目单位现金流量现状的租赁方式；⑤贸易渠道畅通，熟悉市场行情，有丰富的商务谈判经验，在购置设备时，能充分维护项目单位的利益；⑥可提供一系列有关设备技术、经济、税收、法律、会计方面的咨询服务；⑦在国内外有分支机构，可提供迅速、方便、有效的服务，加快项目进程。我国有关制度规定，企业通过融资方式租入设备，应向国家批准的租赁公司办理。承租人在进行了综合考察后，选准租赁公司，并向其提出请求融资租赁的申请。

向租赁公司提出租赁申请时，需要提交下列文件：①立项书及有审批权的上级单位的批复文件；②项目可行性研究报告及审批部门的批复文件；③按照租赁公司提出的格式和要求，出具担保人的有关材料和担保函；④有关部门出具的设备明细表、准进口设备表、批准设备进口审查通知书，如系归口设备还需提供归口单位的证明；⑤项目配套人民币资金（包括流动资金）落实的证明（由出资单位提供）；⑥承租人上年度及近期的财务报告；⑦租赁委托书及法人证明或法人授权书。

2. 租赁公司进行审查和受理

租赁公司对承租人和项目的审查，主要是考虑企业是否有活力，主要表现在：产品有竞争力，技术有开发力，资产有增值力，对市场有应变力，领导班子有团结进取力，职工有凝聚力。对项目的审查考虑是否与国家宏观经济政策和指导方针相一致，是否是技术改造项目，能否生产出国内外市场所需要的社会产品，特别是能产生较好的经济效益，今后偿还租金的能力。租赁公司经过对承租人和项目的综合考察和分析后，即可作出判断，在决定受理该项目后，只要承租人向租赁公司提供全部所需文件，即可接受项目委托。

3. 合同的谈判与签订

合同的谈判与签订阶段主要包括以下工作：

（1）洽谈、签订租赁合同。审查完成后，租赁公司与承租人洽谈租赁条件，包括租期、租金、支付方法等有关事项，双方达成一致后，签订租赁合同。

（2）洽谈、签订购买合同。在租赁合同签订之后，租赁公司根据承租人选定的租赁物品、生产厂、型号、指标要求等与承租人一起与供货商和生产厂家商洽并签订购买合同。租赁公司除商务条件谈判之外，不能对有关租赁物品的性能、厂家、指标要求等发表意见，但要向供货商、生产厂家明确所购设备是用于第三者承租人的，以便他们之间进行技术条件的谈判。协助安排承租人进行技术考察、签订有关技术服务协议等。

（3）洽谈、签订借款合同。购买合同签订之后，租赁公司根据购买合同规定的货价，与国内外金融机构洽谈签订借款合同，筹集所需资金。

4. 合同的履行

合同的履行主要包括如下内容：

（1）根据购买合同规定的付款条件，按期开出信用证。

（2）交运租赁物品。生产厂商或供货商根据运输条款装运设备，直接发往承租人方便提货的合同约定地点。

（3）提供装船单据。生产厂商或供货商按照信用证要求将运输单位的有效签字的装船提单等单据副本寄给租赁公司（正本单据通过议付行寄给开证行）。

（4）经开证行支付货款。开证行审核单据，确认无误后付款。

（5）办理起租手续。承租人接到提单（也有安装调试后）办理起租，租赁公司根据实际发生的款项，发出实际成本变更通知书，承租人向租赁公司出具租赁物品收据。

（6）按期支付租金。承租人按照租赁合同规定的时间、金额按时交付租金（一般租赁保证金抵末次租金全部或一部分）。

（7）偿还借款。租赁公司收到租金后，按照借款合同规定偿还所借本金和利息。

（8）办理产权转移手续。租赁期满，租金全部付清后，承租人按照租赁合同规定的设备残值办理留购、续租或者退还所租物品的手续。我国目前的融资租赁项目多属承租企业用于技术改造的专用设备，多是以最终留购为目的申请租赁的，一般是以很少的象征性的残值留购在承租人的工厂内。

（二）融资租赁应用中应注意的问题

1. 租赁费率的确定

理论上，租赁费率应为租赁公司的融资成本加上一定的手续费。由于租赁公司具有多种融资途径加以综合运用，因而通常按平均融资成本来确定租赁费率；租赁手续费需要根据各家租赁公司的实际经营状况和租赁项目金额的大小来确定，一般应为租赁物品现价的 1%～2%为宜。在国际租赁业务中，还应对货币汇率的走势、目前的利率水平和变化趋势等因素进行综合考虑。

2. 租赁物品的选定及质量保证问题

租赁业务的一大特点就是租赁物品是由用户根据自己需要选定后，由租赁公司出资购买，再从租赁公司租来使用的。因此，用户选定物品时一定要慎重，要选择符合自己设备投资计划并且能够充分发挥作用的物品。为此，承租人必须同制造厂或其他供货者就技术问题直至交货日期等一切安排仔细进行磋商，以防出现差错。

租赁设备的选择，应在广泛收集国内外资料，并结合承租企业实际情况的基础上进行。一是生产厂家的选择，要选择能生产符合我国国情的、合乎承租企业使用的生产线或单机设备的厂家。二是在一条生产线中，承租企业需要哪些单机，不需要哪些单机的选择。一般来讲，对于技术改造项目，常常不是全部生产线的引进，而是引进一部分关键设备，用其与工厂现有的设备配套，或与国内生产的新设备配套形成生产能力。

对于租赁物品的质量保证，国外租赁公司一般主张由承租人直接同供货人签订保修合同。由于国内企业对海外供货商缺乏了解，有时难以得到对租赁物品的内在质量保证，因此应加强调查研究，并尽力取得外商的协助。

用户在验收物品时，一定要仔细核对所交物品是否是所定物品，并进行认真的运转试验以检验该租赁物品的性能是否符合要求。另外，在融资租赁方式中，由于租赁公司不负责租赁物品的维修与保养。因此，承租人事先要与供货厂家洽商并确定有关维修方式，必要时与供货厂家签订维修保养合同，以确保租赁物品能始终处于正常运转及完好的状态中。至于其他的权利与义务，承租人都应按照合同条款的要求，严肃认真地对待，这样才能达到企业的既定目标。

3. 租费的偿还期限及支付起始日

确定租费的偿还期限应注意两个问题。一是期限的确定从实际出发，对于一个项目的实际偿还期限，应进行详细的预算，并应留有一定的余地，防止由于期限订得太短，造成合同期限内承租人不能按时支付租费的情况发生。二是每次租费的支付的金额和各期租费的支付要灵活掌握，可根据投产期的长短等来确定。计算租赁的起始日，有的从其凭装船单据向供货人付款之日起算，有的从装船提单日起算，而实际债务的形成，是从租赁公司向供货人付款才产生的。因此，合同中应明确规定租费的起算日是租赁公司实际付款日。

4. 对外租赁合同格式的使用

在国际上，各家租赁公司的租赁合同格式不同，对于不同的租赁项目，在条款的拟定上又有很大的差别。因此，在签订合同时，要详细研究国外租赁公司所提供的租赁合同格式，对于企业不能接受的条款争取予以取消，需要增加的条款争取予以补充。

5. 租赁物品的价格谈判

租赁物品的价格与承租人日后支付租金的高低有着密切的关系。价格谈判可以采用多种形式，有的由承租人直接同供货厂家进行谈判，有的则由承租人把这一活动完全委托给租赁公司办理，特别是当租赁公司有特别门路谈判减价时，可以谋取更便宜的购买价格。在平等互利的原则下，争取以合理价格成交签约是商务谈判的主要努力目标。因此，应做好如下工作：①广泛收集价格资料；②研究对方报价；③比较各家外商的报价；④经过竞争和讨价还价，压价成交。

6. 租金的估价与确定

在租赁业务中，按照惯例，承租人可以要求租赁人提出租金估价。在这以前，承租人要确定租赁物品的价格和对供货厂家的支付条件及租期、租费支付方法、交货期、交货地点等，然后正式要求租赁公司揭示估价。接到租赁公司的估价单后，承租人还要详细核算租金月额、租金支付方法、期限等与自己的计划有多大距离，还要核对是否有不应该列入租金的内容及条件等，然后才能向租赁公司表示正式同意签订租赁合同。

租金的计算应考虑如下因素：

（1）租赁设备的购置成本及残值。购置成本包括设备买价、运杂费、途中保险费等，残值指租赁期满后设备的可变现净值。

（2）利率。在租赁资产价格一定的情况下，利率是影响租金的最重要因素，一般来说利率水平越高，支付租金总额也越高，反之则较低。

（3）租赁期限。租赁期越长，承租人占用租赁公司资金的时间也越长，租赁公司承受的利息负担也就越重。租赁公司需通过租金方式将这部分利息收回，所以租期越长，租金总额越大。

（4）付租间隔期。付租间隔期一般分为年付、半年付、季付、月付等。间隔越长，实际上意味着承租人平均占用租赁公司资金的时间越长。所以，付租间隔期越长，租金总额越大；反之，租金总额越小。

（5）保证金的支付数量与结算方式。承租人向租赁公司支付的保证金越多，租金总额越小。另外，保证金从成本中扣除，还是作抵补最后一期租金的一部分，对租金总额影响很大，如果从成本扣除，租金总额就小，否则租金总额越大。

（6）支付币种。国际金融市场上各种货币的利率和汇率是经常变化的，币种的选择直接影响到租金总额。一般讲，利率高、汇率高的币种，租金总额要相对增加，否则减少。

（7）付租方式。付租方式有期初付租与期末付租等方式。期初付租情况下，承租人占用租赁公司资金的时间相对缩短，因此租金总额较小；期末付租方式的租金总额相对增加。

7. 支付方式的选择

在国际租赁的业务中，购货合同的支付方式通常采用信用证结算方式和凭租赁公司出具的保函交货方式，有时也采用托收方式。对单机引进，如签约对象信用证付款方式，生产线及成套设备的引进，通常采用分期付款方式支付。租赁公司为保证承租人利益，在谈判中总是争取晚开证，最小比例地预付定金和较大比例地预留货款，以保证设备质量和技术服务的可靠，或万一发生交货拖延、质量不好、规格不符问题使承租人能处于有利地位。但最终采用哪种支付方式，需视各种综合条件而定，如价格、售后服务、市场供求情况以及买卖双方购售方式等。

8. 保险、索赔及仲裁

租赁物品，无论是运输保险，还是物品的所有权尚未转移前的财产保险，都是租赁公司应关切的问题，国际上的习惯做法是租赁公司责成承租人办理物品的财产保险手续。为了防止责任上的扯皮和便利业务，国内承租人在办理物品保险时，最好能向国内一家保险公司投办"一揽子保险"，即从租物在起运港装船开始，到租期届满为止，包括运输期限和租期内财产险在内的全部租赁业务过程的保险。租赁设备如果在验收后发现问题，应在合同规定的索赔期内，由国内租赁机构合同承租人向责任方索赔。索赔期一般规定为租物抵达承租工厂后90天。合同中的仲裁条款可以订得概括简单，也可以订得具体。

9. 期满所有权的处理

租赁公司根据承租人在签订租赁合同时的选择，对租赁物品做出相应处理。在规定以名义价格获得所有权时，期满，承租人付清全部应交租金和其他款项，并向租赁公司支付一笔极小金额的款项，租赁公司就向承租人出具一份租赁设备物权转移证书，自该证签字之日起原租赁物品的所有权就转移给承担人。我国目前鉴于国内二手货市场多采用这一形式，在续租时，承租人至少于期满前一个月，将其续租要求书面通知租赁公司，承租人可按合同已规定的续租租金和预定损失金继续承担，一般续租租金较便宜，续租期可长可短，续租期满，承租人可退回租赁物品，租赁公司也可声明放弃续租期满的租赁物品的残值。在退租时，期满承租人自动将租赁物品退还给租赁公司，并保证除租赁物品正常损耗外，仍保持良好的状态。

### 三、我国推广应用融资租赁的建议和展望

（一）对企业运用融资租赁进行融资的建议

整体上看，一方面，我国上市公司整体的资产负债比率不高（在50%左右，未能上市的中小企业的资产负债比率更高），企业的获利能力低、商业信誉不高、资产管理能力薄弱、税收优惠的较大差异等一系列因素都使得企业面临着严峻的融资压力。另外，快速发展的外部经济环境也使得企业必须抓住时机尽早处于竞争中的优势地位。因此，作为有效的融资方式之一，包括上市公司在内的不同规模的企业都有必要增强运用融资租赁的主动性。

1. 企业应利用融资租赁优化企业负债结构

我国上市公司中采用融资租赁的企业的负债比率较高，这与发达国家早期的实证研究相符。然而，从目前情况看，发达国家如美国的上市公司运用融资租赁为企业融资服务的现象较为普遍，且负债比率在这些企业中的差异并不像我国当前情况那样如此显著。究其原因，主要是我国各行业对融资租赁的认识还有所欠缺。对我国大部分企业而言，其在进行融资决策时采用银行信贷的方式仍是不二选择，因此，我国企业的负债结构相对比较单一。加强对融资租赁的认识对企业而言有着重要意义。

（1）企业应转变"重所有权、轻使用权"的财产价值观念。由于受传统经验和融资模式影响，企业"重所有权、轻使用权"的财产价值观念比较牢固。传统的财产价值观认为财产所有权是一切，所有权是第一位的，使用是第二位的，重视所有权，忽视财产如何使用。因此这种观点属于"财产的排他性占有"观念，对于"不必通过获得财产所有权而使用财产"的这种现代财产使用价值观认识不足。融资租赁具有融资和融物的双重功能，既可以利用融资购买设备，又可以利用设备取得流动资金，它的根本特征即是财产所有权与使用权分离。而且，融资租赁有利于节约企业资源，发挥企业的资产管理优势，还可以灵活安排租金支付，缓解银行贷款一次性支付所带来的资金压力。

（2）企业应在重视投资额增长的同时重视最佳投资组合（这里指投资时机和方式）。理论上，资本只有处于永远的流动之中才称其为资本，而投资时机优劣决定资本流动状态及资本价值增值率。因而，投资观念本质上是动态观念，如果片面注重投资数量，单纯追逐投资额增长，实质上是一种形而上学的静态投资观念，它可能导致企业投资决策失误甚至投资失败。当前，中国大多数企业的投资融资观念偏重于"信用扩张"，即通过银行吸收存款并通过银行的超量贷款为企业的发展提供资金。这种做法累积的结果是我国企业的负债结构普遍较高。因此，企业管理层应走出投资融资观念的误区，注重投资融资额的适度增长，更应重视融资选择，抓准投资时机，以适合的投资融资方式与时间，提高资本的质量和效率，使社会资本在不断的运动中具有迅速增值的活力。

2. 成长性企业应致力于诚信建设以应对可能的融资压力

具有良好诚信的企业无形中会扩大其自身的融资能力，反之则不利于甚至威胁企业的发展。例如，向社会公开发行的企业债券，如果信用级别较低，企业将不会获准发行公司债券，那么企业的融资能力自然降低。再如，一些上市公司由于出现财务舞弊等丑闻导致市值急剧下挫而不得不退市或沦为其他公司"借壳上市"的跳板。这些都说明建立良好公众信誉和诚信对企业的重要性。但是，根据来自租赁公司的资料，国内企业在树立优秀诚信方面仍需提升。

3. 企业应加强资产管理，提高租赁资产利用率，减少融资租赁风险

从经济学角度，资产的经济价值是创造利润，提高资产的使用率可以为企业创造更多利

润。从企业管理角度，企业资产管理质量是衡量企业内部控制的重要标志之一。因此，对企业而言，应将资产管理与企业的投资、融资有机地结合起来，不断提高资产管理水平、健全内部控制体系。从实证分析来看，融资租赁与国内上市公司的获利能力有一定联系，但不呈显著关系。但这并不能因此否认提高租赁资产乃至企业整体资产的利用率对增加企业的获利能力、优化企业负债结构的重要作用。

（1）企业应提高租赁资产的利用率。拥有设备却闲置或利用率低，必然造成高投入、低产出、负效益。因为利润是通过资产设备的使用带来的。早期的投资观念认为，购置大型的资产是一种永久性的投资，当人们周围的社会生产条件相对不变时，经济上的逻辑是追求持久性，但是随着知识的加速积累和科学技术的进步，新产品不断更替，产品存在的周期不断缩短。例如，有些电子业、医药业产品销售 6 个月就可能有新产品替代。现代社会产业结构和产品结构迅速变化，越来越看重新技术设备创造财富的实际效用，所以企业应重视财产设备的使用效率。此外，从风险角度看，就租赁的本身而言，如果租赁资产的后续投入不足、使用率低下，其租赁资产带来的收益有很大不确定性，企业每年还要安排偿还一定的高额租金，这增加了企业的财务风险。

（2）提高资产分析能力。国内对融资租赁的实务研究和创新落后于发达国家，特别是财务人员在资产分析方面存在明显不足，对采用租赁融资给企业带来效益的研究就自然更少。不可否认，采用融资租赁的企业，其财务人员应当首先具备这方面较强的专业判断力，因为从企业融资管理的角度，它体现的是"租赁还是购买决策"问题。融资租赁是否能给企业带来效益、带来多大效益，以及如何整合这些效益与企业其他利益的关系是企业财务经理需要研究的问题。在考虑货币的时间价值的情况下，承租人评价租赁有很多方法，如净现值分析法、成本分析法、敏感性分析、临界值分析、风险分析、期权定价等。

4. 企业应积极寻求与出租人合作，增强融资能力

如果企业自身条件成熟，那么选择适当的融资租赁公司与之合作的空间广阔，加强与出租企业的合作存在很多优势。

（1）企业可以快速获得所需租赁资产，减少租赁企业信用评价环节风险评估的时间。融资租赁合同的达成需要花费一定的谈判时间，如果再加上出租企业购买租赁设备的时间，很可能丧失原有的时间优势。如果企业早日与出租人合作便能尽量缩短承租企业初次合作所需设备的到货时间和再合作时的交易时间，为企业尽早抢占市场，尽早提高企业产能、生产效率带来一种无形的收益。

（2）企业还可以更加灵活地择机选择与租赁公司开展融资租赁合作，尽快融入资金。当企业面临着融资压力时，财务经理即可以通过运用售后租回的租赁方式缓解甚至消除这种压力；当企业更新设备时，运用融资租赁又无须一次支付巨额资金购买设备，而是按期支付租金，这可以降低企业在固定设备上的资金投入，把资金投向收益率更高的其他资产，提高了资金的使用率和收益率。由此可见，企业通过利用灵活方便的融资租赁向租赁公司融入资金将会极大地调控企业的融资能力，增加企业的现金流。从上市公司的实证结果看，企业的这种能力确实存在不足。

（3）选择与出租人合作还可以避免对租赁设备进行质量考察所花费的人力和物力以及购买租赁资产出现的受贿和采购质量下降问题。通过与出租人合作，企业可以减少购买资产环节的费用以及人力和物力浪费等问题，提高企业的运营效率，这种合作实际上是一种类似"外

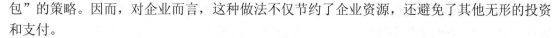

包"的策略。因而，对企业而言，这种做法不仅节约了企业资源，还避免了其他无形的投资和支付。

（二）我国企业运用融资租赁的展望

我国经济经过几十年的快速发展并且现在仍以较高的速度继续发展着，经济的快速发展对资金产生了极大的需求。国内各大银行出于各种原因，重点关注大型企业集团和效益显著的行业，而且借贷手续复杂、时间冗长。因此，面对很多行业资金紧张的状况，国家现在也在着手改善。我国新的融资租赁法律将大幅降低金融租赁门槛，鼓励有资质和实力公司进入融资租赁行业。在这种大环境下，我国企业运用融资租赁必然会得到快速发展。但在实际操作层面，我国企业与发达国家企业相比在区域经济、区域商业文化、人员素质等方面存在较大差异。因此，我国企业特别是中小企业融资租赁难度也高于国外发达国家。在经济欠发达的中西部以及商业文化不高、投资风险较大的行业，企业利用融资租赁所存在的"相对高风险问题"依然会长期存在。从长远角度看，企业在利用融资租赁解决资金短缺问题的同时还应努力树立良好的商业信誉、提高资产管理水平。

从行业类型看，下列行业融资租赁具有率先快速发展的优势。

（1）电力行业。电力行业的建设资金主要来自银行，从银行取得贷款也较为容易。因此，电力行业财务人员对其他融资渠道并不重视，也不积极开拓新的融资渠道。但是电力行业是资金密集型行业，尤其是超高压线路的建设更是需要大量的资金，而且电力行业效益好，对于支付融资租赁资金有可靠的保证，因此，电力行业必然成为未来金融租赁公司的竞争领域。

（2）医院。医院利用自由资金购买大型医疗设备有时会比较困难，况且这种购置高价医疗设备的做法也易造成系列性浪费社会经济资源。所以，医院行业运用融资租赁必然存在较大空间。

（3）交通行业。目前，国家批准的 BOT 项目比较多，交通行业具有较强成长性能力。由于建设项目需求大量资金，较大的交通企业主要通过银行信贷筹集资金。但是，不满足银行贷款条件的交通企业也存在一定数量。这类企业不仅有稳定的现金流，还具有很强的担保能力，因而，其未来运用融资租赁的可能性很大。这里需要特别提到飞机租赁行业。从某种意义来说，金融租赁企业的市场占有率及收益性与企业是否涉足飞机租赁关系密切。我国境内的金融租赁企业涉足飞机租赁行业有利于推动航空业的快速发展。

（4）市政工程。近年来，我国各市政府转变了政府职能观念，这对城市建设有很大的积极性。但由于城市建设欠账多，而需要实施的工程项目又很多，这就使得市政工程单位处于不利地位。目前国内市政公司对融资租赁的运用比率较低，究其原因在于企业缺乏对融资租赁的认识。企业通过市政工程返还租金的办法进行融资租赁是很好的融资策略，特别是在有政府同意支付的情况下，这种策略的可行性更高。

此外，在盈利能力较好的其他行业也有较大程度运用融资租赁的可能。因为从出租人市场看，随着盈利能力较好的行业融资观念的转变，在这类行业开展融资租赁业务投资风险较低，而且获利可观。从企业自身看，当存在一定的成长潜能或内在发展动力时，企业依靠自有资金扩大规模发展速度缓慢。因此，增加与租赁公司等多渠道的合作十分有益。这类行业除非受到国家政策倾斜或严格管制，运用融资租赁是内在需求所决定的。从发展区域来看，未来经济发达地区的企业运用融资租赁的比率将有较大提高，而中西部欠发达地区的企业运用融资租赁的低增长境况仍会持续一段时间。在我国经济发达的沿海区域存在着活跃的民间资本，加之我国降低了从事融资租赁业务公司的门槛，银行、外资对融资租赁的关注。未来这些地区的融资租赁公司不仅数目多而且还存在明显的竞争环境。相比，中西部欠发达地区的企业对租赁公司而言虽然也存在一定的商机，但是整个中西部地区经济环境、政府职能以及其他不可见风险的长期存在使得租赁公司将资金投放到这些地区的数目相对较少。因此，在可预见的将来，上述地区企业运用融资租赁的外部环境与经济发达区域相比处在不利地位，其发展速度比较有限。整体而言，未来我国企业运用融资租赁的比率必然会得到较大提高，融资租赁业对我国经济增长的贡献必然增加。

# 第八章

# 融资方案的设计和分析

## 第一节 融资方案的设计

### 一、工程项目融资目标及总体方案策划

（一）工程项目融资目标

工程项目的投融资方案，是在建设规模、产品方案、技术方案、设备方案、场（厂）址方案以及工程建设方案和进度计划等研究的基础上，通过对总投资和各年资金需求量的估算，逐步构建而成的。在这一过程中，应以项目总投资的估算为起点，在确定融资主体的前提下，研究建设投资和流动资金的来源渠道及筹措方式，从而进行融资结构、融资成本和融资风险分析，为财务分析提供必要的基础数据。

工程项目融资方案的目标，要在足额融资的过程中，降低融资成本、提高投资者收益以及减少融资风险。也就是说，融资方案要实现的目标具有三重含义。

1. 降低融资成本

从可持续的角度讲，项目必须创造效益，而对于大多数工程项目来说，效益最大化是首要的财务目标。一般来说，创造效益有两种途径：开源或节流，前者通常是指增加收入，后者则是指减少费用或支出。融资成本属于项目的费用，所以在收入不变的情况下，减少费用开支就等于增加项目的效益。

2. 提高投资者收益

由于负债经营可以为企业或项目带来效益，即债务资金的利息可以为企业或项目带来减税的好处以及负债具有财务杠杆效应，适当的负债可以提高投资者的收益。有鉴于此，在企业或项目总资金成本不变的情况下，通过适当的权益资金与负债资金的配比，可以使投资者获得较高的收益，同时使负债资金的成本处于较低的水平。

3. 减少融资风险

在降低融资成本和提高投资者收益的同时，还要尽可能减少融资风险。这里所说的风险，包括资金来源的可靠性、利率变动风险、汇率风险以及还本付息风险等。

（二）工程项目融资的程序

为了实现项目融资方案的目标，需要按照适当的程序制定并优化融资方案，这一程序至少应包含五个步骤，即了解资金需求量及其时间安排、确定融资主体及融资方式、选择资金来源渠道、进行融资方案分析以及编制资金来源与运用计划表。

1. 了解资金需求量及其时间安排

融资方案的起点，是投资估算中确定的项目总投资，包括项目建设投资、建设期利息和流动资金投资以及这些资金的使用计划，也就是项目的总资金需求及其时间安排。项目的总投资额及其时间安排，可查阅建设投资估算表、建设期利息估算表、流动资金估算表等获得。

2. 确定融资主体及融资方式

明确项目的融资主体。项目的融资主体可以是既有法人，也可以是新设法人，主要由项目投资的规模和行业特点、项目与既有法人资产及经营活动的联系、既有法人的财务状况、项目自身的盈利能力等确定。确定了项目的融资主体，也就相应地确定了项目的融资方式，即既有法人融资方式或新设法人融资方式。

3. 选择资金来源渠道

项目的资金来源渠道主要分为权益资金和负债资金来源渠道，两者又分别有各种不同的形式。因企业或项目风险的大小，各种资金来源的成本也不相同。在制定项目融资方案的过程中，应对各种资金来源的特点（如负债资金期限与还本付息的特点）和成本有系统性的了解，以确保获得成本相对较低和条件较适合项目运营特点的资金来源。

4. 进行融资方案分析

在总资金成本不变的情况下，适当的权益资金与债务资金的配比，可以使企业或项目以较低的负债资金成本，为投资者带来较高的收益，这有赖于在选择资金来源渠道的过程中，对不同资金来源的配比进行结构分析和成本分析。同时，还应进行融资风险分析，了解项目资金来源的可靠性、负债资金还本付息安排与项目经营期现金收入的匹配性，以及项目寿命期内利率变动和汇率变动风险的大小。

5. 编制资金来源与运用计划表

一个完整的工程项目筹资方案主要由两部分内容构成。其一，项目资本金及债务融资资金来源的构成，每一项资金来源条件以文字和表格（资金筹措来源表）加以说明。其二，编制资金来源与运用表，使资金的需求与筹措在时序、数量两方面都能平衡。投资计划与资金筹措表是投资估算、融资方案两部分的衔接处，用于平衡投资使用及资金筹措计划，编制时应注意以下几个问题：

（1）各年度的资金平衡。项目实施的各年度中，资金来源必须满足投资使用的要求，资金筹措来源应等于或者略大于资金使用额。资金使用还需要考虑债务融资的财务费用（建设期利息及筹资费用）。

（2）建设期利息。建设期利息的计算通常按照当年借入的贷款按半年计息，以前年度的借款计全息。在安排当年借款金额时需要安排借入当年需要支付的利息及筹资费用。

资金筹措计划的制订中，潜在的借款人将主要关注有关融资的下列问题：①融资的财务结构及股东权益资金的构成；②规划的债务资金的来源渠道及特点；③债务资金还本付息的时间进度要求；④债务资金的详细情况，如币种、期限、固定利率或浮动利率；⑤项目的参与各方可能获得的担保情况；⑥政策及其他法规规范要求。

（三）确定融资主体

项目的融资主体，是指进行项目融资活动并承担融资责任和风险的项目法人单位。为建立投资责任约束机制，规范项目法人的行为，明确其责、权、利，提高投资效益，依据《公司法》，原国家计划委员会（现为国家发展和改革委员会）制定了《关于实行建设项目法人责任制的暂行规定》（计建设〔1996〕673 号），实行项目法人责任制，由项目法人对项目的策划、资金筹措、建设实施、生产经营、债务偿还和资产的保值增值实行全过程负责。

项目融资主体的组织形式主要分为既有法人和新设法人。

在下列情况下，可以考虑以既有法人为融资主体：

（1）既有法人具有较强的经济实力，能够为拟建项目融资并承担全部融资责任。

（2）拟建项目与既有法人的资产及经营活动具有密切的联系。例如，建成后可以使其现有生产能力得到更充分的利用，或者使其积压的原材料得以消化等。

（3）虽然拟建项目本身的盈利能力不很理想，但它对整个企业的持续发展具有重要作用，如更新改造项目，因而需要利用既有法人的整体资信获得债务资金。

在下列情况下，可以考虑以新设法人为融资主体：

（1）拟建项目的投资规模较大，既有法人不具有为项目进行融资和承担全部融资责任的经济实力。

（2）既有法人财务状况较差，难以获得债务资金。

（3）拟建项目与既有法人的经营活动联系不密切。

（4）拟建项目自身具有较强的盈利能力，依靠项目自身未来的现金流量可以按期偿还债务。

总之，应根据既有法人的经济实力，或者根据拟建项目的规模、行业特点及其与既有法人现有经营活动的联系，正确确定项目的融资主体，以便于以较低的成本和风险，顺利并足额为项目筹措到所需的资金。

**二、内部融资和外部融资**

融资方式按照其储蓄与投资的关系可以分为内部融资和外部融资。这种划分是由美国经济学家格利和爱德华·肖提出的。按照格利和爱德华·肖的意见，内部融资就是投资者利用自己的储蓄。外部融资是指投资者利用他人的储蓄作为投资资金。从企业的角度分析，内部融资是指企业内部生成的资金，包括企业经营活动创造的利润扣除股利后的剩余部分（留存收益）和经营活动中提取的折旧。由于折旧主要用于重置损耗的固定资产的价值，因此，企业增量融资的主要内部来源就是留存收益。外部融资是指从企业外部筹措资金，主要包括股票、债券、银行信贷资金等。

**（一）内部融资与股利政策**

股利政策所涉及的主要是企业对其收益进行分配或留存以用于再投资的决策问题。在投资决策既定的情况下，这种选择就归结为，企业是否用留存收益（内部融资）或以出售新股票（外部融资）来融通投资所需的股权资本。

从财务的角度讲，企业未来财务活动主要是三大财务政策（投资、融资、股利政策）的决策与调整。如果企业存在着较多的投资机会，其经营现金又不足以满足投资需要时，则向股东分发的股利越多，需要筹措的外部资金（发行债券、优先股、普通股）也越多。因此，在投资既定的条件下，企业股利政策的选择，实际上是企业融资政策的选择，即股利政策可以看作融资的一个组成部分。如果企业已确定了投资方案和目标资本结构，这意味着企业资金需要量和负债比率是确定的，这时企业或者改变现存的股利政策，或者增发新股；如果企业的目标资本结构和股利政策已确定，那么，在进行投资决策时，或者减少资本支出预算，或者从外部筹措资金。

图 8-1 列示了投资决策、融资决策与股利政策三者之间的关系。企业当前的政策：目标资本结构是负债与股权之比为 1:1；总资产收益率为 15%；股利支付率为 33%。企业未来有一个投资机会，需要增加资金 25 万元。现有以下四个调整方案。A 方案：改变股利支付率，即采取剩余股利政策，将股利支付率从原来的 33%下降到 16.7%，以满足投资资金需要和保持资本结构不变。B 方案：改变目标资本结构，将原来的负债比率 50%提高到 52%，以满足

投资需要并保持股利政策不变。C 方案：改变投资规模，将投资额削减到 20 万元，以保持当前的目标资本结构和股利政策不变。D 方案：发行新股融资，增发新的普通股 5 万元，以满足投资需要，并保持当前的目标资本结构和股利政策。

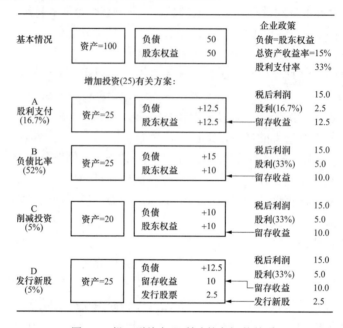

图 8-1 投、融资与股利政策之间的关系

（二）融资方式的演变

从逻辑上讲，企业融资是一个随经济的发展由内部融资—外部融资—内部融资这样一个交替变迁的过程。在经济发展的初期，一方面企业的生产规模小，资金需求量相对不足；另一方面金融市场尚不发达，金融机构稀少，金融工具匮乏、金融手段单一，金融资源相对不足，因此，企业主要依靠内部融资来积累资金，追加投资，扩大生产规模。也就是说，企业在这一阶段的资金主要是靠单个资本直接通过内部积累形成的。当经济发展到一定水平时，单纯的内部融资很难满足企业日益增长的投资资金需求，依靠外部融资就显得日趋重要。为了扩大生产规模，提高竞争能力，企业利用商业信用，主要以资本集中的方式，扩大自身的资产规模，提高资本有机构成。企业借助银行等金融机构对社会闲置资本和低效资本加以改造和充分利用，使得金融资本和产业资本滚动扩张，社会有效资本不断壮大。随着金融市场的深入发展，股票、债券等多种融资方式和融资工具的出现和使用，使外部融资份额在企业融资中的比例迅速增长。纵观近代企业的发展过程，不难看出，外部融资对企业发展起着极大的作用。以美国为例，美国在南北战争后掀起了大规模的铁路建设高潮。美国修建铁路始于 1828 年，到 1865 年以前，美国铁路只有 6 万 km，可是到 1890 年就接近 27 万 km，在这里，通过发行股票进行外部融资为大规模地修建铁路立下了"汗马功劳"，马克思曾经指出："假如必须等待积累去使某个单个资本增长到能够修筑铁路的程度，那么恐怕直到今天世界上还没有铁路。但是，通过股份公司转瞬之间就把这件事情完成了。"

现代经济发展表明，漫长的资本原始积累过程可以说是通过外部资金的运动而缩短。如果缩短过程这一结论不能成立，原始积累阶段不能逾越，那么，发展经济学关于加快发展中国家经济成长进程的分析与结论便不能成立。随着经济的深入发展和企业自我积累能力的提高，出于降低融资成本，节约金融交易费用，防范经营风险、财务风险等各种动因，企业融资方式又开始向内部融资趋近。

考察西方国家的融资模式，或许可以得出相近的结论："内部资金是最重要的资金来源，对所有工业化国家而言都是如此。"在发达的市场经济国家，企业主要依赖内部融资，美国和英国占比高达 75%。最低的是日本，占 34%。

相对外部融资来说，内部融资的主要优点是融资成本相对比较低，风险比较小。对企业来说，留存收益和普通股都是股权资本，如果以普通股融资可能带来所有权与控制权稀释、不对称信息所产生的问题等，而以留存收益作为融资工具则可避免这一问题。一般来说，内部融资是企业生存、发展、壮大的基本源泉，是企业取得外部融资的基本保证，外部融资的规模和风险必须以内部融资的能力来衡量。很难想象一个单纯依赖外部资金的企业会健康发展。

外部融资产生的基本条件是资金收支不平衡。对某一特定企业来说，在生产经营中有时会支大于收，出现临时的资金不足；有时又会出现收大于支，出现短期资金剩余。在某一时点上，有的企业、地区或行业支大于收；而另一些企业、地区或行业收大于支，这就是商品经济中资金收支的不平衡性。在收支不平衡的资金运动过程中，发生资金不足的企业可通过外部融资满足其投资需求；发生资金剩余的企业可通过贷放资金获得一定的投资收益。

**三、间接融资和直接融资**

将外部融资方式分为直接融资和间接融资，最早是由美国的格利提出的。他认为，现代资金融通关系、资金的转移和承诺与金融工具或有价证券密切相关，如果证券的发行者和持有者就是融资关系中的资金亏损部门和资金盈余部门，便称为直接融资。即由资金亏损部门（最终的资金借方）通过直接向资金盈余部门（最终的资金贷方）发售"本源证券"筹措资金的形式。这里的"本源证券"也称"初级证券"，特指股票、股权证、企业债券和商业票据等。这种直接融资是出资人和用资人以证券这种特定的、规范化的票据形式，把货币的使用权永久地或暂时地让渡给用资人。如果金融中介机构另以自己的名义发行一种"辅助证券"，如存单、银行汇票、支票等，用以换取资金盈余单位的资金并以之换取资金亏损部门的"本源证券"，这便称为间接融资。直接融资与间接融资区别的唯一标准是形式上有无"辅助证券"的出现，它决定了融资关系中金融中介是作为服务媒介还是既作为债权人又作为债务人。这种间接融资方式将真正的出资人和用资人通过银行隔开，表现为两重借贷：第一重是居民将自己的货币使用权让渡给银行，银行支付使用货币的代价；第二重是银行将货币使用权让渡给企业，由于银行的中介作用，使企业对银行具有较强的依赖性，见图 8-2。

（一）间接融资分析与评价

间接融资是企业通过商业银行或其他金融中介筹措资金的一种方式。在这一过程中，金融中介充当着储蓄者（最终贷款者）和投资者（最终借款者）的信用中介人，它通过发行和出售间接证券（金融机构的负债，包括存款、基金股份和保险单及类似债权等），

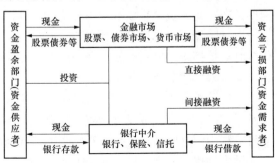

图 8-2  企业直接融资与间接融资的过程

把储蓄者的储蓄聚集起来,在此基础上购买和持有投资者发行和出售的初级证券(本源证券),从而把储蓄者的储蓄提供给投资者。

在间接融资过程中,金融中介在储蓄、投资过程中发挥着桥梁和纽带的作用,它通过负债业务和资产业务把储蓄者和投资者联系起来,并能够积极地影响储蓄和投资过程。

首先,从金融中介与储蓄的关系分析,银行等金融中介能够提供不同风险、不同收益、不同流动性的多样化的金融资产,使储蓄者能够根据其需要选择储蓄资产形式,从而扩大了储蓄者储蓄投放的领域。同时,银行等金融中介还可以通过多种方式转换储蓄风险,为储蓄者开辟了安全可靠的储蓄渠道。此外,金融中介可以适应不同类型储蓄者的储蓄偏好提供不同的金融服务,使各方面的储蓄潜能得以发掘。金融中介对储蓄的这种影响一般称为金融中介储蓄效应。

一般来说,银行和非银行这两类金融中介都能通过资产、债务关系沟通资金供应双方,其共同之处就在于,它们都是吸收盈余部门的储蓄并把它转移到投资领域,都能创造金融资产。两者不同之处在于银行具有创造信用的能力,而非银行的金融机构并不能创造信用,因为这些非银行的金融机构并不接受活期存款,不能创造存款(派生存款),它们贷出的货币资金必须首先从持有货币资金的人手里吸收货币。银行由于接受活期存款,因而银行体系能够创造派生存款,这一过程一般称为信用创造过程。银行体系通过派生存款机制扩大信用规模,一方面为利用银行信用促进储蓄向投资的转化创造了条件;另一方面也包含着信用膨胀推动投资膨胀的危险。如果社会上存在着闲置的资源,如因缺乏资金而出现闲置的机器设备、闲置的劳动力,增加银行信贷投放便可将这些闲置资源和生产能力动员起来,带动生产规模的扩大。同样,如果社会资金运动不畅,大量资金呆滞于产成品资金或生产储备上,或呆滞在债务链上,银行可通过增加信贷资金投放,启动呆滞资金,解开债务链条,从而把资金运动推上正常轨道。当然,如果银行对信贷资金使用不当,不仅不能推动生产规模扩大和积累的增加,而且将导致严重的通货膨胀,影响经济稳定。

其次,从金融中介与投资的关系分析,金融中介对投资的影响一般称为投资效应,主要表现在以下几个方面:第一,金融中介能够在广泛吸收社会闲散资金的基础上,使面临有利投资机会的投资者能够超越自身储蓄能力的限制进行适度规模的投资,从而有助于提高社会投资收益率,促进投资流量的增加。第二,金融中介能够进行大规模的融资活动,把大量闲置资金聚集成巨额资金,实现资金融通上的规模经济,从而降低社会融资成本。第三,金融中介不仅使融资者无需发行不适应自身状况的证券就能进行融资,而且在时间上不必等待储蓄的转移即可为其提供信用(因银行体系具有创造信用的功能),从而促使储蓄转化为投资。第四,在对企业资金贷放过程中,金融中介能够利用自身优势,预测、分析、控制企业的投资导向,降低不对称信息所带来的金融风险;通过对贷款利息索取权和在企业到期不能偿还债务时对抵押资产的所有权以及破产时的清算、重组权实现对企业的监督和控制。从这点分析,间接融资控制能力优于直接融资。

上述分析说明,银行作为金融中介,不仅聚集转移储蓄、促使储蓄转化为投资,而且通过货币供给、信贷投放发挥融资增加资金供给的作用,只要信贷扩张限制在一定的范围内,就可以利用银行信用在没有通货膨胀的情况下融资。从企业的角度分析,通过银行中介进行间接融资的优点表现在以下几个方面:

(1)融资速度快。与发行股票、债券相比,长期借款筹资一般所需时间较短(不需做证券发行前的准备、印刷证券等，如申请、审批、发行、销售等），程序较为简单，可以迅速获得资金。

（2）融资成本低。由于举债融资，利息可在税前支付，因此可减轻利息负担，比股票融资的成本低得多。在一般情况下，银行借款成本也低于债券筹资成本。

（3）融资弹性较大。融资企业与银行直接商定贷款的时间、数额、利率等。在用款期间，企业如因财务状况发生某些变化，也可与银行再协商，变更借款数量及还款期限等。因此，借款融资具有较大的灵活性。

（4）利用银行借款融资，可以发挥财务杠杆的作用。

利用银行进行间接融资的缺点主要表现在以下几点：

（1）融资风险较高。与股票融资体现的所有权与控制权的关系不同，间接融资体现的是债权债务关系。贷款者将存款者的资金贷放出去，他本身并不是企业资产的最终所有者，融资者借入的也不是资产的所有权，而是一种资金使用权或债务。银行在这里仅仅充当一种信用中介，是债权债务关系的集合，它拥有对企业的相机控制权，也就是说，在融资者能够按照契约规定履约付款时，银行并不拥有对企业的控制权，如果企业不能按合同履约，则企业控制权会自动转移到作为债权人的银行手中。因此，间接融资，特别是银行借款对企业具有硬约束。

（2）限制条款较多。这些条款可能会限制企业的经营活动，影响企业今后的融资能力。

（3）使用期限较短。银行的信贷资金并非可以全部用作长期投资。一般来说，银行在一定时期内沉淀下来的资金主要用于满足企业短期资金融通需要，特别是活期存款的存取间隔期很短，而供应给企业特别是投资项目的贷款要在项目建设开始投入项目建成投产后的几年内才归还。这就要求这部分信贷资金在银行的沉淀时间至少与项目建设期一样长。所以在大量存款的存取交叉中，只有一部分资金可以在较长时间里沉淀下来供应投资使用。这就决定了银行融资的有偿性和期限性。由于银行要保持资金的清偿能力，即讲究流动性原则，因此融资期限不可能太长，一般以短期融资为主。

（4）融资数量有限。由于银行受存款数量的约束，信贷资金的来源也是有限的。在贷款数量方面，受宏观经济环境等因素的影响，实行规模控制，因而企业从银行融资的规模总是有限的，有时并不能满足扩大再生产的需要。而从理论上讲，企业证券融资规模是无约束的。

（5）没有融资主动权。企业融资方式的选择、融资数量的多少、期限的长短、利率的高低一般由银行对企业的借款申请进行审核后决定，主动权掌握在银行手中，企业处于被动地位。

（二）直接融资分析与评价

直接融资不是通过金融中介创造金融资产实现储蓄向投资领域的转换，而是资金的最终需求者（借款者或投资者）直接向资金的最初所有者（个人或法人）提供证券的融资活动。这里的证券（包括股票和债券）是资金的使用权证书，它"代表着已积累的对于未来生产的索取权或权利证书"。作为企业筹集长期资金的一种方式，在社会储蓄—投资过程中具有积极的作用，特别是在现代社会，直接融资及其市场已成为市场经济的有机组成部分，没有直接融资及其市场，市场经济的有效运行是不可想象的。这是因为直接融资市场不仅为资金商品交易提供了场所，使资金供求双方在市场机制作用下进行直接的、公开的资金交易，而且具有加速资金积累、推动资源有效配置和利用等功能和作用。罗纳德·麦金农指出："直接融资会扩大一个企业内部融资的投资流量，它的投资现在会超过自身的储蓄。"随着持有货币的实际收益的增加，直接融资的效率将会提高，这主要表现在以下方面。

首先，直接融资使储蓄者（资金盈余部门）和投资者（资金亏损部门）自主选择资金交易的工具和形式，有助于实现储蓄—投资的有效转化。直接融资是通过储蓄者购买和持有投资者发行的初级证券来实现的，它使投资者能够根据自身发展的需要选择资金来源，调整和优化资金（本）结构，使储蓄者能够根据其对资金三性（流动性、收益性和安全性）的偏好自主选择其所需要的金融资产。这是因为在以银行信贷为主的间接融资方式下，虽然金融中介能够通过金融资产的创造把储蓄者的储蓄提供给投资者，但仅仅通过金融中介，既不可能为储蓄者提供所需要的一切金融资产，也不可能为投资者提供所需要的一切资金来源。从储蓄方来说，储蓄者虽然可以购买和持有金融中介发行的各种间接金融资产，但以银行存单（定期存单或活期存单）为主的间接金融资产只能满足以安全性为主要目标的储蓄者，很难满足以追求收益性和流动性为主要目标的储蓄者的要求。而直接融资所提供的股票和债券，虽然安全性较低，但具有较高的流动性和收益性，可为这部分储蓄者提供储蓄投放的理想场所和形式。从投资方来说，直接融资为企业筹集资金提供了有效形式和渠道。企业从银行等金融中介取得的信贷资金期限一般较短，往往难以用于长期投资，且易受银行等金融中介的操纵和控制。而直接融资一方面可以使企业根据其长期发展需要筹集用于长期投资的资金；另一方面也可以使企业在长期发展过程中保持经营上的独立性，同时使企业在所有权和经营权分离的基础上更好地适应生产社会化发展的要求，提高经营管理水平和企业经济效益。

其次，直接融资强化了储蓄、投资的市场约束，有助于促进资源的合理配置和有效使用。直接融资的最大特点莫过于它的公开性，在证券的发行与转让过程中，企业投资领域与投资效果必须向社会公开，直接得到投资者的监督，由此构成的压力，使企业在资源配置中不断追求创新。这主要表现在直接融资的每一笔交易都以公开竞价为特征，只有在双方共同接受的价格条件下，交易行为才能发生，且不带有强迫性质。资金供应者难以垄断市场高价，资金需求者难以垄断低价，虽然并不排除有利用巨大实力操纵局部市场的行为，但市场交易法将其控制在尽可能小的范围。在市场机制作用下，出资者根据相对收益高低选择各类企业发行的证券，只有有发展前途、能够提供满意收益的企业才能在证券市场上顺利地筹措资金；相反，风险大、收益低的企业很难在证券市场上筹措资金（当然这是以证券市场正常运行为前提的）。也就是说市场机制的作用促使资金盈余部门的储蓄转移到"出价最高、风险最小"的资金亏损部门。因此，在市场选择机制推动下，资金将会流向高收益的投资领域，从而促进社会资金的合理配置和有效使用。此外，在直接融资中，企业需要向社会公开其内部信息，并接受信用评级机构的资信评级，从而把企业置于社会的监督之下，因而，只有效益好、资信高的企业才可能在证券市场上筹集到资金，并在社会监督、评估下把资金配置到最有效的投资领域。

再次，直接融资通过资金的重新组合和分配，有助于实现巨额资金的快速聚集和有效使用。直接融资不仅有助于沟通资金盈余部门或储蓄主体与资金亏损部门或投资主体之间的联系，促进资金流动和集中，而且在利益机制（股息、利息）作用下，有效地调动社会上闲置或半闲置的资金，促进储蓄和投资的增长。直接融资的过程，实际上就是资金集中和积聚的过程。通过发行股票和债券，使需要巨额资金的部门或企业得以迅速建立和发展，促进生产规模迅速扩大，从而推动资金积累和经济发展。作为直接融资的典型场所的交易所"正在把所有完全闲置或半闲置的资本动员起来，把它们吸引过去，迅速集中到少数人手中，通过这种办法提供给工业支配这些资本，导致了工业的振兴……"

最后，直接融资及其市场除了融资功能外，更重要的是产权交易功能，通过产权交易实现投资主体的分散管理，改善企业运营机制；通过资产重组置换激活沉淀资产，提高资产效率；通过产权交易市场的运作实现整个社会资源的优化配置。

直接融资在运行过程中也有一定的局限性，这主要表现在以下几个方面：

首先，融资成本相对较高。融资成本一般包括两部分：交易费和资金使用费，前者是指在融资过程中发生的各种交易费，如委托金融中介机构发行证券的手续费、注册费、代办费、证券印刷费等；后者是指支付给证券投资者的利息、股利，即筹资者使用资金所付出的代价。在一般情况下，证券融资成本高于银行间接融资成本，其原因有两个：一是证券投资（特别是债券融资）的风险比较高；二是证券融资的信息成本（企业必须向最终投资者公开内部信息所发生信息传递成本以及由此引起的机会成本等）、代理成本比较高。

其次，调控能力相对较弱。不论是银行间接融资还是证券市场直接融资都存在出资者与融资者之间利益协调与控制问题。融资过程涉及的三个经济主体（出资者、融资者、中介机构）都受一定的利益动机支配，出资者追求高收益、低风险；融资者追求融资成本最小化；中介机构追求的也是高收益、低风险。即使是证券市场组织得非常严密，三方利益也难以协调。原因在于证券市场交易的证券本身没有价值，它的市场价值是由预期收入而不是现实收入决定的。这种情况下，市场并不能给出资者利益提供保护，出资者自身也没有足够的手段保护自身的利益。和分散的投资者相比，银行的利益相对集中，为了保证贷款的收回，银行往往对企业事后的贷款进行监控。作为一个统一的机构，银行对企业重大决策的影响力通常大于直接融资方式下分散的投资者的力量。因此，保护出资者权益，协调各方利益，实现公平交易，是保证直接融资正常运行的突出问题。

最后，证券交易投机性强。由于证券的特殊性和证券交易特有的投机性质，直接融资的运行不仅受客观经济条件变化的影响，且极易受到人为因素、心理因素等方面的影响，而这些又影响证券价格的非正常波动，导致融资效率低下。

（三）融资方式的市场特征

直接融资与间接融资是社会储蓄转化为投资的两种形式，是企业取得外部资金的基本方式，对社会资源的优化配置、企业的经济发展都具有极大的推动作用。不同国家的企业融资方式的选择受各国经济发展水平、金融市场完善程度等各种因素的影响。一般来说，市场机制比较发达，特别是资本市场达到一定的规模的国家，各项法规比较完备，信息相对公开，能够比较准确地反映企业的财务状况和经营成果；证券价格形成的市场机制比较完善；直接融资的交易费和风险相对较低，可以有效抑制过度投机行为；企业资金相对充足，且建立了一套激励与约束机制。在这种条件下，企业一般采取直接融资方式，即企业更多地依靠发行直接证券等方式从资本市场上筹措资金。市场机制相对落后的国家，由于资金短缺与分散，法规不健全，信息不对称，容易导致过度投机行为发生，使经济出现虚假繁荣，即出现"泡沫经济"，从而使大量资金游离于实物经济之外，不能真正解决企业资金短缺问题。而且企业财务状况不透明，约束机制不健全，融资行为容易发生扭曲。由于金融机构在信息收集、处理和监控方面具有相对优势，有利于克服直接融资的局限性，提高资金运用的安全性，而且发行的间接证券比直接证券的流动性相对较高，更符合经济行为主体资产选择与组合的需要。因此，以银行为中介的间接融资往往成为后进国家在经济起飞时采取的一种主导性的资金供给方式，是经济增长的必要条件。在间接融资中，企业主要通过银行贷款筹措资金。

相对来说，在融资方式上，英国、美国等市场经济比较发达国家的企业一般更多地依靠资本市场的直接融资。而日本等后起的资本主义国家则相反，主要依靠银行进行间接融资。在 20 世纪 70 年代以前，英国、美国通过债券和股票进行直接融资约占企业外部融资总额的 55%左右，通过银行中介的间接融资约占 45%左右。日本企业间接融资占外部融资总额中的比例为 65%～82%，直接融资比例为 18%～34%。20 世纪 70 年代以后，情况缓慢地发生了变化。英国、美国、日本企业相应地增加了间接融资的比例。中国企业的融资方式则随着资本市场的发展开始进行直接融资的尝试。

### 四、债券融资和股票融资

在企业的外部直接融资中，究竟是以债券融资为主还是以股票融资为主，这不仅是融资方式的选择问题，也是融资结构与企业价值、资本成本和融资效率的问题。为简化，仅讨论与债券和股票融资估价相关的问题。

（一）企业债券融资估价与分析

企业债券是企业为筹集长期资金而发行的长期债务证券。它是发行人向投资人出具的，在一定时期内按约定的条件，按期支付利息和到期归还本金的凭证。债券对购入者来说是金融资产，对发行者来说是金融负债。

1. 企业债券融资的品种

企业债券融资的品种：①抵押债券（Mortgage Bond）；②信用债券（Debenture）；③附属信用债券（Subordinated Debenture）；④可转换债券（Convertible Bond）；⑤附认股权债券（Bond with Warrants）；⑥收益债券（Income Bond）；⑦无息债券，也称零票面利率债券（Zero Coupon Bond）；⑧浮动利率债券（Floating Rate Bond）；⑨指数债券（Index Bond），亦称购买力债券；⑩垃圾债券（Junk Bond）。在上述债券融资品种中，抵押债券、信用债券、附属信用债券、可转换债券、收益债券、附认股权证债券等是传统的融资品种；零票面利率债券、浮动利率债券、指数债券则是 20 世纪 80 年代以来利率急剧变动的产物；而垃圾债券则是并购融资的主要来源。

2. 债券价格与利率确定

企业债券的发行价格是发行企业或其承销机构发行债券时所使用的价格，即投资者向发行企业认购其所发行债券时实际支付的价格。从理论上说，债券的发行价格等于债券的内在价值，即债券未来现金流量的现值。这个现金流量（Cash Flow，CF）包括每期支付的利息以及到期偿还的本金，假设债券的市场利率为 $K_b$，则债券的内在价值（$P_b$）或市场价格可按式（8-1）计算：

$$P_b = \frac{CF_1}{1+K_b} + \frac{CF_2}{(1+K_b)^2} + \cdots + \frac{CF_{n-1}}{(1+K_b)^{n-1}} + \frac{CF_n}{(1+K_b)^n} \tag{8-1}$$

式（8-1）中的 $K_b$ 既代表市场利率，也可表示为债券投资收益率。它由无风险利率与风险收益两个因素构成。无风险利率又称基础利率（Base Interest Rate）或基准利率（Benchmark Interest Rate），通常以国库券利率表示。非国库券利率与特定流通国库券利率之间的利差（Spread）反映了投资者购买非政府发行债券时所面临的额外风险，因此，也称为风险补偿（Risk Premium）。在通货膨胀率一定的情况下，影响利差的因素主要包括以下几个。

（1）发行者的类型。债券市场是按发行人的类型分类的，不同的发行人被称为不同的市场部门（Market Sector），债券市场中两个部门发行相同期限的债券间利差被称为市场间利差（部门间利差，Intermarket Sector Spread）。同一市场内不同债券市场利差被称为市场内部利差（部门内利差，Intra Market Sector Yield Spread）。

（2）发行人的信用等级。违约风险或信用风险是指发行人不能按期还本付息的风险，大多数市场参加者都是根据企业的商业信用等级来确定其违约风险的大小。如果国库券与企业债券除品质以外其他方面均相同，那么这两者间的利差被称为质量差幅（Quality Spread）或信用差幅（Credit Spread）。

（3）偿还期。偿还期表明某种金融工具的期望持续时间，或是债务人承诺履行义务的时间。债券价格的波动与它的偿还期密切相关，债券偿还期越长，价格波动的可能性就越大。市场中不同期限债券间的利差被称为到期（Maturity）差幅，到期日不同的可比债券收益间的关系称为利率的期限结构（Term Structure）。根据利率的期限结构，在任何时点，长期债券收益与短期债券收益的关系取决于收益曲线的形状。

（4）赎回与转换条款。在债券契约中，通常设置某些条款。例如，允许债券发行人全部或部分提前偿还债务的赎回条款（Call Provision）；持有可转换债券的债权人可根据情况将手中的债权转换为股权等。这两项条款都是买进期权的一个变种，不过期权的买者是发行者，期权的卖者是投资者或债权人，后者则相反。含赎回或转换条款的债券与国债或与不含这些条款的可比债券间的利率是不相同的。一般来说，市场投资者对含有利于发行人的赎回条款会要求较大的收益，而对含有利于投资者的转换条款的债券则要求较小的收益。

除上述因素外，利息的税收待遇（是否征税）以及债券的预期流动性都会影响债券的收益率，从而影响债券的利率水平。债券的现值就是债券在某一时点相应于该时点市场利率（或投资收益率）的价值，是债券投资者心目中的内在价值。债券的买卖价格，包括发行价格和转让价格都是根据债券的现值来确定的。当然，其他经济的、非经济的因素也在同时影响着债券的发行价格，但无论这些因素的作用有多大，债券的发行价格始终围绕债券的内在价值上下波动。

3. 债券的期限结构

债券与股票之间最明显的区别就是有无期限，只有债务性证券才有偿还期限范畴，对于没有偿还期限的股权性证券来说，不存在收益上的任何期限结构。利率期限结构仅指其他条件（违约风险、税收、变现力等）相同而只有期限不同的债务之间的关系。

债券的期限一般以年为计算单位，从融资者的角度来看，发行不同期限的债券主要是为了解决不同的资金需求问题，或者说不同的资金需求决定了不同的债券期限。那么，从投资者的角度来看，是什么因素促使他们购买某一期限的债券而不购买另一期限的债券呢？换句话说，是什么因素决定着投资者对债券的选择呢？一般来说，投资者购买债券的目的是想使手中的闲置资金增值，即获取债券能够带来的收益。因此，投资者会尽可能地选择收益率最高的债券进行投资。在正常经济环境下，如果不同期限的债券带来相同的收益，如1年期、3年期或20年期的债券收益率都为8%，即使投资者有长期的剩余资金，他也只会购买期限最短的债券。因为在这种情况下，投资者购买最短的债券能够获得最高的实际收益率。这一方面是由于复利因素的作用，另一方面是因为投资者购买债券所承受风险的时间最短，风险也就相对最小。

随着债券期限的延长，复利因素的作用越来越大，持有债券的风险因素也就相应越来越大，投资者购买这种债券，就会要求越来越大的收益增量作为补偿。也就是说，只有在期限长的债券能够提供更高的实际收益的前提下，投资者才有可能购买期限长的债券。因此，对债券发行者来说，在其他条件相同时，只有按不同的期限规定不同的利率档次，使投资者不同期限的投资收益率有明显差别，只有长期投资的收益明显高于短期投资，才有可能发行不同期限的债券，满足不同期限的资金需求。这种不同期限债券利率之间的关系，即为利率的期限结构。那么是什么决定利率期限结构和为什么它会发生变化呢?目前解释这一现象主要有三种理论：预期理论（Expectation Theory）、流动性偏好理论（Liquidity Preference Hypothesis）和市场分割理论（Market Segmentation Hypothesis）。

预期理论认为，只有远期利率才代表预期的未来即期利率，因为不同偿还期的债券被认为是完全可以替代的。这样，某时期的远期利率等于该期间预期的未来即期利率，或者说，一种长期债券的到期利率是预期未来短期利率的加权平均数。不同的市场参加者对未来利率的预期直接影响到他们的投资行为。假设期限结构最初是平直的（长短期利率相等），认为利率将要上升的投资者预期长期债券的价格会下跌，他们不但不愿意购买长期债券，还可能卖出他们拥有的全部长期债券，甚至卖出他们没有的债券，并按较低的价格补进头寸，以便获利。投机者卖出或卖空长期债券所得收入被用于投资短期债券。希望获得长期资金的借款者由于预期在以后借款会增加成本，而倾向于把借款时间提前到现在。所有这些都会使长期债券的净需求减少，从而使其供给相对增加。在这种情况下，为满足融资需求，必须提高长期债券收益率。也就是说，投资者、投机者和借款者的行为会使利率上升，直到它与较高的未来利率的预期相一致。同样，导致较低未来预期的各种事件会使利率下跌。预期理论假设隐含于当前长期债券中的远期利率与市场对未来短期利率的预期密切相关，但它忽略了债券投资中固有的风险，如未来债券价格的不确定性以及再投资风险等。因此，使这一理论应用的正确性相对较低。

流动性偏好理论的基本假定是，投资者偏好保持流动性，喜欢将资金用于短期投资，而借款者偏好以固定利率借入长期资金。如果远期利率是对市场预期的即期利率的无偏差估计，在缺少其他有利条件刺激的情况下，投资者往往倾向于将其资金进行短期投资，而借款者倾向于借入长期资金，那么，金融机构自身就面临着用短期存款进行大量长期固定利率贷款的局面，这样就包含过多的利率风险。在实际中，为使存、借者相互搭配，避免利率风险，就必须提高与预期未来短期利率相关的长期利率，以补偿长期债券流动性不足的欠缺，补偿投资者因持有长期债券所承担的相应的风险。因此，流动性偏好导致了长期利率大于预期未来短期利率的平均值，这与实际分析结果相一致。

市场分割理论认为，长短期利率之间没有关系，各种不同期限的债券有不同的供给和需求，并导致了不同期限的不同收益。在这一理论下，不同机构投资于不同期限的债券，借款者和贷款者会设法对应各自的资产和负债的期限。例如，商业银行必须持有大量的能够在任何时候以基本稳定的价格变现的高度流动性资产，以便与自己的活期负债相匹配。这样，商业银行在债券市场上只能选择短期债券进行投资，而无论长期债券的收益率有多高，都难以吸引它购买和持有。而合同式储蓄机构的负债主要是长期和高度稳定的，因此，它们希望有一种长期稳定的高收益资产与之相匹配，而短期债券的收益率较低，且因购买频繁引起投资成本上升，不利于长期资金的运用。因此，这一类投资者基本上被封闭在长期债券市场上。对于债券的发行人来说，其债券的期限通常与资产性质有关。长期的资金需求需要长期债券来匹配，短期的资金需求需要有短期的债券来匹配。而投资者也不可能在不同期限的债券之间做出任意选择，他们受自己剩余资金期限长短的限制。

利率的期限结构不是一个单纯理论问题，在债券市场，特别是货币市场上，利率期限结构问题具有重要的实践意义。从公司理财的角度看，如果未来的长期利率会低于未来各年的短期利率，公司的财务经理应该采用长期债券筹资；反之则应采用短期债券筹资。但要正确地预测未来利率的走向是非常困难的。这就需要正确搭配所发行债券或借款期限，借以达到既能吸引投资人，又能降低筹资成本的双重目的，同时使公司能在利率变幻莫测的环境中生存下去。

**（二）企业股票融资估价与分析**

股票是股份公司为筹集股权资金而发行的有价证券，是持股人拥有公司股份的凭证。它与留存收益一起构成股东在公司资本中的份额，即股东权益。股票按其权利不同可以分为优先股和普通股两种。普通股是股份公司的最基本股份，普通股持有人（股东）是公司的最终所有者。他们对公司经营收益或清算时的资产分配拥有最后请求权，是公司风险的主要承担者。在这里所指的股票，如无特别说明均指普通股，为简化，假设不考虑优先股。股票价格是指企业发行股票时，或将股票出售给投资者所采用的价格，也是投资者认购股票时所必须支付的价格。股票价格通常是股票发行者根据股票市场价格水平和其他因素综合确定的。

传统的股票估价方法体系分为三种：一是收益/现金流贴现估价法，即威廉—高登股票估价模型；二是比率估价法，如市盈率模型、市价销售比模型等；三是期权估价法，如布莱克—斯考尔斯期权定价模型。在这三种方法中，收益/现金流贴现法因具有公认、严密的理论基础和广泛的应用领域，在学术界尤其受到推崇。相比之下，比率估价法一般在实务中应用较多；而期权估价法只适用于带有期权性证券的估价。但随着知识经济时代的到来，传统的股票估价模型面临极大的困难，特别是网络股价值的评估成为一个前沿性、挑战性的课题，正日益引起理论界与实务界的关注。

1. 收益/现金流贴现估价模型

威廉于 1938 发表的《投资价值理论》一书和高登于 1962 年发表的《投资、理财和公司价格》一书中都以"现值理论"为基础，根据"企业持续经营的假设"，认为股票的"内在价值"取决于其今后无限多次的收益流量的现值。威廉—高登股票估价模型和结论是建立在一系列理论假设基础上的逻辑推理，这些假设包括以下几个方面：①假设没有债务和利息，也不发行新股增资，企业用于再投资的资金仅来源于企业的留存收益。②假设企业投资内含收益率或再投资收益率不变。但事实上，随着再投资的增长，即使其他因素不变，其投资的边际收益率呈递减趋势。③假设投资收益率或资本成本（$K_s$）不变。④假设企业持续经营，即企业股票的价值（格）取决于今后所能带来的收益流量的现值，而且今后带来收益的次数是无限多。⑤假设不考虑税收对企业股票价值（格）的影响，也不考虑股利收入和资本利得纳税差异。⑥假设企业的股利增长率（$fR$）保持不变，其中 $f$ 为企业留存收益比率，$R$ 为股本收益率，即追加投资的增量收益率。⑦假设 $K_s$ 与 $g$ 的关系不变。

威廉—高登股票估价模型主要反映股票价格与每股收益、股利政策的关系。如果每股收益为 $EPS$，则股票价格 $P_0$ 的表达式为：

$$P_0 = \frac{EPS1(1-f)}{K_s - fR} \tag{8-2}$$

根据企业的再投资收益率 $R$ 和原有的资本收益率之间的关系，可将企业分为收益型企业、增长型企业和衰退型企业三种类型。

如果 $R=K_s$，则称为收益型企业，其股票价格为：

$$P_0 = \frac{EPS1(1-f)}{K_s(1-f)} = \frac{EPS1}{K_s} \tag{8-3}$$

如果 $R>K_s$，则称为增长型企业；如果 $R<K_s$，则称为衰退型企业，其股票价格为

$$P_0 = \frac{EPS1(1-f)}{K_s - fR} \tag{8-4}$$

收益型股票的企业一般较为稳定，其特点是企业现时没有大规模的扩张性资本支出，成长速度较低；内部产生的经营现金流可以满足日常维护性投资支出的需要，财务杠杆比率较高；现金流入和现金股利支付水平较为稳定，且现金股利支付率比较高。增长型股票的企业的基本特点是企业通常具有较好的投资机会，处于大规模投资扩张阶段，税后利润主要用于再投资，并且需要较大规模的外部融资；企业销售收入持续高增长；股利政策以股票股利为主，很少甚至不发放现金股利；长期负债率比较低。衰退型股票的企业的基本特点是产品老化、市场萎缩，再投资收益率小于资本成本；股利政策以现金股利为主，股利支付率比较高；如果没有"转产"的高效益投资机会，可能会考虑"拍卖企业"以获得现金用于分配；也可能会在市场机制作用下清算破产。

1963 年，高登在《理财学刊》发表题为"最优投资理财策略"一文，对上述第三个假设（凡保持不变）进行了修改，他假设 $K_s$ 是变动的，且 $K_{s(t+1)} > K_{st}$，由于大部分投资者都是风险厌恶型，他们宁可选择相对可靠的股利收入而不愿意选择未来不确定的资本利得。因此，一旦股利（$D$）支付率下降，股权资本成本就会上升，据此，高登提出了如下模型，后人将这种理论称为"一鸟在手"理论，其表达式为

$$P_0 = \sum \frac{D_t}{(1+K_{st})^t} \quad (t=1,2,\cdots; K_{s(t+1)} > K_{st}) \tag{8-5}$$

为了证明当 $K_s$ 随着时间延长而增大时，企业股票价值仍然与股利政策有关，高登假设首期股利 $D_1$ 留下来再投资，且再投资收益率（$R$）保持不变，其收益加上各期股利用于支付第二期及以后各期的股利，结果股票的价格为：

$$NP_0 = \frac{D_0}{1+K_{s1}} + \sum \frac{D_t + RD_t}{(1+K_{st})^t} \quad (t=2,3,\cdots; K_{s(t+1)} > K_{st}) \tag{8-6}$$

由式（8-5）和式（8-6）可知：由于 $K_{s(t+1)} > K_{st}$，式（8-5）中的 $K_{st}$ 平均值（$t=1,2,\cdots$）总是小于式（8-6）中 $K_{st}$ 平均值（$t=2,3,\cdots$），所以 $P_0 > NP_0$。可见，若假设 $K_s$ 变动，企业股票价格就会随之变动，由此得出股利政策影响企业股票价格这一结论。

与高登的"一鸟在手"理论不同的是股利政策无关论，米勒和莫迪格莱尼在《商业周刊》发表了《股利政策、增长和股票价格》一文，建立了一个"单一阶段股利定值模型"，称为 MM 理论，证明了股利政策与企业价值无关。MM 理论认为在完善的资本市场条件下，股利政策不会影响企业的价值。

MM 理论以下述基本假设为前提：①企业所有的股东均能准确地掌握企业的情况，对于将来的投资机会，投资者与经营者拥有相同的信息（对称信息）；②不存在个人或企业所得税，

对投资者来说，无论收到股利还是资本利得都是无差别的；③不存在任何股票发行或交易费用；④企业的资本投资决策独立于其股利政策；⑤投资必要收益率或股权资本成本保持不变，且 $K_s=R_s$；⑥企业可通过发行新股融资。

MM 认为，在不改变投资决策和目标资本结构的条件下，企业若要增发股利，唯一的方法只能靠增发新股票的方式筹得资金。在完善的市场条件下，新股东购买股票的愿付价格必须与企业股票价值相一致。因此，这一活动的结果是新老股东间的价值转移——老股东将自己拥有的一部分资产转让给新股东，新股东则把同等价值的现金交付给老股东，企业的价值保持不变。

MM 理论的关键一点还在于，股利支付对股东财富的影响恰好被其他融资方式所抵销。在企业投资决策和目标资本结构一定的情况下，企业必须对投资所需要的股权资本是用于留存收益，还是发放股利做出决策，然后从外部筹措等额的新股。MM 理论认为，融资后的普通股每股现值加上当期股利支付额恰好等于当期支付股利前的普通股每股市价。或者说，外部股权融资引起股权稀释所造成的普通股市价下跌，恰好被股利支付额所补偿。

2. 比率估价法

比率估价法是"以某一变量为基础，如收益、现金流、账面价值、销售额等，考察同类'可比'资产价值，借以对一项新资产进行估价"。本方法认为影响市盈率的因素主要是留存收益率比率（或股利支付率）、股本收益率以及投资收益率。要确定股票价格，关键在于对企业市盈率的分析和预测，而市盈率的高低与整个经济形势和市场景气有关。一般来说，经济前景良好、有发展潜力企业的股票市盈率会趋于上升；反之，发展机会不多，经营前景黯淡的企业，其股票市盈率会处于较低的水平。但在股票市场上，企业股票的市盈率可能会被非正常地抬高或压低，无法反映出该企业的资产收益状况，从而很难正确地估价股票价值（格）。对美国股市的研究表明，市盈率和市场景气有关。在正常情况下，市盈率在 15 倍左右；在"熊市"时，平均市盈率在 13 倍以下；在"牛市"时，平均市盈率在 18 倍以上。

3. 期权估价模型

期权作为一种衍生金融工具，为企业融资估价提供了一套新的分析思路和方法。为简化，假设企业资本总额只有股权资本（普通股）和负债资本（无息票债券）两部分组成。如果以企业资产为期权标的物，如果企业价值 $v$ 独立于投资选择和融资决策，那么可根据布莱克—斯考尔斯期权定价模型来决定股权的总价值，然后根据总的股数得出每股股票的价格。

企业股票可以解释为以企业资产为标的物，以债券面值为履约价，以债券期限为权力期间的一种欧式买进期权，而以股票为标的物的买权变成买权的买权，称为复合买权（Compound Option）。此时买权的真正标的物是企业资产，而不是企业股票，通过股价的中价，买权（股票价值）受到企业资产价值及负债面额的影响，即股票价值与资本结构有关。本模型特别适用于具有期权性质的证券的估价，除股票估价外，还可用于认股权证价值、可转换债券价值、可赎回债券价值的估价，也可用于分析企业价值、股票价值、债券价值之间的相互关系及其组合构成。但由于期权定价模型是在许多假设条件下成立的，因而这一模型在使用时受到一定的限制。

从理论上说，运用上述各种估价模型预测或分析股票价值（格）一般可以得到正确的结果，但其前提是估值所采用的各种参数必须是正确的，也就是说，股票估价的质量最终取决于所获得的信息的质量。因为不论什么参数，都会得到某种答案。如果各种参数不真实，则估计的股票价格就毫无用处。

利用估价模型需要注意的另一个问题就是获得信息的成本。任何答案的值必须与利用这一模型的成本相权衡。如果获得充分信息的成本太高，这个模型就毫无意义。

（三）西方企业债券与股票融资分析

近十几年，西方国家的股票市场虽然不断发展，但总的趋势是股票发行额的增长速度大大慢于债券发行额的增长速度。在当今西方企业融资结构中，债券融资的地位和作用日益提高，其发展速度超过股票融资。债券融资呈上升趋势而股票融资不断下跌，究其原因，一般有以下几个方面：

第一，规避风险。20世纪70年代，西方国家经济发展趋势持续下降，市场环境瞬息万变，经济危机此起彼伏，物价指数扶摇直上，这种经济环境使投资者更加偏爱债券投资。通常，股票投资风险高于债券投资，特别是在经济环境恶劣的条件下，股票风险的增加速度和增加幅度都大于债券风险。出于规避风险的考虑，大多数投资者都会在经济不正常时期将资金投向债券而不是股票。这是因为股票投资者与债券投资者在企业的关系上享有不同的法律和经济待遇。股票持有人是企业的所有者，他们有权以获得股息的形式参与企业的利润分配，有权参与企业的经营决策。而债券持有人则是企业的债权人，他们以购买债券的方式向企业出借资金，有权向举债企业以固定的利息形式索取出借资金的报酬，并在约定的时间内收回自己的资金重新支配。

这就形成了两种投资人在投资收益上的本质区别。首先，股票投资人的股息收入通常随着企业盈利水平的变化而变化，具有不确定性的特点，而在相同条件下，债券投资者的利息收入具有相对稳定性。对企业来说，债券的利息支出是在企业的利润形成之前，债券的本金则从销售利润中实现。因此，无论剩余利润上升还是下降，企业都无权更改事先约定的应付给债券持有人的利息水平和还本年限。除非发生企业破产倒闭这种极端情况，债券持有者的本息收入是固定而有保障的。其次，若企业宣布破产、撤销或其他方式的清偿，债券持有人将先于股东得到偿还。只有在其他债权人的债务清偿之后，才能考虑返还股东的投资。因此，股票投资风险远远大于债券投资风险，特别是当经济形势不确定、企业收益大起大落、前途难以把握的情况下更是如此。

第二，融资成本。从理论上说，债券融资成本低于股票融资成本，其原因有两个：一是债券利息在税前支付，可以抵减一部分所得税；二是债券投资风险小于股票投资，持有人要求的收益率低于股票持有者。在实务中，融资成本的高低在很大程度上取决于当时的市场环境。如果金融市场坚挺，股票交易获利较高，这时的股息收益率可以定得较低，发行股票融资对企业来说可能更有吸引力。反之，如果市场疲软，股票需求不旺，融资企业若发行股票就必须大幅度提高股息收益率，降低市盈率，因而提高了融资成本。当然，在相同的条件下，债券市场也可能呈同样的趋势。但关键在于，股票市场和债券市场对经济形势变化的反映程度和速度是不一样的，前者比后者要灵敏得多。债券和股票相比，是一种低风险、低收益的证券，这种性质使债券融资的成本本身就具有一定的应变能力。越是在市场不稳定的情况下，债券融资成本的相对稳定性就越突出，它和股票融资成本的差距也就越大。如前所述，经济不稳定会使一部分投资者从需求股票转而需求债券，这种需求的转化也十分有利于维持债券融资成本的稳定和保持相对较低的水平。因此，在经济形势恶化时，两个市场上的融资成本都会相应上升，但债券融资成本的上升要大大慢于股票融资成本的上升。

第三，股权稀释。企业举债融资，虽然会增加企业的财务风险，但有利于保持现有股东控制企业的能力。通常，作为债券持有人无权参与企业的经营管理和决策，他们被股东称为"沉默的多数"（silent majority）。如果通过增募股本方式筹措资金，现有股东的控制权就有可能被稀释，因此，股东一般不愿意发行新股融资。而且，随着新股的发行，流通在外的普通股股数必将增加，最终将导致普通股每股收益和每股市价的下跌，从而对现有股东产生不利的影响。而采取债券融资，只有投资收益率大于借款利息率，财务杠杆作用的结果才能增加现有股东的盈余分配。

第四，信息不对称。由于投资者与经营者的信息不对称，投资者一般认为发行债券融资企业的经营能力和发展前景良好，而发行股票融资的企业经济前景黯淡。这是企业热衷于债券融资的一个重要原因。

第五，代理问题。根据代理学说，任何一种融资行为都是一种契约或合同。在股权契约的条件下，由于存在着委托—代理问题，道德风险和逆向选择随时可能产生。如果有一种契约安排可以使道德风险只在某些特定的条件下才会产生，并使得对经营者进行监督的需要大大减少，成本大大降低，这种契约就更有吸引力。债务契约恰好具有这种特征，因为它是一种规定债务人必须定期向债权人（债券投资者）支付固定金额的契约性合约。只有债权人不能按契约规定领取本金利息，即债务人违约时，作为契约贷款方的债权人才会像企业股东一样行事。这种不需要经常监督企业从而具有监督成本很低的优点，使得投资者更偏好使用债务契约而不是股权契约。

综合以上分析可以看出，企业在融资方式选择中，不论发行何种证券，所需考虑的最基本问题就是保持与企业资产的收益和风险相匹配，维持合理的融资结构和财务弹性，从而确定最优的融资方式。

## 第二节　融资成本分析

资金成本是指企业为筹集和使用资金而付出的代价，包括资金筹集费和资金占用费两部分。资金筹集费指在资金筹集过程中支付的各项费用，如发行股票、债券支付的印刷费、发行手续费、律师费、信用评级费、公证费、担保费、广告费等；资金占用费是指占用资金支付的费用，如股票的分红派息、银行借款、发行债券的利息等。资金占用费是融资企业经常发生的，而资金筹集费通常在筹集资金时一次性发生，因此在计算资金成本时可作为融资金额的一项扣除。资金成本是选择资金来源、确定融资方案的重要依据，是评价投资项目、决定投资取舍的重要标准，也是衡量企业经营成果的重要尺度。资金成本是利用净现值和内部收益率进行项目分析的基础和前提，是确定项目折现率和分析项目公司整体价值的重要基础参数。

### 一、权益资金的融资成本

在理论上，从投资者的角度看，权益资金的成本由其在资本市场上的融资条件所决定。对于所投入的自有资金，其成本应由机会成本，即用于次优可行的其他用途可能获得的收益所决定。

在可行性研究中，投资项目或项目公司的权益资金成本，由项目的权益投资者的最低可接受的收益率所决定，以权益资金的未来预期内部收益率（Internal Rate of Return，IRR）表示。其最低可接受收益率由权益资金的机会成本、预期商业风险、股利分配水平及其他可获得收益等因素决定。

权益资金成本由两部分构成，一是无风险报酬率。二是权益风险报酬率。无风险报酬率是预期通货膨胀率和"真实"收益率之和，在西方国家，一般为高于通货膨胀率 2%～3%的水平。无风险报酬率通常根据长期国债利率来制定，其水平也通常高于长期通货膨胀预期水平的 2%～3%。权益资金的风险报酬率由项目的具体特点、借款人的信用记录、所在的国家或地区背景等因素决定。一般在计算权益资金的成本时，在无风险报酬率的基础上加上 2%～3%的风险报酬率。在实际操作中，权益资金的融资成本又有不同的计算方法。

（一）估算模型

1. 股利折现模型

权益资金主要是指企业发行的普通股票，而为其支付的现金股利则是投资者得到的投资收益。股利折现模型（Dividend Discount Model，DDM）是对企业未来现金股利进行折现，计算股票现值的方法，可以用来估算普通股的成本，其表达式如下

$$V_0 = \sum_{i=1}^{n} \frac{D_i}{(1+k_E)^i} + \frac{V_n}{(1+k_E)^n} \tag{8-7}$$

式中  $V_0$——普通股现值，即股价；

$D_i$——第 $i$ 期普通股股利；

$k_E$——权益资金成本；

$V_n$——普通股终值。

由于普通股没有固定的到期日，上述公式可改写为

$$V_0 = \sum_{i=1}^{n} \frac{D_i}{(1+k_E)^i} \tag{8-8}$$

如果假设每年的股利不变，则可视其为永续年金

$$k_E = \frac{D}{V_0} \tag{8-9}$$

又如果假设股利每年按同一比率 $g$ 增长，则普通股的成本为

$$k_E = \frac{D_1}{V_0} + g \tag{8-10}$$

式中  $D_1$——预期年股利额。

式（8-10）就是股利折现模型中估算权益资金成本常用的公式，根据这一公式，只要知道每股股利额并对现金股利的预期增长率做出某种简单的假设，就可估算出企业权益资金的成本。

【例 8-1】为民公司普通股每股的市价是 80 元，第 1 年年末发放股利 5 元，以后每年预计增长 5%。试计算为民公司自有资金的成本。

【解答】按照式（8-10），为民公司自有资金的成本为

$$k_{E，为民公司} = \frac{5}{80} + 5\% = 11.25\%$$

计算结果表明，按照股利折现模型，为民公司权益资金成本的估计值是 11.25%。

但是，就大多数企业的长期情况而言，股利既不固定，也不按不变的比率增长。因此，

154

该方法较适用于估算支付现金股利的增长率相对较为稳定企业的权益资金成本，如公用事业或处于成熟期的企业，而对于其他众多企业来说，则应考虑采用资本资产定价模型。

2. 资本资产定价模型

采用资本资产定价模型时，可按下述公式较为精确地估算权益资金成本

$$k_E = R_F + \beta(R_M - R_F) \tag{8-11}$$

式中　　$R_F$——无风险投资收益率；

$R_M$——市场平均投资收益率；

$R_M - R_F$——市场平均风险报酬；

$\beta$——权益资金的风险系数；

$\beta(R_M - R_F)$——权益资金的风险报酬。

【例 8-2】假设无风险投资收益率是 3%，市场平均风险报酬是 5%，利民公司权益资金的风险系数是 1.8，计算该公司权益资金的成本。

【解答】把例 8-2 中的数据代入式（8-11），则

$$k_{E,利民公司} = 3\% + 1.8 \times 5\% = 12\%$$

计算结果表明，按照资本资产定价模型，利民公司权益资金成本的估计值是 12%。

在利用资本资产定价模型法估算权益资金成本时，国际上通行的做法是，无风险投资收益率由国库券的到期收益率代表，而权益资金的风险报酬则采用模型中的 $\beta(R_M - R_F)$ 部分估算。简单地说，这部分中的 $R_M$ 表示市场全部资产组合在一起的平均收益，通常由股票指数增长率代表，如美国的标准普尔综合指数（S&P500）或英国的金融时报股票指数（FT-A）增长率。$(R_M - R_F)$ 表示资产的市场平均风险报酬，$\beta$ 系数表示某一种资产收益（如权益资金的收益）对市场全部资产组合收益变化的敏感度，即该种资产的风险系数。市场资产组合的平均风险系数为 1，$\beta$ 系数等于 1，表示就平均水平而言，单个资产的风险等于市场平均风险，$\beta$ 值小于或大于 1，表示单个资产的风险小于或大于市场平均风险。例如，某资产 A 的 $\beta$ 值等于 1.4，表示市场平均收益每上升或下降 1%，该资产的收益平均上升或下降 1.4%。因此，市场平均风险报酬 $(R_M - R_F)$ 乘以 $\beta$ 系数，即等于某种资产的风险报酬。

然而，在发展中国家，证券市场往往不够发达，股票指数不能反映国家的宏观经济状况，股价不能体现企业的价值，因而很难利用股票指数增长率和个股股价的增长率来估算资本资产定价模型中的权益资金风险系数。有鉴于此，采用较为简化的方法，如债务资金税前成本加风险报酬法，粗略估算权益资金的成本，可能不失为一种更为现实、可行的办法。

3. 债务资金税前成本加风险报酬模型

在债务资金税前成本加风险报酬模型中，权益资金的成本等于负债资金税前成本与权益资金较之负债资金的风险报酬之和，即

$$k_E = k_D + 权益资金较之负债资金的风险报酬 \tag{8-12}$$

式中　　$k_D$——债务资金的税前成本。

权益资金较之负债资金的风险报酬通常凭经验估计，一般认为，这一报酬为 3%～5%，当市场利率达到历史性高点时，风险报酬较低，在 3% 左右；当市场利率处于历史性低点时，风险报酬较高，在 5% 左右。一般的做法是，采用 4% 的平均风险报酬来估算权益资金的成本。这样，按照债务资金税前成本加风险报酬模型，企业权益资金的成本为

$$k_E = k_D + 4\%$$ （8-13）

【**例 8-3**】在债务资金税前成本为 7% 的情况下，利民公司权益资金的成本是多少？

【**解答**】利用式（8-13），该公司权益资金的成本可以估算为

$$k_{E,\text{利民公司}} = 7\% + 4\% = 11\%$$

（二）不同类型权益资金成本的估算

1. 普通股成本

普通股成本属于权益资金成本。权益资金的资金占用费是向股东分派的股利，而股利是以所得税后净利支付的，不能抵减所得税。计算普通股成本的常用方法有评价法和资本资产定价模型法。

按照评价法，普通股资金成本的计算公式为

$$K_s = \frac{D_c}{P_c(1 - F_c)} + G$$ （8-14）

式中　$K_s$——普通股成本；

　　　$D_c$——预期年股利额；

　　　$P_c$——普通股融资额；

　　　$F_c$——普通股融资费用率；

　　　$G$——普通股利年增长率。

按照资本资产定价模型法，普通股成本的计算公式为

$$K_s = R_s = R_F + \beta(R_m - R_F)$$ （8-15）

式中　$R_F$——无风险报酬率；

　　　$\beta$——股票的贝他系数；

　　　$R_m$——平均风险股票必要报酬率。

2. 优先股成本

优先股的优先权是相对于普通股而言的，是指公司在融资时，对优先股认购人给以某些优惠条件的承诺。优先股的优先权利，最主要的是优先于普通股分得股利。与负债利息的支付不同，优先股的股利不能在税前扣除，因而在计算优先股成本时无须经过税赋的调整。优先股成本的计算公式为

$$K_p = \frac{D}{P_p(1 - f)}$$ （8-16）

式中　$K_p$——优先股成本率；

　　　$D$——年支付优先股股利；

　　　$P_p$——企业实收股金；

　　　$f$——优先股融资费用率。

由于优先股的股息在税后支付，而债券利息在税前支付；且当公司破产清算时，优先股票持有人的求偿权在债券持有人之后，因此风险要大，其成本也高于债券成本。

**二、债务资金成本**

（一）债务资金成本估算模型

在债务资金成本分析中，应通过分析各种可能的债务资金的利率水平、利率计算方式（固

定利率、浮动利率）、计息（单利、复利）和付息方式，以及宽限期和偿还期等，计算债务资金的综合利率，并进行不同方案比选。

如前所述，债务资金成本由债务资金筹集费和债务资金占用费构成。债务资金筹集费是指债务资金筹集过程中支付的一次性费用；而债务资金占用费是指使用债务资金过程中发生的经常性费用，如贷款利息和债券利息。

含筹资费用的税后债务资金成本可按式（8-17）计算

$$P_0(1-F) = \sum_{i=1}^{n} \frac{P_i + I_i \times (1-T)}{(1+k_D)^i} \tag{8-17}$$

式中　$P_0$——债券发行价格或借款金额，即债务的现值；

　　　　$F$——债务资金筹资费用率；

　　　　$P_i$——时间 $i$ 的本金偿还金额；

　　　　$I_i$——债务的约定利息；

　　　　$T$——所得税税率；

　　　　$n$——债务的期限，通常以年表示。

利用式（8-17）估算债务资金成本时，应根据具体情况确定债务期限内各年的利率是否需要通过乘以（$1-T$）调整为税后利率，如在不支付利息的年份或免征所得税的年份，不应做此调整。

【例 8-4】为民公司正在研究一个投资项目，准备向银行借款 500 万元，年利率 7%，按年付息，期限 3 年，到期一次还本，项目适用的所得税税率是 25%，但按有关规定第 1 年免征所得税。

【解答】根据例 8-4 中的数据，利用式（8-17）计算为民公司的债务成本：

$$500 \times (1-0.4\%) = \frac{500 \times 7\%}{1+k_D} + \frac{500 \times 7\% \times (1-25\%)}{(1+k_D)^2} + \frac{500 + 500 \times 7\% \times (1-25\%)}{(1+k_D)^3}$$

把等号左边的债务现值移至等号右边，得到

$$0 = \frac{500 \times 7\%}{(1+k_D)} + \frac{500 \times 7\% \times (1-25\%)}{(1+k_D)^2} + \frac{500 + 500 \times 7\% \times (1-25\%)}{(1+k_D)^3} - 500 \times (1-0.4\%)$$

$$= \frac{35}{1+k_D} + \frac{26.25}{(1+k_D)^2} + \frac{526.25}{(1+k_D)^3} - 498$$

借助于 Excel 中的净现值函数，求得为民公司的债务资金成本为 6%。

（二）建设期债务资金成本的估算

1. 建设期债务资金成本及其资本化

建设期债务资金成本是指项目因借款（或发行债券）在建设期内发生的利息及其他相关成本，包括借款（或债券）利息、折价或者溢价的摊销以及承诺费、发行费等辅助费用，简称建设期利息。

建设期利息应予以资本化。项目评价中，为简化计算，建设期利息可全部计入项目的固定资产原值。

2. 估算建设期利息的工作基础

估算建设期利息，必须先确定以下各项：

（1）建设投资估算及其分年投资计划。

（2）资本金和企业内部融资资金数额及其分年投入计划。

（3）债务资金的筹资方式（银行借款或企业债券）及债务资金成本率（银行贷款利率或企业债券利率及发行费率等）。

3. 建设期利息的估算方法

（1）当借贷资金不是按年计息时，应将名义年利率换算为有效年利率。在借贷活动中，通常采用年利率表示利率的高低，这个年利率一般为名义年利率，用 $i_{名义}$ 表示。在实际的贷款条件中，往往具体规定一年内计息多次，如按季计息、按月计息等。期利率等于名义年利率除以一年内的计息次数（或者说名义年利率等于期利率与一年内计息次数的乘积）。有效年利率是指年初的 1 笔资金按期利率进行计算的年末总利息与年初本金之比。

名义年利率换算为有效年利率的计算公式为

$$有效年利率 i_{有效} = \left(1 + \frac{i_{名义}}{m}\right)^m - 1 \tag{8-18}$$

式中　$m$——每年计息次数。

如果在建设期内能按期支付利息，则可直接采用名义年利率计算建设期利息。

表 8-1 列出了名义年利率为 6% 的年、半年、季、月的有效年利率。

**表 8-1**　　　　　　　　　　　　　　计息期与有效年利率的关系

| 名义年利率 | 计息期 | 一年内计息次数 | 计息期利率（%） | 有效年利率（%） |
|---|---|---|---|---|
| 6% | 年 | 1 | 6.0 | 6.00 |
| | 半年 | 2 | 3.0 | 6.09 |
| | 季 | 4 | 1.5 | 6.14 |
| | 月 | 12 | 0.5 | 6.17 |

（2）在建设期内如能按期支付利息，应按单利计息，否则应按复利计息。

（3）对借款额在建设期各年年内按月、按季均衡发生的项目，为了简化计算，通常假设借款发生当年均在年中使用，按半年计息，其后年份按全年计息；对借款额在建设期各年年初发生的项目，则应按全年计息。

建设期利息的计算要根据借款在建设期各年年初发生或者在各年年内均衡发生，采用不同的计算公式。

1）借款额在建设期各年年初发生，建设期利息的计算公式为

$$Q = \sum_{t=1}^{n} \left[(P_{t-1} + A_t) \times i\right] \tag{8-19}$$

式中　$Q$——建设期利息；

　　　$P_{t-1}$——按单利计息，为建设期第 $t-1$ 年年末借款本金累计，按复利计息，为建设期第 $t-1$ 年年末借款本息累计；

　　　$A_t$——建设期第 $t$ 年借款额；

　　　$i$——借款年利率；

　　　$t$——年份。

2）借款额在建设期各年年内均衡发生，建设期利息的计算公式为

$$Q = \sum_{t=1}^{n} \left[ \left( P_{t-1} + \frac{A_t}{2} \right) \times i \right] \qquad (8\text{-}20)$$

有多种借款资金来源，每笔借款的年利率各不相同的项目，既可分别计算每笔借款的利息，也可先计算出各笔借款加权平均的年利率，并以此年利率计算全部借款的利息。

【例8-5】某项目建设期为3年，第1年年初借款3000万元，第2年年初借款3000万元，第3年年初借款4000万元，借款年利率为8%，每年计息一次，建设期内不支付利息。估算该项目的建设期利息。

【解答】　　第1年利息 $Q_1 = (P_{1-1} + A_1) \times i = 3000 \times 8\% = 240.00$ （万元）

第2年利息 $Q_2 = (P_{2-1} + A_2) \times i = (3240 + 3000) \times 8\% = 499.20$ （万元）

第3年利息 $Q_3 = (P_{3-1} + A_3) \times i = (3240 + 3499.20 + 4000) \times 8\% \approx 859.14$ （万元）

该项目的建设期利息为

$$Q = Q_1 + Q_2 + Q_3 = 240.00 + 499.20 + 859.14 = 1598.34（万元）$$

【例8-6】某项目建设期为3年，第1年借款3000万元，第2年借款3000万元，第3年借款4000万元，各年借款均在年内均衡发生，借款年利率为8%，每年计息4次，建设期内按期支付利息。估算该项目的建设期利息。

【解答】　　　　有效年利率 $i_{有效} = \left( 1 + \frac{8\%}{4} \right)^4 - 1 \approx 8.24\%$

第1年利息 $Q_1 = \left( P_{1-1} + \frac{A_1}{2} \right) \times i = \frac{3000}{2} \times 8.24\% = 123.60$ （万元）

第2年利息 $Q_2 = \left( P_{2-1} + \frac{A_2}{2} \right) \times i = \left( 3000 + \frac{3000}{2} \right) \times 8.24\% = 370.80$ （万元）

第3年利息 $Q_3 = \left( P_{3-1} + \frac{A_3}{2} \right) \times i = \left( 3000 + 3000 + \frac{4000}{2} \right) \times 8.24\%$ （万元）$= 659.20$ （万元）

该项目的建设期利息为

$$Q = Q_1 + Q_2 + Q_3 = 123.60 + 370.80 + 659.20 = 1153.60（万元）$$

**（三）运营期债务资金成本的估算**

1. 运营期债务资金成本的内容

运营期债务资金成本是指项目因借款（或发行债券）在运营期内发生的利息及其他相关成本，包括建设投资借款利息、流动资金借款利息和短期借款利息。运营期内发生的各项利息支出均应计入当期的总成本费用（当期损益）。

2. 运营期建设投资借款利息的估算

运营期建设投资借款利息是指建设期末借款余额（含未支付的建设期利息）在运营期应支付的利息。财务分析评价中应结合不同的还款方式估算运营期建设投资借款利息。

（1）等额还本付息方式，是指在还款期内每年还本付息的总额相同，但还本付息额中各年偿还的本金额和利息额是不等的，偿还的本金部分将逐年增多，支付利息部分将逐年减少。

等额还本付息的计算公式为

$$A = I_c \times \frac{i(1+i)^n}{(1+i)^n - 1} \qquad (8\text{-}21)$$

式中　　$A$——每年还本付息额（等额年金）；

　　　　$I_c$——开始还款年年初的借款余额；

　　　　$i$——年利率；

　　　　$n$——预定的还款期；

$\dfrac{i(1+i)^n}{(1+i)^n-1}$——资金回收系数，可以自行计算或查复利系数表。

每年还本付息额 $A$ 中：

每年支付利息=年初借款余额×年利率

每年偿还本金=$A$－每年支付利息

开始还款年以后的各年年初借款余额=$I_c$－本年以前各年偿还的本金累计

【例 8-7】某项目建设期末、投产年年初的借款余额为 5000 万元，与银行签订的贷款合同中确定，自投产年起，按等额还本付息方式偿还本金、支付利息，有效年利率为 8%，还款期为 5 年。估算该项目每年的还本付息额，以及各年的还本额和付息额。

【解答】根据式（8-21），每年的还本付息额为

$$A = I_c \times \frac{i(1+i)^n}{(1+i)^n-1} = 5000 \times \frac{8\%(1+8\%)^5}{(1+8\%)^5-1} \approx 5000 \times 0.250\,456 = 1252.28 \text{（万元）}$$

各年的还本额和付息额见表 8-2。

表 8-2　　　　　　　　　　　　各年的还本额和付息额　　　　　　　　人民币单位：万元

| 年份 | 年初借款余额 | 每年还本付息额 | 各年还本额 | 各年付息额 |
|---|---|---|---|---|
| 第 1 年 | 5000.00 | 1252.28 | 852.28 | 400.00 |
| 第 2 年 | 4147.72 | 1252.28 | 920.46 | 331.82 |
| 第 3 年 | 3227.26 | 1252.28 | 994.10 | 258.18 |
| 第 4 年 | 2233.16 | 1252.28 | 1073.63 | 178.65 |
| 第 5 年 | 1159.53 | 1252.28 | 1159.53 | 92.75 |
| 合计 | | 6261.40 | 5000.00 | 1261.40 |

（2）等额还本、利息照付方式，是指在还款期内每年偿还的本金相等，各年偿还的本金及利息之和不等，利息随本金的逐年偿还而相应减少。

等额还本、利息照付的计算公式为

$$A_t = \frac{I_c}{n} + I_c \times \left(1 - \frac{t-1}{n}\right) \times i \tag{8-22}$$

式中　　　$A_t$——第 $t$ 年的还本付息额；

　　　　$\dfrac{I_c}{n}$——每年偿还本金额；

$I_c \times \left(1 - \dfrac{t-1}{n}\right) \times i$——第 $t$ 年支付利息额。

【例 8-8】某项目建设期末、投产年年初的借款余额为 5000 万元，与银行签订的贷款合同中确定，自投产年起，按等额还本、利息照付方式偿还本金、支付利息，有效年利率为 8%，还款期为 5 年。估算该项目每年的还本额，以及各年的付息额。

【解答】 每年的还本额 $= \dfrac{I_c}{n} = \dfrac{5000}{5} = 1000$ （万元）

各年付息额的计算，以投产第 3 年为例：

$$t_3 = 5000 \times \left(1 - \frac{3-1}{5}\right) \times 8\% = 5000 \times \frac{3}{5} \times 8\% = 240 \text{（万元）}$$

各年的付息额见表 8-3。

表 8-3　　　　　　　　　　　各年的付息额　　　　　　　　　　人民币单位：万元

| 年份 | 年初借款余额 | 每年还本额 | 各年付息额 | 各年还本付息额 |
|---|---|---|---|---|
| 第 1 年 | 5000 | 1000 | 400 | 1400 |
| 第 2 年 | 4000 | 1000 | 320 | 1320 |
| 第 3 年 | 3000 | 1000 | 240 | 1240 |
| 第 4 年 | 2000 | 1000 | 160 | 1160 |
| 第 5 年 | 1000 | 1000 | 80 | 1080 |
| 合计 | | 5000 | 1200 | 6200 |

（3）非等额还本、利息照付方式。如果项目运营初期可用于还款的资金较少，又可能取得贷款方的同意，可以在运营初期少安排一些还款额，以后年份的还款额随着可用于还款资金额的增加而增加，同时利息照付。这种方式可减少财务风险，但利息总额将增加。

【例 8-9】某项目建设期末、投产年年初的借款余额为 5000 万元，与银行签订的贷款合同中确定，有效年利率为 8%，还款期为 5 年，投产第 1 年至第 5 年，每年还款额分别为 500、800、1000、1200 万元和 1500 万元，估算该项目各年的付息额。

【解答】各年付息额的计算，以投产第 3 年为例：

$$\text{投产第 3 年的利息} = 3700 \times 8\% = 296 \text{（万元）}$$

各年的付息额见表 8-4。

表 8-4　　　　　　　　　　　各 年 的 付 息 额　　　　　　　　　人民币单位：万元

| 年份 | 年初借款余额 | 各年还本额 | 各年付息额 | 各年还本付息额 |
|---|---|---|---|---|
| 第 1 年 | 5000 | 500 | 400 | 900 |
| 第 2 年 | 4500 | 800 | 360 | 1160 |
| 第 3 年 | 3700 | 1000 | 296 | 1296 |
| 第 4 年 | 2700 | 1200 | 216 | 1416 |
| 第 5 年 | 1500 | 1500 | 120 | 1620 |
| 合计 | | 5000 | 1392 | 6392 |

建设投资借款本金偿还的资金来源主要包括可以用于还款的折旧费、摊销费以及扣除法定盈余公积金和任意盈余公积金后的所得税后利润。对建设投资借款还本付息的安排，应编制借款还本付息计划表。

3. 流动资金借款利息的估算

流动资金借款利息是指因长期占用流动资金借款而支付的利息。流动资金借款从本质上看应归类为长期借款，但企业往往有可能与银行达成共识，按年终偿还、下年初再借的方式处理，并按一年期利率计息。流动资金借款利息一般按当年流动资金借款额乘以相应的借款年利率计算。

项目财务分析评价中对流动资金借款的偿还一般安排在计算期末，也可以在还清建设投资借款后偿还流动资金借款。

4. 短期借款利息的估算

短期借款利息是指运营期内为满足临时性资金需要发生短期借款而支付的利息。短期借款的数额应在财务计划现金流量表中反映。

项目财务分析评价中，短期借款一般按一年期利率计息。短期借款的偿还按照随借随还的原则处理，即当年借款尽可能于下年偿还。

5. 银行借款的资金成本

银行借款的资金成本的公式为

$$K_{\mathrm{d}} = (1-t) \times r \qquad (8\text{-}23)$$

式中　　$K_{\mathrm{d}}$——银行贷款成本；

　　　　$r$——银行贷款利息；

　　　　$t$——所得税税率。

对项目贷款实行担保时，应将担保费率计入贷款成本中：

$$V_{\mathrm{d}} = V / (P \times n) \times 100\% \qquad (8\text{-}24)$$

式中　　$V_{\mathrm{d}}$——担保费率；

　　　　$V$——担保费总额；

　　　　$P$——企业借款总额；

　　　　$n$——担保年限。

银行贷款利率加上担保费率后的贷款成本为

$$K_{\mathrm{b}} = (1-t) \times (r + V_{\mathrm{d}}) \qquad (8\text{-}25)$$

如果考虑资金筹集费，银行借款的资金成本可以按照下列公式计算

$$K_{\mathrm{T}} = \frac{R_{\mathrm{I}}(1-T)}{1-F_{\mathrm{I}}}$$

式中　　$R_{\mathrm{I}}$——长期借款的利率；

　　　　$F_{\mathrm{I}}$——资金筹集费用率。

6. 债券融资的资金成本

发行债券的成本主要指债券利息和融资费用。债券利息应以税后成本计算。债券的融资费用一般比较高，不可在计算资金成本时省略。计算公式为

$$K_{\mathrm{b}} = \frac{I_{\mathrm{b}}(1-T)}{B(1-F_{\mathrm{b}})} \qquad (8\text{-}26)$$

式中　　$K_{\mathrm{b}}$——债券资金成本；

　　　　$I_{\mathrm{b}}$——债券年利息；

　　　　$T$——所得税税率；

$B$——债券融资额；

$F_b$——债券融资费用率。

或

$$K_b = \frac{R_b(1-T)}{1-F_b}$$ （8-27）

式中　$R_b$——债券利率。

### 三、加权平均资金成本

（一）一般方法

为了反映整个融资方案的资金成本状况，在计算各种融资方式的个别资金成本的基础上，还要计算加权平均资金成本，它是企业比较各融资组合方案、进行融资结构决策的重要依据。

加权平均资金成本一般是以各种资金占全部资金的比例为权数，对个别资金成本进行加权平均确定的，计算公式为

$$K_w = \sum_{j=1}^{n} K_j W_j$$ （8-28）

式中　$K_w$——综合资金成本；

$K_j$——第 $j$ 种个别资金成本；

$W_j$——第 $j$ 种个别资金占全部资金的比例（权数）。

从式（8-28）可以看出，在个别资金成本一定的情况下，企业加权平均资金成本的高低将取决于融资结构。

个别资金占全部资金比例的确定，还可以按市场价值或目标价值确定，分别称为市场价值权数和目标价值权数。市场价值权数指债券、股票以市场价格确定权数。这样计算的加权平均资金成本能反映企业目前的实际情况。目标价值权数是指债券、股票以未来预计的目标市场价值确定权数。这种权数能体现期望的融资结构，而不是像账面价值权数和市场价值权数那样只反映过去和现在的融资结构。所以，按目标价值权数计算的加权平均资金成本更适用于企业筹措新资金。

（二）税后加权平均资金成本的计算

由于前述的原因，项目的资金往往不止一种来源，而在各种来源的资金成本不相同的情况下，有必要以各种来源资金在总资金中所占的比例为权数，计算它们的加权平均资金成本。通常所说的资金成本，实际上就是指按下式计算的加权平均资金成本

$$k_w = \sum_{j=1}^{n} k_j W_j$$ （8-29）

式中　$k_w$——加权平均资金成本；

$k_j$——第 $j$ 种来源资金的成本；

$W_j$——第 $j$ 种来源资金占总资金的比例。

【例 8-10】在上述为民公司的拟建项目的总资金中，除 500 万元的银行借款外，还将有 300 万元资本金，来源于公司的未分配利润，而两者的成本分别是计算的税后债务资金成本 6%和计算的权益资金成本 11%。试计算为民公司项目资金的加权平均成本。

【解答】按照式（8-29），为民公司项目资金的加权平均成本为

$$k_{W,\text{为民公司}} = 6\% \times \frac{500}{800} + 11\% \times \frac{300}{800}$$

$$= 6\% \times 0.625 + 11\% \times 0.375$$

$$\approx 7.88\%$$

计算结果表明，为民公司拟建项目总资金的加权平均成本为7.88%。

（三）税后加权平均资金成本分析

例8-10中，在债务资金成本为6%和权益资金成本为11%的情况下，为民公司拟建项目的加权平均资金成本是7.88%。当然，由于财务杠杆的存在，为民公司债务资金成本与权益资金成本的其他组合，在不同的资金结构下，加权平均资金成本仍然可以是7.88%。

表8-5显示了这种情况：在不同的资金结构下，可以使加权平均资金成本等于10%的不同的负债资金成本与权益资金成本组合。例如，当权益资金在总资金中的比例为100%时，它的成本是10%，此时，权益资金只面临经营风险。随着负债资金比例的上升，权益资金开始既面临经营风险，又面临财务风险，因此成本不断上升。当负债资金的比例从20%上升到80%时，权益资金的成本也从11.25%上升到20%。当负债资金的比例为100%时，它的成本也是10%，此时财务拮据成本和代理成本最高。随着权益资金比例的上升，两种成本开始下降，负债资金的成本也随之下降，从7.4%降到5%。表8-5中也反映出，由于负债资金成本是税后成本，而权益资金成本面临经营和财务双重风险，因此，在每一资金结构水平中，后者均高于前者。

**表8-5** 财务杠杆与加权平均资金成本

| 负债资金（%） | 权益资金（%） | $k_D$（%*） | $k_E$（%） | 加权平均成本（%） |
| --- | --- | --- | --- | --- |
| 100 | 0 | 10.00 | | 10 |
| 80 | 20 | 7.40 | 20.00 | 10 |
| 60 | 40 | 5.80 | 16.30 | 10 |
| 40 | 60 | 5.20 | 13.20 | 10 |
| 20 | 80 | 5.00 | 11.25 | 10 |
| 0 | 100 | | 10.00 | 10 |

注 *为负债资金成本，$k_D$为税后成本。

表8-5表明，由于财务杠杆的存在，在加权平均资金成本不变的情况下，通过对自身出资能力的分析研究，通过与投资者和债权人的反复谈判、协商，企业或项目有可能找到某种权益资金与债务资金的较理想组合，在此组合下，财务风险较低，而投资者的收益较高，如表8-5中负债率为40%～60%时的组合。

**四、资金成本的影响因素及降低的途径**

（一）影响资金成本的因素

影响资金成本的因素很多，归纳起来，主要包括以下方面：

（1）融资期限。融资期限越长，未来的不确定性因素越多，风险也越大，投资者要求的报酬也越高，从而其成本也越高。权益资本是无限期的（除非企业破产），因此其成本比负债资金成本要高。

（2）市场利率。市场利率是资金市场供求关系变动的结果，它是资金"商品"的价格。作为各类融资方式的基准利率，市场利率提高时，会相应提高各融资方式的成本；反之，当市场利率下降时，会相应降低各融资方式的成本。

（3）企业的信用等级。企业的信用等级决定了企业在资本市场中的地位，从而对各融资方式产生重大影响。一般认为，信用等级越高，信誉越好，投资者投资于企业的风险也越小，其要求的风险报酬也越小，从而融资成本也相对较低。

（4）抵押担保能力。如果企业能够为债务资金提供足够的抵押或担保，则债权人的投资安全系数也大大提高，从而要求的报酬率相对较低，资金成本也相应降低。

（5）融资工作效率。工作效率决定融资费用的大小。融资效率越高，则花费的资金筹集费越低，资金成本也越低。

（6）通货膨胀率。从投资者角度看，通货膨胀率实质上是名义收益率与实际收益率之间的差率，是对因货币购买力风险而进行的一种价值补偿。所以，它作为系统性风险，对所有的收益项目都产生影响。一般情况下，通货膨胀率越高，则融资成本也越高。

（7）政策因素。能够获得国家扶持的产业，该产业内的企业能够获得优惠贷款利率，从而降低融资成本。

（8）融资结构。在融资总量一定的情况下，各种融资方式的组合比例不同，即融资结构不同，其加权平均资金成本也不同。

（二）企业降低资金成本的对策

降低资金成本，既取决于企业自身的融资决策，如融资期限安排是否合理、融资效率的高低、企业信用等级、资产抵押或担保情况等，同时也取决于市场环境，特别是通货膨胀状况、市场利率变动趋势等。

（1）合理安排融资期限。资金的筹集主要用于长期投资，融资期限要服从于项目的投资年限，服从于资金需求量预算，按照投资的进度合理安排融资期限，以降低资金成本，减少资金不必要的闲置。

（2）合理预期未来利率。根据未来利率预测情况，合理安排负债融资期限，节约资金成本。

（3）提高企业信誉，重视信用评级工作。

（4）善于利用负债经营。在投资收益率大于债务成本率的前提下，积极利用负债经营，取得财务杠杆效益，可以降低资金成本，提高投资效益。

（5）提高融资效率。包括正确制订融资计划，从总体上对企业在一定时期内的融资数量、资金需要的时间等进行周密安排；充分掌握各种融资方式的基本程序，理顺融资程序中各步骤间的关系，并制订具体的实施步骤，以便于各步骤间的衔接与协调，节约时间与费用；在人员安排上，组织专人负责融资计划的具体实施，保证融资工作的顺利开展。

（6）积极利用股票增值机制，降低股票融资成本。主要是通过提高企业经营实力和竞争能力，扩大市场份额等，采用多种方式转移投资者对股利的注意力，降低股票分红压力，使投资者转向市场实现其投资增值，通过股票增值机制来降低企业实际的融资成本。

# 第三节　融资结构分析

## 一、融资结构的含义、内容和分析方法

（一）融资结构的含义

在融资方案的分析中，一个重要问题就是要决定选择什么样的融资组合，确定合理的融

资结构，以保证项目价值最大化。

融资结构就是各种资金的构成及其比例关系，包括各种融资方式的结构比例、长期融资和短期融资的结构比例，以及负债融资和权益融资的结构比例。其中最关键的是负债融资和权益融资的比例，即项目资本金比例，它直接影响到项目投产运营后企业的资产负债比例、项目还本付息压力及投资回收情况。因此习惯上将负债融资和权益融资的结构比例称为融资结构。

一般而言，融资结构主要指负债－权益比率（又称杠杆比率）。负债和权益的组合被称为财务杠杆。负债比率越高，说明财务杠杆水平越高，杠杆风险也越大。

由于没有一个适用于不同产业部门的用于判断权益和负债比率的统一尺度，因此在实际应用中，必须根据每个项目的具体特点来判断其负债比率是否合理，通常还要根据有兴趣参与项目融资的各方进行深入的谈判才能决定。

通常可以根据现有企业的负债结构来判断项目的融资结构是否合理。表8-6是英国1992年各行业的以票面价值计算的平均负债比率。可以看出，英国企业的平均负债比率为33%，但各行业差别很大。

表 8-6 英国公司的负债比率（1992 年）

| 行业 | 负债比率（%） | 行业 | 负债比率（%） |
|---|---|---|---|
| 建筑材料行业 | 37 | 休闲产业 | 43 |
| 建筑业 | 35 | 包装及造纸业 | 37 |
| 电子行业 | 37 | 出版印刷业 | 32 |
| 电力工业 | 22 | 商店 | 28 |
| 航空工业 | 36 | 纺织业 | 28 |
| 化学工业 | 38 | 代理服务业 | 26 |
| 冶金工业 | 18 | 交通运输 | 50 |
| 其他工业部门 | 44 | 电信网络 | 22 |
| 酿酒业 | 33 | 供水 | 23 |
| 食品制造业 | 35 | 石油及天然气 | 25 |
| 食品零售业 | 24 | 各行业平均 | 33 |
| 保健及家庭服务业 | 29 | | |

最佳融资结构是指企业在一定时期内，使加权平均资金成本最低、企业价值最大时的融资结构。其判断标准有三个：①有利于最大限度地增加所有者财富，使企业价值最大化；②企业加权平均资金成本最低；③资产保持适宜的流动，并使融资结构具有弹性。其中，加权平均资金成本最低是其主要标准。

（二）融资结构的内容

融资结构是项目资金筹措方案中各种资金来源的构成及其比例关系。与其相对应的概念是企业的资金结构，即企业的各种资金的构成及其比例关系，是针对整个企业而言的。由于项目建设阶段所筹集的资金最终要形成企业的各项资产，因此在项目筹建阶段，就要系统研究并合理选择融资方案的融资结构，以便项目投产运营后，为企业保持比较理想的资产负债结构和资金结构打好基础。

项目的融资结构，应该包括各种融资方式的结构比例、长期融资和短期融资的结构比例，以及负债融资和权益融资的结构比例等。其中最关键的是负债融资和权益融资的结构比例，即企业资本金比例，它直接影响到项目投产运营后企业的资产负债比例、项目借款还本付息能力及投资回收情况。因此，习惯上将负债融资和权益融资的结构比例称为融资结构。

1. 投资产权结构

权益投资可以有多种方式，不同的投资方式构成了不同的投资产权结构。项目的资金结构研究中，需要对权益投资的方式即投资产权结构进行研究。项目的投资结构是指项目投资形成的资产所有权结构，即股权投资人对项目资产的拥有形式、处置、收益分配形式关系。

投资产权结构是项目前期研究的核心内容，通常应在项目研究的初期就需要确定。投资产权结构会影响项目的投资方案、融资方案、融资谈判，影响项目实施的各个方面。投资产权结构的选择要服从项目实施目标的要求，要能够最大限度实现项目目标。商业性的投资人需要取得投资收益，投资结构应能够使股权投资人获取尽可能高的投资收益。项目需要以尽可能低的成本取得良好的服务效果，投资结构应使项目能够以最高效率运行。

参与投资的投资人选择，是投资产权结构设计中要考虑的一个重要方面。不同的投资人，由于其背景和特长的不同，可以对项目的成功有着不同的贡献。有的投资人可以为项目带来管理经验，有的可以提供资金并提供有效的担保。各个投资人之间的优势互补可以使项目成功得到更好的保障。

2. 资金结构分析

现代经济体系中的项目融资呈现出多渠道、多方式。将多渠道的资金按照一定的资金结构结合起来，是项目融资方案制订的主要任务。项目融资方案的设计及优化中，资金结构的分析是一项重要内容。资金结构是指项目筹集股本资金、债务资金的形式、各种资金的来源方式及其所占的比例。资金结构的合理性和优化由公平性、风险性、资金成本等多方因素决定。在融资方案的资金结构分析中，主要包括：①总资金结构，包括无偿资金、有偿股本、准股本、负债融资分别占总资金需求的比例；②资本金结构，包括政府股本、商业投资股本所占的比例，国内股本、国外股本各占的比例；③负债结构，包括短期信用、中期借贷、长期借贷各占的比例，以及内外资借贷各占的比例等。

（1）资本金与债务融资比例。项目资金结构的一个基本比例是项目的资本金（权益投资）与负债融资的比例，称为项目的资本结构。从投资者的角度考虑，项目融资的资金结构追求以较低的资本金投资争取较多的负债融资，同时希望尽可能降低对股东的追索。而对于提供债务融资的债权人，希望债权得到有效的风险控制，而通常希望项目能够有较高的资本金比例，以承担可能出现的各种风险。同时，资本金比例越高，贷款的风险越低，贷款的利率就可能会越低，反之贷款利率越高。当资本金比例降低到银行不能接受的水平时，银行将会拒绝贷款。合理的资金结构需要由各个参与方的利益平衡来决定。

从经济效率的角度出发，较低的筹资成本可以得到较高的经济效益。而通常商业性的股本投资有较高的筹资成本，银行贷款利率通常要低于股本投资方所要求的投资收益率，而直接向公众发债通常可以比银行贷款有更低的利率。政府的无偿投资虽然可以不要求回报，但政府的资金来源于税收，用于无偿投资会改变社会资源的分配，对资源的有效利用产生影响，过度使用可能会损害市场对资源的有效配置机制。政府的无偿投资应当设定在合理的范围，至少应当避免发生资源的浪费。

（2）资本金结构。资本金结构包含两方面内容：投资产权结构和资本金比例结构。有关投资产权结构在前面已经讨论。这里研究项目资本金的比例结构。

参与投资的各方投资人占有多大的出资比例，对于项目的成败有着重要影响。公司的控股形式可以是绝对控股或相对控股。现代企业制度需要避免一股独大的绝对控股公司形式。各方投资比例需要考虑各方的利益需要、资金及技术能力、市场开发能力、已经拥有的权益等。不同的权益比例决定着各投资人在项目及公司中的作用、承担的责任义务、收益分配。不同的投资人，由于其背景和特长不同，可以对于项目的成功有着不同的贡献。各个投资人之间的优势互补可以使项目的成功得到更好的保障。但如果出资比例处理不当，某些方面的利益没有得到合理分配，可能会造成项目实施困难。

在公司融资方式下，项目的资金结构受制于整个公司的财务状况和筹资能力。资本金结构分析中，需要分析项目资本金的企业自有资金与增加股东的股权投资及股东贷款等准资本金结构。企业将自有资金投资于项目并被长期占用，将会使企业的财务流动性降低。同时，项目投资导致增加借款负债，使企业的资产负债率上升。企业使用自有资金作为资本金投资于新项目，其投资额度是受到企业自身财务资源的限制的，当企业的自有资金不足时，需要股东增加投资，补充公司的资本金。

（3）债务资金结构。债务资金结构分析中需要分析各种债务资金的占比，包括负债的方式及债务期限的配比。合理的债务资金结构需要考虑融资成本、融资风险，合理设计融资方式、币种、期限、偿还顺序及保证方式。

在债务期限的配比方面，项目负债结构中，长短期负债借款需要合理搭配。短期借款利率低于长期借款，适当安排短期融资可以降低总的融资成本，但如果过多采用短期融资，会使项目公司的财务流动性不足，项目的财务稳定性下降，产生过高的财务风险。例如，大型基础设施工程负债融资应当以长期融资为主。长期负债融资的期限应与项目的经营期限相协调。

在境内外借贷所占比例方面，对于借款公司来说，使用境外借款或国内银行外汇贷款，如果贷款条件一样，并没有区别。境内外借贷的所占比例主要决定于项目使用外汇的额度，同时可能主要由借款取得的可能性及方便程度决定。但是对于国家来说，项目使用境外贷款，相对于使用国内银行的外汇贷款，由于有境外贷款流入，国家的总体外汇收入增加，对于当期的国家外汇平衡有利。但对于境外贷款偿还期内的国家外汇平衡会产生不利影响。项目投资中如果有国外采购，可以附带寻求国外的政府贷款、出口信贷等优惠融资。

在外汇币种选择方面，不同币种的外汇汇率总是在不断地变化，如果条件许可，项目使用外汇贷款需要仔细选择外汇币种。外汇贷款的借款币种与还款币种有时是可以不同的。通常主要应考虑的是还款币种。为了降低还款成本，选择币值较为软弱的币种作为还款币种。这样，当外汇币值下降时，还款金额可以相对降低。当然，币值软弱的外汇贷款利率通常较高。这就需要在汇率变化与利率差异之间做出预测权衡和抉择。

（三）融资结构的分析方法

比较成本法是融资结构决策的基本方法，是指通过计算不同融资结构的加权平均资金成本，并以此为标准，选择其中加权平均资金成本最低的融资结构。它以资金成本高低作为确定最佳融资结构的唯一标准，其决策过程包括：①确定各融资方案的融资结构；②确定各融资方案的加权资金成本；③进行比较，选择加权资金成本最低的结构为最优结构。

判断融资结构是否合理，可以通过分析每股盈余的变化来衡量，即能提高每股盈余的融资结构是合理的，反之则不够合理。每股盈余的高低不仅受融资结构（由长期负债融资和权益融资构成）的影响，还受到销售水平的影响。处理这三者的关系，可以通过税后资本利润率无差异点（股份公司则为每股净收益）的分析来选择和确定负债与权益间的比例或数量关系。税后资本利润率无差异点是指两种方式（负债与权益）下税后资本利润率相等时的息税前利润点，也称息税前利润平衡点或无差异点。根据税后资本利润率无差异点，可分析判断在追加融资量的条件下，应选择何种方式来进行融资，并合理安排和调整融资结构。

每股盈余（Earnings Per Share，EPS）的计算公式为

$$EPS = \frac{(S - VC - F - I)(1-T)}{N} = \frac{(EBIT - I)(1-T)}{N} \tag{8-30}$$

式中　$S$——销售额；

　　　$VC$——变动成本；

　　　$F$——固定成本；

　　　$I$——债券利息；

　　　$T$——所得税率；

　　　$N$——流通在外的普通股股数；

　　$EBIT$——息前税前利润。

在每股盈余无差别点上，无论是采用负债融资，还是采用权益融资，每股盈余都是相等的。若以 $EPS_1$ 代表负债融资，以 $EPS_2$ 代表权益融资，则

$EPS_1 = EPS_2$ ，则

$$\frac{(S_1 - VC_1 - F_1 - I_1)(1-T)}{N_1} = \frac{(S_2 - VC_2 - F_2 - I_2)(1-T)}{N_2} \tag{8-31}$$

在每股盈余无差别点上 $S_1 = S_2$，则

$$\frac{(S - VC_1 - F_1 - I_1)(1-T)}{N_1} = \frac{(S - VC_2 - F_2 - I_2)(1-T)}{N_2} \tag{8-32}$$

能使上述条件公式成立的销售额（$S$）为每股盈余无差别点销售额。

无差异点分析确定最佳融资结构，以税后资本利润率（或每股净收益）最大为分析起点，它直接地将融资结构与企业财务目标、企业市场价值等相关因素结合，从而是企业在追加融资时经常采用的一种决策方法。

**二、融资结构的制定**

项目的资金可有各种来源，它们在总资金中所占的比例不同，形成资金结构。资金结构分析包括项目资本金与债务资金的结构比例分析，以及资本金的结构比例与债务资金的结构比例分析。

（一）项目资本金与债务资金的结构比例

项目资本金与债务资金的结构比例是资金结构中最基本、最重要的结构比例。这是因为，首先，适当的资本金融资对于确保资金结构的质量至关重要；其次，适当的债务融资可以使企业或项目获得减税效益和财务杠杆效益，从而降低债务资金的实际成本，提高投资者的收益；最后，债务资金比例过高会增加财务拮据成本和代理成本，从而提高资本金和债务资金

的成本。因此，项目的合理资金结构或目标资金结构，应当是资本金与债务资金间比例的适当平衡。

1. 资本金的重要性

如前所述，项目资本金是项目总投资中由投资者认缴的投资额，是非债务性资金，项目法人不承担这部分资金的任何利息和债务。资本金的投入，表明投资者对项目的承诺和责任，是决定项目负债融资能力或承担债务风险能力的最基本的信用保障，对于提高资金结构的质量，降低财务风险，提高投资者的收益，具有十分重要的意义。然而，由于资本金的收益权和求偿权是在债务资金之后，其风险高于债务资金，因而成本也较高，特别是当项目资金结构中的债务资金比例过高时，资本金的投资者会要求相当高的投资收益来补充自己承担的风险，否则不会投资。另外，过高的资本金比例，也将使项目无法充分获得负债经营所带来的效益。因此，可以说，在项目的资金结构中，既不能缺少资本金，其比例也不能过高。

2. 负债经营的效益

项目负债经营时，主要会得到两个方面的效益。首先，由于债务资金的利息费用可以在税前收入中扣除，负债可以为项目带来减税效益，即项目可以通过增加债务资金来降低其实际成本，提高投资者的收益。

表 8-7 显示了债务资金的减税作用，从中可以看到，在所得税税率为 25% 的情况下，有负债时实际负担的利息不是 50 万元，而是 37.5 万元 [50×（1–0.25）]。也就是说，就表 8-7 中的例子而言，负债经营较之无负债经营少交 12.5 万元（250–237.5）的所得税。这样，假如负债的利息率是 7%，则其税后成本或实际成本仅为 5.25% [7%×（1–25%）]。

**表 8-7**　　　　　　　　　　　　　　　**债务资金利息减税作用举例**

| 分类 | 有负债（万元） | 无负债（万元） |
|---|---|---|
| 息税前利润 | 1000 | 1000 |
| 利息 | 50 | |
| 税前利润 | 950 | 1000 |
| 所得税（25%） | 237.5 | 250 |
| 税后利润 | 712.5 | 750 |

其次，不论利润多少，债务利息都是固定不变的。于是，当息税前利润增大时，单位利润所负担的利息费用就会相对减少，从而使投资者收益有更大幅度的增长。这种债务对投资者收益的影响称为财务杠杆。图 8-3 显示了财务杠杆的影响。在无负债的情况下，因外部环境或内部管理原因而导致营业收入产生增、减变化时，企业或项目只面临经营风险，即如果经营费用中存在固定费用，营业利润（息税前利润）就会以更高的幅度上升或下降。这就是经营杠杆。经营杠杆虽然不是营业利润不确定性的来源，但企业内、外部因素对利润的影响有放大作用，从而加重了企业的经营风险。然而，当企业或项目负债经营时，它们又将面临另一重要风险——财务风险，即财务杠杆对税后利润的放大作用。表 8-8 中的例子更清楚地显示了财务杠杆对税后利润的影响，没有负债经营时，如果企业或项目的营业收入在预期额的基础上增长 10%，息税前利润将增长 15%，而有负债经营时，即在利息费用为 100 万元的情况下，税后利润将增长 17%，比息税前利润的增长高出 2 个百分点。当然，如果营业收入下降，息税前利润和税后利润也会以同样的幅度下降。

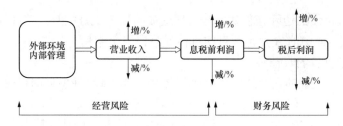

图 8-3　经营风险与财务风险

表 8-8　　　　　　　　　　　　　财 务 杠 杆 效 益 举 例

| 项目 | 预期额（万元） | 营业收入下降10%（万元） | 变化率（%） | 营业收入上升10%（万元） | 变化率（%） |
|---|---|---|---|---|---|
| 营业收入 | 2000 | 1800 | −10 | 2200 | +10 |
| 减变动经营费用 | 500 | 450 | −10 | 550 | +10 |
| 减固定经营费用 | 500 | 500 | 不变 | 500 | 不变 |
| 息税前利润 | 1000 | 850 | −15 | 1150 | +15 |
| 减利息费用 | 100 | 100 | 不变 | 100 | 不变 |
| 税前利润 | 900 | 750 | −17 | 1050 | +17 |
| 减税费（25%） | 225 | 187.5 | −17 | 262.5 | +17 |
| 税后利润 | 675 | 563.5 | −17 | 787.5 | +17 |

因此，在上述条件下，项目负债经营，可以获得减税效益和财务杠杆效益，从而降低资金成本，增加投资者受益。但是，负债经营并不是无限制的，因为随着债务资金在总资金中比例的增加，可能导致项目破产的财务拮据成本和代理成本也会增加。

3. 财务拮据成本与代理成本

如果项目负债经营，就有可能因无力按期偿还债务而发生财务拮据成本。此时，项目融资主体或是以高利率借钱还债，或是变卖资产还债，或是因官司缠身而"破财"，或是因客户和供货商中断与项目的业务而破产……凡此种种，均是项目因负债而负担的成本。另外，当项目融资主体为增加利润而增加负债时，债权人会通过各种条款保护自己的利益，从而限制项目的经营，降低项目业务活动的效率。此外，债权人还要采用特定的方法，监督这些条款的落实，这必然会提高负债的成本。上述两种情况都会增加项目的支出，形成代理成本。

4. 目标资金结构

综上所述，虽然负债经营可以降低资金的实际成本，增加投资者的收益，但随着负债资金在总资金中比例的上升，可能导致项目破产的财务拮据成本和代理成本会逐步增加，负债资金的成本越来越高，逐渐抵销减税效益，并最终使两种成本造成的损失超过减税效益，这一过程见图 8-4（虚线表示总资金成本）。从图 8-4 中可以看出，在负债比例为 $A$ 点前，企业的资金成本一直在下降，到 $A$ 点，财务拮据成本和代理成本的作用开始部分抵销负债的减税

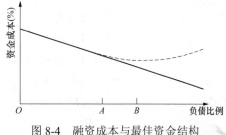

图 8-4　融资成本与最佳资金结构

效益。在 $B$ 点时，负债的边际减税效益与负债造成的损失正好相等，超过 $B$ 点，则负债损失超过减税效益。图 8-4 中的 $B$ 点是项目的目标或最佳资金结构，在这一点，项目的风险最小，资金成本最低，投资者的收益最大。

需要说明的是，企业的资金结构受多种因素的影响，如企业所处的行业、销售增长情况、财务状况、企业所有者的偏好、银行或贷款机构对企业风险的评价等，而这些因素的影响往往很难量化。所以，企业的最佳资金结构不可能通过定量方法精确地计算出来，而是要靠企业在经营过程中不断摸索，与投资者和债权人不断协商，采用定量和定性方法相结合的方式来确定。

（二）资本金的结构比例

资本金结构是指项目投资各方的出资比例。不同的出资比例，决定着各投资方对项目建设和经营所具有的决策权和承担的责任以及项目收益的分配。

（1）新设法人融资方式。采用这种方式融资时，应根据不同项目的行业特点、盈利能力、股东背景及其出资能力等因素，设计各股东的出资比例；应依据投资各方在资金、技术和市场开发方面的优势，通过协商确定各方的出资比例、出资形式和出资时间。

（2）既有法人融资方式。采用既有法人融资方式时，项目的资金结构要考虑既有法人的财务状况和筹资能力，合理确定既有法人内部融资与新增资本金在项目筹资总额中所占的比例，分析既有法人内部融资与新增资本金的可能性和合理性。既有法人将现金资产或非现金资产投资拟建项目长期占用，将有可能使企业现有经营活动受到不利影响，如财务流动性降低或持续发展能力受限，因此应对这些潜在影响予以认真分析。

国内投资项目应分析出资人出资比例的合法性和合理性；外商投资项目，也应分析其出资比例的合法性和合理性。按照我国现行规定，有些项目不允许国外资本控股，有些项目要求国有资本控股。另外，根据投资体制改革的要求，国家放宽社会资本的投资领域，允许社会资本进入法律法规未禁入的基础设施、公用事业及其他行业和领域。按照促进和引导民间投资（指个体、私营经济以及它们之间的联营、合股等经济实体的投资）的精神，除国家有特殊规定的以外，凡是鼓励和允许外商投资进入的领域，均鼓励和允许民间投资进入。因此，在进行融资方案分析时，应关注出资人出资比例的合法性。

（三）债务资金的结构比例

项目债务资金结构反映债权人为项目提供债务资金的数额比例、期限比例、内债和外债的比例，以及外债中各币种债务的比例等。在确定项目债务资金结构比例时，下列各条通常是需要考虑的因素：

（1）根据债权人提供债务资金的条件（包括利率、宽限期、偿还期及担保方式等）合理确定各类借款和债券的比例，可以降低融资成本和融资风险。

（2）按照长期资金占用采用长期融资和短期资金占用采用短期融资的配比原则，根据项目投资期和生产经营期现金收、支的预测值，合理搭配短期、中期、长期债务比例。

（3）合理安排债务资金的偿还顺序。尽可能先偿还利率较高的债务，后偿还利率较低的债务。对于利用外债投资建设的项目，由于有汇率风险，通常应先偿还硬货币（指货币汇率比较稳定且有上浮趋势的货币）的债务，后偿还软货币（指汇率不稳定且有下浮趋势的货币）的债务。应确保债务本息的偿还不致影响企业正常生产所需的现金流量。

（4）合理确定内债和外债的比例。内债和外债的比例，主要取决于项目使用外汇的额度。从项目自身的资金平衡考虑，产品内销的项目尽量不要借用外债，可以采用投资方注入外汇或以人民币购汇的方式为项目融资。

（5）合理选择外汇币种应遵循以下原则。

1）选择可自由兑换货币。可自由兑换货币是指实行浮动汇率制且有人民币报价的货币，如美元、英镑、日元等，它有助于外汇风险的防范和外汇资金的调拨。

2）尽量做到付汇用软货币，收汇用硬货币。对于建设项目的外汇借款，在选择还款币种时，尽可能选择软货币。当然，软货币的外汇贷款利率通常较高，这就需要在汇率变化与利率差异之间进行预测和抉择。

（6）合理确定利率结构。当资本市场利率水平相对较低，且有上升趋势时，尽量借固定利率贷款；当资本市场利率水平相对较高，且有下降趋势时，尽量借浮动利率贷款。

### 三、融资结构的调整和优化

（一）融资结构的调整

1. 融资结构调整的原因

影响企业融资结构变动的因素有多种，融资结构变动调整的原因主要包括：①原有融资结构的加权平均资金成本过高，从而使利润下降，这是融资结构调整的主要原因之一。②风险过大。虽然负债融资能降低成本、提高利润，但风险较大。如果融资风险过大，以至于企业难以承担，则破产成本就会直接抵减因负债融资而取得的杠杆收益，此时企业也需要进行融资结构调整。③弹性不足。弹性是指企业在进行融资结构调整时原有结构应有的灵活性，包括融资期限的弹性、各融资方式间的转换弹性等。其中，负债融资方式的期限弹性包括是否具有展期性、提前收兑性等；转换弹性主要指各种负债之间、负债与权益之间、权益融资之间是否具有可转换性。弹性不足时，企业调整融资结构就比较困难。调整弹性大小是判断企业融资结构是否健全的标志之一。④约束过严。不同的融资方式，投资者对融资方式使用的约束也不同。约束过严，不利于企业灵活调度与使用资金，也促使企业进行融资结构的调整。

2. 融资结构调整的时机和方法

能满足以下条件之一的企业，均有可能按目标融资结构（企业确定的最佳融资结构）对现有结构进行调整：①现有融资结构弹性较好时；②在增加投资或减少投资时；③企业盈利较多时；④债务重整时。

针对这些调整的可能性与时机，融资结构调整采用以下方法。

（1）存量调整。存量调整是指在不改变现有资产规模的基础上，根据目标融资结构的要求，对现有融资结构进行必要的调整。具体方式：①在债务资金过多时，将部分债务资金转化为权益资本，如将可转换债券转换为普通股票；②在债务比率过高时，将长期债务收兑或提前归还，而筹集相应的权益资本；③在权益资本过高时，通过减资并增加相应的负债，来调整融资结构。

（2）增量调整。增量调整是指通过追加融资量，从而增加总资产的方式来调整融资结构。具体方式：①在债务资金过高时，通过追加权益资本投资来改善融资结构，如将公积金转换为资本，或者直接增资；②在债务资金过低时，通过追加负债融资来提高负债融资比例；③在权益资本过低时，可通过筹措权益资本来扩大投资，提高权益资本比例。

（3）减量调整。减量调整是指通过减少资产总额的方式来调整融资结构。具体方式：①在权益资本过高时，通过减资来降低其比例；②在债务资本过高时，利用税后留存收益归还债务，以减少总资产，并相应减少债务比例。

（二）融资结构优化与融资工具选择

影响企业融资结构优化设置的因素有多种，塔布等人认为，有关融资结构理论主张的税差和破产成本仅仅是其中两个较为重要的因素。"假如企业存在一个最优负债—股权比率，那么，对于影响企业决定的因素，很显然需要一种更为一般的理论"。巴克特和卡格指出"企业能够调整其长期债务组成的方法之一就是通过融资工具的选择"。他们认为，企业最优资本组合的存在是由长期债务所组成的，而长期债务组成则涉及长期融资工具的选择，在选择每一种特殊的融资工具的背后都有一定的理由，"当一个企业进入长期资本市场时，它将会倾向于选择发行能够使其融资结构更接近于最优的证券，特别是这种选择会与预期能够表示什么是最优结构及其需要调整的方向的变量相联系起来"。巴克特和卡格设想任何企业在融资工具选择中都面临着一系列的双重选择，首先是对债券融资工具和股票融资工具的选择，其次是对于债券融资工具中的债券和优先股的选择，或者是对于股票融资工具中普通股和可转换证券的选择。他们通过对 1950～1965 年 129 家工业企业 230 次证券发行数据进行分析发现：企业的规模越大，就越倾向于通过发行债券而不是优先股或普通股来融资；同时，企业也越倾向于通过包括优先股、可转换证券和债券在内的多次发行来融资；如果市场对普通股的预期越乐观，企业就越不可能发行债券。巴克特和卡格得出结论，企业对某种融资工具的选择不是完全随机的，而且企业根据某些自变量来选择某种发行工具的概率的确定与人们所设想的并非完全一致。

在融资工具选择中还应注意各种证券发行对市场的影响。哈里斯和雷维在《融资结构理论》一文中总结了西方经济学的经验性分析，特别是考察了股票收益预期对企业股票融资信息披露的反映程度。这些分析性结论主要包括：第一，普通股发行造成证券价格下跌而引起的证券负收益大约在 3%；第二，可转换证券发行造成证券价格下跌而引起的证券负收益大于各种非可转换证券的负收益；第三，市场对纯债券或纯优先股的发行反应消极或无反应；第四，工业类证券发行造成证券下跌引起的证券负收益比公共事业证券发行造成的负收益更大。

马萨里斯通过对企业融资工具替换对融资收益的影响，得出以下几个方面的经验性结论：第一，发行债券回购股票可引起股票收益超常增长 14%；第二，以优先股替代普通股融资可引起股票融资收益增长 8.3%；第三，以发行债券回购优先股可引起股票融资收益增长 2.2%；第四，以普通股融资代替优先股会导致股票收益下跌 2.6%；第五，以发行普通股替代债券进行融资会导致股票收益下跌 9.9%；第六，以发行优先股替代债券融资会导致股票收益下跌 7.7%。

科尼特、特拉沃鲁斯和马萨里斯证实了以上这些经验性的分析结论，在他们看来，各种融资工具的交替或替代往往伴随着普通股收益的增长或下跌。他们进一步考察了企业负债融资的降低，会使股票价格超常下跌，以及与未来预期收益下降成正比关系，而债券融资比率上升则会使股票价格出现超常上涨等现象，并且它与管理层所持有股权的改变量也成正比关系。

上述分析表明，资本市场对不同证券发行有不同的反应，产生这种现象的原因一般有以下几种。

（1）每股收益摊薄效应。这种观点认为股票和可转换证券的发行增加了发行在外的普通股数量，从而使每股收益下跌，并对股票价格形成不利的影响。这种观点未能考虑到筹措的资金也可能产生额外的收益。如果新增资金创造的收益大于融资成本，这次发行的证券和股票的价格不应下降，而且有相当多的论证证明股票的价格是以对未来现金流量的预期为基础的，而不以会计基础上的每股收益变化为基础。

（2）偏离最优融资结构。如果企业有一个最优的融资结构，那么新的证券发行不是使企业移向它的目标融资结构就是使企业偏离这个目标。如果新的证券发行使企业移向它的目标融资结构，那么市场的反应应是积极的，但事实相反。

（3）税收效应。这种观点认为，债务融资可以获得税收优惠，而股票融资不能，因此市场通常对债券发行反应积极，对股票发行反应消极。这种解释看起来有一定的价值，但仍有一些问题没有解决。一个基本的问题就是企业为什么不通过发行最大可能数量的债务而马上获得最大的税收优惠?为什么在所观察到的企业中，有些企业根本没有债务?虽然债务越多，就越可能有积极的反应，但还不清楚为什么在发行债务的目的不是替代其他证券时，发行新的债务会有消极的市场反应?为什么以债务交换债务的转换发行对普通股价格并没有重大影响?

（4）信息差异与信号传递。由于不对称信息的存在，当经营者相信企业的股票被高估时，企业就会安排股票发行。投资者通过经验将会逐渐看低宣布发行新股的企业股票价格。这就解释了市场对股票发行的消极反应。但这种观点没有解释市场对债务发行的消极反应。而信号传递则假设当企业进行外部融资时，通常意味着预期未来现金流量会有不利变化的信号。这种观点是通过类推其他财务政策的变化得出的。例如，发放股利或股票回购一般预示着企业未来现金流量增长，市场对这种公告会做出积极的反应。事实上，信息差异和信号传递效应同时在起作用。除此之外还有投资机会、证券需求曲线等因素的影响。在企业证券设计和融资工具选择中，道格拉斯·R 爱默瑞认为应考虑以下几个问题：

1）重新安排支付现金流，即创造一种新型证券，使其风险更低或将风险从一类投资者重新分配到另一类对风险不很敏感的投资者，以降低投资者要求的风险补偿，从而降低资本成本。例如，抵押担保债券（Collateralized Mortgage Obligation，CMO），它包含许多等级对抵押物的求偿权。在抵押担保证券组合中，证券的不同等级是根据它们从基础抵押物资产组合收到的本金权利的不同而排列优先顺序的，不同的投资者会根据其风险厌恶程度选择不同等级的证券。创造一组新型证券的目的是使其平均成本低于单一证券的成本。

2）尽量降低融资费（注册费、委托金融机构的代办费、手续费等）。证券发行的交易成本越低，企业收到的发行净收入就越高。企业可通过设计一种承销费较低的新证券，以降低融资成本。例如，可展期票据（Extendible Notes），根据发行人与投资者的双方协议，可展期票据的期限可以扩展，这就可以使这些票据不需花费额外的承销费即可转入下期。美国证券交易委员会 1983 年通过的《暂缓注册规则》（Sheif Registration Rule）允许企业在长达两年的期间内注册某种特定证券而无须立即发行，企业可在这段时间内任意选择时间发行证券，这种证券在发行前一直被束之高阁。这一规则增加了企业融资的灵活性。企业无需每次发行证券时都向证券交易委员会提交新的注册表，这就降低了发行成本，使证券在很短的时间内就能进行销售。而且一张暂缓注册表可包含多种类型的债务证券，这使发行者能利用其发行时任何投资者的特殊偏好设计证券，将其资金成本降至最低。

3）尽量降低融资的代理成本。如果企业能够设计出一种能降低代理成本的证券，就会相应地降低融资成本。例如，可转换债券就是一种使股东和债权人共担风险共享收益的一种融资工具。

4）尽量利用融资的税收优惠。在其他因素一定的情况下，企业享受的税收优惠越多，其融资成本就越低。如果企业能够设计出一种新证券，或者能够增加发行者税收优惠的现值，或者在不增加投资者税收负担的同时，降低发行者所得税负担。例如，零息票债券就是一例，由于这种债券可将初始发行折价进行分期摊销，从而抵销一部分所得税，这比票据按暗含的复利计息时快得多。

需要注意的是，尽管利息支付免税而股利支付不免税，但并不一定意味着债务融资成本一定低于股票融资。这是因为，如果考虑个人所得税因素，考虑企业供给对可能套税的反应，情况就可能会发生变化。在没有其他因素限制的情况下，只要企业债务成本小于股份成本，企业预期的债务需求就可能增长。随着债务需求的增长，债务收益必然增加，吸引投资者进入更高纳税等级。这种过程继续下去直到债务持有人的边际税率等于企业边际税率时，发行债券融资的税务效应就会降低，直到消失。

除此之外，企业也可根据与资本市场投资者对金融市场利率变化趋势或时间的预期差异，采用浮动利率，或含有企业可赎回或投资者可赎回条款的债券。在股票市场低估公司投资机会价值时，先选择内部融资；外部融资可采用可转换证券、可赎回股票等方式。在股票市场高估公司投资机会价值时，采用增发股票方式。另外，当企业的业务竞争能力增强、市场地位比较稳定，现金流的稳定性和可预测性较高时，可以适当增加债务，特别是长期债务，减少股权资本规模，降低资本成本。

（三）融资结构优化与财务契约设计

一般而言，不同融资方式的组合关系形成不同的企业融资结构，而在不同的融资结构安排下又表现为投资者与经营者之间的一种契约安排。在企业融资结构设置中，一个非常重要的问题就是要分析和确定企业进行融资时，什么样的融资结构或契约安排能够最大化地降低债权人与股东、股东与经营者的矛盾或冲突。以下从股东—经营者与债权人以及股东与经营者两个方面讨论财务契约的设计问题。

股东与债权人之间的代理问题产生于以下两个原因：一是借贷双方目标函数不一致，二是借贷双方存在着信息非对称性。从借贷双方的目标函数分析，企业借款的目的是扩大经营，强调的是借入资金的收益性。债权人贷款的目的是到期收回本息，由于贷款期望收益率取决于贷款利率和债务偿还概率，在利率一定的情况下，债务偿还概率越小，或债务违约风险越大，债权人的收益就越小。因此，债权人不仅强调贷款的利率高低，更加关心贷款的安全性。

由于在借贷活动中存在着以债务人占有私有信息为特征的信息不平衡现象，即债务人比处于企业外部的债权人更了解企业的状况。由此可导致在借贷签约前后分别发生"逆向选择"和"道德风险"问题。当贷款人无法对借款人的信用质量和债务偿还概率做出可靠的判断，也不能正确比较众多借款人之间的信用质量时，他们只能按照所有借款者的平均质量决定其贷款利率。在贷款收益率一定的情况下，信用质量高于平均水平的借款者认为按照平均利率取得资金不合算，从而不愿意从市场筹集资金扩大经营规模；而信用质量低于平均水平的借款者则希望尽量多地按平均利率筹措资金。由此导致信贷资金向低质量借款者流动，即越是信用质量差的借款者越容易取得市场信贷资金。这种不合理的信贷资金分配机制就是"逆向选择"问题，这与阿克劳夫的旧车市场模型中"坏车将好车驱逐出市场"、货币史上"劣币驱逐良币"的道理相同。

信息不对称不仅会在借贷交易完成之前产生信贷资金的"逆向选择"，而且在借贷交易完成之后，借款人还会发生"道德风险"，即他们利用私有信息选择有利于增进自身效用而不利于债权人的各种行为，如债务人违反借款协议或投资者如实披露企业的状况，如果企业家不说真话，他将受到惩罚。史密斯和华纳在《论财务契约：债券契约分析》一文中，全面分析了汇总在美国同业交易基金会编撰的债务限制条款概览——《契约评述》上的所有标准条款，从中找出财务契约上的各种债券限制条款是如何制订的，以及怎样用于控制债权人与股东之间的冲突。根据史密斯和华纳的意见，债权人与股东的冲突来源于四种，即股利支付、股权稀释、资产置换和次级投资。

资本市场参与者知道这些冲突，因此理性的债券投资者会支付较低的价格，以反映他们对股东行为的重新估量。不仅如此，他们还会在债务契约中增加各种限制性条款进行监督。史密斯和华纳随机选择出 1974 年 1 月到 1975 年 12 月，经美国证券交易委员会注册登记的87 种公开发行的债券，他们把这些债券按照其所制订的限制条款分为四类：限制生产或投资条款、限制股利支付条款、限制融资条款和约束条款。史密斯和华纳具体就这些实际发行债券所订立的条款与《契约评述》上的标准条款之间进行比较分析，他们发现，虽然签订债券限制条款的成本很低，但遵守这些条款的直接或间接成本相当高。史密斯和华纳指出：包括在契约里的各类债券限制条款的成本不相同，限制生产或投资条款下对股东实际上并没有任何行为约束作用，不但难以确定生产或投资的状况是否最优，而且监督成本太高，所以这类条款往往是无效的。相对而言，限制股利支付和限制融资条款比较容易掌握，监督成本也较低。史密斯和华纳肯定地说，从企业的角度看，在契约里加入限制条款是一种"持续性"现象，所以可以很合理地假设它们是有效的，才会有存在的可能。"只要企业融资结构中包括风险债务，企业所有者便能容忍各种精心设计的契约和条款的存在，说明他们意图减少代理成本的强烈经济动机"。

债权人对债务人采取各种约束方式，一方面降了道德风险，另一方面也增加了代理成本。例如，监督债务人行为而支付的监督费用、信息投资成本等，这些费用一般是通过提高借款利率体现在会计账目上的。监督虽然可以提供更多有关债务人行为选择的信息，但如果监督成本过高，即使它能够提供更多的信息也是没有意义的。

从股东与经营者委托代理关系看，在两权分离的条件下，降低代理成本的重要条件就是通过设计和制订一个委托代理契约，一方面通过契约关系和对代理人（经营者）行为进行密切监督以便约束代理人有悖于委托人（股东）利益的活动；另一方面提供必要的刺激和动力，使代理人为实现委托人的利益而努力工作。由于委托人与代理人之间存在着不对称信息，因此设计激励约束机制所遇到的普遍问题是，当委托人向代理人了解他们所属类型的信息时，除非通过货币支付或者某种控制工具作为刺激和代价，否则代理人就不会如实相告。因此，获得代理人行为的信息是设计最优激励约束机制的关键环节。杨瑞龙认为，促使代理人公开其私有信息是一个不断博弈的过程，在这一过程中，委托人不断地改变配置，即修改规则，直到代理人能够接受契约的同时也达到自己期望效用的最大化。可选择的思路有两种：一种是事先计入式，即考虑到委托人对某些信息不了解，代理人将此作为私有信息加以隐瞒，与其设法让代理人吐露真情，不如把代理人可能撒谎的成分事先预计在双方达成的契约之内；另一种是假定当撒谎还是说实话的后果对代理人并无差异时，他就会吐露真情，根据这一假定，委托人就可以设计一个机制，诱使代理人将其私有信息完全公开。事实上，即使在委托代理双方签订契约时信息是对称性的，但随着经济环境的变化，又会出现新的信息不对称。在这种情况下，要想获得真实和充分的信息不仅是困难的，而且代价是很高的。

在委托代理契约中，通过可转换条款、可赎回条款等财务契约来解决代理成本问题是许多学者探讨的问题之一。霍肯和西贝特注意到："对代理问题的解决方法可以看成对一揽子财务契约的设计，目的在于向市场保证作为部分所有者的经营者，所面临的利益和成本分布接近于他作为唯一所有者的分布"。他们提出可通过一揽子融资方案来促使代理成本最小。这里的一揽子融资方案，不仅仅包括让经营者拥有企业的一部分股权，还包括赋予经营者一定的股票期权或持有一定的可转换债券。前者可以看作现实的股权，后者则可视为预期股权。这些股权构成了经营者在做出融资决策时的一揽子融资方案，也可以看作经营者所持有的一种分散化资产组合。经营者为了达到自己的预期效用，就必须全面考虑自己持有股票和期权股的价值变化，以及由此产生的利益与成本的再分布。在这种融资组合下，经营者的个人预期收益与企业收益或企业价值成正相关，从而降低了经营者从外部股东手中转移财富的动机，恢复了经营者作为唯一所有者时愿意消费的非货币性收益水平。霍肯和西贝特甚至认为对于代理问题，无论是在劳动力市场还是资本市场都没有办法找到完全的、无成本的解决方法，并面临借款利息的不确定性，对企业而言也意味着风险。上述分析表明，企业长短期负债融资比例的确定，实际上就是融资成本与风险的权衡。提高短期融资比例，虽然可以降低融资成本，提高企业的盈利能力，但同时也增加了企业的风险。提高长期负债融资比例，虽然企业风险较低，但融资成本较高，而且企业还有可能在不需要资金的时候仍须为其支付利息，在其他因素一定的情况下，就会降低企业的盈利能力。因此，债务期限结构的特点又影响或决定着企业长短期负债融资的比例关系。

长短期融资组合方式。从理论上说，企业每一项资产应该与一种与它的到期日基本相同的融资工具相对应，即流动资产一般与短期资金来源相匹配，长期资产一般与长期资金（长期负债与股权资本）相匹配。否则，企业频繁地安排偿还到期借款而形成的偿债压力，一旦遇到短期资金周转困难，就会发生违约，使企业信用下降，新债难以筹措，从而出现企业财务危机。但并不等于企业全部采用长期资金融资是最好的财务策略，因为长期资金的成本比较高，从而影响企业的获利能力。如果企业有较强的偿债能力时，也可以用短期融资来支撑企业的较长期投资。根据流动资产、非流动资产、长短期负债融资以及股权融资的特点，可以将资产结构与融资结构配置分为三种模式，见图8-5。

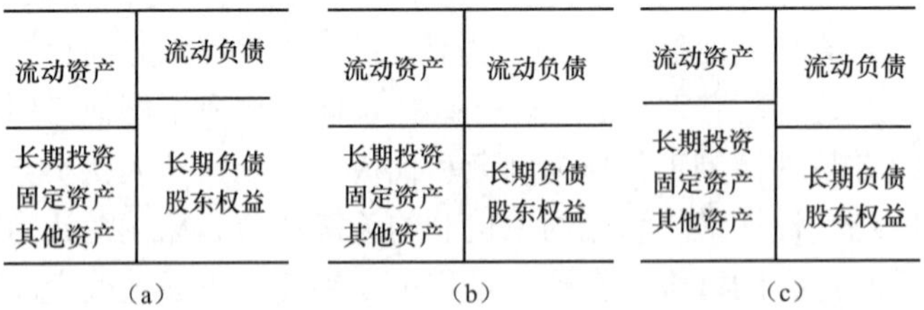

| 流动资产 | 流动负债 | 流动资产 | 流动负债 | 流动资产 | 流动负债 |
|---|---|---|---|---|---|
| 长期投资<br>固定资产<br>其他资产 | 长期负债<br>股东权益 | 长期投资<br>固定资产<br>其他资产 | 长期负债<br>股东权益 | 长期投资<br>固定资产<br>其他资产 | 长期负债<br>股东权益 |
| (a) | | (b) | | (c) | |

图8-5　资产结构与融资结构配置的三种模式

（1）流动资产大于流动负债，这是一种稳健型的融资策略。图8-5（a）表明企业的长期资金来源不但能满足非流动资产的资金需求，而且还能满足部分流动资产的资金需求。采取这一策略，企业短期负债比例相对较低，其优点是可增强企业的偿债能力，降低利率变动风险。但这种结构设置可使企业的资本成本增加，利润减少；如用股权资本代替负债，还会丧失财务杠杆利益，降低股东的收益率。这种设置通常适合于企业长期资金多余，但又找不到更好的投资机会的企业。

（2）流动资产等于流动负债，这是一种折中型融资策略。图 8-5（b）表明，企业流动资产所占用的资金来源于流动负债，而非流动资产所占用的资金来源于长期负债和股权资本。这种结构设置要求企业负债的到期结构与企业资产的寿命周期相匹配，这样一方面可以减少企业到期不能偿债的风险；另一方面可以减少企业闲置资产占用量，提高资金的利用效率。这种设置要求企业的基本条件比较严格，如企业应保持产品销售和应收账款回收的稳定，财务计划比较完整严密。如果企业出现销售不稳定，或应收账款回收周期变长，都会给采用这一策略的企业带来财务上的困难。因此，这一融资策略较难于在现实经济活动中得以完满地实现。

（3）流动资产小于流动负债，这是一种较为激进型融资策略。图 8-5（c）表明企业长期资金来源不能满足非流动性资产的资金需求，要依赖短期负债来弥补。这种结构设置的基本特点：流动资产占全部资产的比例低，流动负债融资比例高。因此企业资产盈利能力相对比较高，筹资成本比较低；但资金短缺风险和偿还借款的风险大，有时短期负债融资利率的多变性会加大企业盈利的不确定性，从而使短期负债的低成本所带来的收益将被高风险所抵销。这种设置一般适合于产品销售渠道畅通、经营思想激进、具有良好经济环境的企业，或企业长期资金来源不足，或短期负债成本较低的企业。

上述各种结构设置孰优孰劣，并无绝对标准，企业应结合自身的实际情况，灵活运用这些策略。在选择各种结构设置时，还应注意以下几个问题。第一，资产与债务偿还期相匹配。例如，在销售旺季，库存资产增加所需要的资金，一般应以短期银行借款来解决。而在销售淡季，库存减少，释放出的现金即可用于归还银行借款。如果采用长期资金，在销售淡季就会出现资金闲置，即使投资于有价证券，其收益相对也较低。相反，如果固定资产投资以短期银行借款筹资，则无法用该项投资产生的现金流入量还本付息。按照资产与债务偿还期匹配的原则，企业应采用长期资金来源用于固定资产投资。因为不论企业的盈利能力如何，如果没有足够的现金支付到期债务或当前费用，企业就会陷入财务危机。第二，净流动资产（流动资产减流动负债）应用长期资金来源来解决。第三，保留一定的资金盈余。这样可使企业在需要时能够更方便地使用资金，保留一定的资金盈余并非一定意味着企业实际上拥有一部分现金节余，它可以包括企业的借贷能力，即企业保留一部分向银行借款的能力不使用，在必要时使用这部分能力随时从银行取得借款。但这一原则容易造成资金使用效率低下，导致损失某种机会成本，因此，企业应在资金使用方便和资金使用效率之间寻找一个合适的均衡点。

小塔加特通过对资产负债表上各项目之间的相互联系的估量建立了一种新的企业财务决策模型，并通过大量的实证考察，得出了三点重要的结论：企业长期负债与股权资本的市场价值是决定企业证券发行的重要因素，换句话说，企业市场价值目标对其长期负债有重要影响；企业发行股票和债券的决策取决于它对永久性资本的需求和自身获取长期负债的能力；应付未付税收看起来是一个可能的决定因素，企业可以在税收支付之前借入长期负债，储存流动资产，且这种季节性行为的重要性不会因模型的修正而改变。

一般来说，拥有真实资产（Real Assets）或有形资产的企业比以拥有无形资产（如专利、商誉和增长机会）为主的企业，在融资方式的选择上具有更大的灵活性。特别是在举债融资中，前者的举债能力往往大于后者。从理论上说，融资契约可控制企业对债权人不利的影响，如限制企业从事高风险项目、防止投资不足等问题。但是，这种做法的成本是很高的，这不但取决于债权人对企业投资行为的监督控制能力，而且取决于债权人对企业投资行为的可观测性。特别是对企业进行无形资产投资所进行的监督和控制较之有形资产就更加困难。这是因为投资于有形资产比投资于无形资产的风险和投资额度更容易度量，也就容易发现企业投资策略的变化或投资不足等问题。这种举债融资而产生的代理问题在企业发生财务危机时更加突出。这是因为，财务危机成本不仅取决于发生财务危机的概率的大小，而且取决于财务危机发生以后的状况，企业的无形资产在发生财务危机时要比有形资产更有可能贬值，特别是某些无形资产在企业继续经营时才有一定的价值。由此可知，企业资产的清算价值是无形资产的减函数，企业无形资产越多，其举债能力就越弱。也可以说，有形资产变现能力较强，具有较高的担保价值，而无形资产则很难作为举债的担保品。在债权人看来，无形资产占有量较多一般意味着企业的经营风险较大，由此导致贷款风险增加从而增加贷款条件或利率水平。因此，一个拥有无形资产较多的企业，在进行项目投资时，不仅要考虑尽量降低系统风险或市场风险，而且更加重视降低或分散企业的总风险。在融资方式选择上，相对其资产主要是有形投资构成企业融资的企业来说，一般更倾向于内部融资或外部股权融资，而不是债务融资。

朗和马利兹发现在广告业和研究开发部门的投资率与债务融资之间存在着重要的负相关关系，而在资本支出率（厂房设备）与债务融资之间存在正向关系。威廉姆森通过不同的方法也得出了相同的结论。

企业作为一个无形资产和成长机会的代理者，其债券和股票的市场价值与其有形资产的重置成本是不同的。他发现，这种代理程度越高，企业负债对企业市场价值的比率就越低。一般而言，企业的融资结构应保持相对稳定，但随着企业经营规模的扩大或经济环境的变化，现行的融资结构也必须根据需要进行调整，这种调整或是发行新证券，或是收回旧证券，或是用一种证券取代另一种证券。融资结构的调整不但要考虑融资成本的变动，更要考虑风险因素的影响。其遵循的原则就是融资工具现金流出量的期限结构及法定责任必须与企业资产预期现金流入量及风险相匹配；当前融资需求与企业后续持续发展融资需求相平衡；保持财务灵活性和持续融资能力与降低融资成本相配合。

**四、负债规模和结构的选择**

在实务中，很少有企业能够避开负债这种融资方式。适度的负债有利于企业发挥财务杠杆作用，而过度的负债则会让企业陷入困境乃至破产。因此，负债规模和结构的选择也是融资策略运用中需要注意的一个问题。

（一）选择负债规模和结构的原则

1. 适度性原则

适度性原则是企业举债经营的首要原则。企业不可能不举债，但举债必须要适度，即负债额与股本（资本）必须保持一定的比例。例如，在受亚洲金融风暴冲击较大的韩国，大多数大公司的债务与股本的比率在50%以上。这些公司不顾一切地大举扩张，使系统风险异常集中，而一旦发生金融风险，单个企业则会出现较大的财务风险。

因此，要根据企业经营的规模、成长速度、稳健性确定适度的借款规模，保持自有资金和借入资金的合理比例，既充分利用负债经营的积极作用，又要尽可能地减少和防范财务风险。

2. 资金利润率高于负债资金成本的原则

资金利润率高于负债资金成本的原则是负债融资的前提条件,当企业息税前利润率大于负债平均利率时,负债融资的财务杠杆作用则可使其所有者获得高于企业息税前利润的收益。同时,由于负债产生节税(如利息计入财务费用时)作用,也可使所有者财富增加。在企业息税前利润高于负债率时,借入资金的收益高于成本部分则为股东分享,从而增加股东每股收益。反之,当负债高于息税前利润率时,财务杠杆的副作用如不能被节税作用所抵销,则股东的每股收益就会减少。

3. 资金的筹集与投资效果相结合的原则

如果举债是为了投资,投资无效益,则只会徒增成本、出现亏损,从而减少股东收益和降低企业经营实力,减少营运资产。因此,不要随便举债,更不要不顾效益的好坏乱举债投资。

(二)选择负债规模和结构的标准

1. 以资金需要量和投放时间作为融资依据

举债时应根据企业经营策略、发展规模、销售趋势,进行可行性研究,制订资金需要量计划,结合企业自有资金情况,计算借款总额,并根据投资进展,制订出分阶段借款计划。对各年度资金的投放、回收的时间做出预测和安排,并以此作为筹集资金的时间依据,以减少资金的平均占用额。

2. 以股本的报酬率作为举债标准

投资的目的是增加利润,但许多公司往往倾向于在牺牲利润和股东报酬率的情况下,进行企业扩展。这些企业的投资仅仅是为了扩大规模,未充分考虑资金的时间价值和风险与报酬的关系,举债徒增经营成本,增加偿债风险。

当企业拟融资进行某个项目投资时,只有将该项目的内含报酬率与该项目的投资额所对应的边际资金成本相比较,才能确定该项目的可行性。根据边际资金成本进行投资方案的取舍,要明确企业边际资金成本的变动状况,确定使边际成本发生变动的融资金额,即成本分界点。

# 第四节 融资风险分析

风险是指在一定条件下和一定时期内可能发生的各种结果的变动程度。风险是事件本身的不确定性,具有客观性。风险的大小随时间延续而变化,风险从项目管理的角度可以理解为一旦发生就会对项目造成损失的潜在威胁,也可以理解为对项目全过程可能产生影响的不确定性因素。风险是一种可能性,一旦成为现实,就叫风险事件。风险事件后果对于项目可能有利,称为机会;也可能不利,称为威胁或损失。

投资项目的融资风险分析,要分析项目的资金筹措过程可能遇到的各种风险,以及项目的融资方案对其投资经营活动可能带来的各类风险。通过全面认真的风险识别和分析,为项目融资的风险分散、风险管理提供基础。资金筹措风险,包括资金能否及时到位、项目资本金来源是否充足、股票债券等方式融资的审批、募集等风险,银行贷款承诺能否兑现、还款来源有无保障以及贷款是否能够按期还本付息的信用风险等,以及外汇和利率风险。利率风险指在项目的经营过程中,由于利率变动直接或间接造成项目价值降低或收益减少的风险。它主要表现在资本的筹集和运营过程中,如投资方进行长期融资借款时利率较高,而后利率下降造成机会损失。

## 一、融资风险的杠杆系数分析

融资风险主要来源于企业的经营、资金的组织形式和外汇汇率的变化。由于融资风险要受到经营风险和财务风险的双重影响，一般采用经营杠杆系数和财务杠杆系数进行分析。

（一）经营风险与经营杠杆系数

经营风险是指企业固有的预期未来经营收益或者息税前收益的不确定性。经营风险是影响企业最佳融资结构的一个重要因素。

一般而言，各产业的种类不同，其经营风险就不一样，即使处于同一产业中，企业与企业间的经营风险也有差异。决定经营风险的因素主要有：

（1）需求的变化。在其他条件不变的情况下，对企业的需求越稳定，其经营风险越小。

（2）售价的变化。产品售价经常变化的企业要比同类价格稳定的企业承担较高的经营风险。

（3）经营成本的变化。经营成本不稳定的企业面临较高的经营风险。

（4）经营成本变化时，企业调整产出价格的能力。当经营成本升高时，有些企业能提高自己的产品价格，有些企业由于市场竞争的压力不能提高自己的产品价格。在其他条件不变时，相对于成本变化而调节产品价格的能力越强，经营风险越小。

（5）固定成本的比例。如果企业的成本大部分是固定成本，并且当需求下降时，企业固定成本并不降低，则经营风险较高。

经营风险在一定程度上取决于企业固定成本的大小，其原因在于：固定成本不随销售量的增加而增加，所以在相关的产销范围内，随着销售量的增长，单位销量所负担的固定成本就会相对减少从而给企业带来额外的利润。特别是当企业固定成本占很大比例时，只要企业的销售额略有变化，就会导致息税前利润的大幅度变化。固定成本的这种效力称为营业杠杆作用。

因固定成本不随销量的增加而增加，故销售量的变化率同息税前收益的变动不会一致，通常是息税前收益的变动率大于销量变动率。一般使用营业杠杆系数来衡量息税前收益随着销售量的变动而发生变动的程度。其计算公式为

$$DOL = \frac{\Delta EBIT / EBIT}{\Delta Q / Q} \tag{8-33}$$

式中　$DOL$——营业杠杆系数；

　　　$EBIT$——变动前和息税前利润；

　　$\Delta EBIT$——息税前利润变动额；

　　　　$Q$——变动前的销售量；

　　　$\Delta Q$——销售量的变动额。

为便于计算，可将上式作如下推导：

因为
$$EBIT = Q(P-V) - F$$
$$\Delta EBIT = \Delta Q(P-V)$$

所以
$$DOL = \frac{\Delta Q(P-V)/[Q(P-V)-F]}{\Delta Q/Q} \tag{8-34}$$

$$= \frac{Q(P-V)}{Q(P-V)-F}$$

式中　$DOL$——在销售量为$Q$时的营业杠杆系数；

　　　　$P$——单位销售价格；

$V$——单位变动成本；

$F$——固定成本。

上式也可转换为以销售额表示：

因为

$$QP = S$$
$$QV = VC \qquad (8\text{-}35)$$

所以

$$DOLs = \frac{S - VC}{S - VC - F}$$

式中　$DOLs$——在销售额为 $S$ 时的营业杠杆系数；

$S$——销售额；

$VC$——变动成本总额。

经营杠杆系数变化的特点有以下几个。①在企业的销售量高于盈亏平衡点时，销售量越接近盈亏平衡点，营业杠杆系数越大；销售量越高于盈亏点，营业杠杆系数越小；②销售量处于盈亏平衡点时，营业杠杆系数最大。企业销量略有增加，即可获利；略有减少，则出现亏损。③营业杠杆系数越接近于 1（且大于 1）时，企业息税前收益达到最大值。

**（二）财务风险与财务杠杆系数**

企业负债融资，能够带来财务杠杆效益。财务杠杆效益是指利用债务融资而给企业带来的额外收益。它包括两种基本形态：①在现有资本与负债结构比例不变情况下，由于息税前利润的变动而对所有者权益的影响；②在息税前利润不变的情况下，改变不同的资本与负债间的结构比例对所有者权益的影响。

在企业融资结构一定的情况下，企业从息税前利润（EBIT）中支付的债务利息是相对固定的，当息税前利润增加时，每一元息税前利润所负担的债务利息就会相应降低，扣除所得税可分配给企业所有者的利润就增加，从而给企业所有者带来额外的收益。

财务风险的大小及其给企业带来的杠杆利益程度，通常用财务杠杆系数加以衡量。财务杠杆系数是指每股利润随着息税前利润的变动而变动的幅度，或者说每股利润的变动率相当于息税前利润变动率的倍数。其计算公式为

$$DFL = \frac{\Delta EPS / EPS}{\Delta EBIT / EBIT} \qquad (8\text{-}36)$$

式中　$DFL$——财务杠杆系数；

$EPS$——每股利润；

$\Delta EPS$——每股利润变动额。

为便于计算，可作如下推导：

设 $I$——利息，$T$——适用税率，$N$——流通在外的普通股股数：

因为

$$EPS = \frac{(EBIT - I)(1 - T)}{N}$$

$$\Delta EPS = \frac{\Delta EBIT(1 - T)}{N}$$

$$\frac{\Delta EPS}{EPS} = \frac{\Delta EPIT(1 - T) / N}{(EBIT - I)(1 - T) / N} = \frac{\Delta EBIT}{EBIT - I} \qquad (8\text{-}37)$$

所以

$$\frac{\Delta EPS / EPS}{\Delta EBIT / EBIT} = \frac{\Delta EBIT}{EBIT - I} \Big/ \frac{\Delta EBIT}{EBIT}$$

即

$$DFL = \frac{EBIT}{EBIT - 1} = 1 + \frac{I}{EBIT - I} \tag{8-38}$$

（$EBIT-I$）只是考虑了债务利息这一固定因素，事实上，租赁费、优先股的固定股利都具有类似的杠杆作用，如果加入这些变量，公式的分母还要进一步扣除这些固定费用因素。

在资产总额及负债融资额保持不变的前提下，资本利润率或每股收益额将以息税前利润的倍数（$DFL$）增长。即

资本利润率的增长率=财务杠杆系数（$DFL$）×息税前利润增长率

财务杠杆系数变化的特点：①若企业不使用任何负债融资，财务杠杆系数为 1，即企业息税前利润上涨 100%，每股利润也上涨 100%；②企业的负债比率越大，财务杠杆系数越大，每股利润上涨的比率也越大；③若企业使用 100%的负债，财务杠杆系数达到最大值，每股利润也最大。

财务杠杆对每股收益或资本利润率的作用是固定利息存在的结果。财务杠杆系数越大，则表明融资风险也越大，其负债融资的杠杆效益也越大。息税前利润一定（资产利润率变动程度为零），且资产利润率大于负债利率，则提高融资结构中的负债比例，会相应地提高资本利润率；反过来，如果资产利润率低于负债利率，则提高负债比例，会引起资本利润率的大幅度降低。负债结构及与资本利润率的这种关系，也可用公式表达：

税前资本利润率=资产利润率+负债资本×（资产利润率–负债利率）

税后资本利润率=税前资本利润率×（1–税率）

综上所述，营业杠杆可以分析扩大销售量或销售额变动对息税前利润的影响；财务杠杆可以分析扩大息税前利润变动对每股利润的影响。如果企业的营业杠杆系数和财务杠杆系数都很高，那么即使销售量或销售额发生轻微变动，也会引起每股利润较大幅度的变动。总杠杆系数，就是指每股利润随着销售额的变动而发生变动的幅度，或者说每股利润的变动率相对于销售量（或销售额）的变动率的倍数。计算公式为

$$DTL = DOL \times DFL = \frac{Q(P-V)}{Q(P-V) - F - I}$$

或

$$DTL = \frac{S - VC}{S - VC - F - I} \tag{8-39}$$

式中　$DFL$——总杠杆系数。

总杠杆系数的作用在于，它能反映出销售量变动对每股利润的影响，表明财务杠杆与营业杠杆之间的关系，有助于企业根据实际情况，选择适当的负债比率，做出正确的决策。

## 二、现金性风险及收支性风险分析

负债融资风险又称财务风险，是指由于负债融资而引起的到期不能偿债的可能性。由于不同的融资方式，表现为偿债压力的大小并不相同。权益资金属于企业长期占用的资金，不存在还本付息的压力，从而其偿债风险也不存在。而债务资金则需要还本付息，而且不同期限、不同金额、不同资金使用效益的资金，其偿债压力并不相同。因此，融资风险分析的一项重要内容，是如何确定不同债务融资方式下的风险，并据此进行风险的回避与管理。

（一）现金性融资风险

现金性融资风险是指企业在特定时点上，现金流出量超出现金流入量而产生的到期不能偿付债务本息的风险，是由于现金短缺、债务的期限结构与现金流入的期间结构不相配套引起的，它是一种支付风险。其基本特征是：

（1）它是一种个别风险，表现为某一项债务不能即时偿还，或者是某一时点的债务不能即时偿还。这种风险对企业的以后各期的融资影响不是很大。

（2）它是一种支付风险，与企业收支是否盈余无直接关系。因为，企业的支出中有些是不付现的，而企业的收入中有些在当期也不能收现，所以，即使收支相抵有盈余（有利润），也并不等于企业有现金净流入。

（3）它是由于理财不当引起的，表现为现金预算与实际不符而出现支付风险，或者是由于融资结构安排不当而引起的。因此，作为一种暂时性的偿债风险，只要通过合理安排现金流量和现金预算即能回避，而对所有者收益的直接影响不大。

（二）收支性融资风险

收支性融资风险是指企业在收不抵支情况下出现的不能偿还到期债务本息的风险。按照"资产=负债+权益"公式，如果企业收不抵支即发生亏损，减少企业净资产，从而减少作为偿债保障的资产总量，在负债不变下，亏损越多，以企业资产偿还债务的能力也就越低，终极的收支性财务风险表现为破产清理后的剩余财产不足以支付债务。其基本特征是：

（1）它是一种整体风险，即对全部债务的偿还都产生不利影响，它与某一具体债务或某一时点的债务的偿还无关。

（2）收支性风险不仅仅是一种支付风险，而且意味着企业经营失败，即处于收不抵支的破产状态，因此这种风险不仅源于理财不当，而且主要源于经营不当。

（3）收支性风险是一种终极风险，一旦出现收不抵支，企业的债权人的权益将很难得到保障，而作为企业所有者的股东，其承担的风险及压力更大。

（4）一旦出现此类风险，如果企业不加强管理，企业的再融资将面临很大的困难。

### 三、融资风险及应对策略

（一）融资风险

融资风险分析是整个工程项目风险分析的重要组成部分，但其侧重点为与项目融资相关的风险，一般包括资金供应风险、再融资风险、利率风险、汇率风险。

1. 资金供应风险

资金供应风险是指融资方案在实施过程中，由于资金不落实或不能及时到位，建设工期延误，工程预算超支，致使原定投资效益目标难以实现的可能性。造成资金供应风险的主要原因包括以下几个。

（1）投资者由于各种原因不能兑现已承诺的出资。

（2）预定发行股票、债券的计划不能落实。

（3）既有企业法人无力按预定计划出资。

（4）金融机构无力或不愿提供已承诺的贷款。

资金供应风险的出现，可能是由于预定投资者或贷款人自身的出资能力或资信有问题，可能是由于相关国家的政治、经济、法律等环境发生了不利变化，也可能是由于国际政治、经济形势发生的不利变化。因此，为了防范资金供应风险，在融资方案设计阶段，应对这些情况进行深入细致调查、分析和评价。

### 2. 再融资风险

项目的各项费用和效益数字都是预测值。在实际实施过程中，由于外部政治、经济环境的变化或内部情况的变化，可能会发生包括市场变化、技术变更、设计变更甚至预定出资人变更等情况，致使费用超出预测值，需要增加融资，即在项目的实施过程中进行再融资。然而，项目再融资时，有可能得不到资金且资金成本可能会上升。寿命期长、投资额大的项目，这一问题将更为突出。

为了应对再融资风险，在制订融资计划时，应按照配比原则，为长期资产考虑长期融资，为短期资产考虑短期融资，而对于永久性流动资金，即不受产量波动影响而在项目寿命期中持续占用的流动资金，也应考虑长期融资。应考虑备用融资方案，主要包括：项目公司股东的追加投资承诺，贷款银团的追加贷款承诺，银行贷款承诺高于项目计划使用资金数额，以取得备用的贷款承诺。融资方案设计中还要考虑在项目实施过程中追加取得新的融资渠道和融资方式。

### 3. 利率风险

利率风险是指在项目的实施过程中，由于利率变动导致资金成本上升，从而使项目遭受损失的可能性。在项目的实施过程中，由于国际、国内宏观经济环境的变化，利率可能发生变化，致使项目资金成本发生变动。如果采用浮动利率贷款，项目的资金成本随未来市场利率的变化上升或下降；而如果采用固定利率贷款，则未来市场利率下降时项目的资金成本不能相应下降，从而使相对资金成本上升。

为了防范利率风险，在制订筹资计划时，如果预计市场利率处于下降的趋势，应考虑以浮动利率贷款；如果预计市场利率处于上升的趋势，应考虑以固定利率贷款；如果预计金融市场利率变动无常，没有规律可循时，则应考虑以浮动利率贷款。如决定采用浮动利率，应考虑在未来的贷款协议中向贷款方声明，在整个借款期间，保留随利率上扬依次将浮动利率调整为固定利率的机会，以避免利率再次上扬而遭受利息损失。

### 4. 汇率风险

汇率风险是指汇率变动给项目造成损失的可能性。在国际金融市场上，各国货币的比价时刻处于起伏变动之中，这样，使用外汇借款的项目，未来还本付息的支出将会随之起伏，而有外汇收入的项目，收入也将会随之波动。为了防范汇率风险，对于涉及较大外汇借款或收入的项目，在制订资金筹措计划时，应对人民币汇率走势和相关外汇币种的汇率走势进行预测分析，以确定借用何种外汇币种以及采用何种外汇币种结算，或者，可以通过外汇掉期业务转移汇率风险。

### （二）现金性融资风险的规避

为避免企业因负债融资而产生的到期不能支付的偿债风险并提高资本利润率，理论上认为，如果借款期限与借款周期能与生产经营周期相匹配，则企业总能利用借款来满足其资金需要。因此，按资产运用期限的长短来安排和筹集相应期限的债务资金，是回避风险的较好方法之一。例如，设备预计使用年限为 5 年，则以 5 年期的长期债务来提供资金需求；商品存货预计在 1 个月内销售，则筹措为期 30 天的短期负债来满足其需要，这样能够较好地将资产运用期限与借款期限结合起来。

反过来，对于设备款的需求，用为期 1 年的借款来满足，则设备运营 1 年后的现金流量

（利润+折旧）不足以在款项到期日偿还债务，企业将面临较大的支付风险。同样的，对于存货等短期资金的需求，筹集为期较长的长期债务势必会造成资金成本的提高，从而使企业股东利益受损。因此，安排与资产运营期相适应的债务、合理规划现金流量，是减少债务风险、提高利润率的一项重要管理策略。这就要求在融资政策上，尽量利用长期性负债和股本来满足固定资产与永久性流动资产的需要，利用短期借款满足临时波动性流动资产的需要，以避免融资政策上的激进主义与保守主义。

当然，如果企业能够使资产占用资金来源在期限搭配上很科学、合理，用短期资金满足长期资产占用需要，即采用相对激进的策略也是可行的，因为它既能使风险保持在较低的水平，同时又能减少资金成本。

（三）收支性融资风险的规避

1. 优化融资结构，从总体上减少收支风险

收支风险大，在很大意义上是由于融资结构安排不当形成的，如在资产利润率较低时安排较高的负债结构等。在融资结构不当的情况下，很可能由于出现暂时性的收不抵支，使企业不能支付正常的债务利息，从而到期也不能还本。因此，优化融资结构，可从两方面入手：

（1）从静态上优化融资结构，增加企业权益资金的比例，降低总体上的债务风险。

（2）从动态上，从资产利润率与负债利率的比较入手，根据项目投资资金需要与负债的可能，自动调节其债务结构，加强财务杠杆对企业融资的自我约束。即在资产利润率下降的条件下，自动降低负债比率，从而减少财务杠杆系数，降低债务风险；而在资产利润率上升的条件下，自动调高负债比率，从而提高财务杠杆系数，提高资本利润率。

2. 加强企业经营管理，扭亏增盈，提高效益，以降低收支风险

从经营上看，增加企业盈利能力是降低收支性融资风险的根本方法，如果企业盈利水平提高，那么，收支性的融资风险也就不存在，它对债权人权益的影响也就不大，因为，从长期看，盈利是销售收入抵补销售支出的结果，如果短期现金流量安排合理，销售收支与现金收支在一定程度上是等价的，而盈利越高，意味着企业有足够的资金用于利息支付，有足够的资金用于本金偿还，更进一步说，意味着企业拥有足够的再融资能力进行融资用于归还到期债务。因此，无论是在企业债务的总量还是期限上，只要有足够的能力，加强经营，提高效益，企业的收支性融资风险就能降低。

当然，从融资角度，通过合理的利率预期，灵活调整利率也是提高企业投资收益的一种可行的方法，因为，它在一定程度上能减少资金成本，从而减轻其利息支付的压力。在具体操作中，在利率趋于上升时，可采用固定利率借入款项，以避免支付较高的利率；在利率趋于下降时，可采用浮动利率进行灵活融资，以减少付息压力。

3. 实施债务重整，降低收支性融资风险

当企业出现严重的经营亏损，收不抵支并处于破产清算边界时，可以通过与债权人协商的方式，实施必要的债务重整计划，包括将部分债务转化为普通股票、豁免部分债务、降低债息率等方式，以使企业在新的融资结构基础上起死回生。从根本上看，债务重整不但减少了企业的融资风险，而且在很大程度上降低了债权人的终极破产风险，因为，债权人之所以提出并同意债务重整计划，是出于通过重整使债权人权益损失降到最低的动机，当重整损失小于直接破产造成的权益损失时，对债权人来说，重整就是有必要的，在经济上也是可行的。

## 第五节　融资的信用评级

在项目融资方案的可行性研究中，首先应根据项目的具体情况甄别融资的来源渠道，其次对融资的成本、结构和风险进行分析，最后，还要分析在拟定的融资方案下，在项目周期内，公司的整个财务结构状况，评估该融资方案是否能够适应公司财务管理和控制的要求，分析项目融资的资信状况。

信用评级就是通过综合考察影响各类经济组织或各种金融工具的内外部因素，使用科学严谨的分析方法，对它们履行各种经济承诺的能力及可信任程度进行综合判断。在现代财务管理中，根据资产负债表、损益表、现金流量表所表示的财务信息，可以计算出多种财务比率，以考察其资信水平。下面介绍融资的信用评级需要分析的内容和主要方法，可行性研究和项目决策人员应根据项目的行业特点、项目的具体情况、项目所在国家的具体情况对融资企业的资信状况进行分析判断。

### 一、项目贷款信用风险评价指标

对于使用银行贷款进行建设的项目，应进行贷款风险的分析，对避免贷款风险的保证措施进行调查分析，并计算反映贷款风险的有关评价指标，主要指标包括以下几个。

#### （一）贷款风险度

贷款风险度分析，是从债权人的角度出发，从贷款方式的选择和贷款对象的选择两个方面，综合考虑借贷资产风险度的影响。贷款风险度是贷款方式对信贷资产安全的影响系数（贷款方式基础系数）与贷款对象对信贷资产安全的影响系数（企业信用等级系数）两者的乘积。计算公式为

$$贷款风险度 = 企业信用等级变换系数 × 贷款方式基础系数$$

企业信用等级变换系数和贷款方式基础系数由执行贷款机构（如建设银行、国家开发银行）统一规定。贷款风险度数值越小，表明贷款的风险性越小。

#### （二）贷款信用担保系数

信用担保企业的担保能力，主要由担保企业的性质、经营实力、经营状况等方面决定。在进行担保能力分析时，主要对影响担保企业担保能力的各种因素进行定性分析，对担保企业的贷款按期偿还、利息按期承付及经济合同如期履行情况进行综合分析，并计算担保能力系数，进行定量分析。担保能力系数的计算公式为

$$担保能力系数 = [（企业负债总额 + 担保总额）/ 企业资产总额] × 100\%$$

企业担保能力系数数值越小，表明担保企业的担保能力越强。

#### （三）抵押率

抵押率是指对贷款抵押进行分析与审查，是贷款风险分析的重要内容。分析的内容主要包括调查分析抵押对象（借款人或第三方保证人）是否具有法人资格，分析审查贷款抵押物是否符合国家有关文件的规定要求，选择易于保管、转让、变卖（兑现）及适销适用、质量完好的资产作为抵押物；分析抵押物价值。根据国家有关规定，考虑抵押资产价值、净值、新旧程度等因素，采用清算价格计算抵押物价值进行抵押率分析。

抵押率的计算公式为

$$抵押率 = （贷款本息总额 / 抵押物价值额）× 100\%$$

## 二、项目融资信用保证与信用评价

（一）信用保证

在投资项目的负债融资中，对于银行和其他债权人，项目融资或者公司融资的信用、贷款融资的安全性来自两个方面：一方面来自项目及借款人本身的信用，来自于项目未来的现金流和借款人公司的资信；另一方面可以来自于借款人以外的直接或间接担保。尤其当项目本身或借款人公司本身的资信不足时，来自于借款人以外的这种担保对于项目的融资来说可能是至关重要的。这种担保可能来自于项目的投资发起人、项目参与方、专门的担保机构等。

项目融资信用保证结构设计是项目融资中的一个较为复杂的课题。良好的信用保证结构设计可以降低融资成本，顺利地获得贷款融资，保证项目的正常实施和运行。通常为项目提供贷款方希望得到尽可能多的可靠的担保或抵押，而项目的投资人总是希望以尽可能少的保证取得贷款，减少所需要付出的保证代价。项目融资借款的保证结构需要在借贷双方之间达成平衡。过于弱的借款保证措施，不能保证贷款金融机构的贷款安全，贷款利率将会上升，甚至金融机构将不愿意提供贷款。过度的担保结构将使借款担保的成本上升。项目为了顺利获得借款融资，必须设计合理的担保保证结构。

1. 信用保证的措施

项目的融资中可能采用的借款保证措施包括：

（1）财产抵押：以借款人或其他人的财产抵押。

（2）动产或权益质押：以借款人或其他人拥有的流动资产或权益质押。

（3）政府保证：政府对项目投资运营的承诺保证、税收及其他优惠承诺等。

（4）投资方（股东）担保：建设期间、运营初期或全程的部分或全部贷款担保。

（5）第三方担保：在项目向公众发行债券时所采用的与项目的投资方或其他人对项目借款提供的担保。

（6）股东承诺：资本金出资、追加投资等承诺。

（7）借款人承诺：保持合理的财务比率、保持特定的财产等。

（8）账户监管：借款人的收入账户由贷款银行托管或监管、设立偿债资金专用账户等。

（9）施工方保证：施工建筑商的完工及质量保证。

2. 信用保证的具体方式

（1）第三方保证。由借款人与贷款人之外的第三方以其信用对借款人的还款提供保证，称为第三方保证。所称保证，是指保证人和债权人约定，当债务人不履行债务时，保证人按照约定履行债务或者承担责任的行为。

第三方保证的方式有两种：一般保证和连带责任保证。一般保证的保证人在借款主合同纠纷未经审判或者仲裁，并就债务人财产依法强制执行仍不能履行债务前，对债权人可以拒绝承担保证责任。连带责任保证的债务人在借款主合同规定的债务履行期届满没有履行债务的，债权人可以要求债务人履行债务，也可以要求保证人在其保证范围内承担保证责任，不需要通过仲裁或者法院审判程序。

可能提供第三方保证的担保人主要有项目的发起人、股东、与项目实施有利害关系的第三方、商业性的担保人。商业性的担保人通过提供担保业务取得收益，获取盈利。商业性的担保人主要有专业的担保公司、银行、非银行金融机构、保险公司。这类担保人通常需要收取较高的担保费，通过分散化来降低担保风险。这类担保人对于借款人及项目通常有较深入的了解，对于担保风险有优于他人的信心，但对于项目风险的认识会影响担保费率的高低，因此在争取这类担保中，需要满足其对于担保风险考察的充分资料。保险公司的担保可以是直接对贷款的保险。保险公司还可以为项目的建设、经营、财产提供保险，降低项目贷款融资的风险。采取第三方担保，贷款银行将对担保人的担保能力进行审查，如果担保人的担保能力不足，贷款银行可能会不接受这种担保，也可能会要求附加其他的保证措施。

（2）财产抵押与质押。抵押与质押是一种以财产权对债务偿还提供保证的担保。抵押是指债务人或者第三人不转移对抵押物的占有，将该抵押物财产作为债权的担保。债务人不履行债务时，债权人有权依照规定以该抵押物财产折价或者以拍卖、变卖该财产的价款优先受偿。这里拥有抵押财产的债务人或者第三人为抵押人，债权人为抵押权人，提供担保的财产为抵押物。可以抵押的财产：抵押人所有的建筑物和其他地上附着物、机器、交通运输工具和其他财产；抵押人依法有权处分的国有的土地使用权、房屋和其他地上附着物、机器、交通运输工具和其他财产。有些抵押物抵押需要办理抵押物登记。需要登记的抵押物主要有土地使用权、房地产等建筑物、车辆等运输工具、企业的设备和其他动产。其他财产抵押的，可以自愿办理抵押物登记。

质押分为动产质押及权利质押。动产质押是指债务人或者第三人将其动产移交债权人占有，将该动产作为债权的担保。债务人不履行债务时，债权人有权依照规定以该动产折价或者以拍卖、变卖该动产的价款优先受偿。这里的债务人或者第三人为出质人，债权人为质权人，移交动产为质物。可以质押的权利包括：汇票、支票、本票、债券、存款单、仓单、提单；依法可以转让的股份、股票；依法可以转让的商标专用权、专利权、著作权中的财产权。票据、股份等财产权利质押需要将权利证书交由质权人保管。商标专用权、专利权、著作权等权利质押，需要向政府的权利管理部门办理登记。在项目的融资中，常以借款人拥有的财产或项目购建的财产抵押或质押，主要包括土地使用权、房地产、机器设备、运输设备等。项目的某些权利可以设定质押，如项目的各种合同所约定的权利、协议、特许权、保险单等。但目前我国的法律对此没有明确规定，在实际操作中存在一定的困难。

财产抵押或质押所担保的债权不得超出抵押物或质押物的价值。贷款银行在接受抵押或质押时需要设定一定的抵押率（或质押率），以保证抵押或质押的安全。抵押率是指抵押贷款的本金与抵押物价值之间的比值。财产抵押或质押需要发生一些附加费用，如登记手续费、抵押物价值评估费、鉴证费、律师费等。由于市场环境的变化，抵押物评估价值也可能存在不准确性，抵押物拍卖变现可能不同于抵押价值。由于各种各样的原因，抵押物的财务账面价值可能与其实际可变现的价值相差甚远。财产抵押通常需要对抵押物进行资产评估，以确定抵押物的抵押价值。

（3）账户质押与账户监控。我国法律尚无关于账户质押的规定，通常不能采取账户质押的办法提供贷款融资保证。但在大型建设项目的国际融资中，特别是在有限追索或无追索项目融资方式下，账户质押经常被使用。即使没有账户质押，贷款银行等金融机构可能会要求采取一定的账户监管措施，保障贷款债权的安全。银行要求的账户监管主要包括：借款人收入账户必须开立在指定的银行（在银团贷款中为代理银行），银行有权对账户内的资金监管，按照预先约定的借款人支出范围及额度控制账户资金的流出；建立偿债资金专门账户，定期由借款人的收入账户向此专门账户转入预先约定的偿债准备金；借款人如果还款违约，银行有权从借款人的账户扣收到期及逾期的贷款本息。这种账户监管通常以合同方式约定。收费权质押通常伴有账户监管措施。

（4）借款人承诺。借款人承诺可以对贷款提供约束力较弱的间接保证。常见的借款人承诺包括：在贷款偿清之前借款人保持一定的财务指标限制，如资产负债率、最低所有者权益、最高借款比率等；财产不对任何其他人抵押；保持某些约定的基本财产，不出售转让。这种承诺在贷款合同中加以约定，如果借款人对其承诺违约，债权人有权采取措施提前收回贷款。

（5）控股股东承诺。借款人的控股股东做出承诺也是对借款的一种保证措施。常见的控股股东承诺：在贷款偿清之前保持对借款人的控制权，保持借款人的最低所有者权益额；保持对借款人提供一定额度的股东借款，并且银行贷款优先于股东借款受偿。这种承诺常以附加合同形式加以约定，如果控股股东违约，债权人有权采取措施提前收回贷款。

（6）安慰函及支持函。有些项目融资可以采取由借款人的控股母公司向贷款银行出具安慰函或支持函的形式提供保证。安慰函通常没有法律上的约束力，项目的发起人不必承担担保责任的或有负债。安慰函能够被贷款银行所接受，作为贷款的一种间接保证，主要在于：对于信誉良好的大型投资公司，安慰函表示其对项目的支持，必要时可以采取措施保证项目的正常实施，提供资金支持，保证项目债务的偿还，以保持其社会资信。

（7）政府支持函。我国法律限制政府机关不可以对国内的贷款融资提供担保。一些建设项目，采取由政府机关对贷款银行出具安慰函或支持函，表示政府对项目建设的支持。有时由政府机关出具承诺，安排财政资金或其他资金支持贷款偿还。这种情况下，政府的资金是项目贷款偿还的一个资金来源。

（8）项目合同保证。在项目融资方案的设计中，参与项目实施的各方，与项目的实施有利害关系，就项目的实施签订一系列的合同，对于项目的实施成功提供了保证，间接对项目的债务融资提供了保证。这种项目的参与方合同是大型基础设施项目融资中重要的风险分担及保证方式。这类合同主要有以下几种。

1）项目建设工程总承包合同。项目建设工程总承包合同可以将项目工程的建设风险转移至承包公司。有足够实力的工程承包公司可以降低项目融资人的风险，对于项目融资提供间接的保证。这种建设承包合同要求工程承包方承担的责任主要应当有完工保证、项目应当达到的技术经济指标、赔偿责任。项目的规划、设计责任由谁承担也应当在合同中约定。

2）经营管理合同。运营管理往往需要企业具有丰富经验，可以委托专业公司承担。专业公司的专业技能可以保证项目的成功运营，从而可以间接降低项目的投资风险。

3）技术转让及技术服务合同。项目的技术风险可以通过技术转让及技术服务合同转移，由提供技术一方承担。这类合同需要有技术提供方对于技术使用的效果提供保证，并且约定赔偿方式。

（二）信用评价

1. 融资信用保证结构评价

融资信用结构设计及评价中应考虑每种保证方式的作用及必要性、成本，并且需要考虑保证措施能否有效执行。信用保证结构设计中需要考虑采取合理的责任分担机制，保证项目参与各方责、权、利的平衡。

每一项保证措施都有其特定的作用。对于债权人来说，贷款保证措施的作用主要有三方面：控制债务人必须履行偿债责任；在债务人不能履行责任时能够采取行动依法强制取得补偿；获得第二还款来源。对于项目业主，有些保证措施可以分散投资风险，保证项目顺利实施，如工程施工承包方的完工及工程质量保证。对于投资规模较大的项目，一般采取有限追索项目融资方式，其融资信用保证结构通常相当复杂，这时贷款人会对贷款保证提出各种各样的要求，但并不是每种要求都是必要的，这些要求是否必要则需要进行仔细分析。一项必要的保证措施应当是有助于约束某一方履行应当承担的责任，而同时又不会使某一方承担不应当或无力承担的责任。

某些保证方式可能带来附加成本。例如，股东担保需要收取担保费，财产抵押需要支付抵押财产评估费。在融资信用保证结构设计中需要考虑各种保证方式的附加成本。另外，保证措施能否有效执行也是债权人经常关心的问题，保证措施的执行需要完善的法律体系、必要的市场条件、健全的市场信用道德基础和约束机制。不能提供有效的执行保证，融资信用保证措施可能不会被贷款机构所接受。

2. 债权保证条款评价

债权保证条款是详细规定债务人与债权人的权力及义务关系的文件，在以保护投资者为目的的信用评级中，它是主要的分析内容。在债权保证条款分析中，通常要对财务限制条款及债券的优先次序、银行借款证书等的条款进行研究。

（1）财务限制条款。财务限制条款是为了防止发债企业的财务状况恶化而附加的条款，通过作为保护公司债权人的特别条款记载于债权保证条款中。财务限制条款的本来目的是制止财务状况的恶化，但同时过于严格的财务限制条款会使经营缺少机动性，有时反而会对企业的资信状况不利。债权保证条款中记载的特别条款可能包括：强制债务人向债券持有人支付本金、利息及贴补金等追加特别条款，对财务状况恶化的限制条款、对增加担保等负担的限制条款及对资产处置的限制条款等。

（2）债券的优先次序。当企业不履行债务时，偿债的优先次序依债权保证条款中规定的条款而不同，所以有必要注意有无担保、保证、偿债基金、劣后地位等。同一企业发行的有担保公司债在偿还顺序上要先于无担保公司债，无担保公司债优先于劣后债。因此，即使是同一企业发行的债券，也要按偿还优先次序，对次序靠前的债券给以较高的评级。对于有公司保证的情况，要根据保证公司的债务偿还能力和该债券的偿还优先次序分析其信用水平。

在信托契约中附有关于劣后地位的特别条款时，该债券劣后于同一债务人的优先债权，所以要按照劣后程度相应降低级别。关于劣后地位的特别条款通常明确规定："本债券在接受支付本息的权力方面劣后于优先债务。"劣后债务中有普通的劣后债、优先劣后债、下位劣后债等，并作为特别条款明确记入债权保证条款中。

（3）银行借款证书等的条款。项目投资企业向银行借款时，如果是长期贷款及周转信用契约，银行也常要求借方维持一定的财务状况和流动性水平，设定一定的债权保护条款，包括一般保护条款、固定附加保护性条款，以及按照借方的财务状况和偿还能力而个别附加的特别条款。银行贷款如果附加许多限制性极强的保护条款，将损害企业财务的灵活性，会成为影响投资企业资信水平的不利因素。

### 三、融资主体信用等级分析

（一）产业分析

产业分析是为了判断从事融资的企业所属的产业是上升产业还是衰退产业，是稳定的产业还是对经济活动反应敏感的产业，并评价该产业的级别。然后，进行本企业在产业内部的竞争力评价，分析生产设备状况、生产效率、技术开发能力、销售份额等在该产业内处于何种位置，今后将如何变化。另外，执行今后业务计划及销售计划的决策机构和经营管理体制是否健全也是评价的重要因素。

（二）财务分析

财务分析包括收益性、财务构成、财务弹性及清算价值等内容。

1. 收益性

收益性是考察企业财务健全性的最重要指标，也是判断资金筹措能力及经营成效的基本标准。最常用的收益性指标包括销售利润率、利息备付率和长期债务备付率。

销售利润率的计算公式为

$$销售利润率=\frac{年营业利润}{年销售额}\times100\%$$

利息备付率是指项目在借款偿还期内各年可用于支付利息的息前盈利与当期应付利息的比值，即

利息备付率=息前盈利/当期应付利息

息前盈利=税前利润+计入成本的利息费用

当期应付利息指计入成本的全部利息，包括长期借款和短期借款的利息。

长期债务备付率是项目可产生的现金流出量（税后净利润+利息+折旧+净增加的股本或债务资金来源–新增加的投资）与债务还本付息需要量之比。理想的取值范围应为每年在1.5～3.0之上。

2. 财务构成

财务构成（资本构成）用以反映债券持有人对收益变动所承担的风险可在多大程度上得到保护，使用的指标包括资本化比率及负债比率等。企业收益在不同时期会发生变化，但是企业经营者可以采取一些方法减少收益变动的风险，如通过不同业务的组合稳定收益，或通过改变融资方式的组合来稳定收益。

（1）资本化比率。资本化比率是长期债务除以"长期债务+股东权益"所得到的百分比，是观察财务构成的最传统的指标。在企业的长期资本息税前利润率、借款利率、投资额一定的情况下，通过长期债务筹集资本的比率越高，其利息支付的能力越低。

（2）负债比率。负债比率是"短期债务+长期债务"除以"短期债务+长期债务+股东权益"所得到的比率，也是反映财务结构的重要指标。

（3）有形净值债务率。有形净值债务率是总负债除以"股东权益–无形资产"所得的商，这一比率越高，表明在资金紧张时期越缺乏财务弹性。

（4）权益负债率。权益负债率是负债与股东权益的比率，是反映权益和债务资金融资风险的重要指标。因为债务资金的还本付息具有法律强制性，负债比率越高，项目及金融机构的财务风险就越大。该指标还反映在破产清算的情况下债务资产被公司全部资产担保的程度。

3. 财务弹性

财务弹性是从财务方面反映有关债务偿还的弹性程度的指标。企业偿还债务的方法有三种：一是通过筹集外部资金偿还，可通过延长目前债务的偿还期限、负担新的债务（借换）、增资等方面筹集外部资金用于偿还债务；二是出售资产；三是以营业活动创造出来的资金用于偿还。评级机构所要评价的偿还方法是第三种。可以说，以营业活动所得的内部资金应付

包括偿还债务在内的各种各样资金需求的能力越强，财务弹性就越大。反映财务弹性的指标有现金流量比率、流动比率、周转资金比率、应收账款周转率、应付应收款比率等。

（1）现金流量比率。现金流量比率是折旧前盈利（纯盈利+折旧费+延付税款）除以长期债务余额所得的百分比，是反映企业营业活动每年创造的内部资金占长期债务程度的指标，因此，现金流量比率的倒数可以反映以内部资金偿还全部长期债务所需的偿还年数。对于现金流量的需求，除了长期债务的偿还以外，还有资本支出、现金分配等，以内部资金（现金流量）的全部用于偿还长期债务是不现实的。但是，当其他条件一定时，这一比率越高越表明，不必采取追加筹集外部资金及销售资产的方法即可确保债务偿还。需要注意的是，现金流量比率会因长期债务余额的平均偿还年限及固定性短期债务余额的不同而发生变化。现金流量比率即使较高，如果长期债务的偿还期限已在近期，则偿还的宽裕度降低。另外，由于往往存在实质上是固定性的短期债务余额，因此，有必要对包括短期债务的总现金流量比率进行审核。再有，在资本集约型的企业中，通过折旧产生的内部资金比例一般较大，而为维持现有设备能力所需的资本支出也较大，因此，在评级时往往需要从折旧费中扣除维持现有设备所必需的资本支出额，然后计算现金流量比率。总之，当现金流量不宽裕的企业面对必要的支出时，只能靠增加借款或售出已有的资产，也有可能失去有益的投资机会，因此，现金流量不宽裕成为降低评级的因素。

（2）流动比率。流动比率是流动资产对流动负债的百分比，在对现金流量中折旧费比例较低的商业企业进行分析时，这是一项重要的指标。

流动比率是观察企业在不景气时期具有多大程度流动性的指标。在流动资产对固定资产的比率较高的企业中，从流动资产到现金，从现金到偿还流动负债，以及对新的流动资产的投资这些资金占有很大的比例，因此，在不景气时期，这些企业可由于库存及应收账款方面的投资水平下降而提高流动性，即使处于不景气时期，它们一般也不会遇到需要筹集外部资金的局面。流动比率越高，表明流动资产扣除流动负债后产生剩余资金的程度越高。

流动比率是流动资产和流动负债的比率，是反映短期债务清偿能力的一个重要指标。与之相近的速动比率是现金、可流通的证券、折现应收账款与流动负债的比率。其合理取值范围：流动比率为 2.0～2.1；速动比率为 1.0～1.2。

（3）周转资金比率。周转资金比率是流动资产扣除流动负债后除以长期债务余额所得的百分比。流动资产现金化并偿还流动负债后，剩余资产有可能转作偿还长期债务的财源，因此，对于长期债券持有者来说，这一比率越高，安全感就越大。

（4）应收账款周转率。应收账款周转率是销售额对应收账款的比率。周转率越低，维持销售额所需的资金越多。例如，当劳务费、原材料费及其他制造费用以现金支付，而销售产品的应收账款没有收回时，生产和销售活动的现金收入就会减少，为了进行以后的生产，将不得不依靠外部资金（短期借款、增加应付账款等）来清偿债务。

（5）应付应收款比率。应收应付款比率是应收账款与应付账款的比率，可以反映项目在运营期内周转资金的运转状况。该比率越高，说明应收账款所占的比例越大，占用的周转资金越高，理财效率越差。

债务覆盖率（DSCR）是广泛被用于反映债务清偿能力的一个重要指标。计算公式为

$$DSCR=息前净现金流量/偿债资金需要量（包括利息、本金、其他有关费用）$$

该指标计算每年年末的数据，仅反映前 12 个月的债务覆盖状况。

若 $DSCR$ 小于 1.00，说明项目处于高风险状态，收不抵支，难以持续经营；若 $DSCR$ 等于 1.00，说明项目处于临界点状态，具有中等风险；若 $DSCR$ 大于 1，说明项目产生的净现金流量足以用于支付债务，项目具有较强的可持续性。DSCR 越高，项目的风险越小。

4. 清算价值

清算价值是观察企业偿还优先负债后，对长期债权人剩余多少企业资产的指标。通常，评级是以企业继续存在为前提的，对表示资产担保程度的清算价值不太重视，但当企业将面临清算局面时，清算价值就成为有效的因素。

清算价值比率是纯资产（资产总额－无形资产－延付资产－流动负债）除以长期债务余额所得的百分比，假定纯有形资产能够以账面价格卖出，则清算价值表示长期债权人能在何种程度上从资产销售上收回债权。

# 第九章

# 企业融资策略的制定

## 第一节　企业生命周期和资本结构理论

### 一、企业生命周期理论

（一）企业生命周期的含义和理论演化过程

企业是一个有机的生命体，其生命的内涵可以从两个角度来分析。空间上，企业是各种要素、资源或能力在结构上的不同安排，即构成企业有机体的物质的、社会的、文化的要素的有机结合。时间上，企业总是遵循着自身的规律，在开放的环境中通过投入产出不断地与外部进行物质能量交换，从而实现自身的目标。只有企业存在的空间因素和时间因素相结合，才能形成企业这个有机的生命体。

英国经济学家马歇尔认为，一个产业就像一片森林，大大小小的企业犹如森林中参差不齐的树木，都有生存和发展的机会，也有凋零枯萎的命运。这也就是说，企业就像生物有机体一样具有生命，并且存在着一个相对稳定的生命周期，即所有企业都会经历一个从低级到高级、由幼稚到成熟的生命规律，它们都有自己的出生、成长、成熟和衰退的不同阶段，每个阶段之间紧密相连，从而构成了企业完整的生命变化过程。这种企业出生、成长、成熟、衰退的过程就是企业的生命周期。

（1）企业生命周期理论的萌芽阶段（20世纪50年代至60年代）：在1960年以前，关于企业生命周期的论述几乎是凤毛麟角，对企业生命周期的研究刚刚起步。在这一阶段，马森·海尔瑞首先提出了可以用生物学中的"生命周期"观点来看待企业，认为企业的发展也符合生物学中的成长曲线。在此基础上，他进一步提出企业发展过程中会出现停滞、消亡等现象，并指出导致这些现象出现的原因是企业在管理上的不足，即企业在管理上的局限性可能成为其发展的极限。

（2）企业生命周期理论的系统研究阶段（20世纪60年代至70年代）：从20世纪60年代开始，学者对于企业生命周期理论的研究比前一阶段更为深入，对企业生命周期的特性进行了系统研究，主要代表人物有哥德纳和斯坦梅茨。哥德纳指出，企业和人及其他生物一样也有一个生命周期。但与生物学中的生命周期相比，企业的生命周期有其特殊性，主要表现在：第一，企业的发展具有不可预期性，企业由年轻迈向年老可能会经历20～30年时间，也可能会经历几个世纪的时间；第二，企业的发展过程中可能会出现一个既不明显上升，也不明显下降的停滞阶段，这是生物生命周期所没有的；第三，企业的消亡也并非是不可避免的，企业完全可以通过变革实现再生，从而开始一个新的生命周期。斯坦梅茨系统地研究了企业成长过程，发现企业成长过程呈S形曲线，一般可划分为直接控制、指挥管理、间接控制及部门化组织等四个阶段。

（3）企业生命周期理论的模型描述阶段（20世纪70年代至80年代）：在20世纪70年

代到 80 年代中，学者在对企业生命周期理论研究的基础上纷纷提出了一些企业成长模型，开始注重用模型来研究企业的生命周期，主要代表人物有伊查克·爱迪思。伊查克·爱迪思是企业生命周期理论中最有代表性的人物之一。他在《企业生命周期》一书中，把企业成长过程分为孕育期、婴儿期、学步期、青春期、盛年期、稳定期、贵族期、官僚初期、官僚期以及死亡期共十个阶段，认为企业成长的每个阶段都可以通过灵活性和可控性两个指标来体现。当企业初建或年轻时，充满灵活性，做出变革相对容易，但可控性较差，行为难以预测；当企业进入老化期，企业对行为的控制力较强，但缺乏灵活性，直到最终走向死亡。

目前，企业界和理论界的研究重点开始从原有的企业生命周期研究转向对企业寿命的研究，即如何保持和提高企业的成长性，从而延长企业寿命。

（二）企业生命周期划分的标准

1. 定性标准

不同学者划分企业生命周期阶段的依据是不同的。萨摩、李业、陈佳贵、弗莱赫特等人按照企业规模进行阶段划分。当斯、李皮特、斯科特等人按组织的复杂程度进行阶段划分。周三多、邹统钎、奎因、替姆斯、卡布罗斯等人则按企业经营策略或管理风格进行阶段的划分。由此可见，不同的学者往往是基于其自身研究目的确定企业生命周期划分的标准。

（1）销售额及其成长速度。销售额是表明企业整体实力的重要标志，它反映了企业的产品和服务在市场上的认可程度，销售额的增加必须以企业生产经营规模的扩大和竞争力的增强为支持，因此基本上能够反映企业成长的状况。销售额是一个绝对数指标，而销售额的成长速度是相对数指标，二者相结合能够更好地反映企业生命周期阶段的变化。销售额的成长速度与企业采取的融资策略有着极其密切的关系。通常，销售额的成长速度越快，企业抵御风险的能力越大。在销售额较多且成长速度较快的阶段中，经营风险与财务风险比较容易控制，对企业的不利影响也可以缩小到最低限度，此时企业往往会采用积极的融资策略。在销售疲软时期，企业则往往采用保守的融资策略。

（2）现金流量的变化情况。现金是企业资本的一种资产表现，现金的循环运动是企业生存的基本前提和资本增值实现的关键环节。现金流量持续稳定地增长能够反映企业成长的状况。在对长寿企业的研究中发现，企业生存的必要条件有三个：一是拥有必要的现金存量，为企业的经营、投资和其他活动提供必要支持；二是拥有充足的现金流量，资金可以在企业内部和外部顺畅流转，为企业带来价值增值；三是现金净流量为正，从而为企业带来持续的现金流。

现金流量的变化同样也与企业的融资策略密切相关，在不同的周期阶段，现金流量的结构有所不同。处于初创期的企业经营活动现金流量净额通常是负数，投资活动现金流量净额也是负数，融资现金流量净额通常是正数。处于成长期的企业，经营活动现金流量净额通常是正数，投资活动现金流量净额是负数，融资活动现金流量净额仍可能是正数。处于成熟期的企业经营活动现金流量净额是正数，投资活动现金流量净额多数情况下为正数，融资现金流量净额多数情况下为负数。处于衰退期的企业经营活动现金流量净额通常是负数，投资现金流量净额通常是正数，融资现金流量净额通常是负数。不同阶段的现金流量特征有利于企业做出正确的融资策略选择。

（3）EVA 大小。简单地说，EVA（Economic Value Added，经济增加值）是公司税后经

营利润扣除债务和股权成本后的利润余额。注重资本成本是 EVA 的明显特征，管理者在使用资本时，必须考虑资本的成本。由于考虑到包括权益资本在内的所有资本的成本，EVA 体现了企业在某个时期创造或损坏了的财富价值量，真正成为股东意义上的利润。

在不同的企业周期，企业的 EVA 大小会有所不同。在初创期和成长期，企业的发展潜力较大，能够实现价值增值，企业的 EVA 为正；在成熟期和衰退期，企业发展缓慢，不能实现价值增值，企业的 EVA 为负。

将 EVA 大小确定为划分标准，主要是考虑到 EVA 作为对真正"经济利润"的评价，反映的是股东财富的变动。而企业经营的目的是实现股东财富最大化，因此 EVA 是对财务管理总体目标的衡量。管理者通过对 EVA 指标的分析，有助于体现其为增加股东财富服务的经营目的。

2. 定量标准

根据企业生命周期假设，可以选择一些典型的企业评价指标，构建企业生命周期系数，以此作为划分企业生命周期的依据。企业生命周期系数是用来评价企业所处生命周期内各阶段的一个综合定量指标。考虑指标的全面性、可操作性，综合选取以下指标体系来确定企业生命周期系数，见表 9-1。

表 9-1                              影响企业生命周期的主要指标

| 指标 | 符号 | 指标意义 | 函数关系 |
|---|---|---|---|
| 总资产 | Z | 企业某一时刻所拥有或控制的资产，反映企业规模 | $Z=f(t)$ |
| 无形资产 | W | 企业某一时刻所拥有的无形资产价值，反映企业的潜力 | $W=f(t)$ |
| 销售收入 | S | 企业某一段时间内取得的收入，反映企业市场销售情况 | $S=f$（销量，售价，$t$） |
| 现金净流量 | X | 企业某一段时间内的现金流入减现金流出的净额，反映企业资金运作 | $X=f(t)$ |
| 生产成本 | C | 企业生产过程中的总耗费，反映企业主要支出情况 | $C=f$（产量，$t$） |
| 利润 | L | 企业某一段时间内的收益，反映企业基本目标实现情况 | $L=f(t)$ |
| R&D 投入 | R&D | 企业某一段时间内的科技发展投入，反映企业技术创新情况 | $R\&D=f(t)$ |
| 营运能力 | Y | 企业一段时间内的存货周转状况，企业平均存货与销售成本的比率，反映企业的经营管理能力 | $Y=f$（平均存货，销售成本，$t$） |

表 9-1 中的指标立足于企业的过去、现在和未来，全面反映企业生命周期中的整体状况。从指标的函数关系可以看出，虽然影响各个指标的因素很多，但各指标都与时间存在着一定的关系，都可以构成以时间为自变量的函数式。而企业生命周期虽然不完全是时间的函数，但直接表现为时间区间。这样，企业生命周期与影响企业生命周期的因素都可以与时间建立关系。因此，可以时间为变量构建企业生命周期系数函数 $L_t$：

$$L_t = f(Z,W,S,X,C,L,R\&D,Y,t)$$

企业生命周期系数函数确定之后，就可以建立企业生命周期坐标系，根据这个函数关系描述企业生命周期系数随时间的变化。而这正是企业在不同生命阶段的综合表现，即可以此来反映企业生命周期的不同阶段（图 9-1）。

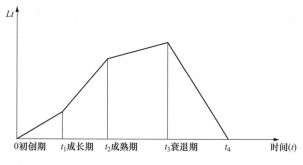

图 9-1　企业各个生命周期界定

（三）企业生命周期的划分阶段及特点

企业像生命有机体一样具有寿命。如果企业只生产一种产品，那么这个企业必然有着和其产品一样的生命周期曲线。在以上众多的企业生命周期研究中，学者一般按照企业的生存和发展阶段以及每个阶段伴随的特征及规律来进行研究。这里将企业生命周期分为四个阶段：初创期、成长期、成熟期和衰退期。

1. 初创期

初创期阶段的特征主要是：

（1）资金供需矛盾突出。企业初创阶段需要大量的资金投放于产品开发和市场开拓，以确保战略上成功。与强烈的资金需求欲望形成鲜明对比的是企业筹集资金能力的有限性。

（2）经营风险突出。初创阶段，企业以新竞争者的身份进入某一行业，面临着巨大的进入障碍和竞争压力。因此，该阶段的企业风险主要集中于经营风险上，具体包括技术风险、产品风险和市场风险。

（3）企业发展潜力巨大。正常情况下，初创阶段的企业虽然获利水平比较低，但资本占有量、综合资本成本相对较低，发展空间和增值潜力较大。

2. 成长期

成长期阶段的特征主要是：

（1）企业获得持续增长的现金净流量。进入成长期的企业所面临的内外部环境发生了一系列的变化，新技术不断成熟，新产品逐渐被市场接受，目标市场逐步稳定，获利水平持续增长，为企业带来预期的现金流。

（2）企业筹资能力提高，融资渠道呈现多元化特色。该阶段企业的现金流量增长很快，在为企业创造新 EVA 的同时，企业的内源融资能力也逐步提高，商业信用不断增强。此时企业不仅可以顺利地通过金融机构进行间接融资，而且还可以通过发行股票和债券进行直接融资，能极大地缓解企业资金紧张的困境。

（3）财务风险与经营风险并存。一方面，企业仍存在着较高的经营风险；另一方面，债务资金规模的扩大使企业的财务风险呈上升态势。两种风险的综合作用，使企业的风险等级有所增加。

3. 成熟期

成熟期阶段的特征是：

（1）企业获得持续稳定的经营现金流。此时企业的生产技术和管理能力比较成熟，产品市场份额和盈利水平稳定，进而能为企业带来大量稳定的现金流。但随着市场的饱和，企业逐步出现剩余生产能力，投资收益增长率下降，企业创造新增价值的能力萎缩，即 EVA 在不断减少。

（2）经营风险显著降低。成熟期企业的显著特征是出现了巨大的剩余生产能力，销售额高且利润空间稳定，产品市场相对比较稳定，企业经营风险逐步降低。

4．衰退期

衰退期阶段的特征是：

（1）企业盈利能力下降，现金流逐步减少。企业的生命周期到了衰退期，最显著的特征是市场对产品的需求逐渐萎缩，产品供大于求的状况日趋严重，企业获利水平不断下降，使其失去创造新价值的能力，即 EVA<0。

（2）财务风险加剧。衰退期企业的产品逐渐退出市场，企业获利水平和获取现金流的能力不断降低，致使偿债能力不断下降。此时企业的债权人会因担心债务企业财务状况恶化给其带来投资风险，要求企业提前偿债，使企业资金周转雪上加霜。

**二、企业融资策略的资本结构理论**

为了融资成功，企业在确定适合其各成长阶段的融资策略时，首先要明确什么是其合适的资本结构。

（一）资本结构理论综述

企业的生产、经营和发展都需要资金。企业发展的历史告诉我们，任何企业都不可能单纯地依赖于内部资金来满足企业发展所需的全部资金。按照融资过程中资金来源的不同方向，可以把企业的融资渠道分为内部融资和外部融资。最早进行这种划分的是美国经济学者格利和爱德华·肖，根据他们的划分原则，可以认为，内部融资是企业创办过程中的原始资本积累和运行过程中的剩余价值资本化，即财务上的自有资本及权益；外部融资是企业通过一定方式向企业之外的其他经济主体筹集资金，包括债务融资，如向银行借款、发行企业债券；权益融资，如吸收风险投资、发行股票上市。由于债务融资和权益融资在融资成本、净收益、税收及债权人和股东对企业的经营影响方面有很大的不同，企业如何根据自己的目标函数和成本效益原则选择，其结果便构成了企业的资本结构。于是探讨企业的融资策略问题需要首先探讨企业的资本结构问题，因为资本结构理论给企业提供了融资方向，即向谁融。

作为各种要素的组合，企业可以转让具有价值的"商品"。在财务理论分析中，企业价值通常包括债务价值和股权价值，它反映了投资者在企业中的权益所产生的现金流量的现值。在充分竞争的市场条件下，在完善的资本市场中，股东财富最大化是指企业采取最优的资本结构，通过正常的生产经营，在考虑资金的时间价值和风险的情况下使企业总价值达到最大，进而实现股东财富的最大化。因而股东财富最大化又可称作企业市场价值最大化。市场价值最大化是现代西方理论和财务金融学界公认的企业目标。企业市场价值最大化不仅可以实现与股东的利益一致，而且可以兼顾与公司有利害关系的各种集团的利益。由于资本结构理论讨论的对象是企业资本的筹集和运用，所以在理论分析上是以实现企业市场价值最大化为前提开始的。

（二）资本结构理论的主要观点

1．传统资本结构理论

美国经济学家杜兰特提出了传统资本结构理论，他把当时对资本结构的见解划分为三种：净收益理论、净营业收益理论和介于两者之间的传统折中理论。前两者方法代表估量企业财务杠杆的两种极端的方法，但这三者作为早期的资本结构理论，为后来资本结构理论的发展做出前瞻性的贡献。

2. 现代资本结构理论

莫迪利安尼和米勒提出的以 MM 定理及其修正理论为代表的现代资本结构理论为企业资本结构问题做出了开创性的研究。他们认为，在完全市场的假设条件下，如果无税，企业的加权平均资本成本也就是企业的价值与企业的资本结构（财务杠杆）无关。但在考虑公司所得税的情况下，由于利息费用的支出为税前列支项目，而股利为税后项目，因而在其他条件和假设不变的情况下，债务融资会因利息减税作用而增加企业的价值。据此，企业应尽可能地采取债务融资的办法——企业负债率越高越好，甚至企业资本全部来源于负债。

显然，该理论与实践具有较大的矛盾。为此，财务理论界对该理论进行了扩展和解释，引入破产成本和代理成本的概念。随着负债率的提高，企业风险随之加大，破产成本和代理成本的提高，导致融资成本上升，从而抵销了负债经营所带来的节税效益，降低了企业的价值。

3. 权衡理论

在权衡破产成本和代理成本后，20 世纪 70 年代发展起来的权衡理论认为，企业最佳融资结构应该是在负债价值最大化和债务上升所带来的财务危机成本（破产成本）以及代理成本之间选择最适合点。由于债务融资具有减少企业自有现金流的作用，并可对代理人产生激励作用，进而可以缓解股东和代理人的冲突。所以，在债务水平较低、利率不会随着负债率的提高而上升的情况下，债务融资可以增加企业价值。而诸如破产机制这类约束条件致使企业不可能 100%进行债务融资，所以当债务的破产边际成本和代理成本等于节税边际收益时，就是最优资本结构点。权衡理论也可称为企业最优资本结构理论。

4. 不对称信息理论

根据不对称信息理论，客观上存在不对称信息的状态，即经理与投资者（股东）之间存在的关于企业经营状况和盈利能力的信息不对称。代理人在关于企业的经营管理、盈利前景等方面具有信息优势，且经理人员追求的是老股东的最大利益，他们不愿意通过发行新股进行融资，以免把包含有项目较好消息的信号传递给投资者，从而把投资的收益转让给新的股东（投资者），于是一般投资者是处于信息劣势地位的。梅耶斯和马基卢夫认为，在经理掌握企业现有和新投资项目能力的私人信息条件下，经理行为就表现为次优决策。例如，经理在观测到现有项目将有很好的盈利表现时，意识到当期的股票价格对于新的股票发行来说就太低了，这样经理就会推迟新的融资，从而推迟对具有一定盈利性新项目的投资，于是产生"投资不足"效应。不过投资者会预期到这种次优行为，并使得企业股票首次公开募股的价格要低于投资策略原本为最优时的价格。由此可见，关于经理行为的假定是决定信息不对称条件下融资决策与企业价值关系的关键问题。梅耶斯和马基卢夫提出了等级融资假设，认为经理人在正向激励约束下，融资工具的选择与新项目的盈利性有关。如果新项目的盈利性差，则考虑不融资或债券融资，只有盈利能力可以观测为正时，可以考虑以股权方式（股票）融资。结合代理人是风险中性的假定，上述结论就可以表述为融资策略具有等级性，即在有关条件约束下，经理首先考虑的是不向外融资（这意味着依靠内部融资），其次是低风险的债券，最后才是股票融资。

以上是西方资本结构理论的总体情况。资本结构理论为企业融资提供了理论基础，在资本结构理论的指导下，企业能够确定相应的融资规模、融资组合和融资次序。需要注意的一点是，由于西方资本结构理论建立在相对完善的资本市场基础上，而我国正处于经济体制转轨过程中，市场体系还不健全，市场机制也不完善，这就决定了国外的理论不可避免地显露出某些不适应我国国情的地方，我国企业也不能够完全按照西方理论从事融资活动。

（三）融资策略的具体类型

具体的融资策略包括融资方式和融资渠道的选择。市场经济中，企业一般通过两种方式获取资本：内源融资和外源融资。因此从总体上，融资策略可以分为内源融资策略和外源融资策略。内源融资是企业不断将自己的储蓄（留存收益和折旧）转化为投资的过程。内源融资对企业的资本形成具有原始性、自主性、低成本性和抗风险性等特点，它是企业生存和发展不可缺少的重要组成部分。外源融资是企业吸收其他经济主体的资本并转化为自己经营力的过程。它对企业的资本形成具有高效性、灵活性、集中性的特点。因此，在经济日益货币化、信用化和证券化的进程中，外源融资已成为企业获取资本的主要方式。

企业融资方式和渠道见表9-2。

表9-2 企业融资方式和渠道

| 融资方式 | | | 融 资 渠 道 |
|---|---|---|---|
| 内源融资 | | | （1）留存收益；<br>（2）应付税利；<br>（3）盘活集团内部存量资产；<br>（4）沉淀资金 |
| 外源融资 | 国内融资 | 债务融资 | （1）银行信用：短期银行融资、长期银行融资；<br>（2）民间信贷；<br>（3）公司债券；<br>（4）信托融资；<br>（5）项目融资；<br>（6）商业信用：赊购、期票、承兑汇票、商业票据、预收货款、其他商业融资模式；<br>（7）融资租赁 |
| | | 股权融资 | （1）私募融资；<br>（2）吸收风险投资：包括个人、企业、风险投资公司、风险投资基金；<br>（3）直接上市：发行普通股，包括初次发行、股票再融资，发行优先股；<br>（4）间接上市 |
| | 国际融资 | 国际间接融资 | （1）国际商业银行贷款；<br>（2）国际金融组织贷款；<br>（3）外国政府贷款；<br>（4）国际贸易融资；<br>（5）其他国际间接融资：国际租赁融资、补偿贸易融资、对外加工装配 |
| | | 国际直接融资 | （1）国际债券融资；<br>（2）国际股票融资：境内上市外资股——B股，境外上市外资股，如H股、红筹股、N股、L股、S股及纳斯达克等创业板上市的高科技股；<br>（3）海外投资基金融资；<br>（4）中外合资、合作融资；<br>（5）国际直接融资方式创新：金融衍生工具、项目融资证券化等 |
| | | 国际融资创新 | （1）国际项目融资；<br>（2）存托凭证融资；<br>（3）结构贸易融资；<br>（4）国际策略结盟式融资 |

除了上述融资策略外，还包括特别的融资策略，如无形资产资本化策略、特许经营融资策略、回购式契约策略、行业资产重组策略等。一般来说，企业不会选择单一的融资策略。在不同阶段，企业可以选择不同的融资策略；在同一阶段，企业也可以选择几种融资策略。因此，在运用不同的融资策略时，应该特别注意融资组合的选择。另外，由于企业往往会采用负债融资策略，而负债既有财务杠杆的效应，又会引起较高的财务风险，因此对负债规模和结构的选择也很重要。

# 第二节　企业融资的一般策略

## 一、企业融资策略的概念和特点

### （一）融资及融资策略的概念

融资有广义和狭义之分。广义的融资是指资本在持有者之间流动、以余补缺的一种经济行为，不仅包括资本的融入，还包括资本的输出。狭义的融资主要是指资本的融入，也就是通常所说的资本来源。具体讲是指企业从自身生产经营状况及资本运用情况出发，根据企业的未来经营策略与发展需要，经过科学的预测和决策，通过一定渠道并采用一定的方式，融通资本以保证企业生产经营的需要的一种经济行为。

### （二）融资策略的特点

（1）融资策略不仅从生产经营所需资金的角度研究和探讨企业资本的融通问题，而且注重有效利用和控制社会市场主体低效、闲散生产经营力的问题。也就是说，融资策略比传统的技术融资更为主动、有效地利用社会资源。

（2）融资策略不仅强调企业内部条件，而且强调外部环境。融资策略虽然没有达到融资战略的高度，但是基于环境的变化和市场竞争的加剧，也需要综合分析外部环境和内部环境，以增加适应环境的灵活性。

（3）融资策略不仅重视融资的成本与风险，而且注重融资的系统性、计划性和长远性，其手段也将更加新颖和隐蔽。

## 二、选择融资策略应遵循的原则

如同其他各项策略一样，制定融资策略的首要任务也是确定相应的目标。融资策略目标是企业进行具体融资活动的行动指南和努力方向，一般来说，某一融资策略的目标是针对特定的融资需求，因此不能一概而论。但是企业在完成某一融资策略目标时可以遵循以下融资策略原则。

### （一）满足资金需要原则

满足资金需要原则即能够为企业筹集到足够的资金，保证企业对于资金的需求，这是企业融资策略对融资数量上的要求。这一目标包括以下三个方面的具体要求：维持正常生产经营活动的资金需要；保证企业发展的资金需要；应付临时资金短缺的需要。

### （二）扩大和保持现有融资渠道原则

企业融资策略不仅要满足已确定的资金需要，而且要保持随时再筹集到足够数量资金的能力。由于企业环境的复杂多变，企业在其经营过程中往往会遇到许多意想不到的情况，为及时捕捉到稍纵即逝的环境机会和避开突发而致的环境威胁，保证长期稳定的资金来源和融资灵活性是必不可少的。

### （三）低资金成本原则

资金成本的高低直接影响增加或降低企业的生产经营成本，进而波及企业的竞争地位，并对于企业策略的顺利实施及其实施效果产生很大的影响。因此，企业融资不仅单纯从数量上满足企业需要，而且企业的资金成本必须是在可以承受的范围内。在可能的情况下，企业总是应该选择低成本的资金来源。企业应依据投资利润率和各种资金的成本等情况确定企业可以接受或要求达到的资金成本水平，作为企业融资的努力方向。

### （四）低融资风险原则

各种不同来源的资金除了资金成本不同之外，其风险也有很大不同，对企业的风险地位也会有不同的影响。所以企业在制定融资策略时，不仅要考虑低资金成本这一目标，而且还要考虑如何降低融资风险，把融资风险控制在可以接受的范围内，这也是资金质量目标的一个重要方向。由于风险与成本密切相关，在某些情况下低成本资金来源对企业而言常常意味着较高的风险，而高成本资金来源的风险则较低。因此，这两个目标常常需要同时考虑。

### （五）提高融资竞争力原则

资金是一种稀缺资源，它总是流向在资金市场上竞争力强的需求者和能获得高回报率的地方，因此从长期而言，提高融资竞争力是企业不断获得稳定、可靠、低成本、低风险资金的可靠保证。

## 三、融资策略环境分析

企业的融资策略环境是指对企业融资策略产生影响的各种环境因素，主要有外部环境和内部环境。虽然融资策略是融资战略的具体实施，没有达到战略的高度，但是社会经济的发展和企业之间的竞争都迫使企业在选择融资策略时同样需要考虑环境的因素。

### （一）外部环境

企业是一个开放的系统，要与周围环境发生物质的、能量的和信息的交流及转换，其经营管理也必然受到外部环境的控制和影响。要制定合适的融资策略，首先要做的是进行企业外部环境分析。企业的外部环境是指给企业造成市场机会或环境威胁的主要社会、经济力量、法律法规等。其中影响企业制定融资策略的外部环境主要包括以下三类。

**1. 法律环境**

法律环境是指企业制定融资策略时应遵循的有关法律、法规和规章制度。当前国家通过行政手段、经济手段和法律手段对企业的融资活动和所发生的经济关系进行管理。随着市场经济体制的不断完善，行政手段逐步减少，法律手段逐步占据主导地位，越来越多的经济关系和融资等经济活动的准则用法律的形式规定下来，从而使得企业在制定融资策略时做到有法可依、有法必依。

**2. 经济环境**

经济环境对企业融资的影响是直接的、明显的。在内容上包括经济周期、经济发展水平、经济体制以及诸如利率、外汇汇率等具体因素；进行跨国经营的企业，还涉及国际经济环境。其中，主要的经济环境包括以下几个。

（1）宏观经济政策。国家的经济发展规划、经济发展政策、产业结构政策、经济体制改革的措施和政府的财政政策等，都对企业的融资活动有重要影响。国家通过制定相应的鼓励或限制政策，如对某些地区、某些行业、某些经济行为的优惠、鼓励和有利倾斜等措施，从而达到合理的产业结构或经济发展结构，由此会对整个社会资金的流动以及相应企业的融资活动产生影响。企业在制定融资策略时，要认真研究政府政策，按照政策导向行事，才能避免策略的失误。

（2）经济周期。在市场经济的复苏、繁荣、衰退、萧条的四个阶段，对企业的融资影响是不同的，其所采取的融资策略也有所不同。在繁荣期，市场需求旺盛，市场供给也呈上升趋势，这就需要企业增加投资扩大生产，从而增加短时期的融资需求。反之，在萧条期会降低融资需求。

（3）经济发展水平。经济发展水平与企业融资的关系：经济水平越高，企业的融资水平越高；反之，则低。我国属于发展中国家，经济发展水平较低，企业的融资管理能力也相对较差。

（4）利息率状况。当长期资金的利息率和短期资金的利息率相差较少时，企业一般较多地使用长期借入资金，较少地使用短期借入资金；反之，当长期借入资金的利息率远远高于短期借入资金的利息率时，企业为了降低资金成本，则会更多地使用短期借入资金。

3. 金融环境

（1）金融市场。金融市场是指资金供应者和资金需求者双方通过金融工具进行交易的场所。金融市场有广义和狭义之分。广义的金融市场包括所有资金交易的场所，狭义的金融市场则仅指证券发行和交易的场所。目前我国的直接融资市场还不完善，远远不能满足企业的需要。虽然直接融资在融资中的比例呈逐年递增趋势，但银行贷款这种间接融资方式依然占主导地位。

（2）金融政策。国家的金融政策主要包括货币政策、利率政策和汇率政策。货币政策是中央银行调整货币总需求的方针策略，它通过金融市场资金供求关系、利率、汇率等因素的变动规范企业的融资和投资行为；利率政策中的贷款利率会对企业的融资行为产生刺激或约束作用；汇率政策则会影响企业国际融资策略的选择。

（二）内部环境

（1）企业资源。企业资源是企业生产经营过程中的各种投入品，包括有形资源、无形资源和人力资源。这些条件对企业生存与发展有重要影响，决定了企业是否能以最少的投入获得最大的效益，对于融资方式的选择具有重要作用。

（2）企业文化和经营理念。企业文化是指企业在长期的生产经营活动中形成的特定的价值观念、道德规范、文化体系、传统习惯及与此相联系的生产观念和经营哲学。经营理念决定着企业选择的融资模式。

（3）经营管理环境。是指企业的经营管理水平，包括物资采购、物资供应能力和产品销售能力等。如果经营活动、生产活动、财务管理三方面能够协调一致，那么企业的经营管理水平就比较高，就可以确保企业生产经营活动综合效益的实现。

**四、融资组合及方案选择**

我国企业的融资渠道和方式日趋多元化，融资组合选择已成为现代企业融资活动中的核心问题。融资组合选择的过程实质上就是资本结构优化的过程，一个良好的资本结构，不仅指示着企业融资来源必须遵循的配置秩序，而且对于降低融资风险与融资成本，提高融资的使用效率也有着决定性的意义。

（一）影响融资组合选择的因素

从理论上讲，任何企业都存在最佳的资本结构。但是，在实践中企业很难准确地把握。

因此，应在认真分析研究影响企业资本结构优化的各种因素的基础上，进行资本结构优化决策。

（1）资本成本因素。因为融资组合决策的根本目的之一就是使企业综合资本成本最低，而不同融资方式的资本成本又是不同的，资本结构优化决策必须充分考虑资本成本因素。

（2）财务风险因素。企业在追求财务杠杆利益时，必然会加大负债资本筹集力度，使企业财务风险增大。如何把财务风险控制在企业可承受的范围内，是资本结构优化决策必须充分考虑的重要问题。

（3）企业经营的长期稳定性。企业经营的长期稳定性是企业发展的重要保证。企业对财务杠杆的运用，必须限制在不危及其自身长期稳定经营的范围以内。

（4）贷款人和信用评级机构的态度。贷款人和信用评级机构的态度主要体现在对企业信用等级的认识上，而企业信用等级的高低，在很大程度上影响着企业融资活动乃至经营活动。

（5）经营风险因素。如果管理部门决定在整个风险不超过某一限度的前提下，降低经营风险，企业就必须承担较高的财务风险，反之亦然。因此，销售额的稳定性和经营杠杆这些影响企业经营风险的因素，也会影响到企业的资本结构。

（6）企业控制权。通常情况下，企业控制权因素并不对企业资本筹集产生绝对的影响，但当企业管理控制状况没有保障时，资本结构优化决策对企业控制权因素也应予以考虑。

（7）企业的成长性。在其他因素相同的情况下，发展速度较慢的企业可能通过内部积累补充资本，而发展速度较快的企业必须依赖于外部资本，特别是负债资本。

（8）企业获利能力。具有较高获利能力的企业使用的负债资本相对较少，因为它可以通过较多的内部积累来解决融资问题。

（9）税收因素。由于负债资本利息属于免税费用，因此企业所得税税率越高，负债资本抵税利益就越大，税收因素对增加负债资本的客观刺激作用也就越明显。

（二）选择融资组合的标准

融资组合选择就是根据若干个可行的资本结构优化方案，从中选取企业最佳融资组合，使企业资本结构最佳的过程。选择最佳融资组合主要考虑以下几个方面。

一是在数量和时间上，能否及时满足企业对资金的需要。最佳的财务结构必须保证企业正常周转的资金需要，而企业在正常的生产经营中，各个阶段、各个时期的资金需要量并不完全一致，因此还应当从数量与时间上予以保证。从数量上，应根据企业的生产经营状况，采用科学的方法对企业未来的资金流入量和流出量进行测算，确定资金的需要量。从时间上，在测定资金需要时，不仅要考虑全年的情况，还应当在年内分季、分月进行估算，然后做出安排，做到有计划地调度资金，并在时间上紧密衔接。

二是融资方案是否有利。评判融资方案是否有利，通常是用各融资方案的加权平均资本成本率与相应方案的投资收益率进行比较。如果投资收益率大于加权平均资本成本率，则表明该方案是有利的，融资效益好；反之则说明融资方案不利，融资效益差。

三是加权平均资本成本率是否最低。在实际的融资方案中，往往由多种融资渠道的资本组成，不同资金的资本成本率并不相同，必须运用综合资本成本法加以判别，也就是在上述两种方式判别的基础上，对若干个备选的可行性融资组合方案计算其加权平均资本成本率，选择加权资本成本率最低的融资组合。

（三）融资合理规模的确定

企业的融资规模是指一定时期内企业的融资总额。确定融资规模是制订融资方案的主要内容，同时也是确定融资方式的基本依据。确定融资规模应考虑的主要因素包括以下方面。

1. 有关法律法规的约定

融资规模在一定程度上受到法律法规的约束。法律对融资规模的限制，一般出于对债权人和投资者权益的保护，以避免造成经济秩序的混乱。例如，我国的公司法等法律，对不同企业在设立时所应达到的最低资本限额，即法定资本金进行了具体规定，以保证企业设立后能正常进行生产经营，保证企业有足够的资本金以对外进行负债融资，并独立承担民事责任，维护投资者及债权人的权益。

2. 投资规模的约定

影响融资规模的经济因素包括企业的投资需求、偿债能力等，其中投资规模是决定融资规模的主要依据。投资规模是根据企业经营目标、市场容量及份额、产业政策以及企业自身的其他素质等因素确定的，它对融资活动的影响主要包括：①投资规模决定融资总量；②投资项目自身的经济特性决定所融资金的期限。企业在制订融资方案时，必须以"投"定"融"。

3. 融资的层次性影响

企业资金包括权益资本与债务资金两部分。企业在进行投资时，一般应先考虑企业已拥有的权益资本，在权益资本不足时才考虑对外融资，包括对外借债或追加权益资本。因此，正确确定融资规模，必须涉及三个规模层次：

（1）融资总规模。

（2）权益资本规模。

（3）对外融资规模。其中，融资总规模直接制约于投资总规模，具有相对稳定性；对外融资规模是融资总规模抵减权益资本规模之后的差额。因此在假定投资总规模已经确定的前提下，融资规模的确定直接表现为对外融资规模的确定。

4. 融资规模与资产占用的对应性影响

为了保持财务结构的稳健和提高资产运营的效率，一般情况下，应保持资金来源与资产占用之间的对应关系，具体包括：

（1）为维持正常生产经营而需要的最低数额的现金、原材料的保险储备、必要的产成品或商品储备以及固定资产等长期稳定占用的资产，应与企业的长期稳定的资金来源相对应，也就是应与企业的权益资本和长期负债等融资方式所筹集的资金的规模相对应。

（2）对于随业务量变动而变动的资金占用，如最低储备以外的现金、存货、应收账款等的波动性资产，则与企业临时采用的融资方式所筹集的资金规模相适应，如临时借款的融资规模等。分析融资规模与资产占用之间的这种对应关系，有利于合理选择与规划融资方式、减少资产占用风险。

5. 时间性制约

企业融资必须与融资需求的时间进度相对应。由于企业投资常常是分段进行的，融资也相应地要求分为几个阶段。企业在一定的时期内可能同时有几项投资活动进行，它们所需要的资金也会一次或分次进行筹措。在确定融资规模时，必须分清投资总需要量和某一项目或某一年度的融资额，以准确把握某一时期内的融资需要量。

（四）融资时机的选择

企业融资时机是指有利于企业融资的一系列因素所构成的融资环境或融资机会。融资时机的确定与选择应包括两个方面：①通过融资环境的评价来确定和选择有利的融资机会；②针对各种具体的融资方式，来确定融资方式运用的时机。其中，前者涉及融资时机的总体把握，而后者涉及具体融资方式的运用决策。

企业在确定融资时机时，首先必须对融资环境进行评价，并在此基础上确定最佳融资时机。融资环境的评价应考虑各种客观的外在环境因素及企业自身因素。

1. 客观的外在环境因素

客观的外在环境因素主要是指对企业融资时机把握产生重大影响的外在要素，包括产业经济发展阶段、政府金融与财政政策、行业竞争程度、市场状况、产品周期等。例如，对产业经济发展阶段的评价，当经济处于高速发展时期时，企业的投资欲望较强，从而投资需要量大，企业负债能力也相对较强，这时的资金相对短缺，资金成本相对较高，但由于投资收益能抵补其成本，企业仍可以积极开展融资活动，以满足投资的需要。

2. 企业自身因素

企业自身因素主要是指企业规模的大小、对市场的支配能力、企业经营风险、企业经济效益等因素对融资时机的影响。例如，对于规模较大的企业，资本实力也较雄厚，面对的融资时机相对较多。

良好的投资机会是企业确定与选择融资时机的主要依据。因为良好的投资机会在一定程度上意味着投资收益较高，融资成本相对较低（如利率水平相对较低）。因此，为满足良好的投资对融资的要求，企业在确定与选择融资时机时，应选择把握投资收益高、资金成本相对较低的时期，具体包括：①国民经济稳步发展或高速发展的时期；②货币政策与财政政策相对宽松的时期；③税收优惠较多、利率预期较低的时期；④市场竞争相对较弱，企业对市场具有一定支配能力的时期；⑤产品处于畅销的时期；⑥企业经营风险较小、经济效益较高的时期；⑦为满足发展需要，开展对外兼并与扩充的时期等。

# 第三节　企业生命周期不同阶段的融资策略

## 一、初创期的融资策略选择

对于初创期企业，最大的困难是资金需求的矛盾和融资渠道的狭窄，企业应根据未来偿债能力选择可以接受的融资方式。由于企业获取外源融资较为困难，因此主要通过留存收益来融通资金。另外，在募集新的长期资金方面可以向私人股东发行更多的股票或者从银行贷款。但在利润不足的情况下，企业很难获得资金支持，资金成本也比较高。在这种情况下，企业可以选择风险投资。因此，初创期企业应该重点选择内源融资策略和吸收风险投资策略。

（一）内源融资策略

1. 内源融资的范畴

企业内源融资是指企业内部通过留存收益、应付税利等形式而形成现金来源的融资活动。

（1）留存收益。是指企业从历年实现利润中提取或形成的留存于内部的积累，它来源于企业生产经营活动所实现的利润。这部分留存收益可以用于企业扩大生产经营活动资金的需要。通过内部资本循环积累自有资金，让资本最大化增值，这是企业最基础、最根本的融资渠道。

（2）应付税利。是指按企业经营收入或利润计算的应上缴的税金及应分配的利润等。虽然从企业资产负债表上看属于负债性质，但它的来源还是企业内部。这部分资金虽然不能长期占有，到期必须对外支付，但从长期平均趋势来看，它是企业内部融资的一个来源。

（3）沉淀资金。是指企业计提的折旧在对应的固定资产更新期限到来之前处于闲置状态，可以加以利用。

（4）盘活集团内部存量资产。对于某些经营不善的企业集团，往往是某一方面资金短缺，另一方面又存在着严重的资产闲置与低效率运行。如果能采取有效措施，调整集团经营结构，改善集团的经营管理，则可盘活企业集团的存量资产。这样可以实现结构优化、加速闲置资产变现、低效资产变高效，这实际上也是一种有效的融资渠道。

2. 内源融资的积极作用

西方财务学界的"优序融资理论"认为，企业在筹措长期资金时，只有在最有利的资金来源利用殆尽时才使用次有利的资金来源。企业的融资决策将根据融资的便利性和资金成本的大小，依照内部融资、负债性外部融资、权益性外部融资的顺序进行选择。一般来说，企业自有资金实力越雄厚，抵御外界环境变化的能力越强。内部融资实力趋于雄厚的过程，是企业不断发展壮大的过程。对于初创期的企业来说，内源融资具有如下优势。

（1）融资便利。企业通过银行借款进行的间接融资，必须在银行审批同意的情况下才能实现；企业通过发行股票、债券等进行的直接融资，首先要具备发行证券的相关条件，通过证券监管部门的审批，并在证券市场上成功发行后方可实现，不仅手续复杂，而且历时较长。这些融资方式都在很大程度上受制于外部环境条件，只有内源融资几乎不受外部环境影响。融资便利往往是企业选择内源融资最主要的原因。

（2）避免股权被稀释和避税。与发行新股相比，内源融资没有引进新股东，而是维持了老股东的股权比例，不会带来股权被稀释的负面影响，控股股东的控制权不会受到威胁。从税收利益来看，股东如果将企业的盈利以现金股利的方式进行分配，则需要立刻为此支付较高的股利所得税。而内源融资产生的资本利得收益在不征收资本利得税的国家是无须纳税的，而且即使在征收资本利得税的国家，也可使企业获得延期纳税的好处。

（3）向市场传递利好消息。资本市场通常认为，企业只有在面临投资回报率较高的投资机会时才会进行内源融资，因为如果企业缺乏良好的投资项目和发展机会，则内源融资将会降低原股东的投资收益水平，股东一般不愿意进行内源融资。因此，内源融资向市场传递着企业发展的利好消息，这种心理预期将促使股价上升，并提升企业的市场形象与投资价值。

（4）融资风险小。内源融资以权益资金为主，权益资金的增加将降低负债比例、改善资本结构、增强资金实力、为债权人权益提供更为可靠的保障，从而增强公司信誉和融资能力。股东对因留存收益带来的股利增长预期，只有在企业效益实现实质性增长时才会支付，其并不是法定费用支出，不会给企业带来不能偿付的风险。

正是由于内源融资有上述优势，符合企业初创期对融资的要求。在初创期阶段，应以内源融资为主。

（二）吸收风险投资策略

过去一般情况下企业的融资可以通过银行贷款、个人借贷、贷款担保、供应商货款、应收账款贷款、权益性融资等途径来解决。随着新型融资工具的开发，吸收风险投资作为权益性融资的一种方式经过近几年的发展，日益成为重要的融资方式，并且逐渐向着专业化的方向发展。

**1. 风险投资的概念及特征**

风险投资，又称创业投资。根据美国风险投资协会的定义，风险投资是由职业金融家投入新兴的、迅速发展的、有巨大竞争力的企业中的一种权益资本。对创业企业来说，风险投资是其权益资本的主要来源，它构成了企业创业的重要部分。与一般投资相比，风险投资具有以下四个显著特征。

（1）投向集中：风险投资集中于风险大、周期长、资本收益高的项目，尤其是高新技术产业。但在不同时期，产业投资的重点也有所不同。

（2）周期性强：风险投资家通常在企业的扩展期或成熟期的早期就开始采取出售股权等方式撤回资金，从事其他新项目的风险投资。这便是风险投资"投资—亏损—高收益—再投资"的周期循环。

（3）风险大：由于受种种因素制约，科技项目调研论证的难度比一般项目大得多，风险投资机构对自己投资开发的项目前景如何，能否顺利投产、达产，产品销售行情怎样等一系列关键问题都难以了如指掌，因此常有如履薄冰之感。

（4）回报率高：风险投资家采取分散投资的方式，往往能以某些项目的高额利润补偿另一些项目的风险亏损，使投资始终处于高收益状态。

**2. 风险投资的优势**

风险投资之所以受到不少企业的青睐，是因为与一般融资方式相比有其独特的优势。其优势主要体现在风险资本的投资与银行的贷款融资有本质的区别。风险投资公司的经营与银行完全不同。风险投资基金的筹资成本很高，风险投资家只有将资本投向最具成长性的项目，才可能取得较高的投资回报率，获得最大的预期资本增值，满足投资者的要求。在市场经济下，风险投资对利润最大化的追求必将带来资源的最佳配置。而银行在贷款时首先考虑的是投资风险的大小，追求的是保本付息。而新生企业因其在未来发展中的不确定因素较多，一般具有较大的技术风险、市场风险、成长风险等；同时资金需求量又比较大，这对传统的投资者来说，存在着不可逾越的投资原则上的壁垒。而风险投资家认为这些风险因素说明投资对象具有被利用来谋取超额利润的可能性。风险投资家从资金、融资渠道、参与管理与决策等多方面介入所投资的风险企业，给予一定的扶持和培育，待其壮大后，风险资本便择机退出，从而完成一个投资周期，进入下一个投资循环。因此，风险投资作为一种新型的融资方式，由于其有别于银行等传统金融机构的特点，能切实解决创业期融资难的问题，必然会日益受到企业的关注和欢迎。

**3. 企业吸收风险投资的主要渠道**

当前我国企业吸收风险投资的主要渠道有以下几类。

（1）政府投资。企业吸收政府投资主要有两种形式：政府通过财政资金投资和政府通过特殊政策投资。此外，企业还可以利用政府的优惠政策进行融资，如短期免地租、长期低地租、投资损失补助等方式。政府投资是目前企业吸收风险投资采用最为广泛的融资渠道。

（2）金融机构。金融机构包括银行与非银行金融机构。在我国，银行包括中央银行、四大专业银行及地方商业银行。非银行金融机构包括保险公司及从事投资银行业务的证券公司等。从融资的角度看，企业主要的融资渠道应是投资银行及地方商业银行。

（3）风险资本家。风险资本家是向其他企业投资的企业家，与其他风险投资人一样，他们通过投资来获得利润。但不同的是，风险资本家所投出的资本全部归其自身所有。通常，这部分资本为出售公司所得。风险资本家投资于新的企业主要基于两点理由：一是他确信自己过去作为企业家的经验会有助于他识别出一桩成功的交易；二是风险投资能够给予他重温过去创办企业时的激情，而这种体会是无法从别的投资方式中获得的。与风险投资公司不同的是，风险资本家在判断是否投资时反应比较迅速，因为他们通常不对投资企业做出详尽的调查，而且也不需向任何人做出咨询。但他们进行一笔投资的规模往往不大。这就意味着一个未能从风险投资公司获得资金支持的企业却有可能从风险资本家那里获得投资。

（4）风险投资公司。风险投资公司的种类有很多，但是大部分通过风险投资基金来进行投资。这些风险投资公司一般以有限合伙制为组织形式，其合伙人分为有限合伙人（Limited Partnership）和一般合伙人（General Partnership），前者是风险投资公司基本的资金来源，一般占风险资本总额的 99%，是真正的风险投资人。

**二、成长期的融资策略选择**

成长期企业的有形资源已具有一定规模，无形资源也在急剧增加；企业的产品或服务已打入市场，逐渐在目标市场上有了一定知名度；产品的销售数量呈现稳步上升态势。企业的经营活动现金流量增加，使得企业有了进一步扩张的实力。此时，企业外部融资变得相对容易，企业不仅有机会进入股票证券市场获取大量资金，而且还有很多商业银行愿意向企业提供贷款。

企业可选择的融资策略较多，上市、配股、增发、发行可转换债券、申请授信额度、贷款等方式都可以被企业认真研究和选择。由于成长期企业的资本需求远大于资本供给能力，如果主要采用负债融资策略，则很可能因为高经营风险导致较高的负债利率，从而导致高负债成本。因此，成长期企业应该主要选择股权融资策略。这里重点介绍"壳"资源和可转换债券融资策略。

（一）"壳"资源融资策略

由于我国证券市场的发展目前还处于初级阶段，不管是过去的额度管理还是现在的核准制，在全国众多的股份公司中能够上市运作并融资的企业毕竟很少，更多的股份公司还难以享受到企业改制所带来的上市融资的好处。因此，在货币资本仍相对稀缺的今天，在国家对企业改制通过证券市场发行股票上市融资还实行严格控制的情况下，壳公司本身也就成为一种稀缺资源。对于有些不适合上市或由于种种原因较难获得上市资格的企业来说，通过借"壳"或买"壳"上市，不失为一条方便快捷地进入资本市场的捷径。

1. "壳"资源融资的方式

壳公司的英文名称为"Shell Company"，国际证券市场上对壳公司的定义为，在证券市场上，拥有或保持上市资格，但相对而言，业务规模小而不稳定或是趋于停止，其业绩一般或基本无业绩甚至亏损，总股本与流通股本规模偏小或停牌终止交易，股价绝对值较低的上市公司。

联系我国沪深证券市场的实际，可以将壳公司界定为，保持上市资格，业务规模小、业绩一般或不佳，总股本与发行在外的可流通股本都较小，股价低的上市公司。"壳"资源融资就是指非上市公司为达到融资的目的，通过收购、兼并上市的壳公司而取得上市地位的一种并购融资活动。"壳"资源融资的方式主要有以下两种。

（1）买"壳"上市。买"壳"上市是指非上市公司通过收购业绩较差、筹资能力弱化的上市公司，剥离被购公司资产，注入自己的资产，从而实现间接上市的目的。

（2）借"壳"上市。借"壳"上市是指上市公司的母公司（集团公司）通过将主要资产注入上市的子公司中，来实现母公司的上市。

买"壳"上市和借"壳"上市的共同之处在于，它们都是一种对上市公司"壳"资源进行重新配置的活动，都是为了实现间接上市；它们的不同点在于，买"壳"上市的企业首先需要获得对一家上市公司的控制权，而借"壳"上市的企业已经拥有对上市公司的控制权。

2. 买"壳"融资的成本

对大多数买"壳"上市的公司来说，买"壳"的目的在于将"壳"作为通向资本市场的桥梁，以此作为吸纳资本、融通资金的渠道。对此，购买公司不但要重视壳公司的短期效益，更要重视壳公司的长期发展；不仅要考虑短期资金投入，更要考虑长期资本扩充。因此，非上市公司对壳公司必须作长期投资的打算，必须进行全面的运行成本分析。

"壳"资源购入及其运行成本，主要包括以下内容。

（1）取得壳公司控股权的成本。这包括收购壳公司股权的价格、数量、比例和收购合并的方式等内容，有时候还要考虑处理应付反收购的成本。

（2）注入优质资产的成本。在大多数情况下，获得控股权公司将自身所拥有的优质资产以一定比例折价注入上市公司，目的在于改善壳公司的经营业绩和财务状况，成本是要计算在内的。

（3）壳公司重新运作的成本。买壳公司对其实现控股以后，一般要对壳公司的所有资源进行重组。虽然资源的重组可能给企业带来活力，但重组的过程也是要付出代价的。这其中包括：第一，控股后对壳公司不良资产的处理成本；第二，控股后，如果要作重大的人事变动，则会增加原有人员的解聘费用和新聘人员的培训费用。

（4）控股后保持壳公司业绩的成本。为了实现控股后壳公司业绩的飞跃和稳定增长，取得控股权的公司必须在关联交易和财务处理方面，对壳公司进行扶植，如对壳公司原材料供应采取优惠价格出售，而对其产品则实行优惠价格购买。

买"壳"上市和借"壳"上市成本的最大差别表现在前者主要通过股权收购取得控股地位，而后者则不必。借"壳"上市虽然一般不需要以上成本，但同样需要付出一定的代价。因此，成本分析是非上市公司在运用"壳"资源融资时必须认真研究和对待的。

（二）可转换债券融资策略

1. 可转换债券的融资优势

（1）易于企业融资。首先，这不仅是由于可转换公司债券的转换特性能吸引大众投资，还因为股票的转换价格通常高于发行可转换公司债券的公司股票的市场价格，这使得企业间接地获得了溢价发行股票的好处。而且在相同的融资规模下，由于溢价部分的存在，转换后新增普通股的股数要少于直接发行普通股所必需的股数，从而对股权的稀释程度也降低了。

其次，恰当地选择发行可转换公司债券的时机，也有利于企业融资。一般来讲，在经济形势不容乐观的时期，股市疲软，投资者易于将投资热情从股票市场转移到债券市场，从而能相应降低融资成本及发行风险；待到经济形势好转，股市火爆，股价上扬，转换成功的概率也会大大提高。

（2）获得低成本资金的来源。投资者在购买可转换公司债券时即投资了一份买入期权，而债券发行公司作为期权的卖者，其收益体现在可转换公司债券相对于普通公司债券较低的票面利率上。如果投资者普遍看好公司拟发行的股票，期权的价格还可以提高，即票面利率还可以降低。这一关系体现在如下的等式中：

期望系数×期权费率=普通债券票面利率−可转换公司债券的票面利率

期权费率表示公司发行可转换公司债券时出售的隐含的买权的收益率。

期望系数取值为 0～1，当取值趋近于 1 时，表示投资者预期可转换公司债券成功，股价看涨的可能性极大；而当取值趋近于 0，则表示意义相反。

（3）增强资本结构的弹性。一般来说，资本结构的弹性包括时间弹性、转换弹性和转让弹性。时间弹性是指企业各种融资的期限是否具有灵活性，如能否展期和提前收兑，可转换公司债券在转换前可以由发行公司收回，转换后形成公司的自有资本，因此具有一定的时间弹性。转换弹性是指企业某种形式的融资可以在一定条件下转换成另一种形式的融资，因此可转换公司债券具有转换的弹性。转让弹性是指企业的各种融资能否在市场上交易、转让，由于可转换公司债券作为流通工具，有流通市场，因而具有较强的转让弹性。有弹性的资本结构可以实现资本结构的动态优化，而不仅仅满足于某一时期的最佳，以适应日益复杂多变的企业理财环境。

（4）弱化信息不对称问题。这里的不对称信息分布，是指经营者相对于投资者来说，拥有充分可靠的公司经营发展的相关信息，而投资者则处于信息劣势的地位，不能充分获得有关企业的财务状况及盈利水平等方面的真实信息。因为由此带来的决策风险明显增加，投资者会要求较高的资金回报，这样又使企业的融资成本上升，财务风险增加，更易发生财务危机。利用可转换债券融资，可以减轻信息不对称分布的情形。例如，国际上发行可转换债券的公司，其本意实际上是直接发行股票而非债券，但若直接发行股票，向社会公众传递了一种股价被高估、公司前景黯淡的信号，故转而发行可转换公司债券。投资者由此得到观望选择的权利，避免了公司价值被高估或低估的情形。

2. 可转换债券可能的融资风险及防范

（1）融资风险。可转换债券的融资风险主要体现在以下两个方面：

1）发行条款不能吸引投资者的目光或者公司自身经营状况不良，都会增大发行风险。可转债的安全性和收益性能吸引投资者，这是相对其他融资手段而言的。但如有多家公司同时利用可转换债券融资，其发行条款的设计则是影响发行是否成功的重要因素。可转换债券的价值包含两部分：直接债券价值和转股价值。可转债的直接债券价值可以参考发行期限相同的信用债券计算得到。可转换债券的利率一般不应超过银行同期存款的利率水平，因此可转换债券直接债券价值将远低于它的面值，转债的价值主要来自转股价值，而转股价值又依赖于转股价格、转换期这些条款的设计。因此，投资者会在综合比较各公司实力、发行条款等因素后做出投资决策。

2）转股不成会使企业面临较大的财务风险。企业利用可转换债券融资后，负债比率会增大，同时各期将承担一笔固定的利息费用。如果企业经营状况良好，股票价值增值，市场价格超过转股价格时，债券持有人会执行股票期权，这样企业的资本结构在投资者的投资决策过程中得到自然优化，债务资本在资本结构中的比例逐渐降低，而股权资本的比例逐渐提高。如果企业经营状况不好，或股市行情低迷，投资者不愿行使转换权，宁可继续持有债券，甚至将债券大量回售给企业，此时将导致企业财务风险和经营压力的增大。

（2）防范。针对上述风险，企业可以从以下几个方面防范：

1）正确分析目前和未来的经营及财务状况，理性地开展再融资决策。在考核历史经营业绩的基础上，企业也要尽可能准确地预测未来的业绩。一般而言，前景看好的公司，会使股票的升值潜力大，可转换债权转变为股权的可能性也就越大，在某种程度上能够防范可转换债券的财务风险。

2）注重可转换债券条款的设计。当公司决定用可转换债券融资时，要对发行条款进行具体设计。设计的原则既要节约融资成本，尽量减轻对公司收益的稀释作用，又要吸引投资者，使其投资收益有保障。其条款主要包括：发行规模的确定；票面利率的确定；转换期的确定；转换价格的确定；关于赎回和回售条款的设置。

3）慎重选择发行时机。较好的发行时机，应是在市场利率较低、宏观经济由谷底开始复苏、股市由低迷趋于活跃的时候。此时的投资者对后市持乐观态度，发行可转换债券会得到青睐。随着经济形势的进一步好转，股市逐渐进入牛市，股价高涨，可转换债券转股的可能性也大。因此恰当的发行时机可以大大降低发行风险和转股风险。

4）不应把可转换债券作为圈钱的工具，而应将筹集到的资金投放到国家扶持鼓励发展、成长性看好的产业，以助于投资者行使转股权，为企业增加更多的价值。对于没有转股的部分债券，公司也可利用投资项目所带来的现金流入支付债券利息，并享受财务杠杆效应。同时，公司须在经营管理上下功夫，增强自身的经营能力、盈利能力和偿债能力，提高应对风险的能力。通过有效地降低投资风险和经营风险，真正将可转换债券融资的风险降到最低。

**三、成熟期的融资策略选择**

进入稳定期的企业由于缺乏新的利润增长点，导致资金利用效率和资产负债率都较低，尽管企业融资渠道通畅，但缺乏长期的盈利能力。在这一阶段，企业有丰厚的盈余积累，因此可以选择激进型的融资策略。激进是相对于稳健与保守而言的，此阶段的激进是对前两个阶段保守策略的"能量"释放。因此，此阶段的融资策略主要采用债务融资策略。这里重点阐述债券和附认股权证公司债券融资策略。

（一）债券融资策略

1. 企业债券的基本特征

企业债券具有契约性、优先性、风险性等特征。企业债券的契约性体现在它代表一种债权债务的责任契约关系，规定债券发行人在既定的时间内必须支付利息和偿还本金。企业债券的优先性是相比较于公司股票而言的，债券持有人是债权人，在利息分配和本金清偿上优先于公司股东。企业债券相比较于政府债券和金融债券而言，风险较大。

2. 企业债券风险及其防范

（1）风险。企业债券最主要的特征就是风险较高，因此有必要具体分析企业债券的各种风险。从时间的角度看，具体包括以下三种风险。

1）信用风险。又称违约风险，企业债券发行人因其自身的原因，如财务状况恶化而不能或不愿在债券到期日或事先规定的偿还期限内还本付息所造成的风险。

2）流动性风险。指由于流动性不足给经济主体造成损失的可能性。流动性是指企业债券的一种属性，它反映了企业债券以合理的价格在市场上流通、交易以及变现等的能力。如果发行的企业债券拥有足够的市场，可以随时地大量交易而价格不发生明显的下降，那么流动性较高。

3）利率风险。指利率变动给经济主体造成损失的可能性。无论是金融企业还是非金融企业，只要其资产和负债的类型、数量及期限不一致，利率的变动就会对其资产、负债产生影响，使其资产的收益、负债的成本发生变动。对于支付固定利率的企业债券来说，尽管现金流量确定，但是利率的升降也可能带来间接的损失。例如，按固定利率收取利息的投资者必将面临市场利率可能高于原先确定的固定利率的风险。此外，利率的变动可能影响企业债券的市场价格，进而给金融活动的当事人造成不利影响。随着企业债券市场的利率逐步市场化，发债企业、投资者等相关主体都会越来越深切地体会到利率风险。

（2）防范。针对企业债券可能带来的风险，企业可以从以下几个方面进行防范。

1）确定合理的负债率。在债券融资的风险因素之中，负债率应属于首要因素，虽然在最优资本结构理论研究中至今也没有准确地给出它在数量方面的大小，但这不等于在具体的融资活动中其确定无规律可循。企业可以根据实际状况确定一个合理的负债率。首先，如果企业属于资本密集型行业，在债券融资时应保持较低负债率；如果企业属于劳动密集型行业，在债券融资时可以保持较高负债率。其次，如果公司无形资产的比例较大、财务风险比较高，在债券融资时应保持较低负债率，反之，则可以保持较高负债率。最后，如果公司经营规模大、公司的成长性强，可保持较高负债率，反之，则应保持较低负债率。

2）重视债券融资中的偿付风险。企业利用债券融资时面对的最大风险当属偿付风险，那么在负债率、负债利率既定的情况下，降低该风险最有利的办法就是提高企业的经营管理水平。首先，企业应确保资金的正确使用，在坚持资产与负债相匹配原则的基础上，合理确定企业的流动资产与非流动资产的比例关系，避免所融资金的闲置；其次，公司应与外界保持紧密联系，开辟多条融资渠道，这样，在企业未来出现意外的较大的资金需求时，可以迅速筹集债务，以帮助企业渡过难关；最后，公司应科学制订偿债计划并将其纳入企业的计划管理体系中，以其他各计划的顺利实施来保证偿债计划的实现，同时，在偿债计划内尽量使债券的偿付期和偿付量与现金的流入期和流入量相衔接，以避免其偿付风险。

3）其他相关措施。在企业利用债券融资时还应在债券期限的确定上、债券质量的提高上以及债券发行时机的把握上有所考虑，以减少其风险。从债券的期限来看，一般来说，企业的债务到期日越短，企业不能偿还债务的风险越大，因此企业应尽量采用长期债券进行融资；从债券的质量来看，公司必须从投资者需求的角度出发，设计出更加人性化的产品，而且在发行前还要做好产品宣传工作，回避风险；从债券的发行时机来看，在市场利率水平较低及所得税税率较高的情况下发行债券，对企业是比较有利的。

**（二）附认股权证公司债券融资策略**

当前我国要求积极稳妥地发展公司债券市场，研究开发与股票和债券相关的新品种及其衍生产品，加大风险较低的固定收益类证券产品的开发力度，为投资者提供储蓄替代型证券投资品种。附认股权证公司债券不失为目前资本市场产品创新合适的切入点。

附认股权证公司债券（Bond with Attached Warrant，WBS）在日本和我国香港、台湾地区被译为附认股权公司债。它是指上市公司在发行公司债券的同时附有认股权证，是公司债券加上认股权证的组合产品。它与可转换债券同属于混合融资工具，所不同的是，附认股权证公司债券在捆绑发行后可以实行分离交易，成为认股权证和公司债券两种产品，单独在流通市场上自由买卖。海外的经验表明，认股权证已经成为仅次于股票和债券的第三种最常见的交易品种。

（1）附认股权证公司债券是一种债权和股权混合的融资工具，具有降低公司债券利息、易于销售等优点，可以减少发行人融资成本，满足发行人多元化融资需求，完善资本结构。

（2）附认股权证公司债券具有分期融资的特点，可以最大限度地减少上市公司高管人员过度投资的机会，完善高管人员的约束和激励机制，体现市场化、有序化的再融资政策目标。

（3）附认股权证公司债券是一种结构型产品，结合了固定收益证券及衍生产品的特性，固定收益有更强的价值保护，杠杆效应能为投资者提供全新的风险管理和套期保值的工具。与期货、期权相比，其交易结算简单，杠杆比率适中，具有止损下限的特点，可以满足投资者多元化投资需求。

（4）附认股权证公司债券分离上市后，为市场提供公司债券和认股权证两类新产品，可以弥补现有资本市场产品单一的缺陷，为规范的债券市场发展奠定基础，为平稳捆绑推出股本权证做准备，更为将来引入衍生权证市场积累经验。

**四、衰退期的融资策略选择**

在衰退期，随着企业原有市场竞争的日趋激烈，此时企业的市场份额逐渐下降。如果企业不及时调整原有核心业务，其盈利能力及自我资金积累能力将逐渐降低，偿还债务的能力也将面临问题。因此，衰退期有时也被称为分化期。为了优化资产负债结构，改善现金流状况，衰退期企业可以采用资产证券化融资策略。因为资产证券化不仅可以增强企业的资产流动性，而且风险较小、收益适中，有利于企业获得较高的资信评级，改善公司的财务状况并提升公司的经营状况，使企业的运营转入良性循环状态。

（一）资产证券化的定义

美国证券交易委员会将资产证券化定义为，"将企业（卖方）不流通的存量资产或可预见的未来收入，构造和转变成为资本市场可获得销售和流通的金融产品的过程"。

在该过程中，存量资产（如应收账款或住房抵押贷款）被卖给一个特色载体SPV或中介机构，然后SPV或中介机构通过向投资者发行ABS以获取资金。这种资产支持证券是以存量资产为依托发行的，证券投资者的收益和追偿权局限于该存量资产的未来现金流量的稳定性及其数额。

资产证券化大致可分为两大类：一类是资产收益证券化；另一类是资产支持证券化。资产收益证券化，是以某项资产可以带来的预期收益为保证，通过一套提高信用等级计划在资本市场发行债券来募集资金的融资方式。资产支持证券化，是以项目所拥有的资产为基础，以项目资产可以带来的预期收益为保证，通过在资本市场发行债券募集资金的融资方式。两者的共同点是，以某项资产的未来收益作保证，发行证券，募集资金；两者的区别在于，前者所说的资产一般不是实物资产而是金融资产，如房地产抵押贷款、基础设施建设贷款等长期贷款的票据；后者所说的资产一般是实物资产，如收费公路等。

（二）资产证券化的特点

与传统融资方式相比，资产证券化具有鲜明的特点，表现在以下方面。

（1）资产证券化是一种结构融资方式。资产证券化的核心是设计和建立一个严谨、有效的交易结构。资产证券化的交易结构由原始权益人、特设信托机构、证券承销商、投资者、信用评级机构、金融担保公司、资产管理公司、托管银行等相关各方组成。这一相对复杂的交易结构在资产证券化运作过程中起着决定性作用。首先，它保证破产隔离的实现，把资产池的偿付能力与原始权益人的资信能力分割开；其次，它使原始权益人得以用出售资产的方式融资，从而不会增加资产负债表上的负债；再次，它确保融资活动能够充分享受政府提供的税收优惠；最后，它使原始权益人能租用金融担保公司的信用级别，改善资产支撑证券的发行条件。

（2）资产证券化是一种资产收入导向型融资方式。传统融资方式是凭借资金需求者本身的资信能力来融资的。外部的资金投入者在决定是否对资金需求者投资或提供贷款时，主要依据的是资金需求者作为一个整体的资产负债、利润及现金流量情况，对于该公司拥有的某些特定资产的质量关注较少。资产证券化则是凭借原始权益人的一部分资产的未来收入能力来融资的。投资者在决定是否购买资产支撑证券时，主要依据的是这些资产的质量，以及未来现金收入流的可靠性和稳定性；原始权益人本身的资信能力则被放在相对次要的地位。

（3）资产证券化是一种表外融资方式。表外融资方式，又叫非负债型融资方式，即利用资产证券化技术融资，不会增加融资方的负债。因为融通的资金在这里被当作销售收入，而不是被当作债务的增加。根据1997年1月生效的美国财务会计准则第125号《转让和经营金融资产及债务清理的会计处理》的规定，鉴于被证券化的资产已经以真实出售的方式过户给特设信托机构，原始权益人也已放弃对这些资产的控制权，允许原始权益人将证券化资产从其资产负债表上剔除并确认收益和损失。这就从法律上确认了实际上早已适用的以表外方式处理资产证券化交易的原则。

（4）资产证券化是一种低成本的融资方式。虽然资产证券化作为一种融资方式有很多项费用支出，如金融担保费用、信用评级费用、账户托管费用、资产池服务费用、证券承销费用等，但是资产证券化总的融资成本低于传统融资方式的融资成本。原因有以下两个。第一，资产证券化运用成熟的交易架构和信用增级手段，改善了证券的发行条件。一般情况下，资产支撑证券都能以高于或等于面值的价格发行，并且支付的利息率比原始权益人发行的类似证券低得多。这会较大幅度地降低原始权益人的融资成本。第二，资产证券化支出费用总额与交易总额的比率很低。资料表明，资产证券化交易的中介体系收取的总费用率比其他融资方式的费用率至少低50个基点。

（5）优化了融资企业的财务指标。资产证券化作为一种新型的融资手段，真实出售是指在依照事前订立的买卖合同把资产所有权过户给特设信托机构之后，即使原始权益人被破产清算，已过户的资产也不被列入清算范围。简言之，真实出售能导致破产隔离，比起负债融资有其特殊的优势。因为资产证券化是将待证券化的资产真实出售，售出后，即从企业账面和资产负债表上剔除，从而企业资产中减少了流动性较差的部分，增加了流动性最强的现金，极大地改善了企业的财务指标。同时，企业获得了充沛的现金流量，却不增大负债比率，有利于企业更好地发展及再利用别的融资方式融资。在投资人更加重视现金流量而非资产总额的今天，资产证券化使融资企业获得更多的经营优势。

（三）当前推行资产证券化的难点

由于我国的资本市场和市场机制还不完善，在推行资产证券化这种新型融资工具时还存在困难，这是企业在运用资产证券化时需要注意的地方。

（1）缺乏可支撑证券化业务的优质资产。证券化业务操作的关键是要存在能在未来产生稳定现金流的标的资产及相应的资产池。但在我国目前阶段，资产证券化的根本出发点主要是基于剥离企业庞大的不良资产。以我国四大国有银行为例，我国四大资产管理公司吸纳的上万亿银行不良贷款中，20%以上已成为呆账，剩余贷款绝大部分也已逾期，真正能提供持续、稳定现金流的资产几乎很少。即便是少数设定了抵押权的不良贷款，在进行证券化操作时也存在折价发行的风险，不会得到较理想的市场预期。

（2）中介服务机构的质量不高。一项较为复杂的资产证券化交易往往要涉及十几家中介服务机构，其中投资银行、会计事务所、资产评估机构和资信评级机构是几乎所有资产证券化交易都涉及的，也是最重要的中介机构。相对而言，目前投资银行业和会计业的行为较规范，基本能满足资产证券化对其的要求，而资产评估业则差距较大。资产评估业的主要问题是，资产评估管理尺度不一，政出多门；资产评估机构过多过乱，导致行业内不正当竞争加剧；评估业务重复收费，加大了企业正常经营成本等。所以，对资产评估业不加以规范，那么资产证券化在中国将会举步维艰。

（3）缺乏规模化的市场投资者。证券化融资为了达到降低成本的目的往往以较大规模的基础资产为支撑，这也就决定了证券化业务的成功运作离不开规模化的投资者参与，西方较为发达的 ABS 市场中，机构投资者往往都是 ABS 的主要投资人。而我国目前的机构投资者中的社保基金、保险基金、证券投资基金和商业银行都因自身的经营管理水平、资金规模和法律规定而在短时间内不可能成为资产支持证券的有力承受者；国外机构投资者碍于中资企业的信用风险和我国的政策风险，在我国的证券化业务也仅限于中介性质的代理、咨询服务，即便有实质性投资行为也局限于有政府背景的、能产生稳定现金流的、拥有经营收费权的大型基础设施建设项目（如公路、铁路、电网等），而这些项目本身也是国内资金的扶持重点，国内银行沉淀的大量剩余资金足以满足项目自身需要，无须国际资本的过多介入。最后，个人投资者也是我国一个庞大的潜在投资群体，但在目前我国股票市场高投机性的影响下，要将数额巨大的居民储蓄转化为支持 ABS 市场发展的动力也不是一蹴而成的事情。

（4）有关法律法规不健全。资产证券化中交易结构的严谨有效性需要由相应的法律予以保障，而资产证券化涉及的市场主体较多，它们之间权利义务的确定也需要以相应的法律为标准，因此，首先应构筑资产证券化所需要的法律框架。而针对资产证券化的特殊性所需要的法律法规仍属空白，不利于资产证券化业务健康发展。

# 第十章

# 地方政府投融资

## 第一节　政府职能与政府投融资

### 一、政府投融资的界定、特点及作用

#### （一）政府投融资的界定与特点

政府投融资是 20 世纪 40 年代后期产生的一个新概念，是一个同财政、金融有着密切联系的独特经济范畴，并以其独特作用受到世界各国政府的重视。目前，理论界对政府投融资的概念界定尚未达成共识。日本经济理论界将政府投融资译为"Treasury Investment and Loan"，认为政府投融资是以政府信用为基础筹集资金，以实施政府政策为目的，采取投资（出资、入股等）或融资方式将资金投入企业、单位和个人的政府金融活动，是政府财政活动的重要组成部分。政府投融资作为一种政策性金融，与商业性金融显然存在着一定关系，但二者有着本质区别，主要体现在以下几个方面。

（1）资金来源不同。政府投融资的资金主要来源于政府债务收入、社会保障资金、邮政储蓄存款等。商业性金融的资金主要来源于企业存款、居民储蓄和吸收社会上的闲散资金。

（2）资金投向不同。政府投融资遵循公平与效率兼顾的原则，主要投资于与国民经济发展密切相关的农业、交通等基础产业、高新技术产业、公用事业和欠发达地区的经济开发。这些项目由于具有投资时期较长、微利甚至无利等特点，商业性资金不愿加入。商业性金融以盈利性为目标，主要投资于盈利性较好的项目。

（3）资金运营的主体不同。政府投融资的运营主体为中央和地方各级政府。商业性金融的运营主体为各级商业银行。

（4）资金运营目标不同。政府投融资是政府行为，不以盈利为主要经营目标，追求社会效益和宏观经济效益最大化；而商业性金融则是商业行为，以获取利润为主要目标。

#### （二）政府投融资的作用

在现代经济发展进程中，政府投融资在世界范围内得到广泛的运用，成为政府配置资源的重要手段。在现代市场经济条件下，地方政府投资作为地方政府驾驭市场的必备工具，对于促进地区经济增长，优化地区经济结构，实施宏观调控等方面具有举足轻重的作用。

1. 促进地区经济增长

在经济增长理论中，经济增长，主要就是指产出的增长，而产出的增长又总是要素作用的结果，因而增长赖以实现的不同方式，就表现为要素的不同作用方式。生产要素的作用方式，既可以是增加要素的投入数量，也可以是要素使用效率的提高。具体来说，前者表现为劳动、资本等生产要素投入的增加，后者表现为技术进步、规模经济、结构优化、科学管理等引起的生产率的提高。也就是说，前者表现为粗放型经济增长，后者表现为集约型经济增长。为实现经济的有效增长，一项长期的战略重任就是要转变经济增长方式，从粗放型转向

集约型，从数量型转向质量型，从速度型转向效益型。实现经济增长方式的战略转换，与地方政府投资的运作有着密切的关系。

**2. 优化地区经济结构**

总量和结构问题是经济生活中两个最基本的方面，经济增长是总量问题，也是经济运行中最核心的问题，但经济增长必须建立在经济结构合理与协调的基础上，否则增长就失去了坚实的基础。从静态上分析，经济结构的合理与否，取决于存量资本的结构状态。从动态上分析，则与资本的投入紧密相关。政府投资作为资源配置这驾马车的另一只车轮，存在着对增量结构内在的调节机制，政府可通过债券、股票、投资基金、BOT 等融资手段，增加能源、交通运输、原材料和农业等基础产业和基础设施的投资，以缓解和消除"瓶颈"产业对经济增长的制约；政府投融资运作具有明显的产业政策倾斜，对经济结构的改善和合理化具有较大的促进作用。例如，对电力、交通运输、通信等公用事业的扶持使基础设施建设有明显改善。另外，通过政府投资对增量资本的结构调整变化，来促进资产存量的调整，使生产要素合理流动，实现地区经济结构优化的目的。

实现经济结构优化是我国未来经济的重要战略步骤，这是由当今的国际经济环境和国内形势的变化所决定的。我们必须看到，中国始终受到结构制约的困扰，投资结构的扭曲已经成为产业结构、技术结构、生产力地域布局结构不合理的一个主要因素。因此，中国正处于一个重要的转折时期，或者说已经到了一个不进行大幅度结构调整经济便难以获得进一步增长动力的关键时期。因此，经济结构的调整直接关系到我国现代化进程能否顺利完成。另外，从当前我国经济生活中生产能力过剩、内需不足、产业结构低端等问题来看，实施经济结构的战略调整也是解决上述诸多矛盾的必然选择。

在任何国家，解决经济结构问题都离不开市场和政府的作用，而政府投融资行为是实施宏观调控的最重要的手段之一，它在调整和优化结构方面有着不可替代的作用。

**3. 实施宏观调控**

传统的看法一般认为，地方政府的经济职能主要局限于资源配置方面，对于政府的其他两个职能，即收入分配和维持经济稳定的职能则认为应主要由中央政府来行使。上述观点的主要根据在于地方缺乏货币权力以及地方经济的开放性限制了财政政策的有效性，因而地方难以运用财政货币手段调控经济运行。"尽管如此，中央以下政府仍然可能有某种形式的财政政策。中央以下政府可以在好年景寻求财政盈余，而在不景气时期动用这些积累起来的结余（或借款）以在本地区内实行反周期政策。"从上述观点来看，传统认识已经受到质疑。以格兰姆里奇为代表的美国财政学家认为，在许多情况下，个人不因经济原因而流动，并且增长的支出份额主要用于购买地方性劳务。如果以往的流动性事实上很少发生，那么地方财政政策在辖区内就能够起到较大的作用。此外，他还论证到宏观经济总是日益变得地区化而不是全国化，这是因为一些经济要素影响特定的产业。在这种情况下，地方的财政政策可能是必要的。地方政府投资作为地方政府的一种重要财力资源和财政政策的重要手段，在市场经济运行条件下对地区经济运行具有较强的宏观调控功能。

正因为政府投融资的强大功能和作用，政府投融资倍受世界各国重视，成为国家经济活动中不可或缺的调控手段，发挥了无法替代的作用。例如，在日本经济从传统经济体制转换到市场经济体制与国民经济迅速崛起的过程中，政府投融资发挥了极其重要的作用：促进经济发展，贯彻国家政策，调整产业结构，促进资源合理配置；通过大量认购国债和地方债，有效弥补国家财政预算资金的不足；熨平经济波动，促进经济稳定；通过对基础产业、公共设施等部门贷款，成为民间资本的补充。在经济起飞中，韩国政府投融资在补充政府财政资金方面也发挥了重要作用。韩国政府通过政府投融资的运作，使政府在基础设施和基础产业建设的资金筹措中起着主导作用，通过集中向农业、交通运输业、邮电通信业以及科技等部门进行投资，为韩国经济的发展和腾飞创造了一个良好的环境。同样，我国不同层次的政府投融资也对我国经济持续、稳定、高速发展起到了巨大的促进作用，这种巨大的优势也体现在应对金融危机各项措施中。

**二、我国政府的投融资活动**

我国政府投融资是在以市场机制为主配置资源的前提下，在弥补市场失灵的同时实施国家主导经济发展战略的有效政策手段。在市场经济条件下，政策性资金能否真正贯彻国家宏观调控政策，同时保持资金运作上的高效率，还有赖于是否具备完善的政府投融资运行机制和科学合理的制度安排，来实施决策和风险管理。

**（一）政府投融资决策**

融资决策就是融资主体在明确资本使用目的的基础上，确定融资规模、融资期限以及资金来源的构成和比例的过程。而融资决策中首先要考虑的因素就是融资成本，即使用这些资金要付出多少成本。融资成本的定量分析包括息税前盈余－每股盈余分析法、方案对比优选法、逐步测试法等，另外还需要从非财务和定性的角度分析影响融资决策的要素，旨在引导融资主体融资行为理性化，为其长期经营做出战略选择。

投资决策就是根据预定目标，选择和决定投资建设活动的行动方案。其中宏观投资决策是指在一定时期内，国家对投资总规模、投资方向、投资结构、投资布局等问题进行论证评价，做出判断和决定。微观投资决策则是对单个投资项目的投资决策。投资决策是一个对复杂的多因素进行逻辑分析和综合判断的动态过程，一般程序包括投资机会研究、初步可行性研究、项目可行性评估和决策四个阶段。

**（二）政府投融资的风险管理**

在市场经济条件下，政府投融资运作同样会面对各种风险。政府投融资风险是指在政府投融资运作中的融资状况和投资结果与运作目标相偏离的可能性。防范政府投融资风险就是要着重通过制度选择及相关措施来逐步缓解和分散风险，从而达到降低政府投融资及社会经济系统整体风险的目的。政府投融资运作过程包括资金筹集和资金投放，因而政府投融资风险也就相应地表现为融资风险、投资风险。

融资风险具体表现为在财政投融资运作过程中，融资规模是否与宏观经济运行相协调，融资方式是否和市场经济体制相适应。化解筹资风险，应当在加强传统投融资手段的同时，注重政府作为参与主体在资本市场的运作，积极运用资本市场的各种现代融资工具，使财政投融资的融资手段更符合现代化、市场化。当前应当重点考虑的融资风险主要是债务融资所带来的偿还风险。因为财政投融资是以国家信用为基础的，所以债务融资规模要受政府债务依存度和偿债率的制约，超过一定限度，就会有较大的偿还风险。

投资风险是指在现实经济活动中，由于每一个财政投融资项目从资金来源、资金投入到项目如期完工进入正常运营，每一个环节上都不同程度地存在着各种不确定因素，这些不确定因素往往会引起投资项目的实际收益与预期收益之间产生差异。当实际收益远远低于预期收益时，就会导致大量政策性贷款不能如期收回或政策性投资严重贬值。投资风险主要表现为市场风险和运营风险。市场风险指经济、政治和社会环境等方面出现无法预计的变化，使政府投资项目的未来收益变得不稳定的可能性，这是财政投融资活动中最普遍、最常见的风险。特别是当政府投资于高新技术产业时，由于投资项目资金量大、失误率高，必然加大了投资决策的风险。运营风险是指政府投资者在选择、确定投资项目时，因审查不严、管理不善、监督不力等原因而导致资金使用方向发生改变，投资项目效益低下的可能性。针对政府投融资中的风险，应当着重通过建立全方位、全过程的管理制度来化解和分散风险。

### 三、政府职能的投融资实现

政府广泛地执行政治、社会和经济的职能，但事实上，政治职能和社会职能是以经济职能为依托的。政府经济职能就是以政府机构为行为主体，从社会生活总体的角度，对国民经济进行全局性的规划、协调、监督和服务的功能。

#### （一）公共财政支出

公共财政支出，也称为公共支出或政府支出，一般是指政府为完成其职能、取得所需商品和劳务而进行多种活动的财政资金的支付。换句话说，一旦政府在以多少数量、以什么质量向社会提供公共物品或劳务方面做出决策，公共财政支出实际上就是执行这些决策所必须付出的成本。所以，公共财政支出也就是政府行为的成本，就其本质而言，公共支出反映了政府的政策选择，是政府职能行为的成本，是指政府为履行其职能而支出的一切费用的总和。公共财政支出是公共部门经济活动的一个重要方面。公共部门对经济的影响作用主要表现在公共财政支出上，政府干预、调节经济的职能也主要是通过公共财政支出来实现的。公共支出是公共财政的一个重要方面。在市场经济国家，公共财政对经济的影响作用主要表现在税收和公共支出上。可以说，公共支出的数额和范围反映着政府介入经济生活和社会生活的规模及深度，也反映着公共财政在经济和社会生活中的地位和作用。

公共支出按照支出的经济性质划分，可以分为两大类：一是购买性支出，二是转移性支出。

购买性支出也称为消耗性支出，是政府用税收收入购进并消耗商品和劳务过程中所产生的支出。具体包括政府购买进行日常政务活动所需的商品和劳务的支出，也包括用于进行国家投资所需的商品和劳务的支出，如政府各部门的行政管理费支出、各项事业的经费支出、政府各部门的投资拨款等。这些支出项目的目的和用途虽然有所不同，但都有一个共同点，即都是由财政一手付出资金，另一手相应地获得了商品和劳务，履行国家的各项职能。在这样一些支出的安排中，政府如同其他经济主体一样从事等价交换的活动。我们把它称为购买性支出，是因为这些支出反映了政府部门要运用一部分社会经济资源，这必然排斥了个人与一般经济组织对这部分社会经济资源的购买和享用。因此，购买性支出的规模、方向和结构，对社会的生产和就业具有直接重要影响。

转移性支出直接表现为资金无偿的、单方面的转移，主要包括政府部门用于补贴、债务利息、失业救济金、养老保险等方面的支出。这些支出的目的和用途各异，但有一个共同点：政府财政付出资金，却无任何商品和劳务所得。在这里，不存在任何交换的问题。这类支出并不反映政府部门占用社会经济资源的要求，相反，转移只是在社会成员之间的资源再分配，政府部门只充当中介人的角色。因此，转移性支出对社会公平分配具有重要影响和作用。

#### （二）政府投资的路径

政府投资是国家经济管理职能在投资领域的外在表现。政府投资的功能就定位于作为政策调控工具，政府投资也应该完全服从和服务于政策调控的需要。政府为实现国家经济管理职能，除了制定和实施有关经济管理的法律和法规，建立和管理统一的市场体系，转换企业经营机制，建立宏观调控体系外，还要自己掌握一定的投资实力，代表全社会的整体利益和长远利益进行政府投资。

1. 政府投资的内涵

作为财政政策的手段，政府投资是指财政资金投入产业建设和经济发展中，形成各种类型的固定资产，奠定产业发展基础，以此带动国民经济增长，保障国家产业政策目标的顺利实现。

在任何社会中，政府投资占有不可替代的重要地位。政府投资是政府克服市场在资金配置中所存在的失灵表现的必要手段，也是政府进行宏观经济调控、优化资源配置、促进经济持续和协调发展的重要手段。在现代市场经济和科技进步条件下，政府对教育、科研、文化、卫生等方面的投资，还是提高国民经济整体素质、推动科技进步、提高经济增长质量与效率、促进社会全面进步的重要推动力量。与非政府投资相比，政府投资主要具有以下特点。

第一，公共性、基础性。在市场经济条件下，政府投资要以克服市场失灵、满足社会公共需要为出发点，着眼于为全体居民和各类经济主体的生产、生活需要提供必要的社会性、基础性产品和服务，这是公共财政的内在职能所要求的。

第二，社会效益性。社会效益是投资项目对社会的贡献，体现在国家、民族、教育、科学、公益福利、生态环境和身心健康等方面。政府投资虽然要讲求投资的微观经济效益，也要计算成本、注重成本效益分析，但更要注重社会效益。社会效益是政府投资的出发点和归宿点。盈利程度的高低并不是决定政府投资与否的唯一的首要的衡量标准，社会效益的大小才是决定政府投资与否的重要首选衡量标准。

第三，开发性和战略性。某些新兴产业门类的开发，某些高科技、高风险领域的研究开发，对落后地区的开发等具有耗资大、耗时长、风险高等特点，单靠市场机制无能为力，只能或主要靠政府投资来解决。此外，对于某些关系国计民生的部门、行业和重要企业的直接间接资本控制，对国民经济发展中某些薄弱环节的加强等，政府投资都具有事关全局的重要战略影响。

2. 政府投资的领域

不同经济发展阶段要求有不同的政府投资领域。在经济发展的不同阶段，政府的主要任务不同，政府投资的广度和深度会有所不同，政府投资职能的侧重点也不同。在经济发展早期，为了提高经济增长速度，政府在财政支出中往往会加大投资支出的比例，其投资支出主要用于对经济发展有重要影响的各种基础设施和能够带动整个经济增长的支柱产业群。总体上看，这时的政府投资范围很广，而且主要侧重于经济领域的投资。当经济发展进入中期阶段，政府的职能依然侧重于经济的发展，但也开始关注社会安定、收入的公平分配和国民素质的提高。这时，政府在教育、卫生、安全等方面的投资在整个政府投资中的比例开始上升。总的来说，政府投资是对经济领域和社会公共领域并重。当经济进入成熟时期以后，政府开始侧重于社会稳定、收入分配的公平等方面，相应的经济增长成为政府的次要目标。这时，由于生活水准的提高，人们对提高生活层次的各项需求迅速增加，要求资源更多地用于满足高层次的需要。总的来看，政府投资主要侧重于社会公共领域。

从我国的实践看，基础设施投资的提供方式主要有五种形式。一是政府投资建设，或免费提供，或收取使用费，包括关系国计民生的重大项目，维护国家安全的需要、反垄断需要和其他诸如道路等具有明显非排他性项目。二是私人出资、定期收费补偿成本并适当赢利、政府适时回购，或地方主管部门筹资、定期收费补偿成本。三是政府与民间共同投资的提供方式。四是政府投资，法人团体经营运作。五是 PPP 模式。

（三）政府融资的路径

政府是国家的执行机关和行政机关，国家是通过它的执行机构和行政机关来实施并实现其职能的，而财政是为国家实现其职能提供财力的。财政作为一个经济范畴，是一种以国家为主体的经济行为，是政府集中一部分国民收入用于满足公共需要的收支活动，以达到优化资源配置、公平分配及经济稳定和发展的目标。在市场经济体制下，市场是一种资源配置的方式和渠道，而财政则是政府配置资源的手段，也成为一种名副其实的资源配置渠道，而且两者按市场与政府的关系有明确的分工、各自的运行特点和特殊功能。市场与财政的配置机制是不同的，市场通过均衡价格和等价交换实现资源配置，而财政是一种政府行为，根据政府的政策通过财政收支实现资源的配置。市场与财政在资源配置中的地位和作用是不同的，财政是在市场配置的基础上，通过财政收支为政府机关和公共部门提供公共物品、经费和资金，同时对市场的运行发挥宏观调控作用。随着改革开放和市场化建设的开展，对政府投资的需求逐步增加，特别是实施积极的财政政策，政府预算内资金与政府投资额之间出现了巨大的资金缺口，政府融资就成为弥补资金缺口、促进经济发展的重要手段。

1. 政府融资的模式

政府融资是指政府为实现一定的产业政策和其他政策目标，强化宏观调控功能，运用一定的融资形式、手段和工具，实现资金的筹集、转化、运用、增值和回偿等融资活动的总称。根据世界各国的发展经验，政府融资模式主要有三种。一是以美国为主要代表的西方市场经济发达的国家采取的市场主导型政府融资模式，政府融资机构和市场中其他金融机构的地位相同，依照市场运行规律在资本市场上筹集资金，主要有社会保险基金、邮政储蓄吸纳的资金和公债融资。二是以日本为代表的政府主导型的政府融资模式，政府金融机构在各种相关政策的扶持下，根据政府的产业目标和政策目标在资本市场上筹集资金，这些融资活动本身并不受市场规律的约束，主要有简易保险资金、产业投资特别会计和政府保证债券/借款。三是以韩国为代表的市场主导、政府督办型政府融资模式，介于以上两者之间，是一种中间形态的政府融资模式，基本上采用政府授权公司的形式来筹集资金，主要有政府基金、国外借款、简易保险资金和政府投融资特别会计。

2. 政府融资的主要渠道

政府融资的主要渠道包括银行信贷融资、政府公债融资、BOT、资产证券化融资和其他渠道融资。

银行信贷融资是政府间接融资的主要渠道，银行信贷按照其贷款来源主要分为外国贷款和国内银行贷款。世界银行、亚洲开发银行等的低息贷款以及各国政府贷款，是政府融资特别是发展中国家政府融资的重要渠道之一，一般利息较低、周期较长。国外商业银行贷款也是一个渠道，但存在利率高、期限短的问题。政府可以获得国内银行贷款主要包括国家政策性金融和商业银行贷款，尤其是商业银行贷款是我国政府融资的主要渠道。一般来讲，对于外国贷款，政府应尽量争取开发贷款，合理使用外国政府贷款，谨慎使用商业贷款，但不能使其成为我国政府融资的主要资金来源，只能作为补充。对于国内银行贷款，只可以适度使用，不宜作为主要渠道。

发行公债是各国政府的主要融资渠道，包括国债和市政债券。国债是中央政府通过信用的形式从本国居民和单位或从国外取得债务收入而形成的一种债务。市政债券是一种非常重要的融资工具。发行政府公债有助于减轻中央政府的财政负担，吸收国内闲散资金，减轻引进外资造成的不利影响，有利于推动证券与金融市场的改革。

BOT 具有民营化、全额投资、特许期和垄断经营四个基本特征，是一种项目融资，整个项目的设计、建设、运营以及建设项目资金的筹集等均由政府授权的发展商负责，但发展商必须受到政府或其委托部门的监督及支持。政府也没有放弃对其拥有项目的最终所有权。该方式一般是大型资本、技术密集型的基础设施项目，发展很快，逐渐得到发展中国家乃至发达国家政府融资的青睐，成为国际上流行的一种方式。但由于 BOT 融资方式运作较为复杂，不适宜近期急需资金的项目融资，比较适用于大型城市开发项目建设和小城镇建设方面。

资产证券化融资是国际金融领域中最重要的一项金融创新，作为衍生证券技术和金融工程相结合的产物，具有创新的融资结构，能够满足各类资产、发起人和投资不断变化的需求，已经成为当今国际资本市场发展最快、最具活力的金融产品和投融资方式。资产证券化就是将原始权益人（卖方）不流通的实物资产转变成在资本市场上可以销售流通的金融产品的过程。政府进行证券化融资有三个难点：一是政府投资项目某些回报水平太低或者某些垄断行业在面向社会的股票融资方面存在一定的阻力；二是证券市场规模决定了证券化融资的规模和效率；三是在证券化过程中还有一系列技术性问题，如项目使用权的有限期性与所募集的股份永久性之间的矛盾。

其他融资方式包括信托方式融资、设立产业投资基金和集合委托贷款。信托就是受人之托、代人理财，也就是委托人将自己的财产委托给受托人，由受托人对委托财产进行管理。产业投资基金是一种风险集合投资制度，通过发行基金受益凭证或基金股份的方式，募集对特定产业有兴趣的投资者资金，交由专家组成的投资管理机构进行运作和管理。产业投资基金在发达国家已有多年的实践并发展成熟，成为发达国家政府融资的重要方式之一。集合委托贷款是一种介于储蓄、国债和股票之间的中间产品。银行将分散于广大储户手中的储蓄存款集中起来，再以贷款的方式发放给需要的企业。其对象主要是重大基础设施项目，一般都列入政府重点工程，项目前景看好，加上贷款要纳入银行的风险防范体系，因此风险可以控制。

## 第二节 政府投融资的国际经验

### 一、国外政府投融资体制

（一）美国政府投融资体制

1. 美国政府投融资体制的发展现状

美国作为自由市场经济国家的典型代表，市场在资源配置方面发挥着重要作用，在投资领域也是这样。当代美国经济与 20 世纪以前自由放任的市场经济已有很大不同，它不仅受到由市场机制决定的价格因素在微观领域的调解，而且受到政府经济行为在宏观领域的调解；政府对宏观经济活动的调节方式也由 20 世纪 30 年代之前单纯地通过立法干预，演变为通过立法形式和运用财政、金融等手段进行干预。

美国财政投资占社会总投资的比例不到 20%，大部分投资来自民间。美国财政投资尽管不是很多，但并不表明美国政府在投资领域放任不管，而是积极发挥其补缺、引导和调控作用。从投资范围看，美国政府对有外溢效应的高速公路、医院、学校等基础设施和公用事业建设提供了大量投资，其中，州和地方政府是公共基础设施投资的主要承担者，尤其是教育支出占到财政支出的 1/3 以上，联邦政府只是在环保和军事基础设施建设方面发挥主导作用。美国政府对于投资量大、风险较高的研究开发类投资也极为重视并给予积极支持，财政投资占研究开发投资总额的 40%以上。美国政府注重运用财政投资手段促进地区经济均衡发展和产业结构的优化，自 20 世纪 60 年代起，相继颁布了《地区再开发法》（1961 年）、《加速公共工程法》和《人力训练与发展法》（1962 年）、《农村发展法》（1972 年）等法规。为了加快西部和落后地区的发展，美国国会专门通过了《田纳西河流域管理法》（1933 年）和《阿巴拉契亚地区发展法》（1961 年），并运用税收优惠、政府采购、直接投资等措施引导地区经济协调发展。

美国政府投资的来源，一般通过税收、收费、发行债券等形式筹措。对于地方政府负责的交通、教育等投资，联邦政府会给予一定的补贴。美国联邦政府拨付地方资金的 90%为有条件专项拨款，包括"切块拨款"和"按比例拨款"。地方政府负担的基础设施投资的资金筹措途径除税收外，主要通过发行债券筹集：一种是普通债券，以州和地方政府的税收和其他收入作为担保；另一种是收入债券，以特定基础设施建设工程的收益担保，靠其收益（如桥梁、公路的通行费）偿还本金和支付利息，这种方式占到所筹资金的 2/3 以上。值得注意的是，美国近年来重视采用收费方式筹集公路、铁路、机场和港口等基础设施建设所需资金。其原因，一是税收筹资往往不能很好地体现谁受益谁付费的原则，二是难以解决基础设施建设的财政收支平衡问题。而采取直接向基础设施的使用者收费则较好地解决了这些问题，并且可以避免联邦拨款方式不可避免存在的软预算约束问题，灵活多样的收费方式还可以提高基础设施的使用效率。

2. 美国政府投融资机构体系的主要特征

受凯恩斯主义的影响，美国在相当长的一段时间里是财政政策作为最重要的调节手段，货币政策作为重要的辅助手段，二者互相配合，实现国家对经济的间接调节。另外，美国私人资本占统治地位，金融体系健全完善，商业性金融业发达，具有雄厚基础。美国中小企业显示出其重要性，受到政府的特别"保护"，成为一支重要经济力量。表面上看，美国财政投融资机构似乎缺乏存在的土壤。但是，美国确实存在一些财政投融资机构，其业务重点在于弥补并纠正市场机制的缺陷、扶持贫弱、维护机会均等和公平竞争等。

（1）政府出资建立，逐步转化为民间所有。例如，美国农业信贷机构均由政府出资建立，后又通过立法，准许这些机构归还政府资本，从而成为民间合作性质的金融机构。这种以政府名义成立并逐步转化为民间合作性质的政府投融资机构是美国独创的，适合财政投融资的业务特点。

（2）较为典型的复合式机构形式。美国将全国划分成 12 个农业信贷区和住房信贷区，在每个信贷区分设土地银行、中期信贷银行、合作社银行和住房贷款银行等。每类银行与联邦储备银行类似，在机构上均为复合式而非单一型，这也是美国独创的。政府投资横向复式并列与纵向层次隶属结合在一起，形成立体结构，虽然增加了管理的复杂性，但总体上利大于弊，其主要优点是能适应各自信贷区的具体情况开展业务，形成规模经济优势，保持经营的稳定性。

（3）参与金融市场。美国政府投融资机构从金融市场筹资比例较大，对政府依赖相对较少。这在客观上反映出美国国内储蓄者盈余丰裕，金融市场发达；主观上表现出政府投融资机构是金融市场活跃的参与者。但次贷危机也反映出这种制度安排具有一定的风险性。

3. 美国政府投融资体制发展的经验

（1）政府有限度地干预经济。在投融资体制方面，美国政府不直接干预企业，但管理宏观经济；不掌握和调度企业生产运行情况，但调节和影响经济发展趋势；不直接运用行政干预手段，而主要依据法律法规、财政金融等间接调控手段对企业投融资活动加以引导和影响。对企业投融资的影响主要体现为鼓励（如使用土地低收费制，提供公共产品，简化登记手续等）、引导（如划设企业区，实行差别税收制等）、帮助（如专门为企业救急，政府为小企业提供贷款担保）等三个方面。企业投资和融资机制健全，行为规范，风险与利益、权力和责任相互关联，对市场信号反应灵敏；金融市场高度发达，资本供应充裕，主要是银行找企业，而不是企业找银行，银企双向选择；中介机构功能完备，服务日趋完善，能有效发挥出在政府、企业、银行之间重要的纽带和桥梁作用。

美国投融资体制基本是以法律的形式予以规范和界定的，这使得政府、企业、银行、中介组织在投融资活动中各自的职能和作用、责任和权益的界定范围十分清晰，这不仅保证了政府对经济发展的影响力和有效的宏观调控，同时也营造了企业自主发展、公平竞争的有利环境和自由空间。

（2）财政和货币政策的有力配合。美国政府为了刺激有效需求，主要通过财政政策和货币政策加强对投资和消费的短期调节。财政政策一向是美国干预经济的重要手段。运用于投融资宏观调控时，通过变动税率调控税收，使企业投融资或政府采购量发生变化，从而引导社会投融资总量发生增减变化。美国政府利用货币政策调整投融资的具体做法是，通过调整法定准备金率和贴现率、银行贷款利率等，进行公开市场业务，调节货币供应量，进而控制全社会投融资总量。多年以来，与其他国家相比，美国政府综合运用财政政策和货币政策对投融资进行宏观调控的做法颇具特色。美国政府大多采用相机抉择的财政政策和货币政策，即在经济周期的高涨阶段，用增税、减少采购、提高贴现率等措施，抑制投资的增长，防止经济发展过热，而在经济周期的低潮阶段，则采用减税，增加国家采购、降低贴现率等措施，刺激企业投融资，使经济景气回升。可以说，美国的财政政策和货币政策配合得远比其他国家更为灵活。

（3）政府投资项目监管体系健全。美国政府投资项目监管分为国会监管、政府部门监管和公众监督三个层次。美国政府各职能部门对政府投资项目的监管从项目规划即已开始，这一阶段的监督主要体现在对规划征询公众意见、开展调查、举行听证等。政府投资项目规划方案得到批准后都要进行招标，政府监督有关各方严格依照法定的程序和条件进行招投标活动。在项目设计阶段，政府部门管理人员要向专家咨询，对设计方案分阶段与专家和设计单位进行沟通。在施工中，政府部门或者派出自己的人员或者聘请中介机构进行监管，工程完工后要进行严格的验收和评价。

（二）德国政府投融资体制

1. 德国政府投融资体制的基本特点

德国的经济模式以"社会市场经济体制"为核心，是一种吸收了计划经济的合理成分又加以改造的市场经济。这种经济模式在强调自由市场竞争的同时，又特别注重政府对经济活动的必要干预。在这样一种经济模式下，加上其在第二次世界大战后和德国统一后大规模重建、政府投资急剧扩大的两大历史背景，使得提供和保障社会公共产品和服务成为政府的一项重要职能。德国政府投资项目管理制度，是其经济运行基本模式和财政基本制度（公共财政制度）的产物和重要组成部分，是德国政府在市场经济条件下依法运用财政政策参与宏观经济调控、实施微观投资项目管理的重要政策规定和操作规范。

2. 德国政府投融资管理模式

德国的社会市场经济制度仍然强调自由竞争，企业是市场经济活动的主体和投资决策的基本单位。当然，市场机制在提高资源配置效率的同时，也存在促使企业资本向高收益率行业自然集中的倾向，同时行业进入门槛和投资风险因素也影响着企业的投资决策，产业进入门槛低、投资风险较小的行业可以基本通过市场进行自我调节，而像交通运输等基础产业往往难以吸引企业投资者，需要政府投资补位，为经济发展创造有利条件。德国联邦、州、镇三级政府区别投资性质划分各自投资范围：联邦政府主要负责一般的国道、高速公路和邮电等大型项目投资；州政府负责各州的教育、医疗等公共事业投资；市镇级政府主要负责社会福利等方面投资。

德国政府投资主要为财政投资。财政投资可分为两种方式：直接投资和间接投资。直接投资主要是修建高速公路等基础设施和公共设施；间接投资以津贴、补助形式给企业以支持。为了促进德国经济加快发展，尤其是统一后，为大力推进原东德地区发展，联邦政府在基础设施等方面越来越多地采用直接投资方式，从而形成大量政府投资项目，这样的一种状态与我国建立社会主义市场经济制度和以政府投资拉动市场需求的情况相类似，因此德国政府投资的管理制度对于我国转轨时期的投资政策而言有很多可供借鉴之处。

德国政府投资管理基本模式是设立专门的机构对投资项目进行全过程监管，该机构实际上是代替政府行使业主职能，负责项目整个实施过程的管理。总体上讲，德国政府投资项目管理主要包括以下四个方面的内容。

第一，确定项目投资考核决策目标。这些目标涉及经济、环保、公众利益、政府利益、科技、技术性等多个方面。其中经济目标是很重要的目标因素，如果投资效益率偏低，投资就很难通过；如果效益目标较好，可能就容易被各方面接受而顺利通过。

第二，论证与批准程序。项目的确定，除考虑上述因素外，还需要通过一系列论证和批准，这些论证和批准都有严格的程序。申请报告的内容应包括开工和竣工日期、总投资、资金来源、资金到位时间、经济效益情况、科技含量及其先进程度等。

第三，组织实施程序。德国法律规定所有的大中型工程都要采用公开招标的办法选择施工队伍，而且招标均采用无标底的方法进行公开招标；各参加投标的公司在编标时主要参考由有关主管部门委托中介机构测算编定对外公布的参考价等信息。

第四，项目预算管理。项目一旦确定，就要保证计划之内的资金供应，如果是投资期较长的项目，其每年投入的资金额都要事先相应纳入各级财政年度预算。如果项目投资规模突破预算，超支部分要按投资权限、归属分别向联邦政府或各州政府财政申请追加。

3. 德国政府投融资体制的经验

德国政府投资项目监督管理制度发展较为完备。一是项目管理单位专业化。德国专业性项目建设业务必须交由专业公司承担，社会上不仅有大量的专业性较强的工程管理公司，还出现了很多拥有集设计咨询、监理于一身的综合性项目管理公司。二是项目运作市场化。德国政府对公共工程建设一般不直接参与管理，而是采取招投标方式，从市场中选择项目中介管理公司全权代理，按市场方式实施有效监管。德国重大建设项目的招投标必须采取公开招标形式，由专业部门负责招标投标业务的管理，并科学评定报价。三是实施严格的设计审核制度，德国实行独立的第三方设计审核制度，重大项目设计一般分为方案设计、初步设计、技术设计、审批设计和施工图设计五个阶段，同时建立了审核工程师制度，项目设计审核由审核局组织审核工程师进行，并实行谁设计谁负责的质量管理制度。

（三）法国政府投融资体制

法国是实行有计划调节的市场经济国家，市场调节机制和计划调节机制共同发挥作用，以实现资源合理配置，因此法国政府投资也具有直接投资和间接投资紧密结合的特点。法国政府一方面通过国家预算政策，将预算支出的一部分直接用于国有企业的投资或融资给地方企业，达到直接控制投资的目的；另一方面又通过税收、价格、信贷等政策影响私人企业投资行为，从而起到间接投资的作用。

1. 政府投资的分级管理

政府投资实行分级管理制度。中央和地方政府划分投资范围的基本原则：属于全国性、跨区域、关系国家和社会共同利益的投资由中央政府负担；属于区域性、为地方经济发展和社会生活服务的公共投资由地方政府负担。在法国，财税体制分为四级（中央、大区、省、市）。例如，公路建设，连接全国各大城市和主要工业区的经济干线和国防公路由中央政府投资建设，连接大区境内省城之间的公路由大区政府投资；省内城市之间的道路由省政府投资建设；市内道路由市政府投资。不论哪一级政府，在自己的职权范围内，都享有自主决定和支配投资的权力。对于涉及中央与地区或毗邻地区之间共同利益的项目，通过协商共同投资解决。中央政府负有协调地区平衡的责任，当出现地区发展不平衡和结构性问题，而地方政府因财力拮据无力解决时，可以申请中央政府预算补贴。

2. 国家投资计划

第二次世界大战结束后，法国政府为了强化对经济活动的控制能力，开始实行国民经济计划。在第二次世界大战后恢复期和以后的个别调整期计划曾带有一定的强制性，但是随着经济状况的改善，政策性内容逐渐取代资源分配指标，现已明确为指导性计划。

国家的中长期发展计划大致经历三个阶段：①根据现状分析和预测，确定计划的一般目标；②广泛征求政府各部门和社会各界的意见，使计划的各部分具体化并彼此协调；③综合整理出计划的最终方案，并再次征求意见，最后递交国会批准生效。地方投资计划的制订过程大同小异。

国家投资的年度计划不是战略计划，而是实施计划，因此与政府预算和融资方案紧密联系在一起，包括投资和项目。中央一级的投资计划是年度预算的一部分，含有公共投资在政府各部分的分配数和由中央直接投资的大型项目表，以及给地方政府的投资补助。地方政府的投资计划主要解决本地区公共投资分配问题。

3. 国有企业投资和管理

法国国有企业固定资产投资的资金来源主要有三个：一是国家预算内投资，二是向社会筹集资金，三是企业自有资金。近些年来，随着企业效益的不断提高，电力、公路、电信等部门已具有自我发展能力，政府不再为他们注入资金。但政府作为企业的所有者，仍然关心其投资项目的效益是否能偿还贷款并是否有盈利，因为自然垄断性国有企业的贷款需要政府担保，如果亏损，将由政府承担债务责任。近几年，政府每年给国有企业的投资大约占国有企业投资总额的15%，对不同行业投资的比例会有所不同。例如，在高速铁路投资中，政府出资约占20%～30%。

对于国有企业投资主要由四个部门进行审批和管理：①社会经济发展基金会，成立于第二次世界大战以后，负责资助国有企业和指导企业投融资；②由财政部长牵头组成的部际领导委员会，承担指导和批准国有企业投资职能，下设专业委员会，为临时机构，包括能源、运输、通信、机场等部门；③计划署，成立于1946年，曾经在重建法国经济过程中发挥重要作用，主要承担投资管理方面的工作，对国有企业和地方政府提出的较大规模的投资项目计划进行可行性评价和审查，当各部门在投资问题上出现分歧时由它进行协调；④专业部门，即行业主管部门，设立由国家任命董事长的企业董事会，负责完成具体任务。

（四）日本政府投融资体制

1. 日本政府投融资体制简述

第二次世界大战后，日本政府投资始终处于西方国家中的最高水平。在政府投资中，除国家使用税收和公债筹集的资金进行社会资本方面的直接投资之外，更具特色的是财政投融资体制。

财政投融资体制创立于1953年，当时日本正处于经济恢复时期，在国家财力有限的情况下，日本设立了财政投资贷款制度，使国家能够集中必要的资金，长期不断地投向基础设施和重点扶植的骨干产业建设。财政投融资资金实行有偿使用，使用者必须缴纳利息并于到期后偿还本金，但财政投融资资金的利率较低，一般来说，2年期贷款的年利率为2%，7年期以上的年利率为6%，而当时日本民间银行的贷款利率最低也为9%。

财政投融资贷款是日本政府运用计划手段发展市场经济的一个主要手段。财政投融资贷款在决定投向时，兼顾收益性和公共性两方面，是加快基础设施建设的有效手段，也是政府实施宏观调控、发展经济的重要手段之一。

2. 日本政府投融资体制的主要特征

日本政府投融资体制具有三大特征：一是直接体现国家发展经济意图；二是财投资金使用是有偿的，必须付息还本；三是财投资金收益率尽管无法与商业投融资相比，但以国家信用为基础，资金收益稳定，信誉度高。

（1）政府投融资来源。也就是"财投"资金来源，主要有邮政储蓄、国民年金、厚生年金、邮政简易保险金、政府系统开办的银行和公司利润、银行的政府保证债券以及政府系统的公务员或工作人员所交的年金等，这几个方面构成了政府投融资长期稳定的资金来源。

（2）政府投融资管理。财政投融资资金的运用由国家集中计划安排，因此也被称为"第二预算"。这笔资金在政府统一管理下，与财政预算一起编制投融资计划，配合财政预算从全国经济发展的角度安排使用，重点用于基础设施和公用事业设施建设。资金由具体的投资机构负责发放，并监督使用和负责回收。

（3）政府投融资基本运作方式和原则。日本政府投融资的主要负责部门是大藏省，具体操作单位是该省理财局的资金运用部。根据法律规定，政府投融资运作必须贯彻三项基本原则，一是确保偿还原则，无论通过什么途径使用财政投融资资金，都必须偿还本金和利息；二是适应经济发展形势原则，财政投融资资金的筹集和使用要与国家经济景气调节方针一致；

三是合理配置资源原则，财政投融资资金的运作要有利于社会资源的合理配置。

（4）政府投融资体制特点。一是日本政府投融资体制具有很强的开放性、引导性和带动性，财政投融资资金用于基础产业和基础设施建设，地方政府、公共团体、私人企业以及国外投资者等，都可参与这些基础产业和基础设施建设。二是日本政府投资项目建设主体与项目建成后的经营主体基本一致。三是财政、投资、融资三位一体，统一规划、协调，财政投融资与商业投融资既有协调，又有明确分工。四是规范化、法制化是日本政府投融资体系成功运用的根本。

（五）韩国政府投融资体制

1. 韩国政府的投资宏观调控体制

韩国作为后起的工业化国家，在实现现代化过程中，选择了典型的国家干预经济发展模式。韩国政府选择了"政府主导的经济增长政策"，即企业的投资行为和资源配置活动并不是在一个充分竞争的市场机制下运行的，政府干预对企业投资决策和资金筹措的影响很大。当然，韩国政府对投资活动的强有力干预并不意味着已经脱离了市场经济发展的轨道。恰恰是由于韩国政府在投资的宏观调控中始终遵循市场经济发展的客观规律，才取得了国家宏观调控的成功。

韩国政府对投资的宏观调控是通过一系列金融、税收、产业政策和法规制度实施的，在重要行业和重大项目的投资决策中，政府往往起到至关重要的作用。韩国政府支持重点行业和项目筹措资金的一个重要措施，是不断扩大财政投融资贷款在官方银行信贷结构中的比例。财政投融资贷款不仅涉及包括商业银行在内的大多数银行，而且在整个信贷结构中的比例持续增高。

2. 韩国政府投融资机构体系

（1）韩国开发银行，又称"韩国产业银行"，由政府于1954年全资设立。建行以来，主要为配合实施各项经济社会发展战略和经济发展计划而承担融资业务。

（2）韩国进出口银行，由政府于1976年全资设立。其宗旨是以中长期信用方式提供金融协助，促进韩国进出口贸易发展。此外，该行还从事海外投资和海外资源开发，以增强本国产品竞争能力，促进经济发展。

（3）韩国中小企业银行，由政府于1961年全资设立。该行专门为由于风险较高和缺乏足够担保品而不易从商业银行或金融市场获得发展资金的中小企业提供贷款。同时，还独家掌管政府设立的小工业基金，并为中小企业向其他金融机构融资贷款提供担保。

（4）韩国住房银行，由政府于1967年全资设立。主要管理住房基金，为低收入家庭提供住房融资。

（5）全国农业协同组合中央会，根据《农业协同组合法》于1961年在原农业协同组合和韩国农业银行合并的基础上建立全国农业协同组合中央会，作为农业合作社联合的中央机构。该组合的建立和业务活动均得到政府的大力支持。它与日本、法国等其他国家农业合作社的一个重要不同之处在于它的全国系统不是自下而上逐级联合形成的，而是自上而下由政府推动与支持层层建立的。全国农业协同组合中央会实际上充当了政府财政投融资机构的角色。

（6）渔业合作社中央联合会，是韩国渔业合作社的联合组织，于1962年成立，目的在于支持渔民提高海产品加工生产率，从而带动生活条件改善。各渔业合作社及其中央联合会，为渔民、地方政府机构、非营利机构提供储蓄和信贷服务，并充当政府机构和其他相关金融机构的代理人。其资金来源主要包括公众存款、从政府和韩国银行借款等。

3. 韩国政府投融资机构体系的主要特征

（1）集中经营与分散经营相结合的政府投融资业务。韩国金融制度是仿效日本建立的，但日本政府投融资由专门的财政投融资机构集中经营，且这些机构自成体系。但韩国在这一点与日本不同。韩国政府投融资机构没有构成独自体系，政府投融资业务既由财政投融资机构集中经营，又分散由各商业银行按政府指令及要求经营。可以说，韩国经济迅速发展，得益于政府投融资贷款的大力支持。

（2）依照不同时期发展计划和政策目标，有目的地建立相应的政府投融资机构。尽管韩国仿效日本金融制度，但并未照搬日本模式，而是依据本国国情，有步骤、分阶段地予以实施。

（六）国外政府投资类公司管理模式

如前所述，在市场经济中，由于存在外部性、垄断以及信息不对称，任何经济主体的行为离不开政府在一定领域及一定程度参与的宏观调控管理。从所掌握的资料看，国内外对政府投资类公司的管理主要有以下模式和经验。

1. 通过建立大型控股公司来加强对国有投资的管理

在国有企业较多、分布领域较广的市场经济国家，如意大利、奥地利及新加坡，有一部分国有资产处于竞争性领域。对于这一部分国有资产，政府主管部门通过设置大型控股公司来实现对国有资产的管理。政府通常采取国有控股公司体制。这种体制包括以下三层结构。

第一层，也称最上一层，是代理行使国有资产所有权职责的政府主管机构。在奥地利，1996 年以前这一机构是公共经济与交通部，之后是财政部；在意大利，1994 年以前是国家参与部，之后是国库部。政府主管机构主要通过人事管理、重大事项审批来控制"国有控股公司"和行使所有者职能，但不直接干预所属控股公司、次级控股公司以及国有资产参与企业的经营活动。

第二层是国有控股公司，它是国有资产的产权经营机构，代表政府具体营运国有资产。国家控股公司的最高领导机构是公司董事会或监事会，成员由政府主管机构任命，一般由政府机构代表、企业管理人员和专家组成。控股公司与持股企业的关系由公司法规范，即控股公司依据出资额对持股企业行使股东权力。根据世界银行的一份研究报告，利用国有控股公司对国有资产进行管理的主要好处：可以缓冲政府干预；有效协调决策、提供战略指导和完善财务纪律；集中稀缺管理人才，提高企业管理水平；可以得到合作的规模效益。国有控股公司能够起到政企分开的作用，这一点对我们尤其具有参考意义。

第三层是国有资产参与企业，包括国有独资企业、国有控股企业和国有参股企业。国有资产参与企业与国有控股公司之间存在产权关系，它接受国有控股公司对自己行使股东权力，但不接受政府部门的行政权力。政府与企业实际上是在这一层次上分开的。

2. 意大利的国有控股公司具有典型意义

意大利有三家国有控股公司，一是工业复兴公司，简称伊里公司（IRI）；二是国有烃化物公司；三是国家电力公司。20 世纪 60 年代至 80 年代，国有控股公司被作为解决国有企业政企不分、宏观管理失控和企业经营管理不善的手段；80 年代末 90 年代初以来，国有控股公司则成为政府私有化政策的具体执行机构，私有化的计划、方案及实施均由国有控股公司来操作。在意大利，主管国有控股公司的政府机构过去是国家参与部、工业部和部际委员会，私有化以后是国库部和工业部。政府对国有控股公司行使所有者权利，包括：任命控股公司董事会和监事会；提出控股公司的发展方针、目标，审批公司计划。国有控股公司与持股企业的关系完全按照公司法和民法的规定执行，控股公司主要依据其股份份额参与持股企业的管理。不过，由于控股公司持有的股份常超过股票控制额，它实际拥有对持股企业的绝对控制权：任命企业董事、董事长、总经理，选择企业组织和管理结构；审批企业的生产经营、投资和长期发展计划；监督和审核企业年度报告。

3. 新加坡国有控股公司体制的管理与营运

在新加坡，竞争性国有资产也是采用国有控股公司体制管理与营运的。其三层结构：设在财政部内的财长公司是国有资产所有者的最高代表机构，财长公司通过董事任命委员会具体履行所有者职能，董事任命委员会由各部的部长和专家组成，财政部长任主席；财长公司下辖三大控股公司，即淡马锡控股公司、国家发展控股公司和新加坡保健有限公司。三大控股公司通过独资、控股和参股形式形成对营运企业的持股关系。为了董事任命委员会牢牢控制住控股公司的人事权，但不干预控股公司的日常经营活动，1991 年以前董事任命委员会只选定控股公司的董事，从 1991 年开始人事控制进一步强化，董事任命委员会不仅选定控股公司董事，还要选定控股公司向其子公司派出的董事长。控股公司实行董事会下的总经理负责制，有的控股公司还有一位副董事长或常务董事参与经营管理。控股公司根据持股数量对持股企业实施股东管理，包括推荐或任命持股企业的董事和总裁，参与决定利润分配方案和获取股息，对资金变更、资产重组、项目投资提出意见或实施控制等。在控股公司行使股东权力的前提下，持股企业享有充分的经营自主权，它不接受超出股东权力的行政权力。

淡马锡控股公司是新加坡最大的国有控股公司，成立于 1974 年，是财政部的全资注册公司，直接向财政部负责。公司董事会由 10 名董事组成（1994 年），其中 8 人是政府有关部门的代表，2 名来自私人企业，董事长由财政部常务秘书（相当于副部长）担任。新加坡金融管理局局长、财政部总会计师、新加坡贸易发展局局长都担任该公司的董事。虽然淡马锡控股公司的大多数董事由政府官员兼任，但他们兼职不兼薪，薪金仍由政府支付。淡马锡控股公司下辖 43 家子公司，43 家子公司又分别通过产权投资建立了各自的子（孙）公司，从而形成 7 层 600 多家公司。淡马锡控股公司在投资决策、资金使用等方面享有完全的自主权，不受财政部约束，但承担国有资产保值增值责任。除非重大问题，淡马锡控股公司从不干预直属子公司的日常经营活动，它对子公司的管理和控制都是基于产权关系而行使相应职能的。

**二、国外政府投融资模式**

在国外市场经济发达国家，虽然私人投资所占比例较大，但基于政府在国家经济与社会事业发展中所负的责任，各国每年都投入大量的政府投资用于经济建设，根据各国实际情况都建立了相应的政府投资体制与投资管理模式，以充分和积极发挥政府投资在国民经济发展中独特的作用。

（一）政府投资的主要领域

在市场经济国家，依据政府所承担的职能，政府投资主要投向公共基础设施及基础产业、社会公益性事业、国防和政权建设等方面。按此范围，政府投资主要集中在公路、铁路、港口、航空、农业、电力、水利、煤气、供水、通信、文化、教育、卫生、国防、政权机关等部门。不同的国家在具体投向以及投入的比例上不尽相同。

美国是市场经济高度发达的国家，政府基本上不实行宏观经济计划。政府投资主要投向国防、教育、医疗卫生、基础设施与农业等，但是，对公共产品特征不太明显的铁路、通信、电力、供水等基础设施投资不多。美国政府对基础设施与基础产业的投资主要是通过在经济中占统治地位的垄断资本所有制的股份公司进行，政府一般只提供投资资助，形成国有企业，而不采取政府直接投资。

与美国相比，英国政府更多地对准公共产品和对国民经济发展有重要意义的部门进行投资，如燃料、运输、公共事业、宇航、核电等，并形成了相当比例的国有企业。20 世纪 80 年代保守党执政以来，英国政府在许多领域进行了私有化改革，缩小了政府的投资范围，改革的成果较为显著。

法国是西欧主要资本主义国家中唯一实行较大范围计划体制的市场经济国家，政府计划在法国国民经济发展中具有十分重要的指导作用，政府投资政策的实施就贯穿于这些经济计划中。法国中央政府投资领域十分广泛，除国防、外交、科学、教育、医疗卫生等方面的投资外，政府还以直接设立国有企业的方式对铁路、公路、航运、宇航等部门进行大量投资。政府对农业投资较为重视。

德国在第二次世界大战后，联邦财政预算支出总额中始终保持 20% 用于基本建设投资，主要投资于高速公路干线、桥梁、港湾、造船、电力、煤气、供水行业，以及教育、科研、卫生和环保等社会基础设施项目。

日本政府高度重视对基础设施、基础产业的投资，对交通、通信设施、工商业、农林业发展的有关设施，如用水、用地、林道等方面都进行了大量的直接投资。政府对农业的投资占农业总投资的比例高达 60%，在治山治水、改善环境以及振兴教育方面的投资巨大。

韩国政府的投资主要集中于公路、铁路、邮电通信及供水、供电等基础设施部门，政府承担了大量的社会基础设施建设任务，同时积极创办国营企业，国营企业在公共部门与非公共部门都占有十分重要的地位。这里需要特别提及的是韩国的"国家投资基金"，它是韩国政府为实现产业结构转变、扶植重工业发展而设立的专门基金，重点支持包括石油、化工、钢铁、有色金属、机械、电子和造船业在内的产业。各国政府投资领域与投资模式比较见表 10-1。

表 10-1　　　　　　　　　　各国政府投资领域与投资模式比较

| 国家 | 政府投资领域 | 投资模式 | 其他 |
| --- | --- | --- | --- |
| 美国 | 国防、教育、医疗卫生、基础设施与农业等，更多地集中于国防与行政管理、公路建设及初等教育等典型的公共产品 | 不采取政府直接投资的模式 | 政府提供投资资助，形成国有企业 |
| 英国 | 燃料、运输、公共事业、宇航、核电等，并形成了相当比例的国有企业 | 形成国有企业 | 20 世纪 80 年代以来，英国政府进行了私有化改革，缩小了政府的投资范围 |
| 法国 | 国防与外交项目建设、科学、教育、医疗卫生 | 实行较大范围计划体制 | 通过直接设立国有企业的方式，对铁路、公路、航运、宇航及农业等部门进行大量投资 |
| 德国 | 高速公路干线、桥梁、港湾、发展造船、电力、煤气、供水行业，以及教育、科研、卫生和环保等社会基础设施项目 | | |

续表

| 国家 | 政府投资领域 | 投资模式 | 其他 |
|---|---|---|---|
| 日本 | 基础设施、基础产业的投资，对交通、通信设施、工商业、农林业发展的有关设施，如用水、用地、林道等方面 | 大量的直接投资 | |
| 韩国 | 公路、铁路、邮电通信及供水、供电等基础设施部门 | 创办国营企业 | 韩国的"国家投资基金"，重点支援包括石油、化工、钢铁、有色金属、机械、电子和造船业在内的产业 |

### （二）政府投资的资金渠道

由于政府所承担的责任日趋多样化，对政府投资的需求也日趋增大，为了更好地履行政府职能，各国都采取了一系列措施来扩大政府投资来源，筹集更多的政府投资资金。概括地看，各国政府投资的资金来源主要有下述几种。

1. 政府财政拨款

政府财政拨款，也称财政预算投资，是政府投资资金最直接的来源。财政拨款主要用于社会效益好、涉及公众利益而经济效益差，或者可以取得经济效益但政府不允许收费的项目。例如，在美国高速公路一般不收费，公路建设全部由政府投资。美国把公路分为联邦和州两级，联邦政府主要负责跨州的国家公路的建设，州及州以下的政府负责地区内的公路建设。

2. 发行政府债券或者专项建设债券

发行债券一般用于项目建成后可以收费的项目。例如，加拿大政府把发行政府债券作为政府筹措资金的一个重要来源。

债券发行主要有三种形式：第一种是统借统还，债券发行以后统筹确定投向；第二种是政府提供指导的国有企业债券；第三种是重点建设项目债券，针对建成后可以收费的项目，如机场、收费公路、桥梁、隧道等项目。例如，美国波特兰市机场为扩建吸收的10亿美元的投资，50%是靠发行债券解决的。政府往往规定对这些债券的收益不收取所得税，使购买这类债券的实际收入高于购买其他债券的收入，以鼓励公众购买基础设施建设的债券。

3. 设立专项基金

专项基金是很多国家筹集政府投资资金来源的一个重要方式。韩国政府为了保证为重点产业的发展筹措到所需的大量资金，于1974年2月成立了国家投资基金。基金的资金来源包括：①银行机构、国民储蓄协会、保险公司的强制性储蓄及中央和地方政府及公共机构管理的各种公共基金；②各级政府预算项目的一部分。在基金总额中，来源于银行的强制性存款所占的比例很大，政府规定金融机构须将其定期或活期存款增长额的13%存入国家投资基金，国民储蓄协会须将全部储蓄存入基金。国家投资基金成立多年来，所掌握的基金增长很快，年均递增率达到30%。国家投资基金对韩国政府支持重点行业的发展起到了很大的作用。

日本政府筹集建设资金主要依靠财政投融资制度，其作用与韩国政府的国家投资基金基本相同。财政投融资通过金融手段筹集公共资金，提供给政府的投融资机构，以促进社会资本的建设、经济结构的调整和国际合作政策的实施。

4. 出售政府企业资产

出售政府企业资产，是澳大利亚政府开辟的面向市场筹措建设资金的新财源，也是澳大利亚实行私有化政策的重要内容。澳大利亚公共基础设施投资一直呈现逐步萎缩的趋势，年度新增固定资产投资占 GDP 的比例，20 世纪 80 年代末期降至 5.5%的历史最低点。为扭转这一局面，澳大利亚政府采取一系列转让政府企业股权和鼓励私人企业投资于公共基础设施项目的政策。从 90 年代开始，公共基础设施投资占 GDP 的比重已回升到 6%以上。

5. 鼓励私人部门投资

为了缓解政府投资的不足，近年来，一些原来完全由政府投资的基础设施项目开始鼓励私人部门参与投资。例如，美国波特兰市在与华盛顿州交界的哥伦比亚边上新建的 5 号码头，建设资金的 10%是政府筹集的，其他 90%资金是私人企业投入的。

另外，可采用由政府提供信用的办法，鼓励私人部门参与基础设施建设。例如，在美国南加利福尼亚州有一条国道，由于过于拥挤需要扩建，建设费用需要 11 亿美元，联邦和州政府都无法投入这么多资金，最后决定由政府负责 35%的建设费用，其他 65%由私人开发公司承包，并由开发公司发售由政府提供担保的建设债券。如果公路运营之后的收益达不到预期的收益，联邦政府负责提供贷款，并予以资助，以保证运营成本和偿还债券本息。

6. 向外国政府和国际金融组织借款

外资是巴西政府投资的重要来源，巴西由此成为世界上外债最多的国家之一。从 20 世纪 70 年代初开始，巴西政府利用 70 年代中期世界石油危机，中东国家急需输出石油美元的有利时机，大量借入外债，共计 1200 亿美元，建立起自己的基础产业和基础设施，主要包括公路、铁路、农业、水利、石油、化学工业等，促进了国民经济的快速发展，也带动了国内其他产业的发展。

在瑞典，对需要投资较多、建成后有能力通过经营收入偿还本息的建设项目，由政府提供担保，从金融市场筹集建设资金，项目建成投入使用后，用收益偿还借款本息。

7. 国有企业自有资金

一些国家鼓励国有企业自我积累、自我发展。国有企业的经营利润大多由其自主使用，并得到政府的政策支持。例如，加拿大魁北克水电公司在建设新电站期间，政府决定公司免交红利，使该公司建设资金的 30%依靠企业自有资金解决。国有企业还可在融资方面取得政府担保。

（三）政府投资的运作形式

在国外，政府投资的运用呈现出多样化的特点，根据每个时期、每个行业、每个地区的不同情况而采用不同的运作模式。

1. 成立经济实体，政府以控股、参股的形式进行直接投资

意大利和英国等国家都有政府直接管辖的投资开发公司。英国伦敦市区的东部，沿泰晤士河两侧的 2000 公顷土地，在历史上曾是繁荣的港口区。后来由于经济衰退等方面的影响，到 1980 年该地区的一大批老企业也进入衰退期，需要改造。英国政府为了开发这一地带，促使经济复苏，于 1982 年成立了由中央政府直接管辖的道可兰德公司。政府授予公司三种权限：一是对该地区大部分土地具有使用权；二是可从政府得到拨款投资，主要用于交通等基础设施建设；三是对该地区的开发建设进行协调。公司的主要任务是进行地产开发，即先进行交通、通信、公用工程等基础设施建设，把"生地"变为"熟地"后再出售给其他国内外私营企业进行房地产开发和兴办企业等。政府通过道可兰德公司对伦敦市区东部进行开发，吸引了越来越多的国内外私人资本进入开发区。到 1992 年 3 月底，政府用于开发区的投资为 13.5 亿英镑，吸引的私人资本投资为 91 亿英镑，二者比例为 1:6.7。

日本政府为加快基础设施建设，由中央政府和地方政府直接负责，组建了各种公共团体、事业团体、股份公司。例如，关西国际机场，是由中央政府直接出资 2874 亿日元（占总投资的 20%），地方政府和私人机构出资 1416 亿日元（占 10%），组建"关西国际空港株式会社"负责建设，其余 70% 的资金通过在国内外发行债券和贷款解决。这就意味着，中央政府只用 20% 的资金引导了 80% 的社会资金（包括一部分国外资金）。

2. 政府直接出资建设

对社会效益好、涉及公众利益广而财务效益差的项目，由政府从财政预算中直接拨给政府有关部门、法定机构或国有公司进行投资。例如，澳大利亚新南威尔士州财政部每年向交通部、铁路经营公司拨付建设资金，用于边远地区的公路、铁路建设。又如，英国泰晤士河防洪工程，全部由政府直接投资，其中地方政府投资占 25%，中央政府投资占 75%。

3. 政府提供财政补贴

英国政府通过设立开发区和企业园区，制定较为优惠的税收政策、补贴政策等吸引国外投资者到开发区投资，英国政府可以给予投资总额 30%～50% 的补贴，从而有力吸引了外国资本。据统计，美国企业在欧洲的投资中近 50% 投到英国，日本、韩国企业在欧洲投资的 30% 也集中到英国。

4. 财政投资贷款制度

财政投资贷款制度最早是在日本出现的。财政投资贷款是国家将财政资金和通过金融手段筹集的社会资金，提供给政府，用以支持国家产业政策的实施，特别是用于社会基础建设、产业结构调整及国际合作。日本财政投资贷款的运作大体包括以下三个环节。

（1）邮政省将邮政储蓄、厚生年金、国民年金等资金预支给资金运用部，除本金外，还要收取一定的预金利，相当于利息。预金利的水平与国债利息相当。

（2）资金运用部将这笔资金提供给财政投资对象机构，财政投资利率与预金利率相等，用于支付预金利。在这一过程中，资金运用部不收取利息和手续费。资金运用部向两类财投对象机构提供资金，一是政府融资机构，二是事业机构，如公共团体、事业团体等。

（3）政府融资机构收到资金运用部的资金后将资金贷给公团和民间企业，届时收回本金和利息。贷款利率等于或略高于财政投资利率。事业机构用资金运用部的资金以及其他资金从事长期建设，到期回收投资。

5. 国有企业投资的运作机制

美国政府对基础设施与基础产业的投资主要是通过在经济中占统治地位的垄断资本所有制的股份公司进行，政府一般只提供投资资助，形成国有企业，而不采取政府直接投资。法国政府以直接设立国有企业的方式对铁路、公路、航运、宇航等部门进行大量投资。韩国政府承担了大量的社会基础设施建设任务，同时积极创办国营企业，国营企业在公共部门与非公共部门都占有十分重要的地位。

6. 成立国家政策性银行

巴西于 1952 年成立国家社会经济开发银行，其具有三个显著特点，一是其资本百分之百归政府所有，是联邦政府的全资银行；二是该行的董事会主席及成员由总统提名指派，联邦政府计划部负责对其业务活动进行指导和监管；三是国家社会经济开发银行执行政府的经济发展战略，使业务行为保持鲜明的政策倾向。

国家社会经济开发银行的资金运用主要有三种形式：一是向政府鼓励和扶持发展的领域

发放贷款，有关贷款投向、行业和地区差别，以及利率政策等原则性问题，每年由国家社会经济开发银行与联邦计划部官员一起研究决定；二是代表政府对关键行业（如电力、采矿、冶金、石油和造纸等）的大企业实行控股，控股业务由开发银行下设的一个专门机构负责；三是向一般商业银行和金融公司提供融资性贷款，申请此类贷款的客户必须拥有一定的资信等级和担保条件，其贷款使用方向必须符合政府的政策意图。

国家社会经济开发银行的经营原则是不以赢利为目的，但也绝不亏本。在项目选择和决策中有一套严格的程序，采用国际价格体系进行效益评价，对于亏损企业和纯福利性项目坚决不予贷款。巴西国家社会经济开发银行正是以这种独创的模式实现了政策性投资与银行运行规律的统一。

（四）政府投资的管理模式

1. 政府投资项目遵照法定程序

在澳大利亚，政府投资项目的法定程序，是由各个行业主管部门向国库部提出下一年度包括投资在内的部门预算，经国库部平衡后提出政府财政预算，最终由内阁批准。国库部将政府财政投资按部门切块分配，划拨各部门设在财政部的"信托基金账户"，再由财政部按各部门的要求执行具体的拨款计划。

在瑞典，政府投资项目的审批程序是，由政府部门根据全年规划确定建设项目，作为指令下达给主管建设的局。主管局根据政府部门的指令和要求制订项目的具体建设方案和预算方案，并进行经济评估，确认能取得较好的效果后，提交政府部门。经主管部门批准后，还要转交有关部门和地方政府征求意见。没有不同意见之后，列入部门的预算计划，政府要对各部门所做的预算进行综合平衡。经过综合平衡列入国家年度预算的建设项目，在议会批准预算后，即可开工建设。建设队伍由主管局用招标投标的办法选定，建设过程要严格按中标合同办事。政府每年对各专业局建设项目进行跟踪检查，以保证国家资金不被滥用和浪费。

2. 实行项目法人责任制

目前许多国家都规定项目建设实行法人负责制。日本政府投资项目，不依托原有企业的新建项目，由政府出面组织建立一个新的项目法人实体，负责项目的建设管理。日本政府投资的项目法人一般根据政府的特别立法而设立，根据投资的不同方式可分为三种项目法人组织形式。政府独资项目成立的法人组织称为公团，日本几乎在各公共投资领域都设立了公团。政府与民间合资项目成立的项目法人组织，称为特殊公司法人。现有项目法人与民间合资建设的项目，可基本按照日本商法设立股份公司。在建设成田机场和关西国际机场时，就分别组建了新东京国际机场公团和关西国际机场股份公司。有依托的新建项目由原有企业统一负责，如日本道路公团每新建一条高速公路，就设立一个管理局或建设局，每个局都不是独立法人，由日本道路公团统一管理。

日本政府建立的财政投融资制度为政府投资的项目法人提供了有力的资金支持。财政投融资资金按照国家产业政策和有偿性原则，或直接贷给项目法人，或通过政策性金融机构和政府投资机构转贷给项目，保证了建设项目按计划顺利实施。此外，为了帮助项目法人更好地组织项目的建设与经营，政府还对国有投资项目给予许多优惠政策，如给予无息贷款和低息贷款、实行固定的贷款利率、免征法人税等。

同时，日本政府对项目法人实行严格监管。主管大臣作为项目法人的监督者，法律规定在其认为必要时，可对项目法人发布必要的监督命令，并可随时让项目法人报告其业务和资产状况，也可派人进入项目管理部门检查项目的账簿、文件和其他物品。

3. 实行招投标制

目前各国普遍实行招投标制，如澳大利亚新南威尔士州和昆士兰州制定的法律及规范性文件规定，政府投资项目及私人投资的基础设施项目必须实行竞争性招标，否则得不到财政资金的支持或审批部门的批准。

招标采购应由项目单位的政府机关或国有企业自己组织。招标采购以公开方式居多，但是对于重大的工程项目或比较复杂的工程项目，一般采用选择性的招标方式。另外，各国对议标或直接谈判大多采取限制的态度，严格限制在几种特定的情形下（如紧急情况、自然灾害，只有单一的供应来源、两次招标后仍不能授予合同等），而且要经过有关机构或人员的审批。

4. 加强对项目建设各个阶段的监督管理

（1）抓基础性工作。新加坡政府对所有承担政府工程的承包商实行有条件的注册登记制度，不注册的承包商不能参加政府项目的投标。获得资格的承包商也不是一劳永逸的，必须每三年进行一次重新注册。这样既从源头上把住了政府投资工程的质量关，又可以督促承包商提高业务能力和质量水平。

（2）项目建设实行全过程监督检查。亚洲开发银行对项目实施的监督分为两种。一种是事前监督，即要求借款国执行机构在决定重大事项前，必须报经亚洲开发银行审查，如对招标前有关资格预审、招标公告、评标定标结果等的审查。另一种是事后监督，在具体做法上是双管齐下，即一方面要求借款国执行机构按季提交项目实施进展报告，另一方面自己派出各种检查团对项目进行检查。亚洲开发银行的检查团根据项目的进展阶段分为项目启动团、中期检查团、竣工检查团、政府贷款支付团等。通过这一环套一环的检查和监督，及时了解项目的进展情况、存在的问题、贷款协议的执行情况，并将这些情况随时反馈到亚洲开发银行，使问题得到及时纠正。

（3）抓好完工工程的后评价工作。菲律宾国家经济发展部把对项目的检查评估工作作为本部门不可或缺的一项职责，成立了国家、地区、省和市四级项目检查委员会，对所有项目的政府项目进行检查和评估。澳大利亚新南威尔士州规定，对于私人投资的基础设施项目，初审部门必须在项目实体完工后12个月内进行"执行后审查"，并向财政部提交报告，审查重点是项目规划、目标、拨款、设计方案、批准程序、工程发包、竣工日期、风险分担、项目管理、融资等。

5. 设立专门的政府投资管理机构和项目经营机构

为了更好地对政府投资活动进行总体规划和全局协调，澳大利亚和菲律宾都成立了跨部门的、高层次的投资协调机构。澳大利亚昆士兰州政府成立了"基础设施协调委员会"，主要负责协调经济发展战略与资产战略计划、基础设施规划中涉及的地区布局和行业间平衡，确保重点，为私人投资提供机会等。菲律宾成立了"投资协调委员会"，主要负责评估国家重大项目的财政、金融和致富的平衡，向总统建议这些项目的执行时间表，就与国内外借款计划有关的事项向总统提出建议等。

澳大利亚、菲律宾、新加坡三国对政府投资项目均实行出资者与经营者分离的制度。一般来说，政府部门不直接负责项目建设的实施以及对项目的经营，而是通过法律设立国有企业或通过招标选择私人企业作为项目的经营单位。政府对这类公司的控制主要通过两种手段，一是由政府相关部门担任公司股东，公司董事会成员须由股东任命；二是公司要向股东报告年度投资计划、中长期发展规划等。除此之外，一切经营活动都由企业自行组织和安排，政府既不干预也不补助。但是，企业要遵守法律、法规和政府对国有企业在竞争、安全、价格、技术等方面制定的规则，并通过政府签订合同的方式，明确在上缴利润、成本开支、决策范围、资产处置等方面的权利和义务。

（五）中外投融资体制的特征及差异分析

中国和西方国家的投资体制从属于两种不同的政治体制和经济体制，是在各自不同的政治、经济、社会与文化环境中逐步形成与发展起来的。就两种不同的投资体制本身的历史变迁及其不断演变而来的现实模式来看，其发展过程和现状呈现出各自的规律性和特殊性。

1. 行政主导型与市场导向型

政府的主导地位在中国投资体制的变迁过程中是十分明显的，因而无论是投资体制的形成、改进还是创新、完善，都具有很强的行政性特征。改革开放以前，中国计划经济条件下的投资体制改革主要集中于投资管理权限在中央政府与地方政府之间以及各政府部门之间如何划分而向前推进的，制度建设具有很大的反复性，投资体制改革的主线是项目审批及其相关决策权的上收与下放，其行政性特征显而易见。改革开放之后，中国投资体制改革仍然以不断扩大地方和行政主管部门的投资审批权限为主要特征，由于政府部门的绝对主导地位，其改革仍然具有典型的行政性分权与放权的特征。20世纪90年代以来，随着中国建立社会主义市场经济体制目标的确立，诸如企业和各类投资中介机构等非政府力量在投资体制创新中的作用虽然日益增长，但如果考虑到权力意识和行政干预在中国体制中的根基之深，加之政府在体制创新中所具有的组织成本和实施成本优势，政府仍将在今后的投资体制改革中发挥不可忽视的作用。

在西方国家投资体制的变迁中，政府虽然也有着积极而重要的影响，但是其过程并不带有明显的行政性特征，也就是说，投资体制的演变并不主要局限在政府职能的转变，行政性的分权与放权以及各级政府或政府部门之间的利益关系调整等政府体内的改革范围，而是政府以一种超然的姿态，引导和鼓励包括企业在内的各类投资主体积极参与市场竞争，从而产生以市场为导向的投资体制创新体系。在这样的创新体系中，政府可能是创新的主体，但绝不是唯一的主体，而企业和居民及其他非政府投资者则是当然的创新主体。由于主体的多元性，因此创新活动必然呈现多样化的特征，并且有较强的灵活性、针对性和适应性。这与行政性特征极为明显的投资体制变革易于产生主观盲目性和随意性所带来的弊端形成鲜明的对比。

2. 直接性政府干预型与间接性政府调控型

中国以公有制为主体，政府作为这一所有制的人格化代表，长期以来对以这一所有制为基础建立起来的强大的国有经济承担管理决策和效益风险的终极责任。改革开放以来，虽然中国把"政企分离"作为改革的重点之一，但由于历史的原因，至今仍无根本性的转变。由于这样的制度基础，政府在包括投资活动在内的各种经济活动中总是占有举足轻重、利害攸关的地位。因此，在中国的投资体制中，改革总是由政府直接主导，主要围绕政府内部中央与地方之间、政府各部门之间进行的"体内循环"式的改革，每一次改革的方案及其实施步骤都是由政府依据自身的利益来统一设计的，并通过直接下达指令的方式来推动改革的进程并最终承担风险。

在西方国家投资体制的变迁中，政府的作用是超然的，因为除了某些公共工程以外，它既不承担对具体经济活动和投资活动的管理决策职能，也不对任何民间投资主体的效益和风险承担终级责任。它在投资体制创新过程中，只需要采取积极引导的方式，而无需包办代替，更不会成为既得利益者而卷入制度创新的矛盾中。因此，在西方市场经济体制中，政府对投资的影响是间接的。它不必要也不大可能直接向其他投资主体下达统一的指令，而只需借助宏观经济政策工具，如利率、税率、汇率等，来改变市场价格进而影响各民间投资主体的投资决策。

3. 目标渐进式与殊途同归式

中国投资体制变迁无论是从长期的变动来讲还是就某一具体改革措施的实施而言，都呈现出目标渐进式特征。目标渐进式，就是从中国国情的实际出发，分为长期目标与短期目标、总体目标与阶段性目标，然后逐步地组织实施。目标渐进式的投资体制改革比较符合中国经济体制改革不断自我完善与发展的本质特征和基本属性。同时，它与改革当时的基础也是相适应的。只有采取目标渐进式的改革，才能使社会各阶层都具有一定的心理承受能力，从而减少改革的阻力，尽量降低改革措施的实施成本，扩大改革的社会效益与经济收益。

西方国家投资体制是关于西方主要发达资本主义国家投资体制的一个笼统概念。实际上，在民间主导型投资体制的总体框架内，各个国家或在不同时期实现这一基本制度的形式是有所不同的，因而形成了带有各国特色的各种模式。殊途同归式的投资体制变迁是指各国或各国在不同时期用不同的形式来实现具有市场经济典型特征的民间主导型投资体制。在西方国家投资体制的变迁中，政府似乎很少给以企业为核心的多元投资创新主体规定若干条条框框，制定统一的实施方案，然后分阶段制定目标组织实施。

事实上，在西方发达的市场经济体制条件下，政府既无必要也不可能取代企业的市场主体地位。政府只作为市场的引导者，让企业等多元投资主体在市场价格信号的影响下，在利润目标的诱导下，在风险机制的约束下，积极地参与体制创新。在西方国家的投资体制变迁中，似乎"大"的制度（基本制度）是不变的，而"小"的制度（具体实现形式）是多样的和多变的，但变革的趋势是殊途同归。相比之下，在中国的经济体制和投资体制变迁中，由于历史的原因，似乎"大"的制度变化较多，至少新中国成立以后，我们就经过了从计划经济到有计划的商品经济再到有计划的市场经济，然后到现在的社会主义市场经济的几次大的制度变革，然后，对于一些"小"的制度却变化不大，在某些地区、某些行业、某些部门、某些企业，诸如人事制度、工资制度、企业融资制度、管理制度等"小"制度却几乎没有实质性的变化。

## 第三节　我国政府投融资体制改革

### 一、完善政府投融资监管体系

建立严格规范、行之有效的政府投资监管体系，强化政府对所属投资公司的有效监管，是政府职能转换的重要体现。我国政府投融资应着重从以下几个方面完善监管体系。

（一）建立健全政府对投资公司的监管制度

（1）建立董事与监事派驻制度。由政府有关部门（如国资、财政部门）向其授权的投资公司派驻董事、监事和财务总监，对企业经营活动和财务管理进行全面监督，确保国有资产及其权益不受侵害。

（2）建立经营绩效评价制度。其评价的重点集中于企业投资方向、社会效益、盈利能力、资产营运水平、偿债能力和后续发展潜力等方面。同时，通过对政府授权的投资公司财务状况、国有资本金保值增值和企业经营者业绩进行考核，对企业进行综合评价。

（3）建立信息披露制度。政府投资公司应定期向人大和社会公众披露其经营、财务、所有权变更和公司治理等状况，以形成人大代表和社会舆论对政府授权投资公司的有效监督。对提供虚假信息，使股东和债权人权益受到损害的，应依法惩戒。

（4）建立责任追究制度。对政府派驻公司的经营管理人员因滥用职权或决策失误等原因造成国有资产重大损失的，要依法追究有关责任人的行政和法律责任。为强化国有资产的硬性约束，必要时可实行司法介入，以确保国有资产的利益得到保护。对工程设计、施工、监理等行为主体，建立必要的责任约束与追究制度。

（二）强化政府职能部门对投资项目的监管

（1）明晰政府投资管理的职能分工。政府有关部门要对政府投资项目形成职责清晰、相互配合、制约有效的监管体系，以避免权力寻租现象的发生。发展改革部门要从立项审批、概算核定、投资计划下达等方面进行监管。财政部门要对工程预决算进行审查，按项目实施进度核拨资金，对财务收支实行全过程监控。国资管理部门要对政府投资公司的管理层建设和经营活动进行有效监管。规划、建设、商务等专业管理部门要从规划设计、工程监理和建设质量等方面进行监管。

（2）增强财政预算的约束。财政投资项目要编制投资预算，纳入财政预算管理，依法报人大审批。人大要建立规范透明的项目论证、听证制度，确保项目预算科学合理。要严格预算执行，凡在项目实施中需变更预算的，要履行必要的审批程序，影响预算平衡的要依法报人大审批。

（3）强化对政府投资项目的审计监督。审计机关应依法对项目法人及项目勘察、设计、施工、监理、采购、供货等单位的财务收支进行审计监督。项目建成后，应对建设项目开展效益审计，对项目立项决策、设计、招投标、施工等过程进行系统评价；对项目竣工投产和运营情况进行经济评价。

（三）完善监控流程与方法

1. 监控流程

政府投资项目的监控流程见图10-1。

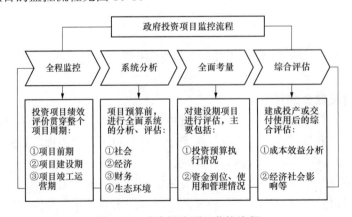

图 10-1　政府投资项目监控流程

（1）全程监控：政府投资项目绩效评价工作应贯穿项目实施全过程，包括项目前期、项目建设期、项目竣工运营期。

（2）系统分析：在项目投资决策前，采用科学的方法对项目在社会、经济、财务、生态环境等方面的效益进行全面系统的分析、评估，做出判断。

（3）全面考量：包括在建项目建设管理制度执行情况、工程进度及质量、各项合同执行情况、投资预算执行情况、财务管理及会计核算、建设资金到位和使用管理情况、建设工期及施工管理水平、洽商变更签证情况、管理制度、对环境的影响等。

（4）综合评估：对建成投产或交付使用的建设项目进行综合评估、评价。从实现预期目标程度、成本效益、经济社会影响、可持续性等方面进行总体评价。

2．主要方法

对政府投资项目的监控，其方式主要是通过分析和评估来进行。国内外比较常用的分析评估方法见表 10-2。

表 10-2 政府投资项目评估方法

| 分析评估方法 | 分析评估的侧重点 | 评价结论应用 |
|---|---|---|
| 项目投资评审 | （1）对项目全过程进行绩效评价；<br>（2）对项目某个实施阶段进行绩效评价；<br>（3）侧重于对单个项目建设成本、工程造价、投资控制和行业投资进行分析 | （1）政府编制项目投资预算的参考依据；<br>（2）项目资金拨付的依据；<br>（3）审批同类项目立项的参考依据 |
| 项目执行绩效考评 | （1）设计能力和达产能力；<br>（2）盈利能力和偿债能力；<br>（3）差异分析 | |
| 项目后评价 | （1）在项目投产或投入使用后一定时间内运行情况进行的全面评价；<br>（2）侧重对项目决策初期效果和项目实施后终期效果进行对比考核；<br>（3）对项目投资效益、影响及可持续发展情况进行评估 | |
| 项目效益分析 | （1）对财政性资金使用进行分析；<br>（2）对项目效益及经济社会影响进行分析，可通过专家评估、公众问卷、抽样调查等方式进行 | |
| 专项检查 | 对项目资金进度、使用、管理和财务管理状况的监督考核 | |

**二、深化地方政府投融资体制改革**

政府投资遵循投资的一般原理，其实质仍然是界定政府投资范围、确定投资决策标准。但是政府作为宏观调控主体，其投资政策往往产生"挤出效应"。"挤出效应"实质上就是指政府公共政策对总投资的影响。当经济处于不充分就业条件时，政府采用扩张性财政政策，一方面会使国民收入增加，另一方面会使利息率提高，从而部分地"挤出"私人部门投资；当经济实现充分就业时，一方面，政府可以通过调控手段，克服市场的盲目性，弥补市场失效，另一方面，"挤出效应"更为明显，除非与有可能导致单纯形成通货膨胀的扩张型货币政策相配合，扩张性的公共财政政策必然会导致私人部门投资被挤出。亦即，作为调控主体的政府，其投资决策直接影响到私人部门的投资方向和规模。因此，经济转轨时期的政府投融资改革必须充分认识到政府投资、融资行为对社会投资的影响。

（一）强化政府投资功能

经济转轨时期的政府投资功能主要有两个方面。一是承担不可产业化的公益事业投资，公益事业的短期经济利益不明显，但具有潜在的公共利益，因此要求大量投入公共资金，并以政府为投资主体。二是扶持可产业化项目的启动投资，经济转轨时期教育、医疗、住房等领域都在向产业化方向迈进，在这一过程中会遇到投融资渠道狭窄等方面的问题，政府在这些领域产业化前期应给予必要的扶持与引导，以保证其顺利地步入产业化运行轨道。另外，我国加入 WTO 后，考虑到国内外产业之间存在的现实差距，政府更应投入适当的资金来扶持本国企业，以便国内外企业相对公平地面对竞争。

（二）突出政府投资的特征

政府财力资金有限，为了保证有限的资金发挥其最大效益，这一阶段的政府资金的投向应当具有以下特点。

（1）前瞻性。财力资金流向项目的社会效益发挥将是长期的，而当前项目的资金安排将影响今后较长时期的经济发展和社会进步。为避免资源的错误配置和可能产生的潜在不良后果，政府必须站在国民经济和社会发展总体规划阶段性目标的战略高度指导政府投资资金的运用，即进行政府投资决策时，要充分考虑未来发展的各方面因素。

（2）引导性。在有限财政资金投入的同时，还要照顾到投入项目的覆盖面。因此，政府投资对项目的投入应当是比例投入，以四两拨千斤，利用财政资金的杠杆作用引导其他社会资金的介入。政府财政资金的流动方向通常可以揭示政策导向信息，告知社会政府支持的产业方向，从而可以引导社会投资方向，并带动总体投资。

（3）灵活性。我国正处于体制转轨期和经济的高速增长期，经济热点转换频繁，建设事业日新月异。伴随着国际开放程度的日益提高及世界经济和科技发展变幻的潮流趋势，带有前瞻性、引导性的政府投资资金也必须具备灵活性，即财政资金的投向应当顺应具体经济形势灵活地进行调整，以跟上经济发展的步伐。因此，政府应安排一部分财力资金专门捕捉经济发展的热点和难点问题，以保证经济平稳较快发展。

（三）政府投资的安排原则

（1）服从经济与社会长期规划。政府投资是政府调节市场运行的重要工具，必须符合国民经济和社会发展的长期规划，并且其投向结构应随着长期规划的变动而加以相应的调整。

（2）确保重点投入。有限的资金应当投入与经济社会总体发展关系紧密的领域。在对经济建设发展具有重要意义的领域，政府要保证资金的大量持续投入。在做出财政资金流向决策时，应把这些项目放在首要地位。

（3）引导社会资源优化配置。政府投资还具有一定的"拾遗补缺"性，一般都投向社会资本不愿投入的领域。它本身不能起到实现社会资源优化配置的目的，但可以引导社会资源实现优化配置。

（4）注重投资的社会效益和长期效益。当前对政府投资项目的社会效益、长期效益的认识存在一定的偏差，关键在于对这些项目所实现的社会效益和长期效益没有建立合理客观的评估体系。因此，建立合理客观的评估体系能促进财政资金投向的优化。

# 附录　中咨公司投资项目融资分析评价准则❶

## A1　投资项目融资评价准则的目的、适用范围、依据原则

### A.1.1　投资项目融资评价准则的目的

投资项目融资评价准则是中国国际工程咨询公司咨询评估业务中关于融资评价的专业分析评价方法，用于指导投资项目前期咨询工作中的融资评价工作。以融资评价准则为指导开展投资项目咨询业务，有利于提高咨询工作中融资评价的质量和水平，是在工程咨询领域贯彻落实科学发展观的具体体现。

### A.1.2　投资项目融资评价准则的适用范围

投资项目融资评价准则的适用条件和范围为中国国际工程咨询公司投资项目咨询业务中有关融资评价工作，适用于政府投资项目建议书和可行性研究报告编写、审批咨询；企业投资项目可行性研究报告编写及申请（核准）文件编写、核准咨询。也可用于地方政府借助项目的招商引资，项目发起人借助项目获取国内外公司的投资合作，国外公司为进入国内市场选择国内的战略伙伴等。

### A.1.3　投资项目融资评价的依据、原则

#### A.1.3.1　投资项目融资评价的依据

开展投资项目融资评价工作，首要的依据是国家法律法规及相关规定，如《公司法》《中华人民共和国中外合资经营企业法》《中华人民共和国证券法》《关于实行建设项目法人责任制的暂行规定》，以及《国务院关于固定资产投资项目试行资本金制度的通知》等。

#### A.1.3.2　投资项目的融资评价应遵循的原则

投资项目的融资评价应通过制订融资方案或对融资方案进行评估，落实具体的融资方式，最终实现投资项目资金结构合理、资金来源可靠、融资成本适宜。

企业投资项目的融资评价，一般以维护公司股东合法权益和追求股东价值最大化为目标，寻求融资渠道合理、融资成本较低、融资风险较小的融资方案。

政府投资项目的融资评价，一般以资源配置合理和可持续发展为目标，选择合理的投入方式和规模，并分析项目是否符合政府投资扶持的相关政策。

## A.2　融资渠道和筹措方式

### A.2.1　确认融资主体

融资评价首先要确认项目的投融资主体。依据《公司法》，国家制定了《关于实行建设项目法人责任制的暂行规定》，实行项目法人责任制，由项目法人对项目的策划、资金筹措、建设实施、生产经营、债务偿还和资产的保值增值，实行全过程负责。因此，项目的投融资主体应是项目法人。

确认项目的融资主体，有助于顺利筹措资金和降低债务偿还风险。咨询评估中确定项目的融资主体应考虑项目投资的规模和行业特点，项目与既有法人资产、经营活动的联系，既有法人财务状况，项目自身的盈利能力等因素。

---

❶　本准则供中咨公司内部使用，并根据情况变化适时进行修改完善。相关内容仅供参考。

按照是否依托于项目组建新的项目法人实体划分，项目的投融资主体分为两类：新设法人及既有法人。咨询评估中应重点注意两类项目法人在融资分析方面均存在较大不同。

**A.2.1.1　既有法人融资**

既有法人融资是指以既有法人作为项目法人进行项目建设的融资活动。咨询评估中应注意以下特点：一是拟建项目不组建新的项目法人，由既有法人统一组织融资活动并承担融资责任和风险；二是拟建项目一般是在既有法人资产和信用的基础上进行的，并形成增量资产；三是一般从既有法人的财务整体状况考察融资后的偿债能力。

采取既有法人融资方式，项目的融资方案需要与公司的总体财务安排相协调，所以既有法人融资又称公司融资或公司信用融资。在这种方式下，由发起人公司—既有法人（包括企业、事业单位等）负责筹集资金，投资于新项目，不组建新的独立法人，全部负债由既有法人承担。以既有法人为融资主体一般适用于下列情况：①既有法人具有为项目进行融资和承担全部融资责任的经济实力；②项目与既有法人的资产以及经营活动联系紧密；③项目的盈利能力较差，但是项目对整个企业的持续发展具有重要作用，需要利用既有法人的整体资信获得债务资金。

**A.2.1.2　新设法人融资**

新设法人融资是指组建新的项目法人进行项目建设的融资活动。咨询评估中应重点关注以下特点：一是项目投资由新设法人筹集的资本金和债务资金构成；二是由新设法人承担融资责任和风险；三是从项目投产后的经济效益情况考察偿债能力。为了实施项目，需由项目的发起人及其他投资人出资，建立新的独立承担民事责任的法人（公司法人或事业法人），承担项目的投融资及运营。新组建的法人拥有项目的财产和权益，并承担融资责任和风险。新设法人可按《公司法》的规定设立有限责任公司（包括国有独资公司）和股份有限公司。

以新设法人为融资主体一般适用于下列情况：①拟建项目的投资规模较大，既有法人不具有为项目进行融资和承担全部融资责任的经济实力；②既有法人财务状况较差，难以获得债务资金，而且项目与既有法人的经营活动联系不紧密；③项目自身具有较强的盈利能力，依靠项目自身未来的现金流量可以按期偿还债务。

**A.2.2　项目资本金筹措**

根据《国务院关于固定资产投资项目试行资本金制度的通知》，各种经营性投资项目，包括国有单位的基本建设、技术改造、房地产开发项目和集体投资项目，实行资本金制度，投资项目必须首先落实资本金才能进行建设。个体和私营企业的经营性投资项目参照规定执行。公益性投资项目不实行资本金制度。外商投资项目（包括外商投资、中外合资、中外合作经营项目）按现行有关法规执行。

投资项目的资本金，是指在投资项目总投资（固定资产投资与铺底流动资金之和）中，由投资人认缴的出资额，对投资项目来说是非债务性资金，项目法人不承担这部分资金的任何利息和债务；投资人可按其出资的比例依法享有所有者权益，也可转让其出资，但不得以任何方式抽回。投资项目的资本金一次认缴，并根据批准的建设进度按比例逐年到位。

投资项目资本金可以用货币出资，也可以用实物、工业产权、非专利技术、土地使用权作价出资。投资人以货币方式认缴的资本金，其资金来源有以下渠道。

（1）各级人民政府的财政预算内资金、国家批准的各种专项建设基金、"拨改贷"和经营性基本建设基金回收的本息、土地批租收入、国有企业产权转让收入、地方人民政府按国家有关规定收取的各种规费及其他预算外资金。

（2）国家授权的投资机构及企业法人的所有者权益（包括资本金、资本公积金、盈余公积金和未分配利润、股票上市收益资金等）、企业折旧资金，以及投资人按照国家规定从资本市场上筹措的资金。

（3）社会个人合法所有的资金。

（4）国家规定的其他可以用作投资项目资本金的资金。

通常，企业的权益投资以"注册资本"形式投入。权益投资额超过注册资本额的部分，可以注入资本公积。权益投资是企业的资本投资，构成企业融资的基本信用基础。

咨询评估时应注意，项目资本金筹措不完全是为了满足国家的资本金制度要求。项目建设资金的权益资金和债务资金结构是融资方案制订中必须考虑的一个重要方面。如果权益资金占比太少，会导致负债融资难度增加和融资成本提高；如果权益资金过大，则投资人风险会过于集中，财务杠杆效应会下降。

**A.2.2.1 既有法人项目资本金筹措**

既有法人项目的资本金由既有法人负责提供。既有法人可用于项目资本金的资金来源分为内外两个方面。

（1）内部资金来源。内部资金来源主要是既有法人的自有资金，自有资金主要来自于以下几个方面。

1）企业现有的现金。企业库存现金和银行存款可以由企业的资产负债表得以反映，其中扣除保持必要的日常经营所需货币资金额，多余的资金可以用于项目投资。

2）未来生产经营中获得的可用于项目的资金。在未来的项目建设期间，企业可以从生产经营中获得新的现金，扣除生产经营开支及其他必要开支之后，剩余部分可以用于项目投资。一般情况下需要通过对企业未来现金流量的预测来估算未来企业经营获得的净现金流量。

3）企业资产变现。企业可以将现有资产变现，取得现金用于新项目投资。企业资产变现通常包括短期投资、长期投资、固定资产、无形资产的变现。

4）企业产权转让。企业可以将原拥有的产权部分或全部转让给他人，换取资金用于新项目的资本金投资。

（2）外部资金来源。在项目融资评价中，通过分析公司的财务和经营状况，预测公司未来的现金流，判断现有企业不具备足够的自有资金投资于拟建项目或者不愿意失掉原有的资产权益，或者不愿意使其自身的资金运用过于紧张等多方面的考虑，就应该设计外部资金来源的资本金筹集方案。

外部资金来源主要是既有法人通过在资本市场发行股票和企业增资扩股，以及准资本金手段，如优先股，来获取外部投资人的权益资金投入，用于新上项目的资本金。

1）企业增资扩股。企业可以通过原有股东增资以及吸收新股东增资扩股，包括国家股、企业法人股、个人股和外资股的增资扩股。

2）优先股。优先股是一种介于股本资金与负债之间的融资方式，优先股股东不参与公司的经营管理，没有公司的控制权。发行优先股通常不需要还本，但要支付固定的股息，固定的股息通常要高于银行贷款利息。优先股相对于其他借款融资通常处于较后的受偿顺序，对于项目公司的其他债权人来说可以视为项目的资本金。而对于普通股股东来说，优先股通常要优先受偿，是一种负债。

**A.2.2.2　新设法人项目资本金筹措**

新设法人项目资本金的形成分为两种形式：一种是在新法人设立时由发起人和投资人按项目资本金额度要求提供足额资金；另一种是由新法人在资本市场上发行股票进行融资。

（1）由发起人和投资人投资。按照资本金制度的相关规定，应由投资人或项目的发起人认缴或筹集足够的资本金提供给新设法人。至于投资人或项目的发起人如何筹措这笔资本金是投资人或项目发起人的自身内部事务。项目发起人和投资人的身份不同（如政府职能部门或控股的国有公司、民营或外资企业等），其用于资本金投资的资金来源也多种多样。

资本金通常以注册资本的方式投入。有限责任公司及股份公司的注册资本由公司的股东按股权比例认缴，合作制公司的注册资本由合作投资方按预先约定金额投入。如果公司注册资本的额度要求低于项目资本金的额度要求，股东按项目资本金额度要求投入企业的资金超过注册资本的部分，通常以资本公积的形式记账。

（2）新设法人筹措资金。有些情况下，项目最初的投资人或项目发起人对投资项目的资本金并没有安排到位，而是要通过初期设立的项目法人进一步进行资本金筹措活动。由初期设立的项目法人进行的资本金筹集形式主要有以下几种。

1）在资本市场募集股本资金。在资本市场募集股本资金可以采取两种基本方式：私募与公开募集。私募是指将股票直接出售给投资人，不通过公开市场销售。公开募集是在证券市场上公开向社会发行销售。在证券市场上公开发行股票，需要取得证券监管机关的批准，通过证券公司或投资银行向社会推销，提供详细的文件，保证公司的信息披露、经营及财务透明度，筹资费用较高，筹资时间较长。私募程序可相对简化，但在信息披露方面仍必须满足投资人的要求。

2）合资合作。通过在资本投资市场上寻求新的投资人，由初期设立的项目法人与新的投资人以合资合作等多种形式，重新组建新的法人，或者由设立初期项目法人的发起人和投资人与新的投资人进行资本整合，重新设立新的法人。使重新设立的新法人拥有的资本达到或满足项目资本金投资的额度要求。采用这一方式，新法人往往需要重新进行公司注册或变更登记。

**A.2.3　项目债务资金筹措**

**A.2.3.1　信贷方式融资**

（1）商业银行贷款。按照贷款期限，商业银行的贷款分为短期贷款、中期贷款和长期贷款。贷款期限在1年以内的为短期贷款，1~3年的为中期贷款，3年以上期限的为长期贷款。商业银行贷款通常不超过10年。

既有法人或者新设法人使用商业银行贷款，需要满足贷款银行的要求，向银行提供必要的资料，如借款人基本材料、项目可行性研究报告等前期工作资料、政府对于项目投资核准及环境影响评价批准文件、与项目有关的重要合同、与项目有利害关系的主要方面的基本材料等。

项目投资使用中长期银行贷款，银行要进行独立的项目评估，评估内容主要包括项目建设内容、必要性、产品市场需求、项目建设及生产条件、工艺技术及主要设备、投资估算与筹资方案、财务盈利性、偿债能力、贷款风险、保证措施等。

此外，除了商业银行可以提供贷款外，城市或农村信用社、信托投资公司等非银行金融机构也提供商业贷款，条件与商业银行类似。

（2）政策性银行贷款。符合国家扶持政策的特殊的生产、贸易、基础设施建设项目，可以考虑申请国家政策性银行贷款。政策性银行贷款利率通常比商业银行贷款低。我国的政策性银行有中国进出口银行、中国农业发展银行。

1）中国进出口银行。中国进出口银行的主要任务：执行国家产业政策和外贸政策，为扩大我国机电产品和成套设备等资本性货物出口提供政策性金融支持。主要为出口提供卖方信贷和买方信贷支持。该行还办理中国政府的援外贷款及外国政府贷款的转贷款业务。

2）中国农业发展银行。中国农业发展银行的主要任务：按照国家有关法律、法规和方针、政策，以国家信用为基础，筹集农业政策性信贷资金，承担国家规定的农业政策性金融业务，代理财政性支农资金的拨付。

（3）出口信贷。项目建设需要进口设备的，可以考虑使用设备出口国的出口信贷。出口信贷分为买方信贷与卖方信贷。

买方信贷以进口商为借款人，设备进口商作为借款人取得贷款资金用于支付进口设备货款，同时对银行还本付息。买方信贷可以通过进口国的商业银行转贷款，也可以不通过本国商业银行转贷。通过本国商业银行转贷时，设备出口国的贷款银行将贷款贷给进口国的一家转贷银行，再由进口国转贷银行将贷款贷给设备进口商。

卖方信贷以设备出口商为借款人，从设备出口国的银行取得贷款，设备出口商则给与设备的购买方以延期付款条件。

出口信贷通常不能对设备价款全额贷款，一般只能提供设备价款85%的贷款，其余的15%价款需要由进口商以现金支付。

融资评价时应注意，出口信贷利率通常要低于国际上商业银行的贷款利率，但通常需要支付一定的附加费用，如管理费、承诺费、信贷保险费等。

（4）外国政府贷款。咨询评估申请使用外国政府贷款的项目应注意，项目使用外国政府贷款需要得到我国政府的安排和支持。外国政府贷款经常与出口信贷混合使用，有时还伴有一部分赠款。

外国政府贷款的利率通常很低，一般为1%～3%，甚至无息，期限较长，有些甚至长达30年。外国政府贷款在实际操作中通常由我国的商业银行转贷款。我国各级财政部门可以为外国政府贷款提供担保。使用外国政府贷款也要支付管理费。国内商业银行转贷需要收取转贷手续费。有时国内商业银行可能根据项目的经营期，要求缩短转贷款的期限。

咨询评估时还应注意，外国政府贷款通常有限制性条件，如限制贷款必须用于采购贷款国的设备。由于贷款使用受到限制，设备进口只能在较小的范围内选择，设备价格可能较高。

（5）国际金融机构贷款。提供项目贷款的主要国际金融机构有世界银行、亚洲开发银行、世界银行下属机构国际金融公司、欧洲复兴开发银行、美洲开发银行等全球性或地区性金融机构等。国际金融机构贷款通常带有一定的优惠性，贷款期限可以安排得很长，且贷款利率低于商业银行贷款利率，但也有可能需要支付某些附加费用，如承诺费。

咨询评估时应注意，申请国际金融机构的贷款需要符合这些机构拟定的贷款政策，这些机构认为应当支持的发展项目才能得到贷款。使用国际金融机构的贷款需要按照这些机构的要求提供资料，并且需要按照规定的程序和方法进行。

（6）银团贷款。大型建设项目融资中，由于融资金额巨大，一家银行难于承担巨额贷款的风险，可以由多家甚至数十家银行组成银团贷款。组成银团贷款通常需要有一家或数家牵头安排银行，负责联络其他的参加银行，研究考察项目，代表银团成员谈判和拟定贷款条件、起草法律文件。银团贷款中还需要有一家或数家代理银行，负责监管借款人的账户，监控借款人的资金，划收及划转贷款本息。

使用银团贷款，除了贷款利率之外，借款人还要支付附加费用，包括管理费、安排费、代理费、承诺费、杂费等。银团贷款可以通过招标方式，在多个投标银行组合中选择银团，优化贷款条件。

（7）股东借款。股东借款是指公司的股东对公司提供的贷款，对于借款公司来说，在法律上是一种负债。如果没有预先约定偿还顺序，股东贷款与其他债务处于同等受偿顺序。项目的股东借款是否后于其他的项目贷款受偿，需要依照预先的约定。如果预先约定了股东借款后于项目贷款受偿，相对于项目的贷款人来说，股东借款可被视为项目的资本金（准资本金）。

**A.2.3.2 债券方式融资**

债券融资是指项目法人以自身的财务状况和信用条件为基础，通过发行企业债券筹集资金，用于项目建设的融资方式。除了一般债券融资外，还有可转换债券融资。

（1）企业债券。企业债券融资是一种直接融资，可以从资金市场直接获得资金，资金成本（利率）一般应低于银行借款。由于有较为严格的证券监管，只有实力强、资信良好的企业才有可能发行企业债券。

在国内发行企业债券需要通过国家证券监管机构及金融监管机构的审批。债券的发行需要由证券公司或银行承销，承销证券公司或银行要收取承销费，发行债券还要支付发行手续费、兑付手续费。有第三方提供担保的，要为此支付担保费。债券发行与股票发行相似，可以在公开的资本市场上发行，也可以以私募方式发行。

（2）可转换债券。可转换债券是企业发行的一种特殊形式的债券，在预先约定的期限内，可转换债的债券持有人有权选择按照预先规定的条件将债权转换为发行人公司的股权。在公司经营业绩变好时，股票价值上升，可转换债的持有人可以将债权转为股权；而当公司业绩下降或者没有达到预期效益时，股票价值下降，则可以兑付本息。

现有公司发行可转换债券，通常并不设定后于其他债权受偿，对于其他向公司提供贷款的债权人来说，可转换债券不能视为公司的资本金融资。

可转换债券作为股票的一个主要衍生品种，纳入股票上市规则管理。可转换债券的发行条件与一般企业债券类似，但由于附加有可转换为股权的权利，通常可转换债券的利率较低。

**A.2.3.3 融资租赁**

融资租赁又称为金融租赁、财务租赁。融资租赁有别于经营租赁。采取这种租赁方式，通常由承租人选定需要的设备，由出租人购置后租赁给承租人使用，承租人向出租人支付租金；承租人租赁取得的设备按照固定资产计提折旧；承租人可以选择租赁期满时是否廉价购买该设备。

通常，采用融资租赁，承租人可以对设备的全部价款得到融资，融资额度比使用贷款大。同时租赁费中所含的相当于利息的资金成本部分也比贷款利息高。

**A.3 资金结构合理性分析**

咨询评估时分析资金结构主要是分析项目权益资本金与项目债务资金、项目权益资本金内部结构以及项目债务资金内部结构等比例的合理性。

**A.3.1 融资结构整体合理性分析**

**A.3.1.1 与资金需要相匹配**

投资项目的融资资金应当与项目的资金需要相匹配，咨询评估时重点注意资金需要量、需要时间及需要币种等方面。

（1）与资金需要量相匹配。通过融资取得的资金应当在资金需要量上满足投资项目的需要，以保证项目的顺利实施。

（2）与需要时间相匹配。现实中，很多因素影响筹措资金的到款时间，融资资金应当在到位时间上与项目所需资金相匹配。

（3）与需要币种相匹配。在投资项目融资中，资金的货币币种结构可以根据项目现金流量的货币结构加以设计，尽量实现要融入资金的币种与项目建设所需币种相匹配、与预期的收入币种相匹配，以减少项目的汇率风险。

**A.3.1.2　权益资本金与债务资金间比例匹配合理性分析**

投资项目筹资结构的合理性，直接表现为权益资本金与债务资金间的比例匹配的合理性。权益资本金是一种永久性的项目资金，一般要到项目结束后才退出，承担的风险最大，要求的回报率最高。债务资金承担的风险相对较小，要求的回报率也相对较低，是一种较低成本的资金，但有期限、信用额度及契约条款等方面的限制。此外，债权人往往把权益资本金（股权资金）看作债务资金的安全保障。因此，权益资本金与债务资金间应当保持合理的比例。

通常，权益资本金与债务资金间的比例，要根据项目所处的行业、所处的生命周期阶段特征、收益水平、项目运转产生现金的能力、筹措资金的能力及项目乃至企业的整体抗风险能力来决定。

（1）国内投资项目关于资本金的规定。国务院对国内投资项目资本金最低比例有严格规定，《国务院关于固定资产投资项目试行资本金制度的通知》对不同行业建设项目对资本金比例有不同的规定。项目资本金的具体比例，由项目审批单位根据投资项目的经济效益以及银行贷款意愿和评估意见等情况，在审批可行性研究报告时核定。对个别情况特殊的重点建设项目，可以适当降低资本金比例。

评价资本金比例时应注意两点：一是规定中资本金比例所对应的总投资基数，是指投资项目的固定资产投资与铺底流动资金之和；二是这一规定所要求的是资本金的最低限度，并不是充分的数额。此外，《公司法》《中华人民共和国企业法人登记管理条例施行细则》对注册资金提出下限规定，但没有比例规定。

（2）中外合资经营企业注册资本比例。根据《关于中外合资经营企业注册资本与投资总额比例的暂行规定》，对其注册资本占投资总额的最低比例有明确规定。咨询评估时应注意，中外合资经营企业注册资本是为设立法人企业在登记管理机构登记的资本总额，应为投资各方交付或认缴的出资额之和。而投资总额是指按照企业章程规定的生产规模需要投入的基本建设资金和生产流动资金的总和。

**A.3.2　权益资本金内部结构合理性分析**

**A.3.2.1　权益资本金结构与项目管理权的匹配**

权益资本金由吸收直接投资、发行股票和留存收益等方式形成。吸收直接投资是指企业按照"共同投资、共同经营、共担风险、共享利润"的原则直接吸收国家、法人、个人投入资金的一种筹资方式。采用吸收投资方式筹集资金，投资人一般要求获得与投资数额相适应的经营管理权。因此，融资时应注意权益资本金结构需与项目管理权匹配。

**A.3.2.2　外商投资项目的权益资本金结构分析**

权益资本金中也可以包含外商直接投资形成的资本。例如，中外合资经营企业是股权式合营企业，组织形式为有限责任公司或股份有限公司，其特点是合营各方共同投资、共同经营、按各自的出资比例分担风险和盈亏；中外合作经营企业是契约式合营企业，各方的权利和义务都在合同中明确规定。

根据《中华人民共和国中外合资经营企业法》规定，合营企业的形式为有限责任公司，在合营企业的注册资本中，外国合营者的投资比例一般不低于25%，如有特殊情况外国投资人比例确实无法达到25%，应报批准。

### A.3.3　债务资金结构分析

投资项目可以通过银行贷款、发行债券等不同途径取得债务资金，而不同类型的债务在利率、偿还期及担保方式等方面都存在着一定的差异，咨询评估时需要对债务资金间结构进行分析，确定合理比例。

债务资金结构是指企业负债中各种负债数量比例关系，不仅要衡量短期负债，还要关注长期负债。当企业资金总额一定、负债与权益的比例关系一定时，短期负债和长期负债的比例就成为此消彼长的关系。一般而言，长期负债的成本比短期负债的成本高，短期负债的财务风险往往比长期负债的财务风险高。在企业负债总额一定的情况下，需要确定合理的负债结构。一般情况下，销售稳定增长的企业，可以较多地利用短期负债，而销售大幅度波动的企业，应少利用短期负债；长期资产比例较大的企业应少利用短期负债，多利用长期负债或发行股票筹资。反之，流动资产所占比例较大的企业，则可更多地利用流动负债来筹集资金；长期负债的利率和短期负债的利率相差较少时，可较多地利用长期负债，当长期负债的利率远远高于短期负债利率时，则应较多地利用短期负债。

### A.4　资金来源可靠性分析

资金来源可靠性是指对拟投入项目的各类资金在数量、时间上是否能得到真正落实，及时满足项目需要。为此，咨询评估时将主要从项目权益资本金、债务资金两方面进行分析。

### A.4.1　项目权益资本金的可靠性分析

当项目的投资建设是以项目融资的方式进行时，需要就权益资本筹措情况做出详细分析。

#### A.4.1.1　既有法人融资（公司融资）

1. 基本财务分析及评价

既有法人融资评价时，应调查了解既有企业资产负债结构、现金流量状况和盈利能力，分析企业的财务状况、可能筹集到并用于拟建项目的现金资产数额、非现金资产数额及其可靠性。主要包括以下几个方面。

（1）报表及报表构成项目的比较。通过比较企业财务报表，分析公司货币资金的增长速度、支付能力、资产的流动性变化及偿债能力和盈利能力的变化趋势，在会计报表比较的基础上，进一步使用报表构成项目的比较分析，比较各个项目构成百分比的增减变动，以此来判断相关财务活动的变化趋势，这种方法可以更加直观地反映企业的发展趋势。它既可用于同一企业不同时期财务状况的纵向比较，又可以用于不同企业之间的横向比较。

（2）各种重要指标的分析。咨询评估时还要重点对企业的偿债能力指标、盈利能力指标及营运能力指标进行分析。通过偿债能力分析，可以揭示企业的举债能力及财务风险。偿债能力分析包括短期偿债能力分析和长期偿债能力分析。企业短期偿债能力的评价指标主要有流动比率、速动比率和现金流动负债比率。长期偿债能力是指企业偿还长期负债的能力，一般要考虑企业的盈利水平和资本结构两个方面，盈利水平的高低是企业偿还债务的根本保障，而资本结构则反映企业债务的风险程度。当企业现有资本结构合理，且有较高的未来收益水平时，表明企业在未来相当长的时间内具有较强的偿付债务的能力。

一般情况下，企业的获利能力分析只涉及正常的营业状况。非正常的营业状况，会给企业带来收益或损失，但只是特殊情况下的个别结果，不能说明企业的可持续获利能力。反映企业获利能力的指标很多，主要有总资产报酬率、股东权益报酬率、销售利润率。对上市公司的获利能力分析，除了运用上述企业一般指标以外，还应当使用每股收益、每股净资产及市盈率等指标。

营运能力是指企业资产的利用效率，即资产周转速度的快慢及有效性。企业营运能力的大小对企业获利比率的持续增长与偿债能力的不断提高产生决定性影响。反映营运能力的指标主要包括各种资产的周转率指标。

2. 拟投入资产状况分析及评价

在公司融资过程中，拟投入资产主要包括现金、实物及其他资产（如无形资产）等。

（1）以现金出资。现金是企业筹资最重要的方式。吸收投资中所需投入现金的数额，取决于投入的实物、工业产权之外尚需多少资金来满足项目的开支和日常周转需要。

（2）以实物出资。以实物出资是指投资人以厂房、建筑物、设备等固定资产和原材料、商品等流动资产所进行的投资。一般来说，投资项目吸收的实物应符合以下条件：确为投资项目科研、生产、经营所需；技术性能较好；作价公平合理。实物出资所涉及的实物作价方法应按有关规定执行。

（3）以无形资产出资。以无形资产出资是指投资人以专利权、专有技术、商标权等工业产权或非专利技术及土地使用权所进行的投资。投资人以无形资产进行投资，必须进行合理估价，并办理产权转移手续，无形资产出资还应符合相关法定比例。具体来说，为落实以无形资产出资的可靠性，咨询评估时应注意以下几个具体问题。

第一，关于以专利权、专有技术、商标权等工业产权或非专利技术进行的投资。通常，股东应当对出资的工业产权和非专利技术享有所有权，为防止出资入股后引发权属争议，一律禁止以通过许可证贸易获得的工业产权或非专利技术投资入股。投资人在以工业产权出资时，应当提供专利证书等有关证明材料，并明确该工业产权尚在法定的保护期内；投资人在以非专利技术出资时，其产权归属往往难以确定，此时应注意审查该技术是否属于出资人的秘密技术，以防止股东恶意以公有技术抵缴出资。此外，对股东出资的工业产权或专利技术必须依法评估作价，而且以二者作价出资的金额不得超过有限责任公司注册资本的20%（对采用高新技术成果有特别规定的除外）。

第二，以土地使用权进行的投资。《公司法》规定，有限责任公司股东可以用土地使用权作价出资。股东在以土地使用权为投资标的时应注意如下问题：该投资人必须已合法享有土地使用权，或是基于农村集体所有制单位身份而享有土地所有权。投资人将土地使用权出资入股时，应由法定机构一次性评估作价，入股后的股权价值恒定，不随土地使用权的市场交易价格的涨跌而作相应调整。有限责任公司经投资人出资取得土地使用权的无需再向国家主管机关缴纳土地使用费。

3. 通过发行股票新增权益资本金分析

通过发行股票筹集权益资本金的，咨询评估时应根据原有股东增资扩股和吸收新股东投资的数额及其可靠性，分析其获得批准的可能性。

增资扩股的程序是，公司增资必须经过股东大会（或股东会）特别决议（必须经代表 2/3 以上表决权的股东通过），增加的注册资本要经过会计师事务所的验资，同时变更公司章程，并办理相应的变更登记手续。而通过发行股票筹集权益资本金的，应分析其获得批准的可能性。无论是公司融资还是项目融资，通过发行股票筹集权益资本金的做法都是可行的。评价重点是公司或是项目能否按股票发行办法和相关规定，获得批准。

按照《中华人民共和国证券法》规定，公司公开发行新股，应当符合下列条件：①具备健全且运行良好的组织机构；②具有持续盈利能力，财务状况良好；③具有良好的财务状况和资产质量。最近 3 年以现金或股票方式累计分配的利润不少于最近 3 年实现的年均可分配利润的 20%；④最近 3 年财务上会计文件无虚假记载；⑤上市公司募集资金的数额不超过项目需要量，募集资金用途符合国家产业政策和有关环境保护、土地管理等法律和行政法规的规定；⑥不存在以下行为：在发行申请文件有虚假记载、误导性陈述或重大遗漏；擅自改变前次公开发行证券募集资金的用途而未作纠正；最近 12 月内受到过证券交易所的公开谴责；严重损害投资人的合法权益和社会公共利益等。

公开发行后，要申请股票上市，按照《中华人民共和国证券法》规定，还应当符合下列条件：股票经国务院证券监督管理机构核准已公开发行；公司股本总额不少于人民币 3000 万元；公开发行的股份达到公司股份总数的 25% 以上；公司股本总额超过人民币 4 亿元的，公开发行股份的比例为 10% 以上；公司最近 3 年无重大违法行为，财务会计报告无虚假记载。

### A.4.1.2 新设法人融资（项目融资）

#### 1. 法人投资分析

新设法人融资项目融资评价时主要从项目的相关投资人的财务状况、信用状况、投资状况进行相关分析，判断投资人的投资方式、投资金额落实的可靠性。项目融资分析中，需要重点关注投资人的资信。

在项目融资中，法人投资的形式一般以股本资金的方式进行投入。根据财务制度，投资人缴付的股本资金，对于项目公司而言具有权益资本的全部特性：如期如数缴清，代表产权，营运期间不得抽走。

股本资金的出资形式，根据财会制度和资本金制度，投资人可以用现金、实物、无形资产等形式出资，作为项目公司的资本金；《国务院关于固定资产投资项目试行资本金制度的通知》规定，企业以工业产权、非专利技术作价出资的比例不得超过投资项目资本金总额的 20%，国家对采用高科技成果有特别规定的除外。《公司法》也规定，全体股东的货币出资金额不得低于有限责任公司注册资本的 30%。对于高新技术企业的创立，只要技术提供方与资金提供方能取得共识，就可以在设计股权结构时，不受限制地提高技术和知识产权的股份比例。

准股本资金是指项目投资人或者与项目利益有关的第三方所提供的一种从属性债务，它的特点：第一，债务本金的偿还具有灵活性，不限定在某一特定时间内必须偿还；第二，在资金偿还（及回报）的优先序列中，低于其他债务资金，但高于股本资金；第三，如果公司破产清算，在偿还所有其他债务之前，从属性债务将不能被清偿。因此，从贷款银行的角度看，它与股本资金没有区别。项目融资中最常见的准股本资金有三种形式：无担保贷款、可转换债券、零息债券。

#### 2. 政府投资分析

（1）政府直接投资。《国务院关于投资体制改革的决定》（国发〔2004〕20 号）明确规定，政府投资主要用于关系国家安全和市场不能有效配置资源的经济和社会领域，包括加强公益性和公共基础设施建设，保护和改善生态环境，促进欠发达地区的经济和社会发展，推进科技进步和高新技术产业化。能够由社会投资建设的项目，尽可能利用社会资金建设。合理划分中央政府与地方政府的投资事权。中央政府投资除本级政权等建设外，主要安排跨地区、跨流域以及对经济和社会发展全局有重大影响的项目。一般来说，如果政府投资项目的投资领域或投资方式符合国务院或国务院投资主管部门对政府投资的相关规定，则该项政府投资的可靠性便能得到一定的保障。

（2）政府通过特许经营融资。《国务院关于投资体制改革的决定》中提出："放宽社会资本的投资领域，允许社会资本进入法律法规未禁入的基础设施、公用事业及其他行业和领域。"由于基础设施类项目（一般包括城市公共交通、城市公用事业、公路、铁路、航空、管道、通信、电力等）的自然垄断性，政府在这些行业和领域引入社会资本中一般按照有关法律、法规规定选择基础设施项目的经营者，通过授予特许经营权，以协议的方式确定项目融资的方式、合作伙伴的责任与义务，以及政府给予的优惠政策，由获得特许经营权的投资人在约定期限和范围内投资、经营某项基础设施产品或者提供某项服务。

政府通过特许经营融资最常见的模式为PPP。国际上，PPP泛指采用"公私合作"完成公共设施特许经营项目融资的各种模式的总称，包括但不限于BOT、TOT等模式。

3. 公众投资分析

在安排项目融资的同时，直接安排项目公司上市，通过发行项目公司股票来筹集项目的权益资本，国外有过这样的先例，如英法海底隧道、欧洲迪士尼乐园等。在我国，只有经国务院批准的特别项目，才能试行以组建股份制公司发行股票方式筹措资本金。《国务院关于投资体制改革的决定》中明确规定："允许各类企业以股权融资方式筹集投资资金，逐步建立起多种筹集方式相互补充的多层次资本市场。经国务院投资主管部门和证券监管机构批准，选择收益稳定的基础设施项目进行试点，通过公开发行股票、可转换债券等方式筹集建设资金。"股票的发行是一个烦琐的过程，我国对发行股票进行了严格的规定，因此企业的股票能否获得批准顺利发行，便成为公众投资可靠性分析的关键。

对于拟发行股票作为企业自筹资金的固定资产投资项目，项目评估报告中应附有国家有权机关和有关主管部门对企业发行股票的正式批复文件。

通过发行股票筹集权益资本金虽然是一种符合规定的融资模式，但通常来说，其前期申请成本较高，而且由于发行股票相对其他融资方式来说，被批准的可能性要小，所以，股票筹集权益资本金的方法运用较少，一般只在特定项目内应用。

**A.4.2　项目债务资金的可靠性分析**

**A.4.2.1　银行贷款的可靠性分析**

（1）满足贷款的基本条件规定。按照《贷款通则》规定，借款人应当是经工商行政管理机关（或主管机关）核准登记的企（事）业法人、其他经济组织、个体工商户或具有中华人民共和国国籍的具有完全民事行为能力的自然人。借款人申请贷款，应当具备产品有市场、生产经营有效益、不挤占挪用信贷资金、恪守信用等基本条件。贷款银行一般会对企业的财务状况、投资项目和信用状况进行评估。其审核的具体条件主要包括以下几个。一是有按期还本付息的能力，原应付贷款利息和到期贷款已清偿；没有清偿的，已经制订贷款人认可的偿还计划。二是有限责任公司和股份有限公司对外股本权益性投资累计额超过其净资产总额的 50%。三是借款人的资产负债率符合贷款人的要求。四是申请中期、长期贷款的，新建项目的企业法人所有者权益与项目所需总投资的比例不低于国家规定的投资项目的资本金比例，项目投资使用中长期银行贷款，银行要进行独立的项目评估。五是商业银行贷款通常不超过 10 年。

融资项目在申请贷款前应将填写包括借款金额、借款用途、偿还能力及还款方式等主要内容的《借款申请书》及借款人基本情况、保证人基本情况、财政部门或会计（审计）事务所核准的上半年度财务报告、申请借款前一期的财务报告、原有不合理占用的贷款的纠正情况、项目建议书和可行性报告等资料准备齐全，这样可以从贷款程序上避免申请资金的不落实。

（2）贷款承诺的实现条件。咨询评估时应注意，在固定资产贷款的审批程序的不同阶段，银行出具的证明也是有区别的，主要有固定资产项目贷款意向书、贷款承诺函两种形式，其区别及适用对象如下。

对业主只提出固定资产项目建议书（或建设方案），尚待国家有权部门正式批准立项的固定资产项目，经银行初步审查同意贷款时，可对外提供固定资产项目贷款意向书。固定资产项目贷款意向书只表明贷款意向。对外提供固定资产项目贷款意向书，一般由一级分行对业主的项目建设方案、投资方案、资产负债和资信情况以及财务状况进行全面调查，并按相应的管理程序审批（一级分行对外提供固定资产项目贷款意向书，同时附项目资料报总行固定资产信贷部备案）。

对国家有权部门正式批准立项，业主已完成项目可行性研究报告的固定资产项目，由银行进行调查评估后，经审查同意提供固定资产贷款时，可对外提供固定资产项目贷款承诺函。经审查批准已承诺的固定资产贷款，在贷款发放时一般不再另行审批。固定资产项目贷款承诺函一般明确贷款额，如果由一级分行出具需要经授权且同时抄送总行固定资产信贷部，需总行对外提供贷款承诺函，由一级分行向总行固定资产信贷部提出申请，申请报告及附件按固定资产项目贷款审批要求报送。

一般固定资产项目贷款意向书、承诺函格式由总行统一制定，在按程序审查批准对外提供固定资产项目贷款意向书、承诺函后，由固定资产信贷部门办理。对外提供的固定资产项目贷款意向书和承诺函，要统一编号、专门登记。

贷款意向书或贷款承诺函的获得需要项目信贷需求符合国家产业政策、银行信贷管理规章制度等贷款条件。即便不符合国家产业政策的项目在申请贷款前期获得贷款承诺函或意向书，银行也会撤销该项承诺或意向。因此是否符合国家产业政策和银行内部信贷管理规章是评价贷款承诺落实可靠性的重要标准。

### A.4.2.2　企业债券的可靠性分析

1. 发行企业债券应具备的条件

发行企业债券应具备的条件包括：公司的生产经营符合法律、行政法规和公司章程的规定，符合国家产业政策；公司内部控制制度健全，内部控制制度的完整性、合理性、有效性不存在重大缺陷；经资信评级机构评级，债券信用级别良好；股份有限公司的净资产不低于人民币 3000 万元，有限责任公司的净资产不低于人民币 6000 万元；最近三个会计年度实现的年均可分配利润不少于公司债券一年的利息；本次发行后累计公司债券余额不超过最近一期末净资产额的 40%；金融类公司的累计公司债券余额按金融企业的有关规定计算。当存在下列情形之一的，不得发行公司债券：最近 36 个月内公司财务会计文件存在虚假记载，或公司存在其他重大违法行为；本次发行申请文件存在虚假记载、误导性陈述或者重大遗漏；对已发行的公司债券或者其他债务有违约或者迟延支付本息的事实，仍处于继续状态；严重损害投资人合法权益和社会公共利益的其他情形。

2. 发行公司债券的管理程序

公司发行债券需要经过一定的程序，办理相关的手续。这些程序在一定程度上也制约着公司债券的顺利发行。

（1）做出发行债券决议。

（2）提出发行债券申请。

（3）公告债券募集办法。

（4）签订承销协议。

发行公司债券资金落实的可靠性评价时，如发行程序已经到公告公司债券募集办法时，就相当于得到政府相关主管部门的批准，其他只是市场层面的具体操作程序，此时，可以说公司债券资金落实的可靠性得到了较大的保障。

**A.4.2.3** 外国政府贷款或国际金融组织贷款的可靠性分析

外国政府贷款或国际金融组织贷款对贷款主体的要求相对高，尤其是在贷款用途、贷款主体的信贷条件方面都有较为严格的限定，因此符合外国政府贷款和国际金融组织贷款的各项要求，是能够顺利取得贷款的关键。

1. 外国政府贷款的适用范围及资金用途的规定

根据国家发展和改革委员会《国际金融组织和外国政府贷款投资项目管理暂行办法》规定：外国政府贷款属于国家主权外债，按照政府投资资金进行管理。外国政府贷款主要用于公益性和公共基础设施建设，保护和改善生态环境，促进欠发达地区经济和社会发展。

外国政府贷款原则上为软贷款。例如，法国、西班牙政府贷款原则上软贷款、商贷款比例各占 50%，赠予成分在 35%以上；意大利府贷款 100%软贷款。但外国政府贷款大多使用限制性采购方式，多数国家政府贷款（科威特除外）的第三国采购比例为 15%～50%，即贷款总额的 50%～85%用于购买贷款国的设备和技术并且通常情况下不能自由选择贷款币种。为了扩大外国政府贷款的使用范围，促进竞争，适应中外双方有关政策变化，通过谈判，近期部分国家扩大了本国政府贷款在我国和第三国的采购比例。德国、丹麦、挪威、瑞典、芬兰等国家承诺其贷款的第三国采购比例由 15%提高到 50%。西班牙由 10%提高到 30%，其中15%可采购我国设备。加拿大第三国采购比例上调为 30%。

如果项目需要大量采购国内设备和技术或对贷款币种有要求，则不易获得外国政府贷款。

2. 国际金融组织贷款的适用范围及资金用途的规定

国际金融组织贷款是指国际金融组织按照章程及自身运作要求向其他成员国家提供的各种贷款。目前，与我国关系最为密切的是世界银行和亚洲开发银行。

（1）国际金融组织的贷款条件。

1）用于工程项目。申请的贷款必须用于一定的工程项目，并有助于借款国的生产发展与经济增长。发放贷款的重点为基础设施工程项目，如交通运输（铁道、公路、水运、民航）和公用事业（如电力、通信、供水、排水等）；发展农村和农业建设项目以及教育、卫生事业项目等。只有在特殊情况下，才发放非项目贷款。

2）专款专用。贷款必须专款专用，并接受国际金融组织的监督。国际金融组织的监督不仅表现在使用款项方面，同时在工程进度、物资保管、工程管理方面也进行监督。

3）贷款期限和利率。一般为数年，最长可达 30 年。贷款利率分为固定利率、浮动利率和可变利率。浮动利率按 6 个月伦敦银行同业拆借利率加贷款固定利差组成。可变利率贷款按借款人要求以单一货币或一组货币偿还。可变利率与 6 个月伦敦银行同业拆借同种货币利率挂钩，每半年调整一次。

4）贷款费用。一般包括：先征费用，贷款生效时支付贷款额的 1%；未支付余额承诺费，经借款人申请与贷款人协商批准后可有部分免除。

5）贷款货币。美元、日元、欧元、英镑或国际金融组织可以有效出资的其他货币。贷款可按借款人要求以单一货币承贷和偿还，也可以多种货币提供。

（2）国际金融组织的贷款程序。世界银行与亚洲开发银行的贷款都要与工程项目相结合，专款专用，并在使用过程中进行监督。就以成员国从申请借款到按项目进度使用贷款，世界银行和亚洲开发银行都有一套严密的程序与严格的原则，概括起来，有以下几个方面。

1）提出计划，确定项目。成员国申请贷款，首先要提出计划。银行贷款部门初步审查后，派人到申请借款的国家实地调查，经与申请国研究、核实后确定最重要、最优先的项目。

2）组织专家，审查项目。在项目确定后，国际金融组织的专家组对项目的建设施工还要进行多方面调查，其中包括建设过程中的技术方案、组织管理方案、设备配套计划、资金拨付方案、财务计划及项目竣工后的经济核算等。只有经专家组确认各项计划落实可行，经济效益显著，申请贷款国才能与国际金融组织进行具体的贷款谈判。

3）审议通过，签订贷款合同。贷款谈判结束后，将贷款申请送交执行董事会审议。贷款报告经执行董事会批准后，即由贷款银行与借款国的全权代表正式签订贷款合同。

4）工程项目招标，按工程进度发放贷款。

5）项目投产后做出评价。

（3）国际金融组织的贷款可能性。咨询评估时应对借用世界银行、亚洲开发银行等国际金融组织贷款的可能性进行如下详细分析。

1）核实项目是否列入国外贷款备选项目规划是判断贷款落实可靠性的关键依据之一。借用世界银行、亚洲开发银行贷款的项目必须纳入国外贷款备选项目规划。未纳入国外贷款备选项目规划的项目，国务院各有关部门、地方各级政府和项目用款单位，不得向国际金融组织等国外贷款机构正式提出贷款申请。

2）对纳入国外贷款备选项目规划的项目，应当区别不同情况履行审批、核准或备案手续。对列入国际金融组织贷款备选项目规划的项目，地方发展和改革委员会、国务院行业管理部门会组织项目单位按规划确定的项目贷款额度、建设内容、年度谈判签约计划等开展工作。如需变更项目建设内容，或项目建设内容发生实质性变化，以及不能有效开展项目前期准备工作、影响项目按计划谈判签约等，应及时提出解决问题的方案，否则国家主管部门将在编制新的贷款规划时，取消存在上述问题的贷款备选项目。

3）取得项目资金申请报告的批准文件。项目纳入国外贷款备选项目规划并完成审批、核准或备案手续后，项目用款单位须向所在地省级发展改革部门提出项目资金申请该报告。由省级发展改革部门初审后，报国务院发展改革部门审批。国务院及国务院发展改革部门对项目资金申请报告的批准文件，是对外谈判、签约和对内办理转贷生效，外债登记、招标采购和免税手续的依据。未经国务院及国务院发展改革部门审批资金申请报告的项目，有关单位不得对外签署贷款协定、协议和合同，外汇管理、税务、海关等部门及银行不予办理相关手续。

**A.5　融资成本分析评价**

融资成本应通过计算权益资金成本、债务资金成本以及加权平均资金成本，分析项目使用各种资金所实际付出的代价及其合理性。融资成本不仅包括资金占用费，还要考虑到一次性支出的资金筹集费。其计算公式为

$$资金成本 = 资金占用费 + 资金筹措费$$

资金占用费是指使用资金过程中发生的向资金提供者支付的代价，包括借款利息、债券利息、优先股利息、普通股红利及权益收益等。

资金筹措费是指资金筹措过程中所发生的各种费用，包括律师费、资信评估费、公证费、证券印刷费、发行手续费、担保费、承诺费、银团贷款管理费等。

资金成本以资金成本率来表示。资金成本率是指能使筹得的资金同筹资期及使用期发生的各种费用（包括向资金提供者支付的各种代价）等值时的收益率或贴现率。不同来源的资金成本率的计算方法不尽相同，但理论上均可用下列公式表示：

$$\sum_{t=0}^{n} \frac{F_t - C_t}{(1+i)^t} = 0$$

式中　$F_t$ —— 各年实际筹措资金流入额；

$C_t$ —— 各年实际资金筹集费和对资金提供者的各种付款，包括贷款、债券等本金的偿还；

$i$ —— 资金成本率；

$n$ —— 资金占用期限。

**A.5.1　权益资金成本**

项目权益资金成本主要是股本分红、股息等，融资成本分析可采用资本资产定价模型、税前债务成本加风险溢价法和股利增长模型等方法进行计算，也可直接采用投资方的预期报酬率或既有企业的净资产收益率。

**A.5.1.1　优先股资金成本**

优先股有固定的股息，优先股股息用于税后净利润支付，故不能抵减所得税，这与贷款、债券利息等的支付不同。此外，股票一般是不还本的，故可将其视为永续年金。优先股资金成本的计算公式为

$$优先股资金成本 = 优先股股息 / （优先股发行价格 - 发行成本）$$

即

$$k_p = \frac{D_p}{P_0(1-F)}$$

**A.5.1.2　普通股资金成本**

普通股资金成本的估算比较困难，因为很难对项目未来的收益以及股东对未来风险所要求的风险溢价做出准确的测定。

（1）采用资本资产定价模型法。普通股资金成本的计算公式为

$$K_s = R_f + \beta(R_m - R_f)$$

式中　　$K_s$——普通股资金成本;

　　　　$R_f$——社会无风险投资收益率;

　　　　$\beta$——项目的投资风险系数,反映股票的系统性风险的大小;

　　　　$R_m$——市场投资组合预期收益率,也即证券市场平均报酬率。

在该模型中,影响资金成本的因素主要有三个:社会无风险投资收益率、市场投资组合预期收益率和代表系统风险水平的风险系数。其中,社会无风险投资收益率可以采用国库券的利率,市场的平均风险溢价$(R_m - R_f)$是相对稳定的。例如,美国市场的平均风险溢价基本稳定在 8.6%,而英国的市场平均风险溢价基本稳定在 9.1%,$\beta$ 可以直接采用相关咨询机构定期公布的估算结果,也可以采用历史数据和经验估计。

采用资本资产定价模型进行资本成本评估时,要注意以下问题。

1)如果估算上市公司的股权成本,那么其 $\beta$ 系数有现成的资料可供参考,但是如果是估算非上市公司的股权成本或是估算正在向新的行业或领域进行多元化扩张的公司股权成本,那么其 $\beta$ 系数的确定是很困难的,最常用的一个解决办法是参考同行业另外一家或几家上市公司的 $\beta$ 系数值,然后参考公司自身的规模、资本结构等因素并加以调整后,得到相应的 $\beta$ 系数估算值。

2)市场的平均风险溢价$(R_m - R_f)$有时也难以达到共识,由于经济周期的存在,这一数值在不同时期存在差异。

3)关于 $\beta$ 系数,乃至资本资产定价模型本身的有效性,目前存在较大争议,但是还没有更为科学的方法可以取代这一模型,因此仍被广泛采用。

(2)采用税前债务成本加风险溢价法。根据投资"风险越大,要求的报酬率越高"的原理,投资人的投资风险大于提供债务融资的债权人,因而会在债权人要求的收益率上再要求一定的风险溢价。据此,普通股资金成本的计算公式为

$$K_s = K_b + R_c$$

式中　　$K_s$——普通股资金成本;

　　　　$K_b$——税前债务资金成本;

　　　　$R_c$——投资者比债权人承担更大风险所要求的风险溢价。

债券的收益率很容易取得。如果是上市债券,可以在公开的证券信息资料中了解其收益率;如果是非上市债券,则可以向有关从事投资银行业务的机构咨询了解其收益率。

风险溢价是指凭借经验估计的,一般认为,某企业普通股风险溢价对其自己发行的债券来讲为 3%~5%,当市场利率达到历史性高点时,风险溢价较低,在 3%左右;当市场利率处于历史性低点时,风险溢价较高,在 5%左右;通常情况下,一般采用 4%的平均风险溢价。

(3)采用股利增长模型法。股利增长模型法是依照股票投资的收益率不断提高的思路来计算普通股资金成本的方法。一般假定收益以固定的增长率递增,其普通股资本成本的计算公式为

$$K_s = \frac{D_1}{P_0} + G$$

式中　$K_s$——普通股资金成本；

$\quad\quad D_1$——预期年股利额；

$\quad\quad P_0$——普通股市价；

$\quad\quad G$——股利期望增长率。

**A.5.2　债务资金成本**

银行贷款、发行债券融资和融资租赁等债务资金融资的主要资金成本是利息，债务资金成本应通过分析各种可能的债务资金的利率水平、利率计算方式（固定利率、浮动利率）、计息（单利、复利）和付息方式，以及宽限期和偿还期，计算债务资金的综合利率，并进行不同方案比选。

**A.5.2.1　债务成本**

债务成本通常以贷款的年利率来计算贷款资金的成本。银行贷款的年利率称为名义利率。但利息周期往往与名义利率表示的利息周期不一致，若按单利计算，则实际年利率与名义利率相同。在国际金融业务中，利息多按复利计算，因此有下列实际利率计算公式：

$$i = (1 + r/m)^m - 1$$

式中　$i$——实际年利率；

$\quad\quad m$——一年中的计息次数；

$\quad\quad r$——名义利率。

国际金融组织的贷款通常还收取管理费和承诺费。若有担保，担保银行还要收取担保费。这些费用无论是在贷款前期一次支出还是分期支付，都可按其贷款年限和费用所占贷款额的比例折算为年利率加到贷款利率上，作为贷款的总资金成本，即利用利息贴现模式来测算资金成本，其基本公式为

$$L(1-F) = \sum_{t=1}^{n} \frac{I}{(1+K)^t} + \frac{L}{(1+K)^n}$$

$$K_1 = K(1-T)$$

式中　$L$——银行借款本金；

$\quad\quad F$——银行借款的筹资费率，即借款手续费率；

$\quad\quad n$——银行借款期限；

$\quad\quad I$——年利息额；

$\quad\quad K$——银行借款的税前资金成本；

$\quad\quad T$——所得税税率；

$\quad\quad K_1$——银行借款的税后资金成本。

**A.5.2.2　债券成本**

公司债券的资金成本的测算与银行借款资金成本的测算方法基本相同。无论是长期公司债券，还是短期融资债券，其利息都可以在所得税前列支，因此，债券也具有抵减所得税的作用。但是，与银行债券不同的是，发行债券的筹资费用一般较高，在测算资金成本时不能忽略不计。债券的筹资费用即发行费用，主要包括申请费、注册费、印刷费和上市费以及推销费等。此外，债券的票面利率是固定的，通常与债券发行时的市场利率一致。但债券在二级市场流通后，其发行价格随行就市，债券持有人对该债券期望的收益率也在变化。债券的

发行价格有三种：超价发行，即以高于债券票面金额的价格发行；低价发行，即以低于债券票面金额的价格发行；等价发行，即以债券票面金额的价格发行。调整发行价格可以平衡票面利率与购买债券收益之间的差距。债券定价公式为

$$B_0 = \sum_{t=1}^{n} \frac{I}{(1+K_b)^t} + \frac{M}{(1+K_b)^n}$$

式中　$B_0$——债券当前的市场价格；

　　　$I$——债券应得的年利息（面值×息票利率）；

　　　$M$——债券面值；

　　　$K_b$——投资人对该债券期望收益率；

　　　$n$——现在至债券到期的年限。

根据债券当前的市场价格、债券面值和息票利率，利用上式即可求出债券的期望收益率，这就是债券的税前资金成本。

债券利息也是税前支付。若所得税率为 $t$，债券的税后资金成本为 $K_b(1-t)$。

对于新发行的债券，还应计入发行成本。若发行成本为 $f$，则债券的税前成本 $K_b$ 按下式计算：

$$B_0 - f = \sum_{t=1}^{n} \frac{I}{(1+K_b)^t} + \frac{M}{(1+K_b)^n}$$

**A.5.2.3　融资租赁的资金成本**

融资租赁的资金成本可以采用租金贴现模型来确定。如果在租赁期限中，租金是等额支付的，则可以用下列公式来测算融资租赁的资金成本：

$$C = \sum_{t=1}^{n} \frac{A}{(1+K)^t}$$

式中　$C$——租入设备的净值；

　　　$n$——支付租金的期数，以年为单位；

　　　$A$——每年支付的租金额；

　　　$K$——资金成本。

**A.5.3　项目资金的加权平均资金成本**

在计算各种权益资金成本和债务资金成本的基础上，再计算整个融资方案的加权平均资金成本。加权平均资金成本是以各类权益资金和债务资金占全部资金的比例为权重，对各种融资方式的个别资金成本进行加权平均而得到的，其计算公式为

$$WACC = \sum_{i=1}^{n} W_i K_i$$

式中　$n$——各种融资类型的数目；

　　　$W_i$——第 $i$ 种资金在总筹资额中所占比例；

　　　$K_i$——第 $i$ 种资金的资金成本。

通常加权平均资金成本都按税后成本计算，故上式中 $K_i$ 应为各项资金的税后成本。

**A.6　项目融资方案的评估要求**

项目融资方案评估，是在确定项目投资估算的基础上，对项目的融资渠道、筹措方式、

融资结构、融资成本等方面的合理性和可靠性进行分析论证和评估。

**A.6.1 融资渠道和筹措方式评估**

**A.6.1.1 评估资金来源的可靠性**

在明确融资主体的前提下，针对不同性质融资主体评估其资本金筹措的可落实程度。既有法人项目融资评估中，通过分析公司的财务和经营状况，预测公司未来的现金流，判断其是否有足够的自有资金或有足够的实力筹集资本金；新设法人项目融资评估中，通过评估投资人的财务状况，确定其是否有能力按股权比例认缴注册资本金。

债务资金来源的可靠性，通过对不同性质项目的不同限制条件和优惠政策进行分析评估，确认项目是否符合相关贷款政策，还应依据资金供需双方签订的书面协议和其他证明文件（如贷款意向书或贷款承诺函）来保证资金来源的可靠性。

**A.6.1.2 评估融资渠道的合法性**

评估项目各项资金来源是否符合国家有关政策规定，以免造成投资的风险，而且还应按国家有关政策合理使用资金，提高投资效益。

**A.6.1.3 评估资金需求与供应的匹配性**

每个项目投资可以有多种资金来源，评估时应逐项落实融资金额的数量，以保证项目总投资额不留缺口，同时评估资金在到位时间、币种上与项目所需要资金是否相匹配，以有利于顺利地按规定期限完成建设项目和减少投资成本。

**A.6.1.4 评估外资附加条件的可接受性**

利用外资项目，在评估时应特别注意外方提出的附加条件是否符合保证我国相关行业经济安全和反垄断的要求，要坚持原则正确抉择。

**A.6.2 融资结构评估**

**A.6.2.1 资本金与债务资金的比例的分析评估**

评估中应注意审查国内与外商投资项目中的两种资金比例是否符合国家政策规定和银行借款要求；分析在项目负债经营时，是否能保证项目投资收益率高于融资的综合资金成本。

在资本金比例满足国家要求的前提下，根据项目特点，分析测算项目资本金与债务资金的比例是否合适。

**A.6.2.2 股本结构的分析评估**

股本结构反映项目股本各方出资额和相应权益。在评估中，应根据项目特点和主要股东方参股意愿，合理确定参股各方的出资比例。

**A.6.2.3 债务结构的分析评估**

债务结构反映项目债权各方为项目提供的债务资金比例，在债务结构分析评估中，应根据债权人提供债务资金的方式、附加条件，以及利率、汇率、还款方式的不同，合理确定内债与外债比例、政策性与商业性银行贷款比例，以及信贷资金与债券资金的比例。

**A.6.3 融资成本评估**

评估中应核算融资成本的计算是否正确，项目所提出的融资方案是否仍然存在进一步降低融资成本的空间，降低融资成本的措施及其可行性。

# 参 考 文 献

[1]《投资建设项目决策》编写组. 投资建设项目决策 [M]. 北京：中国计划出版社，2005.

[2]《投资决策分析与评价》编写组. 投资决策分析与评价 [M]. 北京：中国计划出版社，2008.

[3] 中国国际工程咨询公司. 投资项目可行性研究指南 [M]. 北京：中国电力出版社，2002.

[4] 中国国际工程咨询公司. 我国城市轨道交通发展战略研究报告 [M]. 北京：中国国际工程咨询公司，2007.

[5] 国家发展和改革委员会与建设部. 建设项目经济评价方法与参数 [M]. 3 版. 北京：中国计划出版社，2006.

[6] 建设部标准定额研究所. 建设项目经济评价参数研究 [M]. 北京：中国计划出版社，2004.

[7] 欧洲联盟欧洲委员会. 发展项目财务与经济分析手册 [M]. 张小利，徐成彬，译. 北京：中国计划出版社，2004.

[8] P.贝利，J.安德森，等. 投资运营的经济分析 [M]. 原建设部标准定额研究所译. 北京：中国计划出版社，2002.

[9] 萨缪尔森. 经济学 [M]. 高鸿业译. 北京：商务印书馆，1979.

[10] 劳埃德·雷诺兹. 微观经济学 [M]. 马宾译. 北京：商务出版社，1984.

[11] 沃尔特·亚当斯，等. 美国产业结构 [M]. 10 版. 封建新，贾毓玲，等译. 北京：中国人民大学出版社，2002.

[12] 刘碧云. 经济学 [M]. 南京：东南大学出版社，2002.

[13] 肖兴志，宋晶. 政府监管理论与政策 [M]. 大连：东北财经大学出版社，2006.

[14] 马国贤. 政府绩效管理 [M]. 上海：复旦大学出版社，2006.

[15] 刘春梅. 中国产业投资优化研究 [M]. 上海：上海财经大学出版社，2006.

[16] 于立宏. 中国煤电产业链纵向安排与经济规制研究 [M]. 上海：复旦大学出版社，2007.

[17] 毛保华. 城市轨道交通规划与设计 [M]. 北京：人民交通出版社，2006.

[18] 叶霞飞，顾保南. 城市轨道交通规划与设计 [M]. 北京：中国铁道出版社，1999.

[19] 白思俊. 现代项目管理 [M]. 北京：机械工业出版社，2002.

[20] 王鹤松. 项目融资财务分析 [M]. 北京：中国金融出版社，2005.

[21] 杨建基，丰景春. 国际工程项目管理 [M]. 北京：中国水利水电出版社，1998.

[22] 邢恩深. 基础设施建设项目投融资操作实务 [M]. 上海：同济大学出版社，2005.

[23] 张树森. BT 投融资建设模式 [M]. 北京：中央编译出版社，2006.

[24] 朱会冲，张燎. 基础设施项目投融资理论与实务 [M]. 上海：复旦大学出版社，2002.

[25] 王铁军. 中国地方政府融资 22 种模式 [M]. 北京：中国金融出版社，2006.

[26] 王铁军. 中国中小企业融资 28 种模式 [M]. 北京：中国金融出版社，2004.

[27] 程工，等. 转轨时期基础设施融资研究 [M]. 北京：社会科学文献出版社，2006.

[28] 罗仁坚，贾进. 铁路投融资体制改革方略 [M]. 北京：中国计划出版社，2007.

[29] 童盼. 融资结构与企业投资：基于股东债权人冲突的研究 [M]. 北京：北京大学出版社，2007.

[30] 何宗华，汪松滋，何其光. 城市轨道交通运营组织 [M]. 北京：中国建筑工业出版社，2006.

[31] 季令，张国宝. 城市轨道交通运营组织 [M]. 北京：中国铁道出版社，1998.

[32] 毛保华. 城市轨道交通系统运营管理 [M]. 北京：人民交通出版社，2006.

[33] 王俊峰. 风险投资实务与案例 [M]. 北京：清华大学出版社，2000.

[34] 刘少波. 风险投资 [M]. 广州：广东经济出版社，1999.

[35] 任天元. 风险投资的运作与评估 [M]. 北京：中国经济出版社，2000.

[36] 成思危. 科技风险投资论文集 [M]. 北京：民主与建设出版社，1997.

[37] 立大军，张岷. 投资基金论 [M]. 成都：西南财经大学出版社，1996.

[38] 张力军，张陆洋. 中国产业投资基金论 [M]. 北京：中国财政经济出版社，1999.

[39] 李康，顾宇萍，恽铭庆. 中国产业投资基金理论与实务 [M]. 北京：经济科学出版社，1999.

[40] 陈儒主. 投资基金运作及风险控制 [M]. 北京：中国金融出版社，1998.

[41] 黄耀华. 21 世纪中国投资基金风险与防范 [M]. 广州：广东经济出版社，2000.

[42] 吴腾华，吕福来. 现代金融风险管理 [M]. 北京：中国经济出版社，1999.

[43] 许崇正. 中国资本形成与资本市场发展论 [M]. 北京：经济科学出版社，1999.

[44] 张景安. 风险投资与二板市场 [M]. 北京：中国金融出版社，2000.

[45] 宋芳秀，来有为. 准市政债券的运作特征及其发展前景 [J]. 浙江金融，2002（8）.

[46] 王京元，王炜，程琳. 结合南京地铁谈降低地铁工程造价 [J]. 建筑经济，2004（7）.

[47] 王京元，王炜，程琳. 轨道交通建设筹资的筹措 [J]. 现代城市研究，2004（10）.

[48] 张巍巍. 资产证券化与我国基础设施项目融资 [J]. 当代经济，2005（1）.

[49] 程玉锋，石正华. 浙江民间资本进入城市基础建设研究 [J]. 浙江经济，2003（4）.

[50] 王进. 西部开发中基础设施建设应用私人主动融资方式的探索 [J]. 城市经济，2003（2）.

[51] 耿明斋，郑一帆. 转轨时期我国政府投资领域的再界定 [J]. 经济学动态，2000（5）.

[52] 狄卫平. 国外城市基础设施建设融资借鉴与启示 [J]. 金融参考，2000（6）.

[53] 素虹. 中国市政公用设施投融资现状与改革方向 [J]. 城乡建设，2003（7）.

[54] 朱珊，郭平. BOT 项目融资问题研究 [J]. 沿海经贸，2003（11）.

[55] 阮青松，周隆斌. 资产证券化在我国的突破口选择与操作策略研究 [J]. 科学与科学技术管理，2003（10）.

[56] 李传和. 存量资产证券化与未来收益证券化比较分析 [J]. 世界经济，2002（5）.

[57] 冯涛，陈柳钦. 信托与基础设施投资 [J]. 农村金融研究，2004（1）.

[58] 陈柳钦，周明. 信托模式：我国资产证券化发展模式的现实选择 [J]. 中国房地产金融，2004（7）.

[59] 谭政勋，姜丽群. 资产证券化的收益分析与优化决策 [J]. 统计与决策，2003（12）.

[60] 娄涛. 对发展我国市政债券市场的思考 [J]. 内蒙古财经学院学报，2004（1）.

[61] 袁静. 城市建设举债的理论基础 [J]. 财经理论与实践，2001（9）.

[62] 文胜. 准市政债券的形成机理、运行与发展 [J]. 改革，2004（5）.

[63] 宋芳秀. 中国准市政债券发展研究 [J]. 经济体制改革，2002（6）.

[64] 张飞. 我国市政债券市场：箭在弦上，不得不发 [J]. 上海金融，2003（8）.

[65] 王益. 发展中国市政债券市场的初步构想 [J]. 世界经济，2002（6）.

[66] 许永明. 市政债券市场的发展 [J]. 浙江金融，2003（6）.

[67] 刘东生，刘健钧. 发展产业投资基金的几个问题 [J]. 宏观经济管理，2003（3）.

[68] 叶翔. 美国产业投资基金 [J]. 金融研究，1998（10）.

[69] 韩立岩，牟晖，王哲兵. 市政债券的风险识别与策略控制 [J]. 管理世界，2005（3）.

[70] 王益. 发展中国市政债券市场的初步构想 [J]. 世界经济, 2002 (6).

[71] 韩立岩, 郑承利, 罗雯, 等. 中国市政债券信用风险与发债规模研究 [J]. 金融研究, 2003 (2).

[72] 巴曙松. 如何促进多层次中小企业融资服务体系的发展 [J]. 商业周刊, 2003 (11).

[73] 白钦先, 薛誉华. 各国中小企业政策性金融体系比较 [M]. 北京: 中国金融出版社, 2001.

[74] 鲍小平. 浅析科技型小企业的发展 [J]. 承德民族职业技术学院学报, 2004 (2).

[75] 鲍旭红. 科技型中小企业发展呼唤风险投资 [J]. 安徽科技, 2005 (3).

[76] 曹凤岐. 建立和健全中小企业信用担保体系 [J]. 金融研究, 2001 (5).

[77] 陈柳钦, 孙建平. 论制度创新与中小企业信用担保体系的发展 [J]. 上海财经学报, 2003 (10).

[78] 陈志, 陈柳. 论我国中小企业融资改革与金融创新 [J]. 金融研究, 2000 (11).

[79] 戴淑庚. 高科技产业的金融资源配置与我国高科技产业融资体系的构建 [J]. 理论学刊, 2004 (1).

[80] 戴淑庚. 我国高科技企业融资与金融创新 [J]. 科学与经济, 2004 (3).

[81] 淑庚, 郭富霞. 政府在构建高科技产业融资体系中的角色定位 [J]. 科技进步与对策, 2004 (8).

[82] 邓道才. 我国科技型中小企业融资问题研究 [J]. 乡镇经济, 2006 (5).

[83] 邓楠. 继往开来共同推进我国科技型中小企业发展 [J]. 中国科技产业, 2005 (1).

[84] 樊纲. 发展非国有银行势在必行 [J]. 财贸经济, 1999 (6).

[85] 房汉廷. 科技型中小企业发展的金融抑制 [J]. 科技创业, 2005 (8).

[86] 冯蓉蓉. 中小企业融资难的原因及对策 [J]. 中南财经政法大学学报, 2003 (1).

[87] 傅梅烂, 秦辉, 王义嘉. 科技型中小企业各成长阶段的生命体特征 [J]. 商业研究, 2005 (9).

[88] 高晓燕. 构建民营中小企业金融支持体系的思考 [J]. 经济问题, 2000 (1).

[89] 郭斌, 刘曼路. 民间金融与中小企业发展: 对温州的实证分析 [J]. 经济研究, 2002 (10).

[90] 郭嘉. 科技型中小企业融资渠道的比较与选择 [J]. 特区经济, 2004 (9).

[91] 贺云龙. 中小企业融资问题及对策 [J]. 经济师, 2003 (2).

[92] 胡小平. 中小企业融资 [M]. 北京: 经济管理出版社, 2000.

[93] 华俊. 科技型小企业融资途径研究 [J]. 集团经济研究, 2006 (26).

[94] 黄卫华. 中小科技企业融资方式及其创新 [J]. 学术交流, 2003 (11).

[95] 江洪. 我国中小企业信用担保存在的问题及对策 [J]. 现代管理科学, 2004 (6).

[96] 赖作卿, 闫俊强. 心理契约与科技型小企业员工的激励分析 [J]. 华南农业大学学报 (社会科学版), 2006 (3).

[97] 李扬, 王松奇, 王国刚. 中国创业投资体系研究 [J]. 科技进步与对策, 2000 (9).

[98] 李扬, 杨益群. 中小企业融资与银行 [M]. 上海: 上海财经大学出版社, 2001.

[99] 李志赟. 银行结构与中小企业融资 [J]. 经济研究, 2002 (6).

[100] 林毅夫, 李永军. 中小金融机构发展与中小企业融资 [J]. 经济研究, 2001 (1).

[101] 林毅夫. 中小金融机构发展与中小企业融资 [J]. 经济研究, 2002 (1).

[102] 刘百宁, 王海旗, 王兆琪. 中小企业融资实务与技巧 [M]. 北京: 中国经济出版社, 2004.

[103] 陆晓芳, 李莹. 创新基金对促进科技型中小企业发展的作用研究 [J]. 工业技术经济, 2006 (8).

[104] 骆静, 聂鸣. 发展中国家集群比较分析及启示 [J]. 外国经济与管理, 2002 (3).

[105] 冉净斐. 科技型小企业的路如何走 [J]. 创新科技, 2003 (11).

[106] 史燕平. 国际金融公司与世界融资租赁的发展 [J]. 国际金融导刊, 1996 (4).

[107] 青木昌彦, 丁克. 关系型融资制度及其在竞争中的可行性 [J]. 经济社会体制比较, 1996 (6).

［108］王召. 日本和韩国债券市场发展对中小企业融资的意义［J］. 中国发展观察杂志社网站，2005-3-29.

［109］孙晓芹. 美国大力推进科技型小企业技术创新［J］. 苏南科技开发，2000（1）.

［110］王朝弟. 中小企业金融支持的政策研究［J］. 济南金融，2000（6）.

［111］Shaman W A. The Structure and Governance of Venture Capital Organizations［J］. Journal of Financial Economics, 1990(27): 473-52113.

［112］Sinks J, Zopounidis C. Evaluation Criteria of the Venture Capital Investment Activity: An Interactive Assessment Europe Pres, 1987, 31(3):304-313.

［113］Gasper and Andrew Overview of the Venture Capital Field Sources of Funds and Their Investment Conference Record: Electro, 1985, 10(3):10p.

［114］Ellison Michael A. Venture Capital Process-sprout or wither Northrop Conf Rack 1984:3p.

［115］Nair and Mohan. The Venture Capital Value Chain J Cost Manage 2004, 18(2):13-20.

［116］Egan and William P. Venture Capital Perspective Conference Record: Electro, 1984(9):3p.

［117］Pandey I M. and Jang A. Venture Capital for Financing Technology in Taiwan Technovation［J］. 1996, 16(9):499-514.

［118］Pandey I M. Process of Developing Venture Capital in India Technovation［J］. 1998, 18(4):253-261.

［119］Pratt S E, Khoylian R. Insights into Pers Computer［M］. New York: IEEE, 1985.

［120］Hornell R. Role of Venture Capital in the UK Electronics Industry IEE Proc Part A［J］. 1990,137(6):361-364.

［121］Diefendorf S. Venture Capital and the Environmental Industry Corporate Environ Strategy［J］. 2000, 7(4):388-399.

［122］Moles P. Venture Capital Investment Opportunities in Biodiversity Markets Corporate Environ Strategy［J］. 2001,8(4):355-365.

［123］James C, Van Horne, John M, Wachowicz Jr. Fundamentals of Financial Management［M］. 11th Edition. New Jersey: Prentice Hall，Inc.，1998.

［124］Gabriel Hawawini, Cloude Viallet. Finance for Executives［M］. South-Western College, 1999.

［125］Leland Blank, Anthony Tarquin. Engineering Economy［M］. 5th Edition. New York: McGraw Hill Companies, Inc., 2002.

［126］Stephen A Ross, Randolph W Westerfield, Jeffrey F Jaffe. Corporate Finance［M］. 7th Edition. New York: McGraw Hill Companies, Inc., 2005.

［127］Richard A Brealey， Stewart C Myers, Franklin Allen. Principles of Corporate Finance［M］. 8th Edition. 北京：机械工业出版社，2006.

［128］Joseph E Stiglitz, Andrew Weiss. Credit Rationing in Markets with Imperfect Information［J］. The American Economic Review, 1981.

［129］Durand D. Cost of Debt and Equity Funds for Business: Trends and Problems of Measurement. In Conference on Research on Business Finance, New York: National Bureau of Economic Research, 1952.

［130］Modigliani F, Miller H M. The Cost of Capital, Corporate Finance and theTheory of Investment［J］. American Economic Review 1958(48): 261-297.

［131］Lesen M, and Mecking W. Theory of the Firm: Manegerial Behavior， Agency Costs and Ownership Structure［J］. Journal of Financial Economics, 1976(3).

［132］Ross S A. The Determination of Financial Structure: The Incentive［J］. SignallingApproach, Bell Journal of

Economics, 1977(8).

[133] Myers S, Majluf N S. Corporate Financing and Investment Decisions When Firms Have Information That Investors Do Not Have [J]. Journal of Financial Economics, 1984(13).

[134] Aghion, Pand Bolton, P. An Incomplete Contracts Approach to Financial Contracting [J]. Review of Economic Studies, 1992(59).

[135] Berger A N, Udell G F. The Economics of Small Business Finance: The Roles of Private Equity and Debt Markets in the Financial Growth Cycle [J]. Journal of Banking and Finance, 1998(22): 613-673.

[136] Petersen M, Rajan R. The Benefits of Lending Relationships: Evidence from Small Business Data [J]. Journal of Finance, 1994(49): 3-37.

[137] Boot A., Thakor A. Moral Hazard and Secured Lending in an Infinitely Repeated Credit Market Gamc [J]. International Economic Review, 1994(35): 899-920.

[138] Gande A, Puri M, Saunders A, Walter L. Bank Underwriting of Debt Securities: Modern Evidence [J]. Review of Financial Studies, 1997(10): 1175-1202.

[139] Howard Bodenhnrn. Short-term Loans and Long-term Relationships: Relationship Lending in Early America [N]. The Bureau of Economic Research, Historical Paper, 2001.

[140] Berger, Udell. Relationship Lending and Lines of Credit in Small Firm Finance [J]. Journal of Business, 1995(68): 351-381.

[141] Angelini P, Salvo R D, Fewi G. Availability and Cost for Small Businesses: Customer Relationship and Cooperatives [J]. Journal of Banking and Finance, 1998(22): 925-954.

[142] Woodruff C. Firm Finance from the Bottom Up: Micro-Enterprises in Mexico, Paper Prepared for the Conference on Financial Markets in Mexico, organized by the Center for Research on Economic Development and Policy Reform at Stanford University, 2001, 10(5-6): 23-41.

[143] Aliber M. Informal Finance in the Informal Economy: Promoting Recent Work among the Working Poor [N]. International Labor Office working paper on the informal economy, 2002.

[144] Isaksson A. The Importance of Informal Finance in Kenyan Manufacturing [N]. The United Nations Industrial Development Organization (UNIDO) Working Paper, 2002-3-(5).

[145] Aryeetey E. Informal Finance for Private Sector Development in Africa. A back ground paper prepared for the African Development Report, 1998.

[146] Allen, Gale. Diversity of Opinions and the Financing of New Technologies [J]. Journal of Financial Intermediation, 1999(8): 68-89.

[147] Allen and Gale. 比较金融系统 [M]. 北京：中国人民大学出版社，2002.

[148] Bester H. Screening Versus Rationing in Credit Markets with Imperfect Information [J]. American Economic Review, 1985 (75): 850-855.

[149] Bester H. The Role of Collateral in Credit Markets with Imperfect Information [J]. European Economic Review, 1987(31): 887-899.

[150] Dewatripont, Mathias, Eric Maskin. Credit and Efficiency in Centralized and Decentralized Economies [J]. Review of Economic Studies, 1995, 62(4): 541-555.

[151] Dietmar Harhoff, Timn Korting. Lending Relationship in Germany-Empirical Evidence from Survey Data [J]. Journal of Banking and Finance, 1998(22): 1317-1353.

［152］Douglas W Diamond. Reputation Acquisition in Debt Markets, Journal of Political 我国科技型中小企业融资政策研究——基于政府的视角，Economics, 1989, Vol.97, No.41.

［153］Hodgman，Donald R. The Deposit Relationship and Commercial Bank Investment Behavior ［J］. Review of Economics and Statistics, 1961(43).

［154］Hogan T, Hutson E. Capital structure in New Technology Based Firms : Evidence from the Irish Software Sector ［J］.Global Finance Journal ，2005 ，15 (3) :369 - 387.

［155］Jaffee D, Russell T. Imperfect Information and Credit Rationing ［J］. Quarterly Journal of Economics, 1976, 90:651-666.

［156］Jaffee, Dwight M, Franco Modiliani. A Theory and Test of Credit Rationing ［J］. American Economic Review, 1969(59).

［157］Joseph E Stiglitz and Andrew Weiss. Credit Rationing in Market with Imperfect Information ［J］. The American Economic Review, 1981(71): 393-410.

［158］King, Levine, Finance，Entrepreneurship and Growth: Theory and Evidence ［J］. Journal of Economics, 1993, 108.

［159］Mayer，Colin New Issue in Corporate Finance ［J］. European Economic Review， 1988(32).

［160］Petersen，Mitchell Raghuram Rajan. The Effect of Credit Market Competition on Lending Relationships ［J］. Quarterly Journal of Economics 1995(110): 407～443.

［161］Ray G H, Hutchinson P J. The Financing and Financial Control of Small Enterprise Development ［M］. England: Gower Publishing Company Limited, 1983.

［162］Carpenter Robert E, Petersen Bruce C. Is The Growth Of Small Firms Constrained By Internal Finance? ［J］. The Review of Economics and Statistics， MIT Press, 2002, 84(2): 298-309.

［163］Whette H C .Collateral in Credit Rationing in Markets with Imperfect Information ［J］. American Economic Review，1983，73:442-445.

［164］Williamson S D .Costly Monitoring ，Financial Intermediation and Equilibrium Credit Rationing ［J］. Journal of Monetary Economics，1986(9):169-179.